MARCUS RI

Engelschat

DIE SCHWESTER DES ENGELS Maxim Charkow, russischstämmiger Chefermittler der Mordkommission Zürich, wird in seinem zweiten Fall mit einer Serie mysteriöser Mordfälle konfrontiert, alle begangen in katholischen Kirchen. Das erste Opfer, der Russe Iwan Solowjow, liegt nackt unter dem Taufbecken des Münsters. Todesursache: Ertrinken. Da Solowjow mehrere Edelbordelle in der Stadt gehörten, vermutet Charkows Team zuerst einen Racheakt der russischen Mafia. Charkows Zweifel an dieser These bestätigt sich, als sie Tage später mit einem zweiten Mord konfrontiert werden. Auf der Leiche von Paul Frank, Finanzchef einer Großbank, entdecken sie Insignien der Heiligen Sakramente. Der Verdacht, dass ein religiös motivierter Serientäter für die brutalen Morde verantwortlich ist, scheint nun unausweichlich. Doch ein dritter Mordfall führt die Ermittler auf die Spur einer mächtigen Geheimorganisation, die im Begriff ist, eine Parallelgesellschaft zu errichten, und deren schreckliche Vergangenheit scheinbar ihren Weg in die Gegenwart gefunden hat.

Marcus Richmann verfügt über georgisch-russische Wurzeln, in denen die Ursprünge zu seinem äußerst authentischen Ermittler Maxim Charkow zu finden sind. Seine Figuren sind brillant psychologisch gezeichnet, und für seine Geschichten lässt er sich von dunklen Kapiteln der Schweizer Geschichte inspirieren. Der erste Fall für Maxim Charkow wurde bereits verfilmt. Marcus Richmann arbeitet als Autor von Romanen und Drehbüchern in Zürich.

MARCUS RICHMANN

Engelschatten

Kriminalroman

Original

GMEINER

Personen und Handlung sind frei erfunden.
Ähnlichkeiten mit lebenden oder toten Personen
sind rein zufällig und nicht beabsichtigt.

Besuchen Sie uns im Internet:
www.gmeiner-verlag.de

Im Ehnried 5, 88605 Meßkirch
Telefon 07575/2095-0
info@gmeiner-verlag.de

4. Auflage 2014

Lektorat: René Stein
Herstellung: Mirjam Hecht
Umschlaggestaltung: U.O.R.G. Lutz Eberle, Stuttgart
unter Verwendung eines Fotos von: © Woozaa / photocase.com
Druck: GGP Media GmbH, Pößneck
Printed in Germany
ISBN 978-3-8392-1435-0

»Die Religionen sind verschiedene Wege, die im gleichen Punkt münden. Was macht es, dass wir verschiedene Wege gehen, wenn wir nur das gleiche Ziel erreichen?«

Mahatma Gandhi

»Ein dem zu sehenden Gegenstand verwandt und ähnlich gemachtes Auge muss man zum Sehen mitbringen. Nie hätte das Auge jemals die Sonne gesehen, wenn es nicht selber sonnenhaft wäre; so kann auch die Seele das Schöne nicht sehen, wenn sie nicht selbst schön ist.«

Plotin

1

Wie viel Leid erträgt ein Mensch?

Iwan Solowjow konnte nur noch hören und die Augen bewegen. Einzig seine Erinnerung teilte ihm mit, dass der Marmorboden kalt war, auf dem er nackt lag. Jeder Versuch, den Kopf zu drehen, scheiterte. Er fühlte nichts mehr, war gelähmt, aber bei Bewusstsein. Sein Blick war starr zur Decke gerichtet. Romanische Rundbögen stützten die Decke über dem Altar, auf deren Frontseite goldene Engel das Jesuskind schützend flankierten, welches geborgen in Marias Armen lag. In dem fahlen Mondlicht, das durch die Buntglasfenster ins Kirchenschiff drang, warfen die Gebetsbänke graue Schatten. Noch nie in seinem Leben hatte er sich so einsam gefühlt.

Was war mit ihm geschehen?, fragte er sich, während er nach Luft rang.

Solowjow erinnerte sich an den Geruch von Weihrauch, als er die schweren Flügeltüren zur Kathedrale aufgestoßen hatte. Am eindrücklichsten war die Stille gewesen, die ihn umgab, als er wie verabredet – draußen war es bereits dunkel – das Hauptschiff betrat und zum Beichtstuhl hinüberging. Dort setzte er sich auf die kleine Holzbank, die unter seinem Gewicht knarrte, und zog den Vorhang zu. Man hatte ihm gesagt, er solle dort warten und auf keinen Fall seinen Platz verlassen, bis ihm jemand die Erlaubnis dazu gab. Kurz darauf vernahm er Schritte, die vor dem Beichtstuhl verstummten. Jemand betrat die gegenüberliegende Kammer, setzte sich und schob das Verbindungstürchen zwischen ihnen auf. Die Dunkelheit und das Flechtwerk aus Holz schützten die Identität seines Gegenübers.

»Du bist hier, um die Wahrheit zu erfahren?«, fragte ihn eine unbekannte Stimme.

»Ich bin hier, um zu erfahren, was Sie wissen«, antwortete er leise.

»Ich weiß mehr, als du glaubst«, war die knappe Antwort. »Wer führt euch an?«

»Von was reden Sie?«

»Wer führt euch an?«, kam erneut die Frage. Die Stimme klang nun ungehalten.

»Wir wissen es nicht.«

»Bei dir finden die Treffen statt. Du musst es wissen.«

Solowjow schwieg.

»Ich habe euch gesehen.«

Anscheinend hatte man ihn und die anderen beobachtet. Er wusste, worauf der Unbekannte ihn ansprach. Solowjow hatte trotzdem keine Ahnung, wer der Führer war. Er war nie bei den Treffen anwesend. »Den Führer kennt niemand«, verteidigte er sich.

»Du lügst!«

»Verdammt noch mal! Ich lüge nicht«, schrie Solowjow zurück. »Niemand kennt ihn. Wenn Sie angeblich alles wissen, kennen Sie ja auch unser ungeschriebenes Gesetz. Wer versucht, seine Identität in Erfahrung zu bringen, spielt mit seinem Leben!«

Es entstand eine Pause. Der Unbekannte schien abzuwägen, ob er ihm glauben konnte.

»Du und die Deinen haben meinen Engel gestürzt«, brach der Unbekannte das Schweigen. »Und so werdet ihr gestürzt vom Thron des Hochmuts.«

»Was wollen Sie damit sagen?«

»Dir sollen erst deine Sünden vergeben werden.«

Das Verbindungstürchen wurde ganz geöffnet. Solowjow versuchte zu erkennen, wer zu ihm sprach. Doch es war zu düster, um gegenüber mehr als nur einen Schatten zu sehen. Aus der Dunkelheit streckte sich ihm eine weiße, feingliedrige Hand entgegen. Am Geruch nach Gummi erkannte er, dass der Unbekannte Latexhandschuhe trug. Diese Tatsache irritierte ihn. Er hatte keine Zeit, sich über die Gründe klar zu werden, denn man reichte ihm in diesem Moment eine Oblate und bat ihn, den Mund zu öffnen.

»Was soll das?«

»Nimm den Leib und das Blut Christi«, forderte ihn die Stimme auf.

Widerwillig nahm er die Hostie. »Sagen Sie mir, was Sie wissen. Und nennen Sie mir den Preis für Ihr Schweigen.«

Anstatt einer Antwort wurde ihm aus dem Dunkel ein Kelch gereicht. »Nimm den Leib und das Blut Christi«, forderte ihn die Stimme energisch auf.

Verärgert stieß Solowjow den Kelch weg. Erneut nahm er den penetranten Geruch von Gummi wahr. Einen Moment lang geschah nichts. Plötzlich schnellte die Hand nach vorne und sofort wieder zurück. Er spürte, dass etwas Scharfes seine Wange gestreift hatte. Erschrocken wich er zurück.

»Spinnen Sie?«

Der Schatten schwieg.

»Also, was wollen Sie?«, nahm er das Gespräch wieder auf. Es fiel ihm schwer, sich zu beherrschen. Er wartete, dass man ihm nun weitere Anweisungen geben würde. Doch aus dem Dunkel kam nur beharrliches Schweigen. »Was wollen Sie, verdammt noch mal?«, wiederholte er ungeduldig.

»Wir warten.«

»Auf was?« Als Solowjow wieder keine Antwort erhielt, verlor er seine Beherrschung: »Hören Sie! Ich bin hier, wie Sie es gewünscht haben! Auch wenn ich ein gläubiger Mensch bin, so haben wir Wichtigeres zu tun, als hier ein Abendmahl abzuhalten. Meine Geduld ist nicht unerschöpflich!«

Als Antwort knallte das Verbindungstürchen vor seinem Gesicht ins Schloss.

»Ich mache Ihnen einen Vorschlag: Warum kommen Sie nicht zu uns? Ich bürge für Sie. Werden Sie Teil unserer Gemeinschaft!«, versuchte er nun die Gestalt auf der anderen Seite zu überreden.

»Du bist ein Ungläubiger!«, kam die Antwort aus dem Dunkel. »Du hast mir nichts zu bieten.«

»Jetzt reicht es! Nennen Sie mir Ihre Forderungen oder vergessen Sie das Ganze.« Er hörte, wie sein Gegenüber sich mit einem Ruck erhob und den Beichtstuhl verließ.

»Ihr seid alle ungläubige Ketzer! Ihr, die ihr meinen Engel gestürzt habt«, schallte die Stimme nun heiser durch das Kirchenschiff. »Nun wird euch die Rache desjenigen treffen, der meinem Engel am nächsten war!«

»Sie sind verrückt«, kommentierte Solowjow genervt die Drohungen und wollte aufstehen. Innerhalb weniger Sekunden breitete sich ein Kribbeln – von seiner Wange ausgehend – über sein ganzes Gesicht und dann im ganzen Körper aus. Als er etwas sagen wollte, konnte er die Zunge bereits nicht mehr bewegen. Mit aller Kraft versuchte er noch einmal aufzustehen. Erfolglos. Seine Beine entzogen sich seiner Kontrolle. Die ersten Krämpfe warfen ihn zurück in den Stuhl, Hitzewallungen durchflossen seinen Körper. Seine Glieder gehorchten ihm nicht mehr. Panik stieg in ihm auf. Er fiel vornüber durch den Vorhang des Beichtstuhls auf den kalten Steinboden und verlor das Bewusstsein.

Als Solowjow wieder erwachte, sah er schemenhaft die dunkle Gestalt, die ihm die Kleidung auszog. Er wollte sich wehren, doch seine Glieder waren nach wie vor gelähmt. Jetzt erblickte er die Engel über ihm. Er wusste nicht, warum, aber er spürte, dass er nun sterben würde. Aus den Augenwinkeln bemerkte er einen Lichtstrahl, der langsam näher kam, bis er ihn blendete.

Nun stand die große, dunkle Gestalt über ihm und beugte sich herunter. Er richtete einen fragenden Blick an sie, doch sie schien ihn nicht wahrzunehmen.

Er existierte für diesen Menschen nicht mehr, dachte er in diesem Augenblick und wünschte sich nichts sehnlicher, als reden zu können, um nach dem *Warum* zu fragen.

Die Gestalt tauchte ihren Finger in ein Tongefäß, das sie in der Hand hielt, und fuhr mit dem Finger über seine Stirn. An der Bewegung konnte Solowjow erkennen, dass sie ein Kreuz auf seine Stirn zeichnete. Nackt und schutzlos lag er auf dem Steinboden der Kathedrale und war dieser unbekannten Gestalt ausgeliefert.

Er musste wieder für einen Moment das Bewusstsein verloren haben, denn als er die Augen öffnete, sah er zu seinem Entsetzen, dass ein Schlauch in seinem Mund steckte. Er musste würgen. Der Schlauch – das spürte er jetzt – führte in seine Luftröhre. Heftig röchelte er nach Luft. Er hatte das Gefühl, allein zu sein. In seinem Blickfeld waren weder das Licht noch die unbekannte Gestalt zu sehen. Er bekam kaum Luft und voller Panik atmete er schneller und schneller.

Er würde ersticken!, schoss es ihm durch den Kopf. Tränen rannen ihm über das Gesicht.

Dann stand der Schatten wieder über ihm. Erleichtert hoffte er einen Moment lang, seinem Leiden würde ein Ende gemacht und er von dem Todeskampf befreit.

Der Schatten beugte sich über ihn und berührte wieder seine Stirn. Von seiner Berührung spürte er nichts, sondern hörte nur, was er sagte: »Durch diese heilige Salbung helfe dir der Herr in seinem reichen Erbarmen, er stehe dir bei mit der Kraft des Heiligen Geistes. Der Herr, der dich von den Sünden befreit, rette dich, in seiner Gnade richte er dich.« Die Gestalt drückte Solowjows Unterkiefer nach unten und legte ihm eine Hostie auf die Zunge. Anschließend wandte sie sich nach hinten und nahm etwas vom Boden auf. Als sie sich wieder aufgerichtet hatte, streckte sie feierlich die Arme aus.

Er sah einen Messingkrug in den Händen der Gestalt. Leises Murmeln, das sich wie ein Gebet anhörte, drang an sein Ohr. Die Stimme wurde lauter und die Bedeutung der Worte wurden Solowjow klar.

»Der Herr ist mein Hirte; mir wird nichts mangeln. Er erquickt meine Seele; er führt mich auf rechter Straße um seines Namens willen. Und wenn ich auch wanderte im finsteren Todestal, so fürchte ich kein Unglück; denn Du bist bei mir, Dein Stecken und Dein Stab, die trösten mich ...«

Die letzten Sätze hörte er nicht mehr. Die Gestalt beugte sich zu ihm herunter und goss eine kalte Flüssigkeit in den Schlauch. Sie schoss direkt in seine Lungen. Für einige Sekunden erfasste ihn grenzenlose Panik, bis ihn die Dunkelheit für immer zu sich holte. Sein letzter Gedanke war: *Warum jetzt?*

2

Maxim Charkow würde zu spät kommen. Francine Boviard, die Rechtsmedizinerin, wollte ihn nicht gehen lassen, als sie vernahm, was er an diesem Abend plante. Er hatte sich von ihr in eine Diskussion verwickeln lassen und ärgerte sich jetzt darüber. Francine und er waren schon über zehn Jahre befreundet. Bei seiner letzten Ermittlung, als er im Mordfall seines Jugendfreundes Gian ermittelt und letztendlich die wahren Hintergründe für den Tod seiner vor über 30 Jahren verstorbenen Schwester und seines Vaters aufgedeckt hatte, waren Francine und er sich sogar näher gekommen. Und nun war da eine andere Frau zwischen ihnen: Gabriela, Psychologin der Kantonspolizei Zürich und die Frau, die ihn nach dem letzten Fall psychologisch betreute.

»Du weißt nicht einmal, ob du Gabriela liebst«, sagte sie ruhig, während sie die Leber des Leichnams – ein Obdachloser, den sie vor drei Tagen am rechten Ufer des Zürichsees geborgen hatten – aus der Bauchhöhle schnitt und auf die Waage legte. »Und wie steht sie zu der Sache? Sie hat sich sicher in dich verliebt und nicht umgekehrt, oder?«

»Was weißt du schon von ihren Gefühlen?«, erwiderte Charkow gereizt.

»Frauen können andere Frauen sehr gut einschätzen – was man von euch Männern kaum behaupten kann.«

Charkow schwieg und blickte ungeduldig auf seine Uhr.

Francine notierte das Gewicht der Leber, legte sie zurück in die Bauchhöhle und griff nach der oszillierenden Säge an der Decke. »Du lässt dich treiben. Dabei solltest du dir erst einmal über deine eigenen Gefühle klar werden.«

»Was soll das Gerede über meine Gefühle?«, fragte er ungeduldig und dachte ernsthaft daran, zu gehen.

»Ich weiß nur, dass Frauen in unserem Alter einen Mann suchen und«, sie betonte die letzten Worte, »einen potenziellen Vater.«

Charkow irritierte das Wort *Vater* sichtlich.

»Du musst wissen, was eine Beziehung für uns Frauen Ende 30 bedeutet«, fuhr sie ungerührt fort und setzte die Säge an die Stirn des Leichnams. »Wenn du es ernst meinst, musst du es ihr zeigen.«

»Ich zeige es ihr. Wir machen gemeinsam eine Therapie«, schob er nach.

Francine nahm die Säge wieder vom Schädel und blickte ihn erstaunt an. »Was macht ihr? Eine Therapie? Für was macht ihr denn eine Therapie?«

Charkow hielt Francines Blick zwar stand, ärgerte sich aber in diesem Moment, ihr gegenüber die Therapie überhaupt erwähnt zu haben.

»Na toll! Wie lange seid ihr jetzt zusammen? Ein halbes Jahr, glaube ich, oder?« Francine warf resigniert die Arme in die Luft. »Lass mich raten. Sie will deine fehlgeleiteten Verhaltensmuster auflösen, damit ihr eine gesunde Basis für eine Beziehung aufbauen könnt oder so ähnlich.«

Dass Francine damit recht hatte, ärgerte Charkow noch mehr. Beharrlich schwieg er.

»Die Frau hat genügend eigene Probleme!«, rief Francine, sichtlich genervt, dass Charkow sich darauf eingelassen hatte.

Jetzt warf er ihr einen gereizten Blick zu. »Du kennst sie gar nicht.«

»Oh doch, mon cher Max! Ich hab zusammen mit ihr einige Psychologievorlesungen an der Uni abgesessen.« Sie schnaubte kurz. »Wir waren gemeinsam auf Studentenpartys. Da war kein Typ vor ihr sicher. Und die Drogen kannte sie nicht nur aus den Lehrbüchern. Kennst du ihre Familie? Du solltest …« Sie brach ab, denn sie war dabei, ein Geheimnis zu verraten, das Gabriela damals während einer Studentenparty im Vollrausch ausgerechnet ihr anvertraut hatte, obwohl sie nicht enger miteinander befreundet waren. »Entschuldige, das soll sie dir alles selbst erzählen.«

»Du bist eifersüchtig«, war sein hilfloser Versuch, sie zum Schweigen zu bringen.

Sie hielt einen Moment inne und merkte, wie sie kurz davor war, die Beherrschung zu verlieren. Obwohl der Wunsch, Charkow vor Gabrielas dunkler Seite zu schützen, immer stärker wurde, nahm sie sich zusammen, atmete tief durch und schwieg. Sie beschloss, sich wieder auf ihre Arbeit zu konzentrieren, und setzte die Säge erneut an der Stirn des Toten an. Gefasst sagte sie: »Ich denke, du bist alt genug, um zu wissen, was du tust. Jetzt lass mich bitte arbeiten.« Ohne ihn noch eines weiteren Blickes zu würdigen, begann sie die Schädeldecke des Leichnams zu öffnen.

Charkow wollte noch etwas sagen, doch das Kreischen der Säge übertönte seine Wut. Er verließ die Gerichtsmedizin und machte sich auf den Weg zur Praxis des Therapeuten, wo er sich mit Gabriela verabredet hatte. Ein Blick auf die Uhr verriet ihm, dass er zu spät kommen würde.

Die Stadt und ihr Verkehr hatten sich anscheinend mit Francine gegen ihn verschworen. Am Vorabend hatte es geschneit. Eine dicke Schicht aus grauem Matsch lag auf den Straßen. Die Schneepflüge steckten im Feierabendstau fest und konnten den Schnee, der den Verkehr noch zäher fließen ließ, nicht schnell genug räumen. Nun fuhr jeder erst recht besonders vorsichtig, und die Autos begannen sich vor jeder Steigung oder Kreuzung zu stauen. Zu allem Überfluss läutete sein Smartphone. Er fluchte, da er vergessen hatte, in welcher Tasche seines Mantels er es verstaut hatte. Als er es endlich fand und die Nummer von Staatsanwalt Walter Kummer auf seinem Display sah, nahm er das Gespräch entgegen.

»Wo bist du gerade?«, wollte Kummer wissen.

»Im Auto«, antwortete Charkow knapp.

»Kommst du noch mal ins Büro?«

»Nein. Warum?«

»Nichts. Ich dachte, wir könnten kurz reden.«

Das war nicht Kummers Art, dachte er. »Worüber willst du reden? Ist etwas passiert?«

»Wir sehen uns morgen«, wich Kummer aus und legte auf.

Charkow bog von der Hauptstraße auf den Parkplatz ein, der sich am Rande des oberen Niederdorfes befand, der Altstadt am rechten Limmatufer. Es gab keinen freien Platz mehr.

»Cazzo!« Wütend hieb er mit der flachen Hand auf das Lenkrad. Zu Hause hatten seine Eltern russisch mit ihm gesprochen. Er wuchs jedoch mit dem Italienisch der Bewohner von Soglio auf, des Bergdorfs, in dem er nach der Flucht aus Russland seine Kindheit verbrachte. Und wenn es ums Fluchen ging, bevorzugte er diese Sprache, weil sie ihm ermöglichte, seinem Gefühl am besten Ausdruck zu verleihen.

Nach einiger Warterei kam eine ältere Dame, die ihr Auto umständlich vom Schnee befreite und erst nach mehreren Anläufen einen Weg aus der Parklücke fand. Entfernt hörte Charkow die Glocken der Liebfrauenkirche, die ihm eindringlich klar machten, dass er zu spät war. Seine Geduld war am Ende. Hastig stellte er seinen Dienstwagen in die Parklücke, schloss ab und machte sich auf den Weg.

Es war schneidend kalt und die Feuchtigkeit, die vom See her aufstieg, ließ die Kälte durch die Kleidung direkt in seine Knochen fahren. Die Altstadt war schon festlich geschmückt, obwohl Weihnachten erst in einem Monat vor der Tür stand. Über den engen Gassen hingen bunte Lichterketten, es roch nach Glühwein und geschmolzenem Käse. An der Ecke eines Platzes stand der Chor der Heilsarmee und bot sein Weihnachtsrepertoire dar. Zwischen all den Gerüchen und Lichtern fielen dicke Schneeflocken auf das Kopfsteinpflaster. Von all dem bekam er nicht viel mit. Er dachte nur daran, dass er zu spät kommen würde, und beschleunigte seine Schritte.

Endlich erreichte er die Hauptgasse. Schnell warf er einen Blick auf die Hausfassaden. Nummer 32 war nur noch fünf Gebäude entfernt. Er rannte und erblickte im Gewirr der Menschen Gabriela, die unter dem Vordach des mittelalterlichen Hauses stand, in dem der Psychologe seine Praxis haben musste.

»Entschuldige die Verspätung«, sagte er kurzatmig und küsste sie flüchtig auf die Wange.

»Das macht keinen guten Eindruck«, antwortete sie knapp.

»Bei wem?«

»Bei Dr. Monsch. Sonja interpretiert dies als zögerliches, unschlüssiges Verhalten und wird sich fragen, ob wir beide diese Therapie wirklich wollen.«

»Sonja?«, fragte er erstaunt.

»Ja. Eine meiner damaligen Professorinnen.«

»Das hast du mir nicht gesagt.«

»Das tut nichts zur Sache.«

Charkow zögerte. Er fühlte sich überrumpelt und in der Defensive. »Du hättest es mir sagen sollen.«

»Stell dich nicht so an. Es wird dir gut tun.«

»Mir?«

»Uns«, betonte sie schnell. »Warum kommst du zu spät?«

»Ich wurde aufgehalten«, erwiderte er ausweichend und öffnete ihr die Tür.

»Das ist keine Antwort.«

»Ich musste in die Gerichtsmedizin. Ein Obdachloser wurde vor drei Tagen tot aufgefunden.«

»Du musst wirklich lernen, Prioritäten zu setzen.«

»Das ist nun mal mein Beruf«, erwiderte er gereizt. »Und der Tote war der Grund meiner Verspätung.«

Sie stiegen die enge Treppe hinauf in den zweiten Stock.

»Ich nehme mal an, dass der wichtigste Grund noch sehr lebendig war und Francine Boviard hieß.«

Charkow schwieg, weil er keine Lust hatte, mit ihr zu streiten.

»Ich werte dein Schweigen als Zustimmung.«

»Seit wann gilt in unserer Beziehung Römisches Recht?«

Charkow öffnete Gabriela die Tür zur Praxis und nahm ihr den Mantel ab. »Francine Boviard ist eine der besten Gerichtsmedizinerinnen des Landes und arbeitet für uns.«

»Ist schon gut, mein Lieber«, unterbrach sie ihn und blickte sich in der leeren Praxis um. »Sonja?«, rief sie in den Raum seitlich vom Wartezimmer. »Wir sind da!«

Sie hörten ein Rascheln, dann erschien Dr. Sonja Monsch: groß, dick, blondes dünnes Haar, Ende 50. Für

Charkows Geschmack waren ihre Kleider zu eng und das Make-up zu bunt.

Mit einer ausladenden Geste lief sie auf Gabriela zu und umarmte sie herzlich. »Meine Liebste! Ich dachte schon, ihr kommt nicht mehr.« Mit einem kritischen Blick wandte sie sich an Charkow. »Das ist er also?«

Charkow spürte, wie ihm der Gedanke an die gemeinsame Therapie mehr und mehr missfiel. Gabriela hatte wohl im Vorfeld mit dieser Sonja über ihn gesprochen. Am liebsten hätte er seinen Mantel wieder angezogen und wäre gegangen.

Dr. Monsch drückte ihm die Hand. »Keine Angst, sie hat nur gut über Sie gesprochen.«

Charkow zog seine Hand zurück. »Können wir anfangen? Wie Gabriela schon gesagt hat, wir sind spät dran.«

»Bitte folgt mir.« Dr. Monsch führte sie in das Sitzungszimmer.

Das Licht in diesem Raum war schwach und tauchte die unterschiedlichsten Objekte in einen Goldton. Charkow und Gabriela setzten sich auf ein dunkelbraunes Ledersofa, das von zwei afrikanischen Fruchtbarkeitsstatuen eingerahmt war. An der Wand hingen diverse Diplome. Daneben ragte ein wuchtiges Bücherregal bis zur Decke, das mit Papieren und Fachliteratur vollgestopft war. Vor dem Sofa stand ein niedriger Glastisch. Darauf waren Heiligenfiguren aus allen Religionen verteilt und zu seinem Schrecken eine Kartonpackung Taschentücher. Eine große Schale mit Süßigkeiten fiel ihm auf, aus der sich Dr. Monsch gleich selbst bediente.

»Nehmen Sie ruhig«, sagte sie schnell und reichte Charkow die Schale.

»Nein, danke.«

»Nun. Dann fangen wir mal an.«

Gabriela machte es sich bequem. Sie schlüpfte aus ihren Schuhen und zog die Beine auf das Sofa. Dann schmiegte sie sich an Charkow und wartete, dass Sonja die Sitzungsregeln erklärte.

»Herr Charkow, waren Sie schon einmal bei einer Paartherapie?«

»Nein.«

»Wollen Sie denn heute hier sein?«

Am liebsten hätte er wieder *Nein* gesagt, stattdessen nickte er.

»Das ist gut und eine wichtige Voraussetzung. Nur wenn Sie wirklich etwas verändern wollen, haben wir eine echte Chance.« Sie nahm noch eine weitere Süßigkeit und ließ sie schnell in ihrem Mund verschwinden. »Gabriela hat mir angedeutet, was Sie in Ihrem letzten Fall erleben mussten. Dass Ihnen diese Erlebnisse sehr nah gingen und es sehr wahrscheinlich immer noch tun, ist nur normal. Es ist nichts, wofür Sie sich schämen müssten.«

»Ich schäme mich nicht«, erwiderte Charkow und erinnerte sich, wie ihn Kummer nach diesem Fall zu Gabriela – der zuständigen Polizeipsychologin – geschickt hatte. So hatten sie sich damals kennengelernt.

Über Dr. Monschs Gesicht huschte ein vielsagendes Lächeln. »Wir drei wollen in unseren nächsten Sitzungen einen Weg finden, die in Ihrer Vergangenheit erlebten Ereignisse und die daraus entstandenen Muster so weit aufzudecken, dass Sie beide diese erkennen und entlarven können. Somit werden Sie weniger auf den Partner projizieren, und dies bedeutet, dass Sie weniger Streitpotenzial haben werden, weil jeder beginnt, die Verantwortung für seine Gefühle selbst zu übernehmen.«

»Wie viele Sitzungen benötigen wir denn?«, wollte Charkow wissen.

Gabriela rückte von ihm weg. »Schatz, wir haben noch nicht einmal angefangen und schon redest du davon, wie lange es wohl dauert!«

Dr. Monsch hob beschwichtigend die Hände. »Herr Charkow ist ein Mann. Er funktioniert nach männlichen Prinzipien. Und eines davon ist *Leistung*. Das müsste dir eigentlich bewusst sein, Gabriela«, ermahnte sie Dr. Monsch und wandte sich wieder Charkow zu. »Wir werden uns so lange treffen, bis wir der Meinung sind, dass wir die wichtigsten Verletzungen aufgespürt haben.«

»Und warum müssen wir das?«, fragte Charkow weiter.

»Das hatte ich vorhin angedeutet. Wenn Sie beide diese Analyse nicht machen, werden Sie die aus Mustern entstehenden Ängste auf Ihren Partner projizieren. Sie schreiben einem anderen Menschen eigene Fehler oder Wünsche zu. Und dann gibt es den berühmten Streit, bei dem niemand erkennt, worum es eigentlich geht. Diese Konflikte werden sich in der Folge wiederholen.«

Charkow glaubte zu verstehen, fühlte sich aber bei der ganzen Sache immer unwohler, vor allem wegen des Vorwissens, dass Dr. Monsch über ihn durch Gabriela erfahren hatte. Er empfand ihr Verhalten als Vertrauensbruch und wollte es gleich zur Sprache bringen. Schließlich sollte er hier über Verletzungen reden. Gerade wollte er ansetzen, als sein Smartphone läutete.

Dr. Monsch und Gabriela blickten ihn vorwurfsvoll an, und als er den Anruf entgegennahm, war ihnen die Empörung anzusehen.

Er hatte die Nummer seiner Assistentin sofort erkannt. »Was gibt es, Priska?«

»Wir haben einen Toten, Chef.«

»Mord?«

»Es sieht so aus.«

»Wo?«

»Bist du gläubig?«

»Was soll diese Frage?«

»In der Liebfrauenkirche, gleich in der Nähe der Altstadt.«

Charkow brauchte einen Moment, um zu verstehen, dass sie wirklich *in* der Liebfrauenkirche gesagt hatte und dass er nur wenige Gehminuten davon entfernt war. »Ist schon jemand dort?«

»Die Streife ist am Tatort und sperrt ab.«

»Ich bin in 15 Minuten da.«

»So schnell? Wo bist du denn gerade?«

Charkow hätte fast *beim Psychologen* gesagt. »In der Nähe.«

Er steckte sein Smartphone wieder weg und stellte fest, dass ihn diese Art von Nachricht zum ersten Mal in seinem Leben erleichterte.

»Sie wollen gehen?«, fragte Dr. Monsch konsterniert.

»Ich muss.«

Sie blickte Gabriela an, die ihre Knie nun bis unters Kinn angezogen hatte und von Charkow abgerückt war. Er wollte sie zum Abschied auf die Wange küssen, doch sie wandte sich enttäuscht ab.

»Wir machen einen neuen Termin aus«, sagte er halbherzig.

»Warum kann das niemand anderes machen?«, fragte sie den Tränen nah. »Ist dir dein Beruf wichtiger als ich?«

Charkow stand auf. »Nein. Du weißt, dass ich gehen muss.«

Gabriela schwieg. Charkow atmete tief durch, dann verließ er rasch die Praxis.

3

Als er die Tür hinter sich schloss, fühlte er sich erleichtert. Gabrielas Reaktion war die eines Kleinkindes. Diese Seite an ihr hatte ihn überrascht. Sie wirkte für gewöhnlich stark. Sie wusste, was sie wollte, und vermittelte anderen Menschen Sicherheit. Vorhin war sie schwach und verletzlich gewesen. Er wusste nicht so recht, wie er damit umgehen sollte.

Die Menschen, die plötzlich um ihn herum waren, als er die Gasse betrat, lenkten ihn von diesen Gedanken ab. Dankbar tauchte er in die herrschende Vorweihnachtsstimmung ein. Alles strahlte Fröhlichkeit und Wärme aus. Ihm wurde klar, dass er dies bei Gabriela vermisste. Der Gedanke daran, dass sie Dr. Monsch von ihm erzählt hatte, ohne ihn vorher zu fragen, machte ihn wütend. Das würde er an der nächsten Sitzung als Erstes zur Sprache bringen. Er erinnerte sich an die Worte Francines über Gabriela, als sein Smartphone erneut läutete.

»Chef, ich stecke im Stau fest«, sagte Priska Künzler verzweifelt.

»Ist Martin bei dir?«

»Ja. Er sitzt neben mir.«

»Wenn ihr zur Absperrung kommt, soll er mit seinem

Smartphone die Gaffer filmen. Sie haben sich sicher schon bei der Liebfrauenkirche versammelt.«

»Meinst du tatsächlich, unser Täter ist dort und schaut zu?«

»Es handelt sich um einen Mord in einer Kirche. Das ist ein spektakulärer Tatort. Und es könnte sein, dass der Mörder sich die Liebfrauenkirche ausgesucht hat, um anschließend zu betrachten, was er ausgelöst hat.«

Der Platz vor der Kirche war hell erleuchtet. Zwei Einsatzwagen der Kantonspolizei standen vor dem Eingang und eine Handvoll Polizisten errichteten Absperrungen. Wie er vermutete, hatten sich einige Neugierige vor dem Portal versammelt. Touristen mit Kameras filmten das Geschehen, Passanten verlangsamten ihre Schritte, und eine kleine Gruppe verärgerter Teenager legte sich mit einem der Beamten an. Charkow kam ihm zu Hilfe.

»Was ist los?«, fragte er und zeigte den Jugendlichen seinen Ausweis.

»Sie wollen unbedingt da rein«, sagte er ruhig und deutete auf die Kirche.

»Wir haben wichtige Proben!«, fuhr der junge Mann, der anscheinend der Anführer der Gruppe war, dazwischen. »In einigen Wochen ist das christliche Weihnachtskonzert in der Liebfrauenkirche. Es singen Christen für Christen. Und wir müssen jetzt rein, um zu proben.«

Charkow verstand die Überheblichkeit in der Stimme des jungen Mannes nicht. »Das geht im Moment nicht. Es handelt sich um einen Tatort.«

»Das hat der Typ da mir schon gesagt«, antwortete er in abschätzigem Ton und zeigte auf den Polizisten.

»Das ist Wachtmeister Suter. Bitte beleidigen Sie meinen Kollegen nicht. Er macht nur seine Arbeit.«

Charkow schien mit seiner Aufforderung das Gegenteil von dem zu erreichen, was er beabsichtigte.

Der junge Mann warf einen Blick zu seiner Gruppe, die ihn mit anerkennenden Blicken aufforderte, sich noch mehr zu produzieren. »Ich kann ja nicht erwarten, dass Ungläubige wie ihr überhaupt im Ansatz versteht, was ...«

Weiter kam er nicht. Charkow packte seinen Arm und zog ihn unter der Absperrung hindurch hinter eine der Säulen der Kirche. Er wies Wachtmeister Suter an, ihm zu folgen. Charkow schob den jungen Mann an die Sandsteinwand, sodass er außer Sichtweite seiner Freunde war. Die anfängliche Arroganz auf dessen Gesicht verschwand und wich Unsicherheit.

»Wie heißt du?«, fragte Charkow ruhig und ließ seinen Arm los.

»Kündig. Peter Kündig«, antwortete er trotzig.

»Hör zu, Peter. Mein Name ist Maxim Charkow. Ich bin leitender Ermittler bei der Mordkommission und Wachtmeister Suter ist ein guter Polizist, der seine Pflicht tut. Er und ich sind keine Menschen, die etwas nicht annähernd im Ansatz verstehen. Wenn du noch einmal einen meiner Kollegen beleidigst, sorge ich dafür, dass dies Folgen für dich haben wird. Verstehen wir uns?«

»Sie können mich nicht einfach verhaften«, erwiderte Peter Kündig mit einer Mischung aus Trotz und Wut.

Charkow fuhr unbeirrt fort. »Wir verhaften dich nicht. Aber ich stelle jetzt einige Dinge klar, bevor diese Situation für dich unangenehm wird.«

»Sie drohen mir? Mein Vater ist Anwalt! Ich kenne meine Rechte.«

Charkow seufzte. »Was glaubst, was du hier gerade machst? Dein Verhalten ist sehr auffällig.«

»Welches Verhalten?«, fragte Peter Kündig nun unsicher.

»Du willst anscheinend mit aller Macht an einen Tatort«, erklärte Charkow geduldig.

»Ich denke, er könnte in diese Sache verwickelt sein«, warf Wachtmeister Suter ein, der Charkows Absicht sofort erkannte.

»Hören Sie, ich habe das vorhin nicht so gemeint«, sagte Kündig nun kleinlaut.

Charkow blickte ihm direkt in die Augen. »Dann erwarte ich eine Entschuldigung von dir.«

»Ich habe nur ...«

»Was hast du?«, unterbrach ihn Charkow. »Du hast meinen Kollegen beleidigt. Und jetzt entschuldigst du dich bei ihm.«

Peter Kündig erkannte, dass Charkow keinen Widerspruch duldete. »Entschuldigung. Das von vorhin habe ich nicht so gemeint«, sagte er, ohne Wachtmeister Suter anzusehen.

»Reicht Ihnen die Entschuldigung?«, fragte Charkow.

Wachtmeister Suter nickte.

»Ihr jungen Leute habt eine seltsame Vorstellung vom Christentum«, schob Charkow nach. »Bringen Sie ihn wieder zu seinen Freunden. Vorher nehmen Sie seine Personalien auf.«

Anschließend ging er quer über den Platz zum Eingang der Kirche. Er sah noch, wie Wachtmeister Suter den Jungen zum Absperrband begleitete. Seine Freunde waren einfach gegangen.

»Schöne Freunde hast du«, stellte er kopfschüttelnd fest.

Am Eingang der Liebfrauenkirche stand eine Polizistin und hielt Wache. Charkow zeigte seinen Ausweis und trat ein. Er schob die dicken Flügeltüren aus Eichenholz auf. Dahinter befand sich ein dicker Samtvorhang, der das Kirchenschiff vor Kälte und Lärm schützte. Das Innere der Liebfrauenkirche war in vollkommene Stille getaucht. Im hinteren Altarbereich ragte der Umriss eines mächtigen Weihnachtsbaums empor, dessen von einem Stern geschmückte Spitze fast das Dach berührte. Der Duft von Harz und Weihrauch lag in der Luft. Erinnerungen an die Weihnachtsfeste seiner Kindheit erschienen vor seinem inneren Auge. Er sah sich über die dicken Arvenholzplanken der Dorfkirche gehen. Der Boden knarrte unter seinen kleinen Füßen und es roch nach Zimt und Kerzenwachs. Kleine einfache Geschenke, wie Lebkuchenengel oder Äpfel, hingen am Baum. Seine Schwester hielt ihn an der Hand und führte ihn zur kleinen Steinempore hinter dem Altar, wo der Weihnachtsbaum stand. Dort forderte sie ihn auf, ein Geschenk zu pflücken. Er traute sich nicht. Sie riss einen Apfel und einen Lebkuchenengel vom Zweig und gab ihm den Lebkuchen mit den Worten: »Ein Engel für meinen Engel.« Sie lächelte, und in diesem Moment fühlte er sich geborgen wie noch nie zuvor in seinem Leben.

»Herr Charkow, die Leiche liegt da vorn«, riss ihn die Polizistin aus seinen Gedanken und ging voraus.

Charkow folgte ihr den Mittelgang entlang zum Altarbereich. Zwei weitere Polizisten standen vor dem Taufbecken und blickten auf den Boden. Das Mondlicht schien durch die Kirchenfenster und gab allen Farben einen Graustich. Es war hell genug, die Anspannung auf den Gesichtern der Männer zu erkennen.

»Warum ist es hier drin immer noch dunkel?«, fragte Charkow ungeduldig.

»Wir haben die Lichtschalter nicht gefunden«, war die

hilflose Antwort eines Polizisten. »Die Spurensicherung wird sicher Scheinwerfer mitbringen.«

»Darauf kann ich nicht warten. Ruft den Zuständigen für die Liebfrauenkirche an.«

»Das habe ich schon gemacht. Er sollte jeden Augenblick hier sein.«

Als Charkow zum Taufbecken trat, machten ihm die beiden Polizisten Platz und gaben die Sicht auf die Leiche frei.

»Eine schreckliche Sache«, sagte die Polizistin.

»Ihre erste Leiche?«

Sie nickte. Charkow sah Angst auf ihrem Gesicht. Als er sich über den Leichnam beugte, wusste er, warum sie so empfand. Vor ihm lag ein nackter, männlicher Körper. Der Tote musste zwischen 50 und 60 Jahre alt sein. Sein Körper war stark behaart und korpulent. Der Mann lag auf dem Rücken. Die Augen waren geöffnet und starr zur Decke gerichtet.

Die Arme waren im rechten Winkel vom Körper weggestreckt und der ganze Leichnam war nach der Kirchengeometrie ausgerichtet worden. Sein Kopf lag am Sockel unter dem Taufbecken und die Füße zeigten ans Ende des Kirchenschiffs zum Orgelgestühl. Die gesamte Erscheinung erinnerte an die Kreuzigung Jesu.

»Haben Sie die Leiche bewegt?«, fragte Charkow wegen der seltsamen Art, wie der Tote dalag.

Die Polizistin schüttelte den Kopf.

»Eine Hinrichtung«, war Charkows erster Gedanke.

»Was haben Sie gesagt?«, fragte die Polizistin.

»Nichts. Geben Sie mir bitte Ihre Taschenlampe.«

Langsam lief er um die Leiche herum. Charkow spürte ein Unbehagen in der Magengegend. Hass, dachte er. Er fühlte hier unendlichen Schmerz und tiefen Hass. Er konnte den Ursprung seiner Gefühle noch nicht erklären, aber er wusste, dass er sich auf sie verlassen konnte. Sein Unbehagen wandelte sich zu einer leichten Übelkeit. Ein Gefühl, das er schon lange nicht mehr gehabt hatte.

Er konzentrierte sich auf die Frage, wie der Mann zu Tode gekommen war. Er leuchtete mit der Taschenlampe über den Körper. Da waren weder Blut noch Wundmale. Der Lichtkegel fuhr über die Brust und über das Gesicht des Toten. Schlagartig fiel ihm etwas Ungewöhnliches auf: Der Tote hatte Schaum vor dem Mund, was er bei Ertrunkenen beobachtet hatte. Dies stand in absolutem Gegensatz zu der Leiche, deren Haut trocken war.

Was war hier geschehen? Charkow sah sich um. »Gibt es irgendwo ein größeres Wasserbecken?«

Die Polizistin zeigte auf das Taufbecken.

Charkow blickte hinein. Es war leer. »Ich meine etwas Größeres … eine Badewanne oder ein Waschbecken?«

»Nein.«

»Vielleicht in den anderen Räumen?«

»Die sind alle verschlossen.«

Charkow nickte langsam. Er konnte sich nicht vorstellen, was mit diesem Mann geschehen war. »Ein Ertrunkener in einer Kirche«, sagte er kopfschüttelnd. Die Absurdität der Situation irritierte ihn. »Wir müssen in die anderen Räume gelangen«, befahl er der Polizistin.

»Pater Francescus hat die Schlüssel.«

Charkow kniete sich neben den Kopf der Leiche.

»Habt ihr die Kleider des Toten schon entdeckt?«, fragte er sie, ohne seinen Blick von der Leiche abzuwenden.

»Im Kirchenschiff haben wir nichts gefunden.«

»Also wissen wir nicht, wer er ist?«

»Korrekt.«

»War nur der Seiteneingang geöffnet?«

»Das ist ebenfalls korrekt.«

»Wer hat die Leiche gefunden?«

»Pater Francescus.«

»Und warum ist er nicht hier?«, ungeduldig blickte Charkow auf.

»Das ... ist mein Fehler«, antwortete die Polizistin. »Ich habe ihm gesagt, er solle sich in der Mesnerei für die Befragung bereithalten. Ihm war schlecht geworden und ich wollte ihm nicht zumuten, hier bei der Leiche ...«

»Ist das derselbe, der hier Licht machen soll?«

»Ja.«

»Gehen Sie jetzt zur Mesnerei und bringen Sie ihn sofort hierher«, forderte Charkow sie auf.

Die Polizistin nickte und machte sich auf den Weg.

»Und Sie beide begleiten Ihre Kollegin und warten vor dem Portal auf Francine Boviard. Sobald sie und ihr Team eintreffen, führen Sie sie zu mir.«

Die beiden Polizisten nickten und waren froh, den Tatort verlassen zu können. Die Stille in diesem übermächtig anmutenden Kirchenschiff, die Dunkelheit und der nackte Leichnam schienen ihnen zuzusetzen.

Charkow widmete sich wieder dem Toten. Er beugte sich über das Gesicht und hob mit beiden Händen vorsichtig den Kopf an. Am hinteren Schädel konnte er keine äußeren Verletzungen entdecken. Auch war keine Schädeldeformation ertastbar. Charkow starrte wieder ungläubig die Schaumkrone an der Mundpartie des Toten an. »Wie konntest du hier ertrinken?« Er hatte keine Erklärung für das, was er sah.

Ratlos setzte er sich in die vorderste Bankreihe und beschloss, auf Francines Einschätzung zu warten. Die Leiche betrachtend hatte er erneut das Gefühl, dieser Mord sei vom Hass motiviert gewesen. Der Täter wollte das Opfer erniedrigen. Die Nacktheit machte es verletzlicher. Somit hatte er größere Macht über sein Opfer. Irgendetwas sagte ihm, dass die Antwort im Leiden des Opfers zu finden war. Über die genauen Umstände konnte ihm jedoch nur Francine Auskunft geben.

Das Zuschlagen der Flügeltüren am Eingang riss ihn aus seinen Gedanken. Francine!, dachte er. Zu seiner Enttäuschung traten aus dem Schatten unter der Orgelkanzel die Polizistin und ein alter Mann in Priesterrobe hervor. Charkow leuchtete mit seiner Taschenlampe in ihre Richtung und erkannte, wie bleich und nervös der Geistliche war.

»Ich bin Pater Francescus, der Verantwortliche für dieses Gotteshaus. Ich habe den Toten gefunden und die Polizei benachrichtigt. Es ist schrecklich«, sagte der Pater und wies mit seinem Kopf auf die Leiche.

Charkow nickte stumm. »Wir müssen den Tatort heller ausleuchten.«

Pater Francescus verschwand kurz hinter einem Vorhang und legte einige Schalter um. Sofort erfüllte sich das Kirchenschiff mit warmem Licht.

»Haben Sie die Leiche bewegt oder angefasst?«, fragte er den Pater, als er wieder hinter dem Vorhang hervorkam.

»Gott bewahre«, antwortete er entsetzt. »Ich hatte so große Angst, dass ich davongerannt bin.«

»War die Kirche abgeschlossen?«

»Bis am Nachmittag um vier war sie für die Allgemeinheit geöffnet. Wenige Minuten später schloss ich sie ab.«

»Ist das nicht sehr früh?«

»Nein«, antwortete er und zeigte auf den Weihnachtsbaum. »Wie jedes Jahr wollte ich den Baum schmücken. Für diese Arbeit schließen wir immer vorzeitig.«

»Um vier hatten Sie also geschlossen. Was haben Sie anschließend gemacht?«

»Ich ging in die Stadt, um Kerzen und Weihnachtskugeln zu kaufen. Danach habe ich den Baumschmuck hierher gebracht und diesen Mann gefunden.«

»Wie lange dauerte Ihr Einkauf?«, wollte Charkow wissen.

»Ungefähr zwei Stunden.«

»Wer außer Ihnen hat noch einen Schlüssel zur Liebfrauenkirche?«

»Niemand. Die Schlüssel trage ich immer bei mir.«

Charkow machte sich Notizen. »Noch eine letzte Frage. Gibt es hier einen Ort oder ein Gefäß, das viel Wasser fasst?«

Der Pater blickte Charkow irritiert an.

»Eine Badewanne, einen Raum, in dem sich Wasser befindet, eine Art Bassin oder so etwas Ähnliches«, präzisierte Charkow.

»Nein. Wir haben nur einen kleinen Besenraum, in dem sich ein Wasserhahn und ein kleines Waschbecken befinden.«

»Und sonst nichts?«

»Natürlich noch das Taufbecken«, fiel ihm ein.

»Ja, aber es ist leer.«

Pater Francescus schüttelte ungläubig den Kopf und blickte ins Becken. »Ich habe es erst heute Morgen mit geweihtem Wasser gefüllt. Wir hatten zwei Taufen.« Er seufzte leise. »Zwei neue Leben. Und nun dies.«

»Ich danke Ihnen für Ihre Hilfe.« Er klappte sein Notizbuch zu. »Sie können jetzt gehen. Geben Sie vorher bitte ihre Personalien dem Beamten, der am Eingang Wache steht.«

Pater Francescus nickte und wandte sich zum Gehen, als Charkow noch eine Frage durch den Kopf schoss. »Was kam Ihnen als Erstes in den Sinn, als Sie die Leiche fanden?«

»Die Kreuzigung«, war seine spontane Antwort. »Er liegt da wie Marias Sohn am Kreuz.«

Charkow nickte. »Danke.«

In diesem Moment betraten seine Assistenten die Kirche. Priska Künzler und Martin Peterson schüttelten sich die Schneeflocken von den Schultern und rieben sich ihre kalten Hände. Charkow winkte die beiden zu sich.

»Warum ist der Mann nackt?«, flüsterte Priska beim Anblick der Leiche etwas peinlich berührt.

»Eine gute Frage. Ich habe keine Antwort.«

»So wirkt er verletzlicher«, stellte Martin nachdenklich fest.

»Vielleicht sollte er sich im Zeitpunkt seines Todes so fühlen«, dachte Charkow laut.

In diesem Moment öffneten sich die Türen am Haupteingang erneut und Francine Boviard betrat mit zwei Mitarbeitern der Spurensicherung die Kirche.

Charkow ging auf sie zu. »Ich bin froh, dass du da bist.«

»Schön, das von dir zu hören«, grinste sie und stellte ihren Instrumentenkoffer auf eine der Gebetsbänke ab. »Wieso bist du schon hier?«

»Ich war in der Nähe.«

Francine Boviard überlegte einen Moment und erinnerte sich. Sie vergewisserte sich, dass sie niemand hören konnte. »Ach ja, Dr. Monsch, der *Walfisch*«, flüsterte sie. »Wart ihr denn mit der Sitzung schon durch?«, fragte sie in ironischem Unterton.

»Unser Toter hat sie vorzeitig beendet«, antwortete Charkow. »Woher kennst du Dr. Monsch?«

»Ich muss nur eins und eins zusammenzählen. Gabriela und ich haben ihre Vorlesungen besucht. Der Walfisch war Gabrielas Vorbild«, erklärte sie. Ihre gelungene Anspielung ließ ein Lächeln über ihre Mundwinkel huschen. »Und ihre Praxis liegt fußläufig von hier.«

Mürrisch wandte sich Charkow von ihr ab, um nicht weiter über dieses Thema sprechen zu müssen.

Während sie Latexhandschuhe an die anderen verteilte, blickte sie sich in der Liebfrauenkirche um. »Ich war schon lange nicht mehr hier. Ein schöner Ort, um zu sterben.« Sie beugte sich über die Leiche. Sofort fiel ihr der Schaum am Mund des Opfers auf.

»Ertrunken?«, fragte sie ungläubig.

»Es sieht fast so aus«, bestätigte Charkow.

»Hier drin?«

»Es gibt im ganzen Gebäude keine Badewanne oder etwas Ähnliches, das der Mörder hätte benutzen können«, antwortete Charkow. »Gemäß Pater Francescus Aussage fehlt das Wasser des Taufbeckens. Es ist allerdings nicht tief genug, um darin jemanden zu ertränken.«

»Und da der Tote schätzungsweise über 100 Kilo wiegt, wird ihn niemand im See ertränkt und anschließend über den Weihnachtsmarkt hierher getragen haben«, stellte Francine fest, immer noch irritiert über das Szenario, das sie hier vorfand.

Sie entfernte den Schaum, öffnete den Mund des Toten und leuchtete mit einer Taschenlampe hinein. »Oh, was haben wir denn da?« Mit der Pinzette holte sie vorsichtig einen hellen, gallertartigen Gegenstand aus dem Rachen des Toten.

»Das sieht aus wie eine Hostie«, sagte Martin.

Francine betrachtete den Gegenstand genauer und

nickte. »Der Kandidat hat 100 Punkte.« Sie ließ die Hostie in einem Plastikbecher verschwinden.

»Vielleicht findest du Wein in seinem Magen«, mutmaßte Charkow.

»Willst du sagen, der Mörder hat dem Toten vorher noch das Abendmahl verabreicht?«, fragte Francine.

»Der Täter war vielleicht sehr gläubig«, ergänzte Martin ohne ironischen Unterton.

Priska musste lachen. »Sorry, Martin, das klingt echt verrückt. Ein *gläubiger Mörder*. Das ist der totale Widerspruch.«

Die Vier betrachteten schweigend die Leiche.

»Er war zwar ziemlich dick, dennoch kräftig. Der Mann hätte sich gewehrt haben müssen«, unterbrach Charkow das Schweigen.

»Du hast recht«, sagte Francine. Sie prüfte schnell die Handgelenke und Fußknöchel. »Keine Fesselspuren oder Hämatome, die auf gewaltsames Niederdrücken schließen lassen.«

»Ein Sedativum?«, war Charkows Schlussfolgerung.

»Vielleicht finden wir eine Injektionswunde«, sagte Francine.

»Oder etwas im Magen«, warf Priska ein.

»Oder im Blut«, schloss Francine die Kette der Vermutungen.

Charkow nickte. »Hört zu«, wandte er sich an Priska und Martin. »Ihr beiden müsst nach den Kleidern des Opfers suchen. Holt euch Verstärkung. Durchsucht alle Container im Umkreis der Liebfrauenkirche.«

»Alle Container? Chef, die Altstadt ist das Vergnügungsviertel der Stadt ... hier wimmelt es nur so von Containern, Abfallbergen, gebrauchten Kondomen, Spritzen und einfach allem, was kein Mensch mehr im Leben sehen, geschweige denn anfassen will!«, stellte Priska frustriert fest.

Charkow überhörte ihren Einwand. »Nehmt euch ein paar Polizisten als Unterstützung und sucht auch das rechte Flussufer vom Quai aus ab. Martin, du nimmst Kontakt mit der Leitung der Stromgesellschaft auf, die das untere Wehr betreibt. Die filtern das Flusswasser, bevor es in die Turbinen geleitet wird. Vielleicht finden die im Laufe der Nacht die Kleidung des Opfers in einem ihrer Siebe.« Martin nickte.

»Priska, bitte überprüfe zuerst noch die Meldungen der Nachtschicht. Ich glaube zwar nicht, dass unser Opfer schon vermisst wird. Vielleicht haben wir trotzdem einen Hinweis.«

»Mach ich«, sagte Priska und lief mit Martin zum Ausgang.

Immer noch fielen dicke Schneeflocken vom grauschwarzen Nachthimmel, als Charkow den Platz vor der Kirche betrat. Es hatte sich eine dünne Schneedecke auf dem Kopfsteinpflaster gebildet, die sich trotzig gegen die Wärme der zahllosen Lichter der Stadt wehrte. Charkow atmete tief durch und hoffte, die Ermittlungen würden nicht die ganze Nacht hindurch andauern.

Ihn fröstelte. Er lief zu einem der Weihnachtsstände und wollte sich einen Kaffee besorgen. Er fand nur einen Glühweinstand, also nahm er einen Becher dieses klebrigen, roten Getränks, das seinen Namen eigentlich nicht verdiente, da es vor allem aus Zucker und Aromastoffen bestand. Wenigstens wärmte es. Am Nachbarstand kaufte er noch eine Brezel, um den süßen Geschmack zu neutralisieren.

Plötzlich sah er Walter Kummer, der mit seinem Wagen

vor den Absperrbändern hielt. Charkow winkte ihn zu sich. Kummer kaufte sich ebenfalls eine Brezel und einen Glühwein.

»Hat dich Francine informiert?«

Kummer nickte. »Was haben wir?«

»Einen toten Mann. Mitte 50. Er liegt nackt unter dem Taufbecken. Wie es aussieht, ist er ertrunken.«

»Ertrunken?« Kummer warf Charkow einen ungläubigen Blick zu. »Wie soll denn das gehen?«

Charkow zuckte mit den Schultern und nahm einen weiteren Schluck Glühwein. »Lass uns morgen gleich eine Sitzung einberufen, damit wir über die Ergebnisse und das weitere Vorgehen bei den Ermittlungen reden können.«

Kummer nickte. »Scheißkälte«, fluchte er. »Und so, wie es aussieht, wohl auch ein Scheißfall.«

»Was ist los mit dir?«, wollte Charkow wissen, der Kummer noch nie so fluchen gehört hatte.

Kummer trank einen Schluck Glühwein und verzog das Gesicht. »Üble Soße. Viel zu süß.«

Charkow nickte und wartete darauf, dass Kummer erzählte, was ihm auf dem Herzen lag.

»Entschuldige meine miese Laune.«

»Mach dir um mich keine Sorgen«, brummte Charkow und schmiss den halb vollen Becher in den Mülleimer neben dem Verkaufsstand.

Kummer tat es ihm gleich. »Meine Frau … wir haben … Probleme.« Kummer überlegte, wie er fortfahren sollte. »Kannst froh sein, dass du Junggeselle bist.«

Charkow biss in seine Brezel und blickte schweigend auf die hell erleuchtete Liebfrauenkirche.

»Sie hat einfach ihre Sachen gepackt und ist in unsere Ferienwohnung in die Berge gefahren.«

Charkow nickte und blickte besorgt zu Kummer.

»Wir sind schon über 35 Jahre verheiratet. Gemeinsam haben wir die Kinder großgezogen. Gemeinsam Höhen und Tiefen erlebt. Und jetzt braucht sie *Abstand* von mir. Kannst du dir das vorstellen?«

Kummers Hilflosigkeit war für Charkow förmlich greifbar. »Gibt es einen Grund?«

»Hah! Einen Grund? Mann, das wäre toll, wenn es einen Grund gäbe! Ich würde Halleluja rufen!« Kummer schrie beinahe, und einige Passanten begannen, sich nach ihnen umzudrehen. »Einen Grund ... Weißt du, ich glaube es gibt keinen Grund.«

»Es gibt immer einen Grund«, hielt Charkow dagegen.

»Vielleicht hast du recht. Vielleicht ist der Grund ein Hirngespinst in ihrem Schädel!« Wütend warf er die Brezel in den Mülleimer. Er atmete schnell und sein Kopf war rot vor Aufregung.

Charkow hatte den Eindruck, er würde gleich zu weinen beginnen.

Kummer fing sich wieder. »Sie sagte, ich sei zu wenig für sie da. Dabei wollte ich nur erfolgreich sein, damit ich ihr und den Kindern ein gutes Leben bieten kann. Gute Schulen, eine Eigentumswohnung, dreimal im Jahr in die Ferien, ausreichend Taschengeld für die Kinder, verstehst du? Und jetzt macht sie mir zum Vorwurf, dass ich nie zu Hause bin. Keine Zeit für sie habe!«

Charkow schwieg.

»Entschuldige, dass du dir das alles anhören musst«, sagte Kummer matt. »Ich musste es jemandem erzählen.«

Charkow nickte. »Nimm dir ein paar Tage frei. Fahr zu ihr rauf und rede mit deiner Frau.«

»Vielleicht mache ich das ja wirklich.«

»Sicher. Vielleicht«, sagte Charkow nachdenklich. »Ich muss los, Walter. Muss schauen, ob meine zwei Assistenten etwas gefunden haben. Das verstehst du, oder?«

Kummer nickte. »Wir sehen uns morgen.«

Sie trennten sich, und Kummer lief an einer Gruppe Neugieriger vorbei zu seinem Wagen. Charkow blickte ihm noch einen Moment nach und kehrte dann auf den Platz vor der Liebfrauenkirche zurück. Vom Turm schlug die Viertelstundenglocke, als Priska und Martin auf ihn zukamen.

Priska streckte ihm einen Plastiksack entgegen. »Hier, das sind sicher die Kleider des Toten. Schicke Klamotten. Und teuer.«

»Wo hast du sie gefunden?«

»Auf einem Stapel Müllsäcke in einer Seitengasse beim Hinterausgang eines Bordells. Die Suche war echt eine *saubere* Angelegenheit.« Angewidert rümpfte sie die Nase.

»Und warum glaubst du, dass dies die Kleider des Toten sind?«

»Ich glaube es nicht. Ich weiß es.« Priska griff in den Plastiksack und holte eine Brieftasche hervor. »Iwan Solowjow, Jahrgang 1954, Schweizer Staatsbürger russischer Abstammung. Keine Angehörigen. Solowjow ist anscheinend sehr reich.«

»Woher weißt du das?«

»Habe den Namen durch die Zentrale prüfen lassen. Die haben mir die Daten gleich auf mein Smartphone geschickt. Solowjow ist Inhaber und Geschäftsführer von mehreren Bordellen hier in der Altstadt. Trotzdem hat er nur eine sehr dünne Akte. Ein paar harmlosere Delikte wegen Zuhälterei und Körperverletzung. Sonst nichts. Man sagt, er verdiene nebenbei Geld mit Erpressungen. Vielleicht wurde Solowjow selbst Opfer einer Erpressung. Er hat nicht bezahlt. Deshalb haben ihn seine russischen Mafiakollegen umgebracht.«

»Gute Arbeit. Bringt die Kleidung zur Spurensicherung. Irgendwelche Zeugen? Nein? Okay, dann geht nach Hause. Wir machen morgen weiter. Um neun Uhr im Büro.«

»Was ist mit dem Erpressungsmotiv?«, fragte Priska erstaunt darüber, dass er sie nach Hause schicken wollte. »Sollten wir nicht versuchen, eine Liste mit seinen Kunden zu beschaffen? Und ihre Alibis überprüfen?«

»Das kannst du morgen machen. Ich glaube, du wirst damit deine Zeit verschwenden«, antwortete Charkow lakonisch.

»Warum?«

»Wenn es einer von der russischen Mafia gewesen wäre, hätte er ihn sicher nicht in eine Kirche gelockt und ihn auf diese Weise umgebracht.« Er zeigte mit dem Zeigefinger auf die Mitte seiner Stirn. »Man hätte ihm in einer dunklen Seitengasse kurz und schmerzlos eine Kugel zwischen die Augen verpasst. Das hier ist keine Mafiageschichte aus der Bordellszene. Dieser Mord hat einen anderen Hintergrund. Wir versuchen jetzt alle ein paar Stunden zu schlafen, damit wir morgen einen klaren Kopf haben. Denn den brauchen wir, um diese Sache zu verstehen.«

»Alles klar«, sagte Priska und wollte sich mit Martin schon auf den Weg machen, als Charkow sie noch einmal zu sich rief.

»Besorgt trotzdem eine Liste mit Solowjows Kunden. Wir dürfen bei diesem Fall nichts außer Acht lassen.«

»Machen wir«, antwortete Priska, nicht ohne etwas von

ihrer Freude darüber zu zeigen, dass sie mit ihrer Idee bei Charkow auf Zustimmung stieß.

Charkow ging zurück zu seinem eingeschneiten Wagen. Fluchend befreite er mit einem viel zu kleinen Eiskratzer die Frontscheibe von Schnee und Eis. Er verließ das Stadtzentrum auf der zweispurigen Umgehungsstraße, die auf die Autobahn führte und an der sein Wohnquartier lag. Seine Wohnung befand sich in einer Häuserzeile, die über 50 Familien aus unzähligen Ländern beherbergte. Er nannte es immer *Klein Babylon*. Seine letzte Freundin hasste, was er liebte: die Sprachen vieler Länder, die bunten Kleider, den starken Geruch von Curry, Kurkuma, Koriander – das Fremde, dem sie täglich im Treppenhaus begegnete.

Leise öffnete er die Haustür. Seine Wohnung verfügte über keinen Korridor. Man stand unmittelbar in Küche und dem Wohnzimmer. Es gab noch ein kleines Bad und ein Schlafzimmer, in dem Gabriela bereits schlief. Erschöpft setzte er sich auf das Liegesofa im Wohnzimmer, zog die Schuhe aus und öffnete einen Spalt weit das Fenster über dem Sofa, um den Klängen der Stadt zu lauschen. Das machte er oft vor dem Einschlafen. Die Geräusche gaben ihm ein Gefühl der Geborgenheit. Nach einer Weile spürte er die Kälte durch das offene Fenster. Müde griff er nach der Wolldecke auf der Sofalehne, wickelte sie um seinen Körper und hoffte, Gabriela würde nicht aufwachen.

Sie musste ihn gehört haben, denn kurz darauf stand sie schlaftrunken im Wohnzimmer und kroch zu ihm unter die Decke.

»Willst du nicht zu mir ins Schlafzimmer kommen?«, fragte sie, ohne richtig die Augen zu öffnen.

Charkow rückte ein Stück von ihr ab. Am liebsten wäre er jetzt alleine gewesen.

»Was hast du?«, fragte sie irritiert.

»Nichts.«

Gabriela schlug die Decke zur Seite, setzte sich auf und sagte gereizt: »Wenn du mich nicht hier haben willst, sag es.«

Charkow schloss die Augen und überlegte, was er nun antworten sollte. Er entschloss sich für die Wahrheit. »Wir haben einen Toten in einer Kirche. Er ist einen qualvollen Tod gestorben. Die Ermittlungen zeichnen sich jetzt schon als sehr schwierig ab. Ich bin müde und muss schlafen, damit ich morgen einen klaren Kopf habe.«

»Und was ist mit mir?«

Charkow verstand ihren Vorwurf nicht.

»Dass du mich bei Sonja hast sitzen lassen, kann ich verstehen. Dass du morgen einen klaren Kopf brauchst, ist mir ebenfalls klar. Aber wie stellst du dir das mit uns beiden in Zukunft vor?«

»Ich stelle mir gar nichts vor. Wir nehmen es, wie es kommt.«

»Wie es kommt? Wie *kommt es* denn – deiner Meinung nach?«

»Keine Ahnung. Ist das wichtig?«

Gabriela stand auf und zog sich an. »Für eine Frau ist das wichtig«, antwortete sie sichtlich verletzt. »Wir wollen wissen, woran wir bei einem Mann sind. Und wir wollen nicht die zweite Geige spielen.«

»Wer ist *wir*?«

»Wir Frauen. Und du musst lernen, dich deinen Ängsten zu stellen. Die Sitzungen bei Sonja sind für mich sehr wichtig. Ein Mann, was sag ich, jeder sollte seine Vergangenheit aufgearbeitet haben, bevor er sich in eine neue

Beziehung begibt und eine Zukunft aufbauen will. Sonja hat dir ja erklärt, weshalb das so wichtig ist.«

Charkow stöhnte leise. Für die Art von Gespräch hatte er um diese Uhrzeit weder die Lust noch die Nerven.

»Die nächste Sitzung ist in einer Woche. Ich musste Sonja gut zureden, dass sie uns so kurzfristig einen neuen Termin anbietet. Und das vor Weihnachten!«, fügte sie hinzu, als wolle sie ihre gute Beziehung zu Dr. Monsch noch einmal betonen. Dann stand sie auf und verschwand im Schlafzimmer. Kurz darauf kam sie angezogen ins Wohnzimmer zurück, griff ihre Handtasche auf dem Esstisch und ging zur Wohnungstür, wo sie sich noch einmal zu Charkow umdrehte. »Wenn du wieder Zeit für mich hast, lass es mich wissen«, sagte sie knapp und knallte die Tür zu.

Charkow stand auf und schloss hinter ihr ab. Zu müde, um sich weitere Gedanken zu machen, legte er sich wieder auf das Sofa. Er schloss die Augen und konzentrierte sich auf die Geräusche, die durch sein Fenster drangen. Ein heimeliges Gefühl lullte ihn langsam ein. Sein letzter Gedanke war die Frage: Warum enden meine Beziehungen, noch bevor sie richtig begonnen haben? Die Antwort auf seine Frage fand er nicht mehr. Er schlief sofort ein.

4

Bei sibirischer Kälte fuhr Charkow am nächsten Morgen auf den verschneiten Parkplatz hinter der Polizeikaserne.

Die kalte Luft versetzte seiner Lunge einen Stich. Ein paar Krähen hatten sich in der Mitte des Hofes versammelt und stritten um ein Stück Abfall.

Es war kurz vor halb acht, als er die Granitstufen des alten Kasernengebäudes hinauf zu seinem Büro stieg. Im dritten Stock befand sich die Abteilung für Kapitalverbrechen und in dessen hintersten Ecke sein Büro. Vor den Fenstern ragte die gegenüberliegende Hauswand auf. Der Abteilungsleiter hatte ihm schon vor einigen Jahren ein neues Büro mit Flussblick angeboten, was er mit der Begründung abgelehnt hatte, dass er einen Großteil seiner Arbeit sowieso im Außendienst erledige. Dafür hatte er veranlasst, dass Priska und Martin diesen Raum beziehen durften.

Aus Büro 7 drangen laute Stimmen in den Gang. Die Ermittlungsgruppe für den Fall *Clarissa* suchte nun schon seit drei Wochen vergeblich nach einer verschwundenen Zwölfjährigen. Es schien, als ob der leitende Ermittler mit seinen Nerven am Ende war. Das Mädchen war an einem Montagmorgen wie immer zur Schule gegangen, dort aber nie angekommen. Charkow kannte das schreckliche Gefühl der Ungewissheit über den Verbleib eines geliebten Menschen, welches einen zerfressen konnte. Als er den Kollegen seine Hilfe hatte anbieten wollen, war Kummer eingeschritten. Er hatte Bedenken, dass sich Charkow zu stark persönlich engagieren würde, weil der Fall ihn zu sehr an den Tod seiner Schwester erinnerte. Zudem hatte er das psychologische Betreuungsprogramm gerade erst abgeschlossen, an welchem er auf Kummers Druck teilgenommen und bei dem er Gabriela kennengelernt hatte. Obwohl Francine es nie ausgesprochen hatte, wusste Charkow, dass sie Gabrielas Verhalten unprofessionell fand, eine Beziehung mit einem Patienten einzugehen. Zu Beginn hatte er ebenso Zweifel, das Richtige zu tun. Doch hatte er nicht immer diese Zweifel, wenn er sich auf einen neuen Menschen einließ? Er musste unweigerlich an das gestrige Gespräch mit ihr denken und hoffte, ihr heute nicht zu begegnen. Sie arbeitete im Stockwerk unter ihm, und er hatte keine Lust, die von ihr begonnene Diskussion wieder aufzunehmen.

Als er das Sitzungszimmer betrat, waren zu seiner Überraschung Francine, Priska und Walter Kummer schon um die Kaffeemaschine versammelt. Jemand hatte Croissants mitgebracht und in der Maschine brühte frischer Kaffee. Francine wirkte müde. Sie musste die ganze Nacht die Leiche obduziert haben.

»Willst du auch einen?«, fragte sie und hielt eine leere Tasse hoch.

Er nickte.

»Sind wir vollständig?«, wollte Kummer wissen.

»Martin fehlt«, stellte Priska fest.

»Lasst uns trotzdem beginnen. Bitte informiere ihn nachher«, bat Charkow. »Francine hat die Nacht durchgearbeitet und wir wollen sie nicht länger als nötig aufhalten. Willst du gleich den Anfang machen?«, fragte er an Francine gewandt.

Sie nickte und bat alle, sich zu setzen. »Die Ergebnisse der Obduktion liegen vor. In den wichtigsten Punkten bin ich mir sicher. Trotzdem gibt es einige offene Fragen.«

»Legen Sie los«, ermunterte Kummer sie.

Charkow bemerkte die Ringe unter Kummers Augen.

»Iwan Solowjow ist ertrunken«, begann Francine. »Das Wasser in seinen Lungen stammt aufgrund meiner Analyse aus dem Taufbecken.«

Alle drei blickten sie ratlos an, denn unweigerlich stand die Frage im Raum, wie Iwan Solowjow im Taufbecken ertrinken konnte.

»Klingt wie ein schlechter Scherz, ich weiß«, bemerkte Francine. »Ich suchte nach einer Antwort auf die Frage, wie das Wasser in seine Lungen gelangt ist. Schließlich haben wir beim Opfer keine Spuren gefunden, die auf ein gewaltsames Untertauchen schließen lassen. Also habe ich seine Luftröhre untersucht. Dort fand ich kleine Verletzungen und noch dies.« Sie hielt ein Plastikdöschen hoch, in dem man erst nach genauerer Betrachtung ein kleines, gelbes Partikel erkennen konnte. »Ich gebe es noch heute zur Untersuchung ins Labor, bin mir aber sicher, es handelt sich um ein Stück Gummi, das von einem Gartenschlauch stammen könnte.«

Kummer setzte sich ruckartig auf. »Sie wollen sagen, dass der Täter mithilfe eines Gartenschlauchs dem Opfer das Wasser ...« Er brach mitten im Satz ab.

»Das ist ja schrecklich!«, sagte Priska.

»Solowjow wurde also in der Liebfrauenkirche ermordet«, stellte Charkow fest.

Francine nickte. »Die ersten Spuren weisen darauf hin, dass sich unser Opfer zuvor im Beichtstuhl aufgehalten hatte. Der technische Dienst untersucht ihn auf Spuren vom Täter.«

»Haben wir Schleifspuren?«, fragte Charkow.

»Wir haben Schweiß und Hautpartikel gefunden, die eine Bahn vom Beichtstuhl zum Taufbecken bilden. Wir untersuchen diese Spuren noch, gehen aber davon aus, dass sie von Solowjow stammen, der kaum erkennbare Schleifspuren am Rücken aufweist. Da ich beim Toten keine weiteren inneren oder äußeren Verletzungen fand, ist anzunehmen, dass er nicht durch Gewalteinwirkung, sondern mithilfe eines Sedativums im Beichtstuhl außer Gefecht gesetzt und anschließend mit dem Wasser aus dem Taufbecken ertränkt wurde«, schloss Francine und blickte in die Runde.

Kummer und Priska saßen schweigend da und starrten mit großen Augen Francine an, als ob sie darauf hofften, ihre Geschichte sei nur eine Erfindung.

»War er noch bei Bewusstsein?«, unterbrach Charkow das Schweigen.

»Du meinst, als man ihm den Schlauch einführte?«

Er nickte.

»Eine gute Frage. Das ist von der Art des Sedativums abhängig. Sein Blut ist im Labor und wird auf chemische Substanzen geprüft. Ergebnisse gibt es morgen. Bis auf eine kleine Verletzung an der linken Wange und eine vergrößerte Leber, die auf übermäßigen Alkoholkonsum schließen lässt, war Solowjow kerngesund. Der Tod trat etwa ein bis zwei Stunden vor Entdeckung der Leiche ein. Nach seinem Tod wurde er nicht mehr bewegt, wie die Leichenflecke zeigen.«

»Das kann zur Aussage von Pater Francescus passen, der für circa zwei Stunden weg war«, bemerkte Priska.

»Was ist mit der Hostie?«, fragte Charkow.

»Die Hostie ist ebenfalls im Labor«, sagte Francine. »Ach ja, fast hätte ich es vergessen: Auf der Stirn des Toten habe ich das Zeichen eines Kreuzes gefunden.«

»Ein Kreuz? Warum haben wir das nicht gesehen?«, fragte Priska erstaunt.

»Das konntet ihr nicht sehen. Denn es ist mit Öl auf seine Stirn aufgetragen worden. Ich hatte es anfangs selbst nicht bemerkt, erst das Lumalight machte es sichtbar.«

»Das macht man bei einer Salbung«, warf Kummer ein. »Ist ein römisch-katholisches Ritual.«

»Und wann gibt's die Salbung?«, wollte Priska wissen.

»Bei Taufen, Priesterweihen oder Krankheiten«, erklärte Kummer.

»Oder bei einem Sterbenden«, fügte Francine hinzu.

Kummer nickte. »Also, was meint ihr? Mit was haben wir es hier zu tun? Mit einem religiösen Spinner, der seine Opfer erst salbt, bevor er sie ermordet?«

»Klingt plausibel«, meinte Francine und begann, ihre Unterlagen zusammenzupacken. »Seid mir nicht böse, aber das ist der Moment, an dem ich mich ausklinke. Ich muss jetzt mal eine Runde schlafen. Schließlich seid ihr die Ermittler.«

»Danke, Francine«, sagte Charkow. »Ruh dich aus.«

»Morgen gibt's mehr Neuigkeiten über das Sedativum aus dem Labor – so hoffe ich zumindest.« Francine stand auf und ging zur Tür. »Denn wenn die nichts finden, haben wir ein Problem.«

»Vielleicht war das ja so eine SM-Geschichte«, warf Priska in die Runde, nachdem Francine das Sitzungszimmer verlassen hatte. »Fesseln, ersticken und so. Dummerweise ist es schiefgegangen.«

»Und das macht man in einer Kirche?«, fragte Kummer, ohne zu verbergen, dass er Priska nicht ernst nahm.

»Warum nicht? Das gibt einigen Typen den speziellen Kick. Ich habe mal gelesen …«

»Können wir uns wieder den Tatsachen widmen?«, unterbrach sie Kummer barsch.

Priska zuckte über seine Schroffheit zusammen und warf Charkow einen fragenden Blick zu. So hatte sie den ansonsten angenehmen Kummer noch nie erlebt.

»Es war eine Hinrichtung«, lenkte Charkow die Aufmerksamkeit Kummers auf sich. »Ich bin überzeugt, er war noch bei Bewusstsein, als man ihm den Schlauch in den Hals steckte. Er sollte seinen Tod miterleben. Wir müssen nach einem Motiv suchen, warum der Mörder seinem Opfer solche Qualen zufügte.«

»Wenn es sich wirklich so zugetragen hat«, gab Kummer zu bedenken.

»Sicher. Aber das ist meine These. Hat jemand eine bessere?« Charkow blickte in die Runde, niemand hatte etwas dagegen einzuwenden. »Was wir jetzt brauchen, ist ein Anfang. Irgendeinen Hinweis auf einen Menschen in seinem Umfeld, der diesen Hass auf ihn entwickeln konnte.«

»Das klingt schon vernünftiger«, bemerkte Kummer mit einem Seitenblick auf Priska. »Was ist mit dem Kreuz auf seiner Stirn?«

»Du sagtest vorhin, es könnte ein religiöser Spinner gewesen sein.«

Kummer nickte.

»Wir sollten uns zudem fragen, warum der Mord in einer Kirche stattfand. Dies ist ein öffentlicher Ort, aber ebenso eine heilige Stätte.« Er wandte sich an Priska. »Du wirst heute den Priester besuchen und ihn noch einmal befragen. Vielleicht ist ihm noch etwas eingefallen. Anschließend gehst du zu Wachtmeister Suter, der gestern Abend den Eingang der Kirche bewacht hat. Er hat die Personalien eines Jugendlichen aufgenommen, der Ärger machte. Ich will, dass du dir den Jungen noch einmal vorknöpfst. Nimm ihn etwas härter ran, aber geh nicht zu weit. Sein Vater ist Anwalt.«

»Was für Ärger hat er denn gemacht?«

»Für mich war das so ein religiöser Spinner. Er wollte unbedingt in die Kirche, weil er und seine Freunde für ein Weihnachtskonzert proben wollten.«

»Du meinst, der hat etwas mit dem Mord zu tun?«, fragte Priska erstaunt.

»Nein, aber ich denke, diese religiösen Menschen sind untereinander gut vernetzt. Man kennt sich. Finde heraus, mit wem er sonst Kontakt hat. Lass dir auch die Adressen von seinen Freunden geben, die gestern Abend dabei waren. Vielleicht haben sie was gesehen. Und nimm Martin mit.«

»Könnt ihr ohne mich weitermachen?«, fragte Kummer plötzlich und stand auf. »Ich muss noch ein dringendes Telefonat erledigen.«

Charkow nickte. »Ich halte dich auf dem Laufenden.«

Zum Dank hob Kummer seine Hand und verschwand in sein Büro.

Priska setzte sich neben Charkow und wartete, bis Kummer die Türe hinter sich schloss. »Was ist mit ihm?«

»Nichts.«

»Fandest du sein Benehmen vorhin nicht komisch?«

»Er hat sicher nur schlecht geschlafen. Sonst nichts.«

»Er war noch nie so ... wie jetzt. Selbst wenn er schlecht geschlafen hat.«

Charkow mochte ihre hartnäckige Art, wollte ihr aber nichts über Kummers Probleme erzählen. »Ich gehe deiner Idee nach.«

»Ach, es war nur so eine Idee«, wiegelte sie ab. »Ich meine, es braucht schon Mut, sich in einer Kirche für ausgefallene Sexspiele zu treffen.«

»Diese Idee meinte ich nicht.«

»Ach, welche dann?«

»Ich meinte deine Idee von gestern Nacht.«

»Oh, du redest von der Kundenliste? Wann gehst du in eines der Bordelle von Iwan Solowjow?«, fragte sie mit einem Anflug von Begeisterung.

»Dafür ist es noch etwas früh. Ich verschaffe mir erst einmal einen Überblick, welchen Geschäften Solowjow nachgegangen ist.«

»Kann ich dich begleiten?«

»Nein. Ich will, dass du mit Martin sämtliche Informationen zu Salbungen und anderen religiösen Ritualen recherchierst.«

Priska notierte es sich – nicht ohne ihre Enttäuschung zu verbergen.

»Ich brauche die Informationen so schnell es geht.«

In diesem Moment betrat Martin das Sitzungszimmer. »Bin ich zu spät? Hatten wir nicht neun Uhr verabredet?«

»Wir waren schon früher hier und haben angefangen«, erklärte Charkow und sah, dass Martin beleidigt war, obwohl es tatsächlich bereits fünf nach neun war. »Priska wird dich informieren. Heute gibt es für euch beide mehr als genug zu erledigen.« Er stand auf und verließ das Sitzungszimmer, ohne auf Martins Befindlichkeiten einzugehen. Er hatte schon vor einigen Monaten festgestellt, dass Martin sich ihm gegenüber immer mehr verschloss. Nach dem Grund für sein Verhalten hatte er ihn nie gefragt, da es ihn nicht störte. Vielleicht sollte er ihn darauf ansprechen. Aber das musste er auf später verschieben. Im Moment hatte er keine Zeit für die Probleme seiner Mitarbeiter.

5

Paolo Segantini war leitender Staatsanwalt und Experte für Wirtschaftsdelikte. Nicht nur sein Nachname erinnerte an den berühmten Maler aus dem Engadin, sondern auch die dichten schwarzen Locken. Charkow kannte ihn aus der gemeinsamen Schulzeit an der Kantonsschule in Zuoz im Oberengadin.

»Maxim, was führt dich zu mir? Bringst du mir endlich einen toten Banker?«, grinste Segantini.

»Ich bringe dir leider nur einen toten Bordellbesitzer.«

»Wo ist da der Unterschied? Vor Gott sind wir alle gleich. Nur vor dem Gesetz nicht. Da sind einige immer gleicher als Menschen wie du und ich.«

Charkow nickte und setzte sich auf den Stuhl auf der gegenüberliegenden Seite des Schreibtisches.

»Du weißt, dass du in der falschen Abteilung bist? Die Jungs für Leib und Leben sind bei Walter«, sagte Segantini mit gespielter Ernsthaftigkeit, während er Charkow neugierig betrachtete.

»Ich brauche von dir etwas über einen Iwan Solowjow. Sagt dir der Name etwas?«, fragte Charkow.

»Der König der Bordelle und bester Freund meiner Feinde? Ja, den Kerl haben ich und die Sitte im Auge. Da du es bist, der mich nach ihm fragt, können wir die Akte wohl schließen«, stellte er enttäuscht fest.

Charkow nickte.

»Wann?«

»Gestern Nacht. In der Liebfrauenkirche.«

»*In* der Liebfrauenkirche? Du machst wohl Scherze?«,

fragte Segantini erstaunt, obwohl er genau wusste, dass Charkow nie Scherze machte. Schon gar nicht im Zusammenhang mit der Arbeit. »Eine Kugel zwischen die Augen?«

»Nein, es war kein Mafiamord. Er wurde ertränkt.«

Segantini starrte ihn noch ungläubiger an. »Jetzt verstehe ich gar nichts mehr.«

»Ich erkläre es dir, wenn ich es selbst verstanden habe. Also, was habt ihr über Solowjow?«

Segantini setzte sich an seinen Laptop und sichtete die Dateien. »Iwan Solowjow. Achter Sohn eines Bauern aus einem Randgebiet des Oblast Moskau, dem größten Verwaltungsbezirk Russlands.«

»Die Nähe zu Moskau hat ihm sicher den Start ins Milieu erleichtert«, bemerkte Charkow.

»Das sehe ich ähnlich«, erwiderte Segantini und fuhr fort: »Besitzer von fünf Bordellbetrieben hier in der Stadt und drei Escortagenturen in den wichtigsten Zentren dieses Landes. Alles gut gehende Unternehmen, mit außerordentlich exklusiven Angeboten. Du weißt schon, die Nacht ab 4.000 Franken und so weiter. Frauenhandel konnte ihm nie nachgewiesen werden, jedoch hat er sicher irgendwie die Finger mit drin. Illegaler Waffenbesitz. Ein paar Schlägereien. Sonst schon beinahe anständig. Seinen Sexarbeiterinnen spendiert er regelmäßige Untersuchungen bei sehr guten Frauenärzten. Außerdem zahlt er für sie in eine Rentenkasse ein und eine hohe Gewinnprovision. Die Damen der Schöpfung verdienen somit mehr an ihren Freiern als viele ihrer Berufskolleginnen. Bleibt also nur noch die Frage: Warum sollte jemand diesen Wohltäter umbringen?«

»Wenn ich das wüsste, wäre ich nicht bei dir«, erwiderte Charkow. »Was ich brauche, ist ein Anhaltspunkt. Es gab das Gerücht, er würde Wirtschaftsführer erpressen.«

»Du meinst mit Filmen, die sie mit seinen Frauen zeigen?«, fragte Segantini.

Charkow nickte.

Segantini warf noch einmal einen Blick auf die Akten. »Das ist anscheinend nur ein Gerücht. Wir haben hier keinen Vermerk. Mal ehrlich, glaubst du, einer der Freier würde sich die Mühe machen und Solowjow auf diese Weise umbringen?«

»Wo Rauch ist, ist auch Feuer«, erwiderte Charkow beharrlich, obwohl er wusste, dass Segantini recht hatte. »Habt ihr Informationen über seine Kunden?«

Segantini schüttelte den Kopf und lachte. »Schau dir im Internet einfach das Who's who unserer Wirtschaftsführer an.« Er wurde wieder ernst. »Iwan war zwar für seine Seriosität und Diskretion im Milieu bekannt, trotzdem habe ich etwas für dich. Es ist nur ein Gerücht.« Er warf Charkow einen verschwörerischen Blick zu und rückte über den Tisch näher zu ihm. »Kennst du dich mit Geheimorganisationen aus?«

»Meinst du Geheimdienste oder sprichst du von der Mafia?«

»Nein. Ich spreche von Geheimbünden. Irgendwelchen abstrusen Vereinen, die den Mars, Außerirdische, den heiligen Gral oder sonst ein Hirngespinst anbeten. So ein okkulter Unsinn, der so was von weltfremd ist, dass er schon wieder wahr sein muss – natürlich nur in den Köpfen der Mitglieder.«

»Und was hat das mit seinem Tod zu tun?«

Segantini zuckte mit den Achseln. »Keine Ahnung. Anscheinend stand Solowjow in irgendeiner Weise in Kontakt mit solchen Spinnern.«

Charkow dachte nach. »Was weißt du noch darüber?«

»Nichts weiter. Ich habe das mal vor zwei, drei Jahren von einem verdeckten Ermittler gehört. Schien nie von Bedeutung gewesen zu sein. Wie gesagt, es ist nur ein Gerücht«, schloss Segantini und zuckte mit den Schultern.

»Wie heißt der Ermittler?«

Segantini seufzte. »Autounfall.«

»Tödlich?«

Segantini seufzte wieder und nickte.

Das war nicht viel. Charkow hatte aber einen Strohhalm, an den er sich klammern konnte.

Segantini kam noch etwas in den Sinn. »Habt ihr euch eigentlich schon seinen Teilhaber vorgeknöpft? Sergej Popow. Ein kalter Hund. Ihm konnten wir schon Zugehörigkeit zu einer kriminellen Vereinigung anlasten. Dafür hat er mal ein paar Jahre gesessen. Wurde aber vor fünf Jahren wegen guter Führung wieder freigelassen. Sergej ist der alleinige Partner von Iwan. Und da Iwan und Sergej den offiziellen Status einer registrierten gleichgeschlechtlichen Partnerschaft haben, profitiert Sergej gleich zweifach von Solowjows Tod: Er wird nicht nur in den Genuss seiner Millionen kommen, sondern dessen Geschäft alleine weiterführen, da Solowjow keine anderen legitimen Erben hat.«

Das war schon ein guter Ansatzpunkt, dachte Charkow. »Wo finde ich diesen Popow?«

»Der hat eine Villa am See. So richtig russisch.«

Charkow blickte ihn fragend an.

»Entschuldige. Ich vergesse immer deine Herkunft. Versteh mich bitte nicht falsch. Ich war mal dort bei einer Razzia. Eine katholische Barockkirche ist geradezu spartanisch gegen die Inneneinrichtung dieser Villa. Ihr Russen mögt es halt üppig, oder liege ich da falsch?«

Charkow ging nicht darauf ein, sondern fragte nach der Adresse.

Segantini drückte auf einen Knopf seiner Laptop-Tastatur, und der Drucker in der Ecke des Büros spie ein Blatt Papier aus, das er Charkow überreichte. »Hier. Grüß Popow schön von mir.« Ein vielsagendes Lächeln huschte über Paolos Gesicht.

6

Sie sah immer noch die Pickel unter der Abdeckcreme und trotzdem musste sie diesen Teenager ernst nehmen, ärgerte sich Priska. Franz Kündig saß in seiner Eigenschaft als Anwalt und Vater neben seinem Sohn und prüfte genau, welche Fragen sie stellte. Peter, der sich lässig im teuren Ledersofa rekelte und Priska gelangweilt ansah, schien der Tod Solowjows sichtlich egal zu sein.

»Für weitere Fragen haben wir im Moment sehr wenig Zeit«, teilte der Vater mit. Sein Tonfall schien keine Einwände zuzulassen.

Priska ließ sich nicht beirren. »Was ist denn Ihrer Meinung nach im Moment wichtiger als die Aufklärung eines Mordes?«, fragte sie beherrscht.

»Wenn das alles war«, sagte Kündig mit überheblicher Miene, stand auf und forderte seinen Sohn auf, es ihm gleich zu tun. »Peter hat jetzt Golfunterricht. Und der Privatlehrer wartet nicht gerne.« Er warf seinem

Sohn einen stolzen Blick zu. »Der Junge hat anscheinend Talent.«

Peter ging an Priska vorbei und grinste ihr schadenfroh ins Gesicht. Martin Peterson stand ebenfalls auf. Franz Kündig wartete darauf, dass Priska sich erheben würde. Sie blieb sitzen.

Sie brauchte einen Moment, um ihre Wut herunterzuschlucken. Am meisten ärgerte sie sich über Martin, der noch kein einziges Wort von sich gegeben hatte und brav Kündigs Aufforderung folgte. ›Wo bleibt deine verdammte Unterstützung?‹, hätte sie ihn am liebsten angeherrscht. Doch sie musste einen kühlen Kopf bewahren, denn sie hatte ihr Ziel noch nicht erreicht. Was würde Max in dieser Situation tun?, fragte sie sich. Sie beschloss, nicht eher zu gehen, bis sie sicher war, dass Peter Kündig in keiner Verbindung zum Opfer stand und sie ihn somit aus der Liste der Verdächtigen streichen konnte.

»Sie haben recht«, sagte sie plötzlich zur Überraschung aller. »Die Golfstunden Ihres Sohnes sind wichtiger. Schließlich muss Talent gefördert werden. Und wenn er so richtig Karriere auf dem Rasen macht, entdeckt sicher kein Journalist mehr etwas über die enge Verbindung zwischen Ihrem Sohn und einem toten Bordellbesitzer.« Ihre Worte schienen einen Augenblick lang in der Luft zu schweben. Priska sah förmlich, wie sie langsam die selbstsichere Fassade von Franz Kündig zerfraßen. Der mit weißem Marmor geflieste Raum wirkte nun noch kälter und abweisender. Kündig zitierte seinen Sohn mit einem Fingerschnippen wieder zurück. Die beiden setzten sich, ohne Priska in die Augen zu blicken.

Als Peter seinem Vater einen unsicheren Blick zuwarf, wusste Priska, dass sie gewonnen hatte. Mit ruhiger Stimme wandte sie sich an ihn. »Die Fragen, die ich dir stelle, sind wichtig für unsere Ermittlungen. Dein Verhalten am Tatort war nicht nur beleidigend, sondern hat – wie schon erwähnt – unsere Aufmerksamkeit erregt. Deshalb rate ich dir, ehrlich auf meine Fragen zu antworten.«

Peter sah seinen Vater fragend an, dieser wies nur knapp mit dem Kopf in Richtung Priska.

»Warum wolltest du gestern in die Liebfrauenkirche, obwohl ein Polizist dich über die Situation aufgeklärt hatte?«, begann Priska.

Peter räusperte sich und suchte nach den richtigen Worten. »Wir hatten Proben.«

»Das wissen wir. Warum wolltest du trotzdem in die Kirche? Dort lag schließlich ein Toter.«

Peter war die Situation sichtlich peinlich und er schwieg.

Priska entschied, so lange zu warten, bis er den Mund aufmachte. In diesem Moment dachte sie an ihre Eltern und ihre fünf Geschwister. Der Vater hatte in einem Galvanikbetrieb nach 20 Jahren seine Lungen ruiniert und ihre Mutter musste mit Nachtschichten im Krankenhaus das karge Einkommen aufbessern. Heute lebten die beiden von einer kleinen Rente, mit denen sie die Arztkosten für die Behandlungen ihres Vaters mehr schlecht als recht bezahlen konnten. Und jetzt saß sie hier diesem jungen Schnösel gegenüber, der keine Ahnung vom wirklichen Leben da draußen hatte.

Sie wartete immer noch auf eine Antwort. »Du willst mir weismachen, dass ihr trotz des Toten noch eine Probe abhalten wolltet?« Ihr Tonfall zeigte, dass sie mit der Geduld am Ende war.

»Verdammt!«, fuhr sein Vater dazwischen. »Antworte gefälligst!«

Peter schnellte auf und saß nun kerzengerade. Seine selbstgefällige Miene war weg und es kam ein unsicherer, kleiner Junge zum Vorschein.

»Es war nicht so!«, versuchte er sich zu verteidigen.

Sie blickte ihm direkt in die Augen und wartete auf die Fortsetzung.

»Ja, wir waren dort, wegen der Proben. Irgendwie war das … cool … verstehen Sie?«

»Was war cool?«, fragte Priska irritiert.

»Na alles. Das war wie im Film. Die Absperrbänder, die Bullen, die Blaulichter und so.« Er stockte, weil er die fragenden Blicke seines Vaters bemerkte.

»Okay, es war also *alles so cool*«, sagte Priska, bemüht darum, so ernst wie möglich zu bleiben. »Mal ehrlich, warum wolltet ihr wirklich an den Tatort?«

»Haben Sie schon mal eine echte Leiche gesehen?«, fragte Peter mit einem Anflug von Begeisterung. »Ich meine, wann hat man schon mal die Chance auf so was?«

»Auf *so was*?«, fragte Priska nach.

»Meine Freunde und ich haben noch nie eine Leiche gesehen. Mann, das war die Chance! Einen echten Toten. Und das in einer Kirche! Wir wollten das sehen. Frank wollte ein Video machen. Wir hätten das ins Web gestellt und wären sicher für ein paar Tage die Hit-Könige gewesen!«

Alle im Raum sahen Peter an, als ob er von einem anderen Stern käme. Priska schloss langsam ihr Notizbuch. Jetzt schämte sie sich auch noch für diesen Idioten, stellte sie fest.

»Als dieser Polizist kam und so ein scheiß Theater machte. Mann, was sollte das? Der Kerl war schon tot. Ob den …«

Franz Kündigs Schlag kam so schnell, dass Priska unweigerlich zusammenzuckte, als seine Hand mit einem lauten Klatschen auf Peters Gesicht landete. Alle erstarrten für einen Augenblick und schauten zu, wie seine Wange sich rot verfärbte.

»Mein Sohn entschuldigt sich für sein Verhalten«, sagte Kündig, als ob nichts geschehen wäre. »Jetzt bitte ich Sie zu gehen, wenn Sie keine weiteren Fragen haben.«

Priska und Martin standen auf und ließen sich von Kündig zur Haustüre begleiten. Sein Sohn hatte sich nach einem Moment des Schocks beleidigt in sein Zimmer verzogen.

Auf der Schwelle blieb Priska stehen und wandte sich noch einmal an Kündig. »Sagen Sie bitte Ihrem Sohn, dass ich schon mehrere Leichen in meinem Leben sehen musste und dies immer ein trauriges Erlebnis war.«

Sie wandte sich ab und verließ über die lang gezogene Einfahrt das Haus der Familie Kündig, froh darüber, Peter von der Liste zu streichen und es somit nie mehr betreten zu müssen.

Martin setzte sich ans Steuer, als sie zurück ins Büro fuhren. Priska brauchte einen Moment, um ihre Gedanken und das vorhin Erlebte einzuordnen. Es schneite wieder, dicke Flocken trieben ihnen entgegen. Die Welt um sie herum war ein Schwarz-Weiß-Film. Priska betrachtete das nasse, graue Pflaster, auf dem Männer in dunklen Mänteln mit hochgestellten Kragen und schwarzen Schirmen vorbeihetzten, mit denen sie sich vor dem erdrückenden Winterhimmel zu schützen schienen.

»Dieser Peter ist echt krank«, sagte sie zu der grauen Welt auf der anderen Seite ihrer Fensterscheibe.

»Die jungen Leute sind heute nun mal so«, erwiderte Martin.

Unweigerlich musste Priska lachen. »Hey, Martin, wir beide sind höchstens zehn Jahre älter als dieser Peter! Du solltest dich mal selbst hören. Max kann solche Sätze sagen. Nicht du!« Ihre Wut machte sich wieder bemerkbar. »Wo warst du eigentlich die ganze Zeit?«

»Wann?«

»Vorhin, bei der Befragung?«

Martin schwieg.

»Du hast dich da völlig rausgehalten. Wo blieb deine verdammte Unterstützung?«

»Die hast du gar nicht gebraucht«, antwortete er knapp.

»Was soll das? Wir sind zu zweit, damit wir gemeinsam solche Befragungen durchziehen. Und nicht, damit einer die ganze Zeit über nur den Zuschauer spielt.«

»So wie heute Morgen?«

»Was war heute Morgen?«

»Da konntet ihr ja gut ohne mich mit der Sitzung beginnen.«

»Und weil du beleidigt bist, lässt du mich einfach hängen? Ich habe dich über alles informiert. Das nächste Mal fangt ihr vielleicht mal ohne mich an. Bin ich deswegen einfach eingeschnappt?«

Martin schwieg und bog langsam über die Traminsel links ein. Sie fuhren über die Postbrücke beim Bahnhof. Der Fluss kroch träge unter ihnen durch. An den Uferrändern waren schon Eiskrusten zu sehen.

»Was ist los mit dir?«, unternahm Priska noch einen letzten Versuch. Sie wusste, dass sie Martin nicht zu sehr bedrängen durfte, sonst würde er sich tagelang verschließen.

»Lass es gut sein. Wir sind gleich da. Hatte einfach einen schlechten Start in den Tag«, sagte er in versöhnlichem Ton.

7

Charkow stellte seinen Wagen vor einer ausladenden Sandsteintreppe ab. Sie war von protzigen, mächtigen Säulen eingerahmt. Der Schnee knirschte unter seinen Schuhsohlen. Die Villa lag direkt am See und war vor über 100 Jahren von einer reichen Fabrikantenfamilie in schnörkellosem Stil erbaut worden. Man wollte nicht zeigen, dass man Geld besaß. Bei Sergej Popow und Iwan Solowjow war das anders. Sie waren Russen. Und Russen zeigten gerne, was sie hatten. Da beide über Geld, aber keinen Geschmack verfügten, versteckten sie die schlichte Fassade des Hauses hinter dicken Marmorsäulen. Und um dem Eindruck von Reichtum noch die sprichwörtliche Krone aufzusetzen, gipfelte eine mit Goldblatt verzierte Balkonbalustrade direkt auf den Marmorsäulen.

Die einen verdienten Geld mit Geld, die anderen mit Frauen, dachte Charkow und stieg über die Marmortreppe zum Eingang, wo er eine Messingglocke drückte. Zu seinem Erstaunen kreischte ein schriller Klingelton im Hausinnern, der so gar nicht zum Gesamteindruck passen wollte.

Popow öffnete selbst die Tür. »Was willst du?«, fragte er barsch.

»Dobrij den', gospodin Popow*«, sagte Charkow und sah in ein aufgedunsenes, unsympathisches Gesicht, dessen Augen stark gerötet waren und in dessen Mundwinkel eine Zigarette klebte. Er zeigte seinen Ausweis. Popow muss geweint haben, dachte er.

Mit zusammengekniffenen Augen musterte Popow den Ausweis. »Du bist Russe?«

»Da**«, gab ihm Charkow zur Antwort.

»Komm rein«, sagte Popow beiläufig und führte ihn durch die Eingangshalle zu einer geöffneten Flügeltür.

Charkow folgte ihm und betrat das Wohnzimmer. Ein großer Raum mit Seeblick, auf dessen Marmorboden eine Unmenge Teppiche lagen. In der Mitte stand ein Thronsessel, der mit allen möglichen Tierfellen behangen war und an dessen Fuß ein Eisbärfell lag, dessen Ende im Kopf des Tieres mündete und seinen mit Zähnen bewehrten Rachen aufsperrte. An der Wand hingen diverse Waffen, die an die Zeit von Dschingis Khan erinnerten. Charkow wusste, dass seine Landsleute *Themen* liebten. Moskau war mit Themenrestaurants übersät. Man fand vom Serail über die Zarenwelt bis hin zum Schweinestall alles. Und die Russen, die Geld hatten, richteten mit Vorliebe die Zimmer in ihren Häusern nach Themen ein. Charkow empfand dies immer als kindlichen Ausdruck einer tief sitzenden Entwurzelung. Die Wahl eines bestimmten Mottos sollte ihnen Halt in der Orientierungslosigkeit geben.

»Dschingis Khan«, erklärte Sergej überflüssigerweise und blies Rauch durch seine Nase.

Charkow nickte.

»Du bist also wegen Iwan hier?«

---

* Russisch für *Guten Tag, Herr Popow*

** Russisch für *Ja*

»Da«, nickte Charkow. Er entschied, in seiner Muttersprache zu bleiben und mit Sergej die Unterhaltung auf Russisch weiterzuführen. So würde er mehr Vertrauen, allerdings auch mehr Autorität erlangen. »Wer hat es dir gesagt?«, fragte er erstaunt, da weder jemand aus seiner Abteilung Sergej informiert hatte, noch hatten die Zeitungen etwas über den Mord geschrieben.

Sergej sah ihn mit teilnahmslos kalten Augen an. »Du bist auch Russe. Somit weißt du, dass jeder einflussreiche Russe einflussreiche Kontakte hat. Warum fragst du also?«

Charkow schüttelte den Kopf. »Mein Vater war Russe. Also, wer hat dich informiert?«

Sergej schien darüber nachzudenken, was er sagen konnte.

»Ich erfahre es sowieso«, drängte Charkow. »Es ist besser, ich erfahre es von dir.«

Sergej zündete sich eine neue Zigarette an, inhalierte tief und blickte Charkow in die Augen. Langsam stieß er den Rauch aus seinem Mundwinkel und machte eine abschätzige Handbewegung. »Wie gesagt, ich habe Freunde bei euch. Die erzählen mir manchmal wichtige Dinge. Und da Iwan mein Partner war, war es wichtig.« Beim letzten Satz schluckte Sergej, und Charkow erkannte, dass ihm der Tod seines Lebenspartners sehr zu schaffen machte.

»Wer sind diese Freunde?«

Sergej blickte auf das glühende Ende seiner Zigarette und zog es vor zu schweigen.

Charkow stand langsam auf und griff nach seinem Smartphone. Er wusste, wie er mit einem wie Sergej umgehen musste. »Anscheinend müssen wir beide unsere Unterhaltung bei mir im Büro weiterführen. Als einflussreicher

Russe weißt du ja, wie das läuft. Wir Polizisten erfinden eine kleine Geschichte, warum du deinen Partner umgebracht hast. Du verschwindest für ein paar Tage im Bau. Währenddessen finde ich mithilfe meiner Freunde bei der Steuerverwaltung und bei der Sitte noch weitere kleine Geschichten, die ich dir anhänge. Aus ein paar Tagen Untersuchungshaft werden Wochen, vielleicht Monate. In der Zwischenzeit kümmern sich deine Konkurrenten sicher gerne um deine Kundschaft.« Charkow sah, dass seine Worte Sergej beunruhigten. Ein Russe fürchtete sich vor kaum etwas. Allerdings war die Willkür der Justizbehörden in Russland etwas, vor der jeder Russe Respekt hatte. »Wie du siehst, bin ich ein ebenso einflussreicher Russe.«

Als er eine Nummer einzutippen begann, stand Sergej auf, legte ihm den Arm auf die Schulter und bat ihn, sein Telefon wieder in die Manteltasche zu stecken. »Mein Freund, ich mache uns jetzt einen Chai und wir reden.«

Charkow folgte ihm in die Küche, in der ein vergoldeter Samowar stand, der schon köchelte. Dieser Nostalgieanflug wirkte auf ihn schon fast komisch. Kein moderner Russe kochte seinen Tee in einem Samowar. Das machten nur noch seine in der Vergangenheit verhaftete Mutter und die Hotels in Moskau für die Touristen. Sergej nahm Zucker und zwei Tassen aus dem Regal. Diese füllte er fast zur Hälfte mit dem Teesud, der schwärzer als Kaffee war. Er öffnete den Ausguss am unteren Teil des Samowars und goss heißes Wasser nach.

»Willst du ihn süß, wie die Liebe?«, fragte Sergej unerwartet freundlich.

Charkow nickte, und Sergej süßte die Tees jeweils mit vier Löffeln Zucker.

»Ihr habt also einen Kontakt bei uns? Wer ist es?«

»Jemand aus der Staatsanwaltschaft. Er ist ein Kunde von Iwan«, gestand Sergej. »Er hat es mir gesagt.«

»Wann?«

»Heute Morgen. Er hat mich gleich angerufen.«

»Die Staatsanwaltschaft ist groß«, bohrte Charkow weiter und trank einen Schluck Tee. Der bittersüße Geschmack erinnerte ihn an seine Kindheit.

»Es geht doch nichts über einen richtigen russischen Chai«, stellte Sergej zufrieden fest. »Die hier im Westen haben keine Ahnung vom Tee. Die trinken diesen Abfall, aufgegossen in Teebeuteln.«

Charkow entschied, das Thema mit dem Informanten erst einmal ruhen zu lassen. »Du bist Iwans Erbe«, unterbrach er Sergejs Belanglosigkeiten. »Sein Geschäftsanteil müsste so 20 bis 30 Millionen wert sein, nicht wahr?«

Sergej nippte bedächtig an seinem Tee. »Ich habe Iwan nicht umgebracht. Ich habe Iwan respektiert und geliebt. Das musst du mir glauben.«

Charkow spürte, dass seine Worte ehrlich waren. »Wer war es denn deiner Meinung nach? Die russische Mafia?«

Sergej beugte sich zu Charkow vor und sprach leiser. »Ich weiß es nicht. Und das macht mir Angst, mein Freund.«

»Hat Iwan mächtige Leute erpresst?«

»Nein. Das konnten wir uns nicht leisten. Weshalb auch? Wir machen mit unseren Dienstleistungen mehr als genug Geld. Vor allem verdienen wir mit ihnen länger, wenn sie unsere Kunden bleiben. Sie sind nach ein, zwei Besuchen sowieso abhängig von unserem Service. Warum sollten wir also diese Kundenbindung«, er sprach das letzte Wort mit besonderer Betonung aus, »durch dumme Erpressungen zerstören?«

Charkow musste eingestehen, dass Sergej überzeugende Argumente hatte. Trotzdem brauchte er einen Anhaltspunkt. Den Anfang einer Spur, die er verfolgen konnte. Sergej war bereit, mit ihm zu reden. Er musste diese Chance nutzen, bevor Sergej in den Sinn käme, seinen Anwalt anzurufen. Er musste ihn in Sicherheit wiegen, um mehr über Iwans Leben zu erfahren.

»Wenn dir Iwan tatsächlich so nah stand, willst du sicher seinen Mörder finden. So wie ich.«

Sergej nickte.

»Hilf mir, indem du mir etwas über Iwan erzählst. Ich bin Polizist, aber ich bin auch Russe. Wir müssen schließlich zusammenhalten.«

»Da stimme ich dir zu, mein Freund.«

»Paschálußta*. Wenn du mir hilfst, helfe ich dir.« Sergej nickte und Charkow fuhr fort: »Gab es Feinde in Iwans Leben?«

»Ein großer Mann hat immer Feinde. Jedoch keine, die ihn ermorden und nackt in einer Kirche liegen lassen würden. Das machen Feinde nicht«, sagte Sergej bitter. »Sie schießen ihm zwischen die Augen. Schnell und sauber. Sie lassen ihn nicht leiden und so …«, er schluckte kurz und schien nach dem passenden Wort zu suchen, »… so schutzlos einfach liegen. Dafür war Iwan zu groß, verstehst du?«, ereiferte er sich mit einer Mischung aus Wut und Angst.

Charkow nickte und war überrascht, von Sergej eine Bestätigung seiner eigenen Gedanken zu hören.

»Ich habe Angst«, offenbarte sich Sergej plötzlich.

* Russisch für *Bitte*

»Vor was?«, fragte Charkow, erstaunt über dieses Geständnis.

»Das muss ein Irrer sein, der so etwas tut. Was ist, wenn er es auch auf mich abgesehen hat?«

»Der Täter war von Hass getrieben«, ergänzte Charkow.

»Wer hatte so viel Hass auf Iwan?«, fragte Sergej, ohne wirklich eine Antwort zu erwarten, und starrte gedankenverloren in seinen Chai.

»Hatte Iwan vielleicht Streit mit einer Frau?«

Sergej schaute Charkow empört an. »Da gab es keine Frauen! Wir liebten uns und waren uns treu.«

»Vielleicht gab es einen anderen Mann?«

»Nein. Das hätte ich bemerkt.«

»Gab es etwas, das Iwan vor dir verbarg?«

Sergej schien von dieser Frage erneut beleidigt, trotzdem dachte er über sie nach. Schließlich schüttelte er heftig den Kopf.

»Es gibt immer etwas, das ein Mensch nicht mit einem anderen teilt, egal, wie gut sie sich kennen«, versuchte es Charkow erneut. »Denk nach. Es muss ein Geheimnis in Iwans Leben gegeben haben, das er mit dir nicht geteilt hat. Was könnte das gewesen sein?«

Sergej sträubte sich immer noch gegen den Gedanken. »Das *KGB*«, sagte er plötzlich zögerlich.

Charkow wusste nicht, was er damit andeuten wollte.

»Das *KGB* war immer *sein* Club.«

Er brauchte einen Moment, um zu verstehen, was Sergej meinte. »Du willst sagen, dass der Club euch nicht gemeinsam gehörte?«

Sergej schüttelte den Kopf. »Iwan und ich besaßen alle Clubs gemeinsam. Aber wir hatten je einen Club, den wir alleine betreuten. Der andere durfte sich dort nur blicken lassen, wenn er vorher um Erlaubnis gefragt hat. Unser Freiraum, verstehst du?«

»Du warst also nie im *KGB*?«

»Wir haben gemeinsam das Konzept gemacht und ihn gemeinsam eingerichtet. Nach der Eröffnungsfeier war ich nur noch selten dort.«

»Wer leitet jetzt den Club?«

Diese Frage überraschte Sergej, da ihm erst in diesem Moment das Problem bewusst zu werden schien. »Das werde wohl ich tun.«

»Hast du die Schlüssel?«

Sergej nickte.

»Lass uns hinfahren. Ich will die Welt sehen, die Iwan für sich alleine beanspruchte.«

8

Pater Francescus trank seinen Kaffee aus einem schlichten großen Tonbecher. Priska und Martin hatten dankend zugegriffen, als er ihnen Weihnachtsgebäck zum Kaffee anbot. Sein Büro befand sich in einem mittelalterlichen Haus, auf der anderen Seite des Flusses gegenüber der Liebfrauenkirche.

Schneeflocken schwebten vor den kleinen Fenstern herab, die nur spärliches Licht in den mit groben Holzplanken ausgelegten Raum hereinließen.

Der Pater wirkte müde und erschöpft, als er nach Worten suchte. »Es war, wie ich es dem Polizisten gestern gesagt habe.« Er nahm einen Schluck Kaffee und sein Blick wanderte nachdenklich zu den Schneeflocken vor dem Fenster. »Von dem Anblick des Toten werde ich mich mein Leben lang nicht erholen.«

»Fällt Ihnen wirklich nichts mehr ein?«, fragte Priska noch einmal.

»Ich habe dem Gesagten von gestern nichts hinzuzufügen.« Pater Francescus zögerte einen Moment. »Ich darf es nicht«, erklärte er plötzlich mit einem tiefen Seufzer. »Der Generalvikar hat mir strengste Weisung gegeben, weitere Aussagen zum gestrigen Abend nur im Beisein des Anwalts der Diözese zu machen«, erklärte er, ohne zu verbergen, dass er mit dieser Anweisung ein Problem hatte.

Priska und Martin warfen sich kurz einen Blick zu.

»Sicher dürfen Sie Teile Ihrer Aussagen von gestern noch einmal prüfen und im Zweifel ergänzen?«, fragte Martin.

Pater Francescus überlegte. »Welcher Teil der Aussage wäre es denn?«, wollte er mit einem Schmunzeln auf den Lippen wissen.

»Uns interessiert, wie der Täter in die Liebfrauenkirche gekommen ist. Bevor Sie den Weihnachtsschmuck in der Stadt einkauften, haben Sie die Kirche abgeschlossen«, tastete Priska sich langsam heran.

»Das ist richtig. Ich war ungefähr zwei Stunden weg. Als ich zurückkam, fand ich den Toten.«

»Was haben Sie vor dem Einkauf gemacht?«

»Den Baum geschmückt.«

»Und den Schlüssel für die Kirche hatten Sie immer bei sich?«

Pater Francescus nickte.

»Seit wie vielen Jahren schmücken Sie schon den Weihnachtsbaum?«

»Lassen Sie mich überlegen ... Dieses Jahr ist es schon das zwanzigste Mal«, antwortete er.

»Meine Mutter schmückt jedes Jahr den Baum für die ganze Familie. Und jedes Jahr fällt ihr kurz vor Weihnachten ein, dass sie zu wenig oder nicht den richtigen Schmuck hat«, gestand Priska und hoffte, damit mehr Vertrauen beim Pater zu gewinnen. »Wie oft mussten Sie in diesen 20 Jahren losziehen und noch einmal Dekoration nachkaufen, Pater?«

Pater Francescus dachte nach und blickte verlegen in seine Kaffeetasse. »Sie kennen die Menschen gut. Sie sind sicher eine gute Polizistin. Ja, Sie haben recht. Ich gehe jedes Jahr noch mal in die Stadt, um neuen Schmuck zu kaufen.«

»Wer außer Ihnen weiß, dass Sie jedes Jahr die Kirche kurz verlassen, um noch ein wenig Dekoration einzukaufen?«

»Meine Haushälterin, die Buchhaltung unserer Diözese, die Ministranten«, Pater Francescus musste nachdenken, »und natürlich die Verkäuferinnen, die mir den Weihnachtsschmuck immer etwas billiger verkaufen, alle Gemeindemitglieder und andere Mitarbeiter der Diözese«, schloss er. Anscheinend selbst darüber erstaunt, wie viele in seinem Umfeld davon wussten.

Als Martin realisierte, um wie viele potenzielle Verdächtige es zu gehen schien, stöhnte er unmerklich auf.

»Unsere Kirche ist bekannt für ihren Weihnachtsbaum, da er immerhin der größte in dieser Stadt ist«, fuhr Pater Francescus unbeirrt fort.

»Können Sie sich vielleicht einen Grund vorstellen, warum der Mörder ausgerechnet diese Kirche als Tatort gewählt hat?«, fragte Priska.

»Mein liebes Kind, ich weiß es nicht. Ich weiß nur, dass

dieser heilige Ort durch eine solche Tat entweiht wurde. Und das schmerzt mich zutiefst.«

»Obwohl es viel Arbeit für Sie bedeutet, möchte ich Sie bitten, mir eine Liste mit den Namen der Menschen zu machen, die Kenntnis von Ihrer Gewohnheit hatten, die Kirche für zwei Stunden jedes Jahr zu verlassen. Ich denke nicht, dass *alle* Gemeindemitglieder davon wussten.«

»Da haben Sie wohl recht«, seufzte der Pater.

Sie erhoffte sich nicht viel von dieser Liste, trotzdem enthielt sie vielleicht einen Hinweis. Sie stand auf und reichte Pater Francescus zum Abschied die Hand. »Danke für Ihre Offenheit. Ich wünsche Ihnen trotz allem ruhige Festtage.«

»Danke, das hoffe ich, mein Kind. Das hoffe ich.«

9

Das Quartier, in dem der Club lag, wirkte in der Abenddämmerung kalt und abweisend. Ein paar Drogenabhängige stromerten nervös durch die vielen Innenhöfe auf der Suche nach ihren Dealern. Wegen der Kälte zogen es die Prostituierten vor, in ihren Wohnungen zu bleiben und durch die offenen Fenster mit ihren Freiern auf dem Trottoir die Preise und Leistungen zu verhandeln. Ein Bürgerhaus aus der Jahrhundertwende beherbergte den *KGB*-Club. Das Haus lag im Dunkel, denn es war noch nicht spät genug, um für die Kundschaft zu öffnen.

Sergej nahm eine Schlüsselkarte aus seiner Sakkotasche und zog sie durch den Schlitz neben dem Haupteingang. Als Charkow und er eintraten, roch es nach abgestandenem Zigarettenrauch, Alkohol und viel zu süßem Parfum. Die roten Samtvorhänge hatten über die Jahre diesen Geruch in sich aufgenommen. Überall war das Signet des ehemaligen russischen Geheimdienstes KGB zu sehen: Ein Hammer-und-Sichel-Emblem auf einem roten Stern, welches auf einem Schild prangte und mit einem Schwert vertikal durchstoßen war. Die äußeren Bereiche des Clubraums waren mit Séparées bestückt, in die man sich mit seiner Begleitung zurückziehen konnte. Dominiert wurde der Club von vier erhöhten Podesten, auf denen Tänzerinnen das Publikum bei Laune hielten. Um die Tanzflächen waren runde Tische gruppiert, in deren Mitte jeweils ein rotes, alt anmutendes Telefon mit einer runden Wählscheibe stand. Bequeme, ausladende Sessel mit eingebautem Champagnerglashalter gaben jedem Besucher das Gefühl von Wichtigkeit.

»Wofür ist das Telefon?«, wollte Charkow wissen.

Sergej lachte und zeigte zur Bar hinüber. »Damit gibst du deine Bestellung auf.« Er klappte bei einem der Telefone die Wählscheibe nach rechts weg, und es kam ein kleiner Bildschirm zum Vorschein, der sich gleich einschaltete. Auf dem Display leuchtete kurz das Hammer-und-Sichel-Logo auf. Als es erlosch, begann eine Diashow mit Frauen des Clubs, unter deren Foto eine Kurzwahlnummer eingeblendet wurde. »Das war meine Idee«, grinste Sergej vor Stolz.

Charkow schüttelte den Kopf. Sogar hier hielt die Virtualität Einzug. »Seit wann wollen die Männer die Frauen nicht mehr persönlich kennenlernen, bevor sie mit ihnen ins Bett gehen?«

Sergej winkte ab. »Das war früher. Die Frauen redeten eine Viertelstunde mit den Männern und wenn sie denen nicht gefielen, musste die nächste kommen und so weiter. Ineffizient!«, rief er. »In einigen Fällen ging es über eine Stunde, bis der Kunde gewählt hatte. Heute geht das schneller.« Sergej berührte den Bildschirm und wählte *Lady Fleur*. Sofort erschienen ihre Maße, der Preis und die zur Verfügung stehenden Dienste. »Unsere Auswertungen zeigen, dass der Kunde nur noch sieben Minuten für seine Wahl braucht. Dadurch können die Mädchen mehr Freier an einem Abend bedienen. Seitdem verdienen wir ein Vielfaches.«

Charkow empfand ein Gefühl der Abscheu. Er war sich sicher, dass viele der Fleurs, Tatjanas und Nataschas, die auf dem Telefondisplay aufleuchteten, illegal hier waren.

»Was willst du sehen?«, unterbrach Sergej seine Gedanken.

»Zeig mir alles.«

»Alles?«

Charkow nickte.

Sergej zögerte. Er dachte an die Tatortfotos, die ihm durch seinen Kontakt bei der Staatsanwaltschaft zugespielt worden waren. Was der Mörder Iwan angetan hatte, würde er nicht einmal seinem ärgsten Feind wünschen. Vielleicht konnte er den Mörder vor der Polizei finden und Iwans Tod selbst rächen. Und vielleicht konnte dieser Polizist ihm dabei behilflich sein. Anscheinend war er ein ehrlicher Mann. Aber was wichtiger war: Er war Russe. Ich werde ihm so weit helfen, bis er mich zum Mörder führt, entschied Sergej. »Komm«, sagte er. »Ich zeige dir die anderen Räume des Clubs.«

Sie gingen durch eine Tür, die sich zwischen zwei Séparées befand und kaum sichtbar war, da sie die Farbe der

Tapete hatte. Über eine ausladende, mit rotem Teppich bespannte Treppe stiegen sie in die erste Etage und gelangten in einen runden Vorraum. Von diesem gingen zehn verschiedene Zimmer ab. Auf den Türen waren kyrillische Buchstaben und eine Zahl zu sehen. Charkow las: *Streng geheimes Verhörzimmer Nr. 1.*

»Und hier gehen eure Kunden mit den Frauen hin?«

Sergej nickte. »Es gibt verschiedene Verhörzimmer. In diesem hier packen die Frauen die Männer etwas härter an als in den anderen Clubs.«

»Mach sie auf.«

»Alle?«

»Alle.«

Sergej holte eine Magnetkarte hervor und zog sie durch ein Lesegerät, das an jeder Tür angebracht war. Mit einem leisen Geräusch schnappte die Tür auf. Als Charkow den Raum betrat, lief ihm ein kalter Schauer über den Rücken. Der Boden und die Wände waren mit dunkelbraunen Kacheln gefliest. In der Mitte des Raumes befand sich ein Ausguss. Darüber war eine Kette mit Handschellen an der Decke befestigt. An einer Wand hingen Folterinstrumente: eine Peitsche, Zangen, ein Schlagstock und Kabel, die zu einer Autobatterie führten.

Charkow drehte sich zu Sergej um, der grinsend im Türrahmen stand. »Ich habe schon einiges gesehen. Wer steht auf so was?«

»Angestellte in gehobenen Positionen. Die meisten sind knallharte Manager, die im Beruf über Leichen gehen. Du kennst das ja. Die Unterdrücker lassen sich gerne mal unterdrücken.«

Charkow nickte zögerlich. »Gehen wir die anderen Räume durch.«

Zu seinem Erstaunen war das nächste Zimmer wie ein Museum eingerichtet. Ein Himmelbett, teure Teppiche, edle Messingleuchter – alles erinnerte an das Schlafzimmer des Zaren. In der Ecke des Raumes stand sogar ein Altar mit Kerzen vor einer russischen Ikone.

»Hier drin war ich noch nie«, bemerkte Sergej und betrachtete mit einer Mischung aus Neugier und Trauer den Raum. »Das war Iwans Zimmer«, fuhr er fort.

Charkow nickte. »Lass mich noch schnell einen Blick in die anderen werfen.«

Die übrigen Verhörzimmer waren sämtlich im Stil von Büros oder Folterkellern eingerichtet. Bis auf das Schlafgemach des Zaren ging es in allen anderen Räumen um Macht und Unterwerfung. Dominante Masochisten bezahlten unterdrückte Frauen, um im *KGB* die Rollen zu tauschen.

Charkow hatte genug gesehen und kehrte wieder in Iwans Lieblingszimmer zurück. Er warf einen kurzen Blick auf das Bett und ging dann hinüber zum Altar. Er ähnelte sehr stark dem seiner Mutter, musste er überrascht erkennen. Bei näherer Betrachtung sah er, dass die Ikone über dem Altar echt war. Das russisch-orthodoxe Kreuz, welches neben den Kerzen lag, war vergoldet. Der ganze Altar war mit viel Hingabe und Liebe eingerichtet worden.

Sergej bemerkte sein Interesse.

»Woher weißt du, dass es Iwans Zimmer ist, wenn du noch nie hier warst?«

»Er hat mir davon erzählt, um mir meine Grenzen zu zeigen.«

»Das war also sein Geheimnis?«

Sergej nickte.

»War Iwan ein gläubiger Mensch?«

»Du weißt doch: Wir Russen gehen in die Kirche, aber wir glauben nicht so stark wie die Katholiken. Wir glauben lieber ans Geld«, lachte er.

»Und warum dieser Altar? Hier, in einem Bordell?«

Sergej schwieg, weil er keine Antwort hatte.

»Ich will eine Liste mit euren Kunden.«

Sergej verschränkte die Arme vor der Brust. »Wir führen keine Listen über unsere Kunden. Wir sind ein anonymer Club.«

Charkow blickte aus dem einzigen Fenster im Raum hinunter auf die Straße, wo die ersten Frauen sich in die Kälte wagten, um Freier zu finden. »Sergej, du weißt, dass das nicht stimmt. Du und Iwan, ihr kennt eure Kunden. Und ich will Namen.«

»Das kann mich ruinieren.«

»Ich kenne bessere Wege, dem *KGB* ein Ende zu bereiten. Und ich verspreche dir, dieses Ende sehr schnell herbeizuführen, wenn du mir nicht bis morgen Namen lieferst.« Er wandte sich vom Fenster ab und gab Sergej seine Visitenkarte. »Ich werde es nicht an die große Glocke hängen. Ich will nur wissen, wer in diesem Club war. Und vor allem, warum er hier war. Iwans Mörder könnte einer eurer Kunden gewesen sein.«

Der letzte Satz überzeugte Sergej. »Hältst du mich auf dem Laufenden?«

»Es tut mir leid, ich darf dir keine Ermittlungsergebnisse mitteilen.«

»Vielleicht kannst du mir einige Informationen früher als der Presse geben?«

»Ich werde alles unternehmen, um Iwans Mörder zu finden«, antwortete Charkow ruhig und betrachtete noch einmal das Zarenzimmer. »Für heute habe ich genug gesehen«, beschloss er mit einem Blick auf seine Uhr.

Sie verließen den Raum, und Sergej begleitete ihn zum Ausgang. Als er die Tür öffnete und sie in die Kälte hinaustraten, nahm Sergej seinen Arm. »Du musst dieses Schwein finden.«

10

Als Charkow sich in den Wagen setzte, war er nicht sicher, ob Iwans Geheimnis ein Anhaltspunkt war. Sein Gefühl sagte ihm, dass dort ein Teil des Schlüssels zur Lösung zu finden war. Er entschied, noch einmal ins Büro zu fahren.

Auf dem Weg zur Kaserne rief er Francine an, um zu erfahren, ob die Laborresultate der Blutanalyse schon vorlagen.

»Iwan wurde mit einem starken Nervengift gelähmt«, kam sie gleich zur Sache. »Beim Gift handelte es sich um Tetrodotoxin, das in der Natur unter anderem beim Kugelfisch in Eierstöcken und Leber vorkommt.«

»Und wie gelangte es in sein Blut?«

»Eins nach dem anderen«, wies Francine ihn zurecht. »0,5-1,5 Milligramm des Giftes reichen, um bei oraler Aufnahme den Tod herbeizuführen. Das Gift tötet nicht sofort. Es greift erst nach 15 bis 20 Minuten die lebenswichtigen Organe an. Somit muss Iwan seinen Tod bei vollem Bewusstsein miterlebt haben.«

Was für ein Mensch ist zu so einer Tat fähig?, fragte er sich.

»Nun zu deiner Ausgangsfrage«, fuhr sie fort. »Ich glaube, die kleine Verletzung an seiner Wange war die Eintrittswunde für das Gift. Der Mörder muss einen scharfen Gegenstand mit dem Gift kontaminiert haben.«

»Du meinst, es war keine Spritze?«

»Ich glaube – und hier liegt die Betonung auf *glaube* – die Tatwaffe könnte ein einfacher Ring gewesen sein.«

»Kommen wir über das Gift zu unserem Täter?«

»Das Gift kannst du im Internet bestellen. Es ist zwar viel geringer dosiert. Wenn du jedoch ausreichend davon kaufst, kannst du es extrahieren und die Dosierung erhöhen. Einfacher ist, in eine Zoohandlung zu gehen und einen, ich nenne es mal ›Tetrodotoxin-Produzenten‹ zu kaufen.«

»Was meinst du damit?«

»Jetzt wird es etwas ausführlich. Hast du Zeit?«

»Sicher.«

»Es gibt eine Vielzahl von Tieren, die dieses Gift produzieren.«

»Sind es sehr viele?«

»Genug, um dir das Leben schwer zu machen.«

Charkow fluchte innerlich.

»Da sind zum einen diverse Gattungen der Kugelfische. Das Gift ist im kompletten Körper der Tiere zu finden. Die höchsten Giftkonzentrationen finden sich in der Haut, aber vor allem in der Leber und anderen inneren Organen. Weitere marine Organismen produzieren ebenfalls Tetrodotoxin, wie der australische, blau geringelte Tintenfisch, der Papageienfisch, der Kaiserfisch, bestimmte Seesterne und manche Krabbenarten, Meeresschnecken sowie Mollusken. Bestimmte Frösche und einige Lurche enthalten ebenfalls dieses Gift«, schloss Francine ihre Ausführungen. »Du brauchst nur die Kenntnisse über die Extraktion des Gifts sowie dessen Dosierung.«

Charkow musste Francine recht geben. »Somit ist es relativ leicht, an dieses Gift zu kommen?«

»Ja.«

Charkow informierte Priska und Martin über seine Ermittlungen bei Sergej und über Francines Laborergebnisse.

»Ich stimme dir zu. Der Täter muss über das Verhalten des Paters Bescheid gewusst haben«, bestätigte Charkow Priskas Annahme, als sie ihm ihre Ermittlungsergebnisse mitteilte. »Sobald ihr Pater Francescus' Liste habt, vergleicht ihr sie mit den Namen auf Sergejs Kundenliste und natürlich mit unserer eigenen Datenbank. Vielleicht haben wir Glück und finden eine Verbindung.« Er wandte sich an Martin: »Bitte recherchiere die wichtigsten Anbieter von Tetrodotoxin. Ich will eine Liste von Käufern des Gifts der letzten zwei Monate.«

Martin stöhnte auf.

»Wo liegt das Problem?«, wollte Charkow wissen.

»Nichts, nichts.«

»Hör mal, wenn dir etwas nicht passt, sag es«, verlangte Charkow von ihm.

Martin überlegte, schließlich lenkte er ein. »Ist schon gut. Gleich morgen kümmere ich mich darum.«

»Grenze die Suche ein. Langjährige Kunden, die das Gift regelmäßig für medizinische Zwecke bestellen, kannst du ausschließen. Fange mit der Suche nach einmaligen Bestellungen von kleinen Mengen durch Privatpersonen an.«

Martin schien etwas erleichtert zu sein. Er informierte sie, dass er die Videos von den Passanten vor der Liebfrauenkirche ins Intranet gestellt habe, damit jeder selbst einen Blick darauf werfen konnte. »Morgen beginne ich, auffällige Personen herauszupicken und sie durch unsere Datenbank laufen lassen. Ach ja«, er nahm einen Stapel Papier und gab ihn Charkow, »das sind die Informationen über die Rituale in der katholischen Kirche.«

Charkow nahm Martins Recherchen und warf einen Blick darauf. Er lobte ihre gute Arbeit und schloss die Sitzung. Auf dem Weg zum Parkplatz wich ihm Priska nicht von der Seite. Als sie seinen Wagen erreichten, blieb er stehen. »Soll ich dich vielleicht nach Hause mitnehmen?«

Priska schüttelte den Kopf. »Ich laufe lieber. Die frische Luft tut mir gut.«

»Bedrückt dich etwas?«, fragte er.

»Dieser Fall ist anders als die anderen«, sagte sie zögerlich.

»Du meinst die Art, wie Solowjow umgebracht wurde?«

»Das macht mir echt zu schaffen«, gestand sie.

»Was genau?«

»Die Grausamkeit. Dass Solowjow seinen Tod miterleben musste.«

»Ich verstehe«, sagte Charkow leise. »Mich lässt das auch nicht kalt.«

»Wie erträgst du es?«

»Der Tod unserer Opfer ist unumkehrbar. Ich glaube, es ist ihr Schicksal. Daran können wir nichts ändern. Unsere Aufgabe ist es, die Täter zu finden. Du musst lernen, loszulassen.«

»Du sagst immer, wir sollen eine Mauer in uns aufbauen.«

Charkow nickte.

»Ich kann das nicht«, sagte sie niedergeschlagen.

»Doch, das kannst du. Du kannst es, wenn du gelernt hast, loszulassen.«

Priska nickte zwar, aber er sah ihre Hilflosigkeit. Er wusste, dass sie ihren Weg selbst finden musste. Er konnte sie nur begleiten. So schmerzhaft es auch für ihn war, ihr dabei nur zusehen zu können.

»Ich hoffe, es wird der erste und letzte Mord dieser Art in meiner Karriere gewesen sein«, meinte sie.

Als sie sich auf den Heimweg machte, wusste sie noch nicht, wie sehr ihre Hoffnung enttäuscht werden würde.

11

Kurkuma, Koriander und Lamm. Charkow spürte plötzlich, wie hungrig er war, als er das Treppenhaus zu seiner Wohnung hinaufstieg. Einen Moment lang spielte er mit dem Gedanken, zu Vladimir zu gehen und sich in seinem russischen Restaurant von ihm verwöhnen zu lassen. Der Gedanke, den Streit von gestern weiterführen zu müssen, sprach stark für ein Verwöhnprogramm. Doch er wusste, ein Abend bei Vladimir endete für gewöhnlich mit starken Kopfschmerzen. Und Gabriela wartete auf ihn in der Wohnung. Weglaufen war keine Lösung. Er war nun schon Mitte 40 und außer flüchtigen Liaisons hatte er sich bisher auf keine ernsthafte Beziehung eingelassen. Für das schnelle Ende dieser Liaisons war er selbst verantwortlich gewesen. Zu viel Nähe machte ihm Angst. Zu oft stellten die Frauen, denen er im Leben begegnete, Forderungen an ihn, die er nicht erfüllen konnte oder wollte. Er wünschte sich, sie würden seine Art respektieren. Vielleicht war seine Lebensphilosophie zu egoistisch? Schließlich war er Polizist und ein geregelter Tagesablauf somit nicht planbar. Sie mussten damit umgehen können, wenn er den Theaterbesuch wegen einer Mordermittlung ausfallen ließ. Er selbst nahm die Frauen so, wie sie waren, und freute sich über ihre Gesellschaft. Ihn interessierte die Art, wie sie lebten. Jede hatte eine sehr eigene Weise, die Welt zu betrachten und auf sie zu reagieren. Unterschiedliche Biografien prägten die Menschen. Ihn interessierte ihre Herkunft, weil er glaubte, sie dann besser verstehen zu können. Erstaunlicherweise hatte er mit Gabriela noch nie ein Gespräch über ihre Herkunft geführt. Das fiel ihm nun auf. Francines Worte kamen ihm wieder in den Sinn. Sie hatte angedeutet, dass Gabriela anscheinend etwas vor ihm verbarg. Vielleicht hatte er ihr einfach nie die Gelegenheit gegeben, über sich zu sprechen? Als er seine Wohnungstür aufschloss, nahm er sich vor, sie heute Abend nach ihrer Vergangenheit zu fragen.

Gabriela saß auf seinem Sofa, vor sich ein Glas Rotwein, und war in eine Frauenzeitschrift vertieft. Er verstand nicht, warum eine Frau mit Gabrielas Bildungsstand sich mit dieser Art Lektüre beschäftigte.

»Soll ich was kochen?«, fragte er.

»Ich habe nichts eingekauft«, antwortete sie, ohne von ihrer Zeitschrift aufzublicken.

»Hast du keinen Hunger?«

Erst jetzt blickte sie auf und dachte einen kurzen Augenblick nach. »Ich würde gerne etwas essen. Sollen wir schnell um die Ecke was einkaufen?«

»Lass uns zu Vladimir gehen«, schlug Charkow vor.

Ihr Gesicht hellte sich auf. »Aber du lädst mich ein. Als Entschädigung für deine gestrige Flucht.«

Er war froh über die Gelegenheit, sich vom Streit freikaufen zu können. »Zieh dir was über.«

Vladimir war ebenfalls Kind russischer Einwanderer. Und wie Charkow hatte er seine Heimat und Sprache nie vergessen können. Mit Charkows Hilfe bei den Behördengängen hatte er ein kleines russisches Restaurant im Gewölbe eines Eisenbahnviadukts eröffnen können. Schnell war es in der Stadt zum Geheimtipp geworden und Vladimir konnte sich vor Reservationen kaum retten. Der schnelle Erfolg war ihm nie zu Kopf gestiegen. Vladimir stand mit beiden Beinen auf der Erde.

Zur Begrüßung umarmte er Charkow und küsste ihn auf die Wangen. Er hob anerkennend die Augenbrauen, als er Gabriela an seiner Seite erblickte. »Jetzt weiß ich, warum du sie so lange vor mir versteckt hast.«

Er bot ihr galant seinen Arm und ließ es sich nicht nehmen, sie persönlich zu einer kleinen, intimen Nische im hinteren Teil des Gewölbes zu führen, wo sie und Charkow ungestört den Abend verbringen konnten. Er gab ihnen keine Speisekarte, sondern würde einfach auftischen, was er selbst an diesem Abend als das Beste betrachtete. Der erste Gang bestand aus einem heißen Borschtsch – einer Kohlsuppe mit eingelegtem Lammfleisch, Kwas*, Kartoffeln und Randen, die zusammen mit einem Löffel Sauerrahm die Suppe in ein zartes Rosa färbten. Dazu servierte Vladimir Blini und Rotwein aus Geor-

* kohlensäurehaltiges Getränk, welches durch Gärung aus den Grundzutaten Wasser, Roggen und Malz gewonnen wird

gien. Alleine die Vorspeise hätte Charkow als Abendessen gereicht.

»Wann haben wir die nächste Sitzung bei Dr. Monsch?«, fragte er, um seinen guten Willen zu zeigen.

»Nächste Woche. Aber dieses Mal lasse ich dich nicht früher gehen«, drohte sie ihm mit einem Lächeln.

Er schwieg und verkniff sich einen Kommentar.

Nachdem die Vorspeisenteller abgeräumt worden waren, schenkte er Gabriela Rotwein nach. »Ich brauche deine Hilfe.«

Sie blickte ihn neugierig an.

»Was weißt du über Hass?«

»Wie kommst du denn jetzt darauf?«, fragte sie ein wenig enttäuscht.

»Das sage ich dir nachher. Was wisst ihr Psychologen darüber?«

Seine Frage verstimmte Gabriela etwas, denn sie passte so gar nicht zu diesem romantischen Abend. »Ein sehr starkes negatives Gefühl. Jedoch unterschiedlich motiviert.« Sie nahm einen großen Schluck Rotwein.

»Unterschiedlich motiviert?«

»Wir unterscheiden zwischen reaktivem und charakterbedingtem Hass«, präzisierte sie.

»Du meinst, es gibt Menschen, die auf Situationen hasserfüllt reagieren und solche, die immer Hass empfinden?«

»So in etwa. Die erste Gruppe hat – im Gegensatz zu den *Immer-Hassern* –«, sie lachte kurz über ihre Wortschöpfung, »eine grundsätzlich positive Einstellung zum Leben. Sie hassen nur, wenn zum Beispiel ihre Ideale mit Füßen getreten werden oder ihr Leben beziehungsweise ihre Existenz bedroht wird.«

»Und die anderen sollen seit ihrer Geburt diesen Hass in sich tragen?«, fragte Charkow ungläubig.

Gabriela schüttelte den Kopf. »Diese Menschen brauchen ebenso einen Auslöser. Vorher hassen sie nicht. Wenn sie allerdings verletzt werden, entwickeln sie einen beständigen Hass, der auf alles projiziert wird: auf Ausländer, Andersgläubige, Andersdenkende und so weiter.«

»Was empfinden diese Menschen, wenn sie hassen?«

»Ein Gefühl der Befriedigung.«

Charkow dachte nach. War sein Täter ein Mensch, der Befriedigung durch seinen Hass empfand? Dort musste der Schlüssel zum Motiv liegen.

»Hallo?«, unterbrach Gabriela seine Gedanken. »Wo ist Herr Charkow gerade?«

Er machte eine wegwerfende Handbewegung und schüttelte den Kopf, um sich dem georgischen Rotwein zu widmen.

»Warum interessierst du dich für dieses Thema?«, fragte sie. »Es ist ja nicht gerade der passende Gesprächsstoff für zwei Verliebte bei einem Abendessen mit Kerzenschein.«

»Über was reden denn zwei Verliebte?«, stieg Charkow auf ihre Bemerkung ein, um ihr nicht eingestehen zu müssen, dass ihn zurzeit sein Mordfall mehr als ihre Beziehung beschäftigte.

»Na zum Beispiel über ihre Zukunft. Wie stellst du dir unsere Zukunft vor?«

Zu Charkows Glück wurde die Antwort vertagt, denn Vladimir servierte den nächsten Gang. Es gab usbekische Manti: Maultaschen gefüllt mit gehacktem Rindfleisch an einer Kräutersoße. Vladimir servierte gleich den ersten Wodka. »Damit er Platz für den nächsten Gang schafft«, grinste er und verschwand wieder in der Küche.

»Erzähle mir etwas von dir«, bat er Gabriela und hoffte, sie würde so ihre Frage vergessen.

»Ist das nicht normalerweise, was Männer am liebsten tun?«

Er blickte sie fragend an.

»Von sich erzählen«, ergänzte sie mit einem verständnisvollen Lächeln.

»Ich wusste nicht, dass dies ein typisch männlicher Charakterzug ist.«

Gabriela lachte. »Das ist *der* typisch männliche Charakterzug«, sagte sie und nahm einen großen Schluck Rotwein.

Er sah, dass ihr die Beantwortung seiner Frage nicht leichtzufallen schien. Er wollte sie nicht drängen und widmete sich wieder seinen Manti. Das Wenige, das er von Gabriela wusste, betraf ihre Kindheit. Sie wuchs als Einzelkind bei ihrer Mutter auf. Diese arbeitete nachts in einer Fabrik, sodass sie tagsüber für Gabriela da sein konnte. Dank eines Stipendiums reichten ihre knappen Ersparnisse für das Psychologiestudium ihrer Tochter. Charkow interessierte sich für das, was sie ihm verschwieg: Sie hatte nie über ihren Vater gesprochen.

»Was willst du wissen?«, fragte sie nun unsicher.

»Erzähle mir von deinem Vater.«

»Ist das ein Verhör?«

Ihre Stimme klang gereizt und er spürte ihre Ablehnung.

»Ich interessiere mich nur für dein Leben. Du musst mir nicht antworten, wenn es dir unangenehm ist.«

Gabriela leerte ihr Glas in einem Zug und schenkte gleich wieder nach. Sie drehte das Glas in ihrer Hand und schien nach den richtigen Worten zu suchen.

»Kennst du deinen Vater?«, frage er vorsichtig. »Hast du ihn jemals getroffen?«

»Der existierte für uns nicht«, erwiderte sie trotzig.

Charkow blickte auf seinen Teller und aß langsam weiter. Er unterdrückte seine Neugier und hoffte, sie würde einfach weiterreden.

Nach einem Moment des Schweigens fuhr Gabriela fort. »Ich habe keinen Kontakt zu ihm.«

»Du weißt, wo er sich aufhält?«, fragte er erstaunt.

Gabriela nickte.

»Warum hat er euch verlassen?«

»Er war … er ist ein problematischer Mensch«, sagte sie stockend.

Er sah, dass ihr dieses Thema sehr nahe ging und beschloss, nicht weiter nach ihrem Vater zu fragen. »Warum hat deine Mutter nie wieder geheiratet?«

»Wir brauchten keinen Mann, um zu überleben«, sagte sie mit einer Überzeugung, die ihr Charkow nicht abnahm.

»Ihr beiden Frauen habt somit euer Leben ganz alleine verbracht? Das war sicher nicht immer schön.«

»Was weißt du schon über ein Leben ohne Vater?«, brach es aus ihr heraus. Noch im selben Moment bereute sie das Gesagte. »Entschuldige, Max, ich wollte dich nicht verletzen.«

Sie wusste um Charkows Geschichte und den Tod seines Vaters. Er selbst wuchs den größten Teil seiner Kindheit als Halbwaise auf.

»Ist schon gut«, meinte er besänftigend. »Du hast mich nicht verletzt. Ich sehe, dass du nicht über deinen Vater sprechen kannst. Das respektiere ich.«

Gabriela nahm zärtlich seine Hand. »Danke, Max.« Sie beugte sich über den Tisch und küsste ihn.

Beide widmeten sich wieder dem Essen und sprachen den Rest des Abends nur noch über Belanglosigkeiten.

12

Generalvikar Niklaus Berger starrte aus dem Fenster in die Dunkelheit. Sein Gesichtsausdruck wirkte so konzentriert, als ob er dem Schneetreiben draußen Einhalt gebieten wollte. Gerade hatte er den Bericht von Pater Francescus mit einer Mischung aus Interesse und Unbehagen gelesen und fragte sich nun, wann der richtige Zeitpunkt sein würde, an dem er einschreiten sollte. Die Angelegenheit durfte keine Wogen schlagen. Wenn er zu früh agierte, würde genau dies geschehen, ermahnte er sich selbst und betrachtete noch einmal die Bilder von Iwans Leiche, die ihm ein Kontakt bei der Kantonspolizei zugespielt hatte. Kein Zweifel: Iwan Solowjow war tot. Ermordet in einem ihrer Gotteshäuser. Ein Affront und vielleicht eine persönliche Botschaft an ihn, die nur eines bedeuten konnte: *Ich weiß alles über dich und deine Mitstreiter*. Jetzt bestand die Gefahr, dass zwischen ihm, seinem Vorgesetzten Bischof Paulus Geissler und dem Toten eine Verbindung hergestellt wurde. Diese Verbindung zu entdecken war zwar sehr schwer, dennoch nicht unmöglich. Der kleinste Anhaltspunkt würde für die Medien schon Grund genug sein, eine Kampagne gegen die katholische Kirche zu starten. Schlechte Presse bedeutete weniger Glaubwürdigkeit, weniger Mitglieder und somit weniger Einnahmen. Das musste er mit aller Macht verhindern. Alles hing nun von ihrem Verhalten ab.

Er steckte die Unterlagen in einen Umschlag und hob den Hörer ab, um sich zum Bischof durchstellen zu lassen. Als hätte Paulus Geissler auf seinen Anruf gewartet, wurde er sofort mit ihm verbunden.

»Eure Exzellenz, wir müssen reden«, sagte Berger nervös.

»Das sehe ich ebenso«, erwiderte der Bischof. »Am besten gleich morgen früh.«

»Ich werde die notwendigen Unterlagen mitbringen.« Damit spielte Berger auf die Fotos und Polizeiberichte an.

»Gut. Sie sind unabdingbar für unsere Diskussion. Eventuell sollten Sie unserem redseligen Pater Francescus noch einmal Einhalt gebieten. Er hat anscheinend erneut mit einer Polizistin gesprochen.«

»Ich habe es ihm schon gesagt. Gleich morgen werde ich zu ihm gehen, um mit aller Nachdrücklichkeit klar…«

»Vielleicht nicht gleich morgen«, unterbrach ihn der Bischof. »Sonst wird er sich fragen, warum uns sein Schweigen so am Herzen liegt. Das könnte unangenehmes Gerede in der Diözese provozieren.«

»Trotzdem sollten wir schnell die Kontrolle über die Situation wiedererlangen«, beharrte Berger.

»Wie gesagt, die Polizei hat Pater Francescus schon befragt. Aufgrund seiner Aussage werden sie sich in den nächsten Tagen mit der Befragung der Mitarbeiter und Mitglieder seiner Pfarrei beschäftigen.«

»Soll ich ihn weiterhin durch unseren Anwalt vertreten lassen?«

»Nein. Schärfen Sie ihm einfach ein, sich nicht mehr als nötig mit der Polizei zu unterhalten.«

»Ich fände es besser, unseren Anwalt weite…«

»Das würde weitere unnötige Fragen aufwerfen«, unterbrach ihn der Bischof erneut. »Und das wollen wir doch nicht, oder?«

»Selbstverständlich nicht, Eure Exzellenz«, pflichtete Berger bei.

»Wir sehen uns morgen«, sagte der Bischof und legte auf, ohne auf eine Antwort seines Generalvikars zu warten.

13

Der nächste Tag brachte keine neuen Erkenntnisse. Am Tatort konnten unzählige Spuren sichergestellt werden. Die Mitarbeiter vom technischen Dienst verzweifelten. Jeder wusste: Es gab nichts Schwierigeres, als den Fundort einer Leiche in einem öffentlichen Gebäude zu untersuchen. Die ersten Befragungen der Kirchenmitarbeiter rund um Pater Francescus zogen sich in die Länge, da die Kirchenleitung jede Befragung durch umständliche Terminvereinbarungen erschwerte. Charkow erkannte, dass die katholische Kirche Angst um ihren Ruf hatte und auf keinen Fall mit der Ermordung eines Bordellbesitzers in Zusammenhang gebracht werden wollte. Die wenigen Ergebnisse, welche Priska und Martin zusammengetragen hatten, waren ernüchternd: Fast alle Mitarbeiter, die mit Pater Francescus in irgendeiner Weise in Kontakt standen, kannten seine Gewohnheit, in letzter Minute den fehlenden Christbaumschmuck einzukaufen und für einige Stunden die Liebfrauenkirche zu schließen. Also hätte jeder diesen Zeitpunkt nutzen können, um einen Mord zu begehen. Im Gegensatz zu der Unmenge von Befragten gab es nicht einen Hinweis auf ein Motiv. Somit waren sie auch in dieser Frage keinen Schritt weitergekommen. Das Studium von Martins Unterlagen über das katholische Ritualwesen hatte Charkow ebenfalls keine neuen Erkenntnisse gebracht. Sergej hatte eine erste Liste seiner Kunden zugeschickt und geschrieben, dass er ihm weitere Kunden nennen würde, jedoch noch nicht wisse, welche Kunden speziell im *KGB* ein und aus gegangen seien. Sie enthielt einige Namen aus der Wirtschaft und Regierungskreisen. Nichts Überraschendes.

Neben der außergewöhnlichen Tötungsart und dem zugrunde liegenden Hass existierten für Charkow zwei weitere Auffälligkeiten in diesem Fall: Da war Iwans privates Zaren-Schlafzimmer und das Gift. Statistisch gesehen die zweithäufigste Mordwaffe einer Frau. Doch konnte Hass solche Kräfte bei einer Frau entwickeln? Schließlich hatte der Täter – oder die Täterin – Iwan, der immerhin über 100 Kilo wog, ausgezogen, vom Beichtstuhl zum Taufbecken geschleift und ihn schließlich dort ertränkt. Außerdem wurde das Gift nicht primär zur Tötung eingesetzt, sondern diente lediglich dazu, das Opfer in den Zustand der Wehrlosigkeit zu versetzen, damit es bei vollem Bewusstsein seinen Tod miterlebte. Somit war es mehr als fragwürdig, ob als Täter eine Frau in Betracht kam.

Sie steckten in einer Sackgasse. Charkow beschloss, noch einmal mit Francine über das Gift zu sprechen.

Das Rechtsmedizinische Institut war ein modernes Gebäude. Aneinandergereihte Kuben, gleich neben dem Irchelpark auf dem Zürichberg. Charkow stellte seinen Wagen etwas weiter entfernt ab, denn er wollte ein paar Schritte an der frischen Luft durch den Park laufen. Der

Schnee knirschte unter seinen Füßen, als er den Weg zum Institut einschlug. Schneeflocken legten sich auf sein Gesicht, ein Gefühl, das er seit seiner Kindheit liebte und ihn an nicht enden wollende Schlittenfahrten vom Bergdorf ins Tal erinnerte.

Eine Mutter übte mit ihrem Sohn auf dem zugefrorenen Teich des Parks Schlittschuh laufen. Unerwartet hob die Frau die Hand und winkte ihm zu. Erst jetzt erkannte er unter der tief ins Gesicht gezogenen Wollmütze und der dicken Daunenjacke Francine.

»Hallo, Max! Was machst du denn hier?«

Überrascht lief er zu den beiden. Den Jungen, mit dem sie auf dem Eis stand, hatte er noch nie gesehen. Als er den Rand des Teiches erreichte, fuhren sie zu ihm. Der Junge hatte dichte schwarze Locken und dunkle Augen. Ein hübsches Kind, dachte Charkow.

»Das ist Samuel«, erklärte Francine, die seinen fragenden Blick bemerkte, »mein Patenkind.«

»Ich heiße Max. Wie alt bist du denn?«

»Ich bin schon elf. Bist du der Polizist aus Russland?«, fragte Samuel mit einer Mischung aus Scheu und Begeisterung.

»Ja, das muss ich wohl sein«, gestand Charkow verwundert. »Ich wusste nicht, dass du ein Patenkind hast und während deiner Arbeitszeit Schlittschuh laufen darfst«, bemerkte er scherzhaft an Francine gerichtet.

»Da du mich die letzten Nächte hast arbeiten lassen, kann ich mich tagsüber mit den wichtigen Dingen im Leben beschäftigen«, lachte sie. »Solltest du auch mal versuchen.«

»Ich muss kurz mit dir reden.« Er blickte fragend in Samuels Richtung. »Oder soll ich später wiederkommen?«

Francine wandte sich an den Jungen. »Was meinst du?

Kannst du schon ein paar Runden ohne mich drehen? Ich muss mit Max schnell ein paar Worte wechseln.«

Etwas enttäuscht willigte Samuel ein und machte sich mit unsicheren, aber mutigen Schritten wieder aufs Eis. Sie setzten sich am Ufer des Teichs auf den Stamm einer alten Buche, die der letzte Herbststurm entwurzelt hatte.

»Hast du irgendetwas Neues über das Gift herausgefunden?«

»Du sprichst von der Zusammensetzung?«

Charkow nickte.

»Nein. Die Molekülverbindungen lassen nicht auf eine besondere Struktur schließen, woraus sich Rückschlüsse ziehen lassen könnten.«

»Ich denke beim Täter an eine Frau«, sagte Charkow und verschwieg ihr seine Zweifel.

Francine überraschte dieser Gedanke nicht. »Weil es Gift war?« Sie dachte nach. »Wie soll eine Frau einen Kerl wie Solowjow zum Taufbecken schleifen können? Dafür wären zwei Frauen nötig gewesen.«

»Hass kann ungeahnte Kräfte freisetzen.«

»Hass?«

»Den braucht es, um so eine Tat zu begehen«, erklärte Charkow.

»Vielleicht eine Frauengeschichte?«, mutmaßte Francine. »Solowjow hat in seinem Leben sicher eine große Zahl von Frauen aus dem Osten illegal hergeschafft. Diese Typen machen Knebelverträge mit ihnen. Solange die Frauen attraktiv sind, dürfen sie in sklavenähnlichen Verhältnissen für ihn anschaffen. Anschließend schmeißt man sie einfach weg, wie eine Ware. Meistens dahin, wo sie herkamen. Vielleicht hat sich eine gewehrt. Hassmotive gäbe es bei diesen Frauen mehr als genug.«

Charkow verstand, dass sich Francine über diese Frauenschicksale ereiferte. »Solowjows Frauen waren besser dran. Er bezahlte ihre Sozialabgaben, den Frauenarzt und hohe Provisionen«, korrigierte er ihre klischeebeladene Vorstellung von dem Dasein einer Prostituierten. » Ich will nicht sagen, dass es den Frauen gut geht. Falls das Leben einer von Solowjows Frauen trotzdem deinem Bild entsprach, hätte sie zu einer solchen Tat tatsächlich fähig sein können? Diese Frauen sind gebrochen«, fuhr er mit seinen Gedanken fort. »Sie wurden oft schon als Kinder misshandelt oder missbraucht. Die meisten von ihnen leben in großer Angst vor ihren Gewalttätern. Diese Angst bleibt und gibt Menschen wie Solowjow Macht über sie. Ich erlebe oft, wie diese Frauen gewalttätige Zuhälter und Freier schützen, indem sie die Aussage verweigern. Entweder, weil sie Angst vor weiterer Gewalt haben oder weil man ihnen droht, eines ihrer Familienmitglieder in ihrer Heimat umzubringen.«

»Vielleicht war es eine unglückliche Liebschaft? Eifersucht ist oft ein starkes Motiv und kann in Hass umschlagen«, mutmaßte Francine weiter.

»Solowjow liebte Männer.«

»Auch unter Männern soll es so etwas geben. Männer können zickiger als Frauen sein«, ergänzte sie mit einem flüchtigen Lächeln.

»Dieser Mord entspricht nicht einem Eifersuchtsdrama unter Männern. Der Mörder will uns mit seiner Tat etwas sagen. Wir haben eine Kirche als Tatort. Einen Mörder, der seinem Opfer die letzte Ölung gewährte, bevor er es auf brutalste Weise tötete. Es hat irgendetwas mit Kirche und Religion zu tun.«

»Oder mit Glaube«, ergänzte Francine.

»Oder mit Glaube«, bestätigte Charkow, der diese Herleitung ebenfalls in Betracht gezogen hatte. »Ich habe bis jetzt keinen einzigen Anhaltspunkt für ein Motiv.«

Beide beobachteten nun Samuel, der mutig sein Tempo zu erhöhen versuchte, obwohl er sich in seinen Schlittschuhen immer noch unsicher über das Eis bewegte. Er erreichte den Uferrand, und da er noch nicht bremsen konnte, ließ er sich einfach fallen. Unsanft landete er auf dem harten Eis, stand sofort wieder auf, wischte sich den Schnee ab und fuhr weiter.

»Der gibt nicht so schnell auf«, bemerkte Charkow anerkennend.

»Das hat er von mir«, lachte sie und wurde wieder ernst. »Samuel hat mir heute von seinem Unterricht in der Schule erzählt. In Biologie und Religion erzählen ihnen die Lehrer, dass die Evolution nur eine Theorie sei.«

»Samuel geht in den Religionsunterricht? Ist dein Bruder nicht Jude?«

»Er war vorher evangelisch-reformiert und hat den Glauben wegen seiner jüdischen Frau angenommen. Mein Bruder war der Meinung, Samuel soll ruhig mitbekommen, dass es außer dem Judentum noch andere Religionen gibt.«

»Und jetzt hat Samuel in der Schule mit Kreationisten zu tun«, stellte Charkow fest.

Sie nickte. »Der Lehrer behauptet, die Welt sei vor ein paar Tausend Jahren von Gott in sieben Tagen erschaffen worden und deutete an, dass die wissenschaftlichen Erklärungen über die Entstehung unserer Erde bis heute nicht erwiesen wären. Das musst du dir mal vorstellen! Diese Typen schießen alle wissenschaftlichen Erkenntnisse und Beweise in den Wind. Ausgrabungsergebnisse, Fossilien, die Dinosaurier – einfach alles ist von Gott vor ein paar Tausend Jahren erschaffen worden. Und als Samuel das anzweifelte, fragte ihn der Lehrer, ob er denn anstelle von Gott lieber vom Affen abstammen wolle. Du kannst dir vorstellen, wie seine Schulkollegen ihn ausgelacht haben«, schloss sie sichtlich erbost.

Charkow wusste um den zunehmenden Einfluss der Freikirchen im Land. Das Seelenheil der Menschen stand schon lange nicht mehr im Mittelpunkt ihres Handelns. Einfluss auf Politik und Gesellschaft war ein klares Ziel, welches konsequent verfolgt wurde. Für einen Politiker war es mittlerweile zwingend, sich zum Christentum zu bekennen. Und jetzt schienen sie das Bildungswesen mit ihren Glaubensansichten beeinflussen zu wollen, was ein klarer Verstoß gegen den Lehrauftrag war. »Anscheinend verdienen wir sie«, sagte Charkow resigniert.

»Warum glaubst du das?«

»Es ist die Zeit, in der wir leben. Unser Land grenzt sich immer mehr vom Rest der Welt ab. Wir haben eine diffuse Angst vor Veränderungen. Deshalb betreiben wir Nabelschau. Einige dieser christlichen Organisationen und rechtsorientierten Parteien arbeiten gezielt mit unseren Ängsten. Sie bestimmen, was fremd ist und grenzen es aus. Anstelle von Orientierungslosigkeit bieten sie Geborgenheit und Anerkennung.«

»Die sie oft genug ausnutzen, indem sie neue Abhängigkeiten schaffen und diese in bare Münze umwandeln«, sagte Francine wütend.

»Leider ist das so.«

»Was soll ich deiner Meinung nach jetzt tun? Zuschauen, wie einer dieser fundamentalistischen Lehrer meinem Samuel Unsinn in den Kopf setzt?«

»Diskutiere es mit ihm.«

»Mit dem Lehrer?«

»Nein, mit Samuel. Erkläre ihm die Zusammenhänge. Mehr kannst du nicht tun. Das Gespräch mit dem Lehrer ist Sache deines Bruders und seiner Frau.«

»Da hast du wohl recht.«

Schweigend schauten sie wieder dem Jungen zu, der zwar mit wackeligen Beinen, aber glücklich seine Runden auf dem Eis drehte.

»Du hast mir noch nicht erzählt, wie es bei deiner Paartherapie lief?«, fragte sie nun ganz unverhohlen.

»Wie gesagt, nach zehn Minuten hat der Anruf der Zentrale die Sitzung beendet.«

»Vielleicht ist ja sogar gut, dass ihr das macht«, meinte Francine ohne ironischen Unterton.

»Auf einmal bist du anderer Meinung?«

»Ich denke, die Therapie wird euch beiden die Chance geben, mehr übereinander zu erfahren.«

Charkow überlegte, ob er Francine nach Gabrielas Vergangenheit fragen sollte. Er entschied sich dagegen. Er wollte es von Gabriela hören und sie nicht hintergehen. »Vielleicht tauge ich nicht für Beziehungen«, sagte er plötzlich.

Francine lachte. »Hör mal, du taugst so viel wie jeder andere Mensch auf dieser Welt. Die Frage ist nur, ob du es willst.«

Charkow dachte nach. »Ich habe keine Vorstellungen von einer Beziehung. Ich nehme es, wie es kommt.«

»Das ist die beste Voraussetzung für eine gute Beziehung.«

Er dachte an Gabriela, die ihm das Gefühl gab, sich erst verändern zu müssen, um ihr gerecht zu werden. Und wie wenig er den Wunsch verspürte, sich verändern zu wollen. Es war nicht so, dass er sich nicht verändern konnte. Nur war es so, dass Gabriela zurzeit die Richtung vorgab. Er hatte das Gefühl, diese nicht mehr selbst zu bestimmen.

Und er wusste nicht, ob er die von ihr eingeschlagene Richtung gemeinsam mit ihr gehen wollte. »Vielleicht hast du recht«, sagte er und stand auf.

»Mit was?«, fragte Francine.

»Ich nehme es einfach mal, wie es kommt.«

In diesem Moment spritzten Eispartikel auf, als Samuel stolz seine erste Vollbremsung vorführte, die kurz vor ihren Füßen endete. »Das war so cool, Franci!«, schrie er vor Begeisterung. Sein Lachen wurde von zwei roten Backen umrahmt.

14

Pater Francescus stöhnte leise auf, als auf der gegenüberliegenden Seite des Beichtstuhls erneut jemand Platz nahm. Er blickte auf seine Uhr. Es war schon nach fünf und sein Rücken schmerzte, da er seit über eineinhalb Stunden im harten Gestühl ausharrte und sich die Sünden der unbekannten Schatten auf der anderen Seite anhörte. Eigentlich wollte er vor einer Viertelstunde die Beichte beenden. Selbstverständlich wusste er, dass vor Weihnachten der Andrang immer besonders groß war. So blieb er sitzen und sprach erneut seinen Begrüßungstext: »Gott, der unser Herz erleuchtet, schenke dir wahre Erkenntnis deiner Sünden und Seiner Barmherzigkeit.«

»Im Namen des Vaters und des Sohnes und des Heiligen Geistes. Amen«, antwortete eine leise Stimme, die seinem

Eindruck nach einer Frau gehörte und die er irgendwoher zu kennen glaubte. Es wäre nicht das erste Mal, dass sein Gegenüber flüsterte, um nicht erkannt zu werden. Was kümmerte ihn das. Er wollte es schnell hinter sich bringen, um endlich nach Hause zu kommen.

»Sprich und entledige dich deiner Sünden«, forderte er die Beichtende auf.

»Vater, ich habe gesündigt. Ich habe Gottes Haus beschmutzt. Ich habe Tod und Hass hineingetragen.« Sie sprach schnell und ihre Sätze waren abgehackt. »Wie kann ich weiterleben mit dieser Schuld?«

Pater Francescus verstand das Gesagte nicht. Eine Verrückte, dachte er. Na ja, auch sie sind Gottes Kinder, tröstete er sich. Eine Pause setzte ein und er wollte schon zur Lossprechung ansetzen, da hörte er, dass die Beichtende weinte.

»Vater, ich bin einsam. Meine Schwester fehlt mir so. Ich darf nicht aufhören. Wenn ich aufhöre, stirbt sie endgültig. Ich muss weitermachen. Nur noch drei.«

Die Stimme klang immer gehetzter und Pater Francescus wünschte sich, dass ihn Gott oder wer auch immer von dieser Person endlich erlösen würde und er in den gesegneten Feierabend gehen konnte. Als er von der anderen Seite nicht mehr als ein leises Wimmern vernahm, begann er mit der Lossprechung. Als er endete, wurde es still. Einen Moment lang war er sich nicht sicher, ob die Frau schon gegangen war. Er wartete einen Augenblick, der ihm wie eine Ewigkeit vorkam, und fragte vorsichtig ins Dunkel: »Haben Sie geendet?«

Er erschrak, als der Vorhang heftig aufgerissen wurde und die Beichtende von ihrem Stuhl aufsprang. Schnelle Schritte und das Zuschlagen der Türe der Kirche folgten.

Er atmete erleichtert auf. Das war wohl die Letzte, stellte er befriedigt fest.

Er legte ein Lesezeichen in die Bibel, glättete seinen Rock und wollte schon aufstehen, als auf der anderen Seite wieder jemand Platz nahm. Fast hätte er gesagt, dass die Abnahme der Beichte für heute beendet sei. Doch die Stimme seines Vorgesetzten hielt ihn davon ab.

»Pater Francescus, wir müssen reden«, sagte Generalvikar Berger und zog den Vorhang schnell hinter sich zu.

15

Charkow freute sich auf Gabriela, da ihm die schleppenden Ermittlungen zusetzten. Er hatte sich mit ihr für den späten Abend verabredet, da er die Berichte von Priska und Martin prüfen und für Kummer zusammenfassen musste.

Kummer wirkte nervös und fahrig, als sie sich zur Besprechung trafen. Charkow schilderte den Stand seiner Ermittlungen. Nachdem er den Bericht abschloss, konnte er nicht umhin, ihn nach seinem Befinden zu fragen.

»Meine Frau ist immer noch in den Bergen«, sagte er mit belegter Stimme. »Und nun hat sie vor, noch länger zu bleiben. Sie hat einen tibetischen Lehrer getroffen, der sie in Meditationstechniken ausbilden will«, fügte er wütend hinzu. »Stell dir das mal vor!« Kummer blickte gedankenverloren aus dem Fenster. »Was soll ich jetzt tun?«, fragte er nach einer Weile hilflos.

»Nichts«, sagte Charkow. »Sie wird schon das Richtige machen. Gib ihr einfach etwas Zeit«, beruhigte er ihn und dachte in diesem Moment: Wer bin ich, der einem Mann wie Kummer Beziehungsratschläge geben kann? Ich selbst schaffe es ja nicht einmal, eine Beziehung zu führen.

»Meinst du?», fragte Kummer unsicher. »Verdammt, sie fehlt mir.«

Charkow sah, dass er den Tränen nah war. Erst jetzt bemerkte er, dass die Ringe unter seinen Augen noch dunkler als vor ein paar Tagen waren. Kummer tat ihm leid. Doch war er unfähig, ihm zu helfen. Das war schließlich eine Sache zwischen ihm und seiner Frau.

Charkow blickte auf die Uhr. Es war spät und Gabriela wartete sicher schon auf ihn. »Sollen wir zu Vladimir was essen gehen?«, bot er ihm trotzdem an. Er hatte das Gefühl, ihn jetzt nicht einfach alleine hier sitzen lassen zu können.

Kummer dachte einen Moment lang über sein Angebot nach und schüttelte dann den Kopf. »Du hast recht. Sie weiß sicher, was sie tut. Ich bin müde und werde heute mal früh schlafen gehen. Danke, Max.«

Gabrielas Wohnung war ein modernes Loft am Stadtrand mit Blick auf den Fluss. In einem dieser modernen, nichtssagenden Gebäude, die Charkow als seelenlos empfand. Zellen für Individualisten, die sich von der Welt abschotteten und sich ihr Leben lang von einem geschützten Raum in den nächsten flüchteten. War Gabriela so ein Mensch? Er wusste es nicht.

Sie hatte den Kamin angefeuert, als Charkow die Wohnung betrat und sich den Schnee vom Mantel klopfte. Kaum hatte er ihn ausgezogen, küsste sie ihn schon überschwänglich, nahm seine Hand und zog ihn auf den Teppich vor dem Kamin. Sie hatte ihnen beiden ein Glas Amarone eingeschenkt und Käse, Salsiz sowie ein paar Scheiben Birnenbrot auf einem großen Porzellanteller angerichtet.

»Setz dich«, forderte sie ihn auf und erhob feierlich das Glas, um anzustoßen. »Dieser Abend ist nur für uns beide.«

»Haben wir etwas zu feiern?«, fragte er sie und nahm einen Schluck vom Rotwein.

Gabriela warf ihm einen vielsagenden und bedeutungsvollen Blick zu. »Was unternehmen wir an Weihnachten?«

Diese Frage kam für ihn überraschend. Bis Weihnachten würde er den Mord in der Liebfrauenkirche sicher nicht lösen. »Ich werde wohl arbeiten müssen.«

»Komm schon, Max. Für drei, vier Tage wirst du sicher frei machen können«, sagte sie, als sie sein Zögern bemerkte. »Priska und Martin sind ja auch noch da«, versuchte sie ihn mit der gespielten Miene einer beleidigten Sechsjährigen zu überzeugen.

»Wenn ich ehrlich bin, musste ich anhin nie Pläne für die Festtage machen.«

»Warum nicht?«

»Weil ich Weihnachten immer dasselbe mache. Ich hole meinen Bruder Nikolaj im Heim ab und fahre mit ihm zu meiner Mutter in die Berge.«

»Ich kenne ein wunderbar romantisches Hotel. Das liegt ebenfalls in den Bergen«, entgegnete sie eifrig. »Mit viel Schnee, ohne Internetanschluss, ohne Mobilfunkempfang, riesigen Betten und einem unwiderstehlichen Käsefondue. Nur du und ich.«

»Was ist mit meiner Mutter und Nikolaj?«

Sie ließ sich nicht beirren. »Für Nikolaj sorgt das Heim. Die machen doch diese wunderbaren Weihnachtsfeiern, hast du mir einmal erzählt. Und mit deiner Mutter kommst du sowieso nicht klar. Es wäre eine gute Lektion für sie.«

»Und was ist mit deiner Mutter? Willst du sie Weihnachten alleine lassen?«

Gabriela wandte ihren Blick von ihm ab. Die Erwähnung ihrer Mutter ließ ihre Stimmung sofort kippen. »Du weißt, dass sie schwer dement ist. Für sie ist jeder Tag derselbe.«

»Mein Bruder ist Autist. Für Nikolaj ist auch jeder Tag derselbe. Doch er freut sich, wenn wir gemeinsam Zeit verbringen.«

»Das wären die ersten Weihnachten, die *wir* gemeinsam verbrächten. Willst du das denn nicht?«, fragte sie unsicher.

»Ich will gerne mit dir ein paar Tage alleine sein. Aber das ist neu für mich«, gestand er. »Weihnachten ohne Nikolaj gibt mir das Gefühl, ein schlechter Bruder zu sein.«

»Lass uns Silvester gemeinsam mit Nikolaj feiern. Wir gehen an den See und schauen dem Feuerwerk zu«, bot sie an. »Weihnachten will ich jedoch mit dir alleine verbringen.«

Charkow sah, dass Gabriela ihm keinen Ausweg bot. »Also gut. Ich werde sehen, was ich tun kann. Versprechen kann ich dir nichts. Wir befinden uns mitten in den Ermittlungen.«

»Gleich morgen gehst du zu deinem Chef und sagst ihm, dass du vier Tage Ferien brauchst.«

Charkow nickte zögerlich. »Also deshalb diese Bestechung hier«, er deutete auf das Kaminfeuer und das Abendessen.

Sie schüttelte den Kopf und betrachtete ihn mit einem herausfordernden Blick. Sie nahm einen Schluck Rotwein, biss in ein Stück Käse und fragte beiläufig, als ob es ihr um die Uhrzeit ginge: »Willst du Kinder?«

Charkow brauchte einen Moment, bis ihre Frage bei ihm ankam und er seine Emotionen und Gedanken ordnen konnte. »Darüber habe ich mir noch nie Gedanken gemacht.«

»Darüber muss man nicht nachdenken. Das fühlt man.«

»Was fühlt man?«

»Den Kinderwunsch«, erklärte sie in gespielter Empörung. »Also, könntest du dir vorstellen, mit mir Kinder zu haben?«

Diese konkrete Frage überforderte ihn. Sie kannten sich erst ein gutes halbes Jahr und sie stellte ihm schon die Kinderfrage. Ihm fiel der schnelle Wechsel von Stimmungen und Themen an ihr auf. Plötzlich erinnerte er sich an Francines Bemerkung. Sie hatte ihn gewarnt, dass Frauen in Gabrielas Alter nicht nur einen Mann, sondern vor allem potenziellen Vater suchten. Er fühlte sich auf einmal in die Ecke gedrängt. Und wenn er ehrlich war, so konnte er sich Gabriela als Mutter nicht vorstellen. Er wollte die Stimmung des Abends jedoch nicht zerstören und suchte nach einer passenden Antwort. Und die musste schnell kommen, sagte er sich, denn jedes weitere Zögern käme einem *Nein* gleich. In diesem Moment läutete sein Smartphone.

»Es ist die Zentrale«, stellte er fest und nahm mit einem entschuldigenden Blick das Gespräch entgegen.

Er hörte der Frau von der Einsatzleitstelle zu und nickte. Schnell warf er einen Blick auf seine Uhr und sagte: »Ich werde in 30 Minuten dort sein können. Informieren Sie Künzler und Peterson.«

16

Pater Francescus war endlich auf dem Heimweg. Er lief durch die engen Gassen der Altstadt und fror. Mein Gott, dachte er, hoffentlich funktionierte die Heizung in seiner Wohnung wieder. Sein Rücken schmerzte immer noch und seine Füße waren mittlerweile eiskalt, da seine Halbschuhe dem Schneematsch nicht mehr standhielten. Seine Socken waren durchnässt und er hatte das Gefühl, sie seien mittlerweile gefroren. Er ärgerte sich über das Gespräch mit Generalvikar Berger. Der Vikar hatte ihn von oben herab behandelt. Und zu all dem kam sein theatralisches Getue, das Gespräch im Beichtstuhl zu führen. Trotzdem hatte er bei Berger Aufmerksamkeit geheuchelt und sich darauf konzentriert, zwischen den Zeilen zu lesen. Der Tote in seiner Liebfrauenkirche hatte Berger und Bischof Geissler anscheinend nervös gemacht. Erst dachte er, die Nervosität läge in einem möglichen Imageverlust der katholischen Kirche begründet. Überraschend empfand er die eindringliche Art, wie Berger ihm klar machte, keine weiteren Gespräche mit der Polizei zu führen. Er meinte, Angst in Bergers Stimme wahrgenommen zu haben.

Pater Francescus mochte es nicht, wenn man ihm etwas vorschrieb. Schließlich war er nicht irgendein kleiner Landpfarrer, sondern Verantwortlicher für fünf Gotteshäuser in der Stadt. Er hatte sich nach dem Gespräch vorgenommen, erst einmal den Gefügigen zu mimen und abzuwarten. Wenn die da oben nervös wurden, war es besser, den Kopf einzuziehen und sich unsichtbar zu machen.

Noch mehr als das Gespräch mit Berger beschäftigte ihn die letzte Beichte. Er versuchte, den Inhalt in seine Erinnerung zu rufen. Es gelang ihm nicht recht. Einzig ein paar Wortfetzen waren ihm geblieben. Da war etwas mit dem *Haus Gottes* und dass sie den *Tod hineingetragen* habe. War es nur der Tod?, fragte er sich und versuchte sich angestrengt an das Gesagte zu erinnern. Da war noch ein Wort gewesen, dachte er ungeduldig. Jetzt fiel es ihm wieder ein: *Hass*. Genau, die Beichtende sprach von Hass, den sie ins Gotteshaus getragen haben wollte. Was hatte sie damit gemeint? Sicher nur eine Verrückte, beruhigte er sich, obwohl er wusste, dass da irgendetwas war, was ihn im Nachhinein erschütterte. War es die Stimme? In seinem tiefsten Inneren glaubte er, sie zu kennen. Sein Gefühl sagte ihm, dass sie zu einem Mensch gehörte, der ihm wohlgesinnt war. Jedoch konnte er sie keinem seiner Gemeindemitglieder zuordnen.

Hirngespinste, schimpfte er. Ihm war kalt und er wollte in seine warme Stube. Und wenn die verfluchte Heizung nicht funktionierte, nähme er sich ein Hotel und würde Berger die Rechnung schicken. Schließlich war die Kirche nicht nur für das Seelenheil, sondern ebenso für das leibliche Wohl ihrer Mitarbeiter zuständig.

Als er am Flussufer entlang lief, sah er schon von Weitem die Blaulichter einiger Polizeifahrzeuge. Mit kreischenden Sirenen rasten sie in Richtung See. Er hielt sich die Ohren zu, als sie an ihm vorbeifuhren. Zufällig fiel sein Blick auf die Fahrerin einer der Wagen. Er glaubte, die junge Frau, die ihn vor ein paar Tagen befragt hatte, erkannt zu haben. Es war ihm egal, denn er spürte seine Füße kaum noch und die Kälte drang schon in seine Knochen. Er lief schneller. Für heute hatte er genug für die Seelen dieser Stadt getan.

17

Nicht schon wieder eine Kirche, dachte Charkow, als er an der Adresse eintraf, die ihm die Zentrale gegeben hatte. Die Szene beim katholischen Frauenkloster ähnelte der vor einigen Tagen an der Liebfrauenkirche. Der gesamte Bereich vor der Kapelle war abgesperrt. Die Gebäude aus dem 14. Jahrhundert wirkten durch die Fassadenbeleuchtung gespenstisch und die drei Einsatzfahrzeuge mit ihren blitzenden Warnleuchten betonten den Ernst der Lage.

Einen Moment lang wollte er glauben, dass dies alles nur ein böser Traum sei. Aber die Frau von der Zentrale hatte ihm bestätigt, dass die Leiche *in* der Klosterkapelle gefunden worden war.

Priska bestätigte diesen Umstand. »Ein Mann. Mitte 40. Er liegt auf dem Altar. Keine Kleider, keine Papiere.«

»Dasselbe Tatbild wie in der Liebfrauenkirche?«

»Sieh es dir selbst an«, sagte Priska knapp.

Er bemerkte ihr bleiches Gesicht und ahnte Schlimmes, als sie durch die Tür der kleinen Kapelle traten. Francine und zwei Mitarbeiter des Technischen Dienstes waren vorne beim Altarbereich und hatten zusätzliche Scheinwerfer aufgestellt. Der Blitz eines Fotoapparates leuchtete immer wieder hell auf. Auf dem Altar, der aus einem hellen Sandsteinblock gefertigt war, lag die Leiche eines nackten Mannes. Priska hielt ihn plötzlich am Arm zurück und stoppte abrupt. »Pass auf, Chef!« Sie deutete auf eine große Blutlache, die sich bis weit in den Mittelgang ausgebreitet hatte.

»Mein Gott«, stöhnte Charkow. »Stammt das von unserem Opfer?«

Priska nickte.

»Das sind mindestens zwei Liter«, sagte Francine und blickte von der Leiche auf.

Charkow ging um die Blutlache herum und betrachtete den Toten. Der Mann wirkte sportlich. Seine Haut war bleich. Eine Wunde erstreckte sich über den halben Brustkorb.

»Willst du meinen ersten Eindruck hören?«, fragte Francine.

Charkow nickte.

»Die Leichenstarre hat noch nicht eingesetzt und seine Körpertemperatur ist erst leicht unterkühlt. Er ist sicher nicht länger als zwei Stunden tot. Was jetzt kommt, ist natürlich alles andere als wissenschaftlich erhärtet, aber stimmt wahrscheinlich. Das Opfer wurde regelrecht ausgeblutet, was wohl die Todesursache sein wird. Eine solche Art der Tötung ist nur möglich, wenn das Opfer am Leben war, als ihm diese Wunde zugefügt wurde. Und da der Blutfluss ohne Unterbrechung vom Opfer in den Mittelgang verläuft, gehe ich davon aus, dass man ihm die tödliche Wunde hier auf dem Altar zugefügt hat.«

»Sicher wirst du wieder irgendein Gift finden«, mutmaßte Charkow.

»Das ist sehr wahrscheinlich. Sonst wäre unser Opfer kaum nackt und hätte sich gewehrt.«

»Keine Kampfspuren?«, fragte Charkow.

Francine schüttelte den Kopf.

»Du sagst also, der Täter hat unser Opfer betäubt, ausgezogen und anschließend auf den Altar gelegt, um ihm dort die tödliche Wunde zuzufügen?«

»So könnte es gewesen sein«, bestätigte Francine.

Priska mischte sich ein: »Kann ich draußen nach der Kleidung suchen?«

Sie war immer noch bleich und vermied es angestrengt, auf das Blut oder die klaffende Wunde zu blicken.

»In Ordnung«, sagte Charkow. »Wo ist Martin?«

»Er befragt die Klosterschwestern.«

»Sag ihm, ich komme gleich nach und helfe ihm dabei.«

Priska nickte und verließ schnell die Kapelle.

»Denkst du dasselbe wie ich?«, fragte Francine.

»Derselbe Modus Operandi. Dieselbe Grausamkeit. Und wieder ist Hass im Spiel«, antwortete er.

»Ein Serienmörder?«

Sie sprach aus, was er seit Minuten mit aller Kraft zu verdrängen versuchte. »Es ist noch zu früh für diesen Schluss.«

»Spricht etwas dagegen?«, fragte Francine.

Charkow musste zugeben, dass hier Kriterien einer Serie vorlagen. »Beide Taten wurden von langer Hand geplant und sind nicht aus dem Affekt begangen worden. Somit werden wir dasselbe Problem wie bei Solowjow haben: Wir werden wahrscheinlich keinen konkreten Bezug zu einer Person im näheren Umfeld des Opfers herstellen können.«

»Das heißt, es bleiben die Kriterien, die für einen Serienmord sprechen«, beendete Francine seine Überlegungen.

Charkow nickte. Der Gedanke machte ihm Angst.

»Nun, jetzt hast du einen zweiten, sehr ähnlichen Mord, und damit die Chance, eine Beziehung zwischen den beiden Opfern und vielleicht letztendlich zum Mörder zu rekonstruieren«, ermutigte ihn Francine.

»Hm, vielleicht finden wir tatsächlich Anhaltspunkte für eine Verbindung«, beruhigte er sich selbst trotz des

Wissens, dass die Chancen, den Täter zu finden, gering standen. Nachdenklich betrachtete er die Leiche. Irgendetwas stimmte nicht. »Täusche ich mich oder fehlt ein Stück Haut an der Wunde?«

Francine nickte. »Gut beobachtet. Wir haben bis jetzt jedoch nichts gefunden.«

»Wurde dem Opfer ebenfalls eine Hostie verabreicht?«

»Hör mal, ich bin erst seit Kurzem hier«, sagte sie genervt und ärgerte sich augenscheinlich, weil sie selbst daran hätte denken müssen. Sie hielt den Oberkiefer des Opfers fest und drückte den Unterkiefer in Richtung Brust. Sie leuchtete in die Mundhöhle, griff nach einer Pinzette und holte ein Stück Gewebe hervor. »Leider ist das keine Hostie.«

Charkow schüttelte den Kopf. »Wie krank ist unser Täter?«

»Was hat das zu bedeuten?«, fragte sie nun sichtlich erschüttert.

»Wenn ich das wüsste, wäre ich schon einen wichtigen Schritt weiter. Cazzo!«, fluchte er. »Wenn wir es hier mit einem Serienmörder zu tun haben, sind weitere Opfer zu erwarten. Und das in kürzester Zeit.«

Als er das Chorgestühl sah, beschloss er, den Tatort von einer anderen Perspektive aus zu betrachten. Er stieg die Wendeltreppe zur Orgel hinauf. Oben angelangt, wurde ihm der hohe Blutverlust des Opfers erst recht bewusst. Die Blutlache und der einsetzende süßliche Verwesungsgeruch schienen die kleine Kapelle fast auszufüllen. Am Ende des Altarraums hing die Darstellung einer Kreuzigung. Wie Solowjow lag auch dieses Opfer mit ausgebreiteten Armen und geschlossenen Beinen auf dem Altar.

»Der Täter arrangierte die Szenerie genau wie bei Iwan Solowjow«, rief Charkow Francine nach unten zu.

»Und was sagt dir das?«

»Das ist eine Botschaft.«

»Und die lautet?«

Charkow schwieg, denn er hatte keine Antwort auf diese Frage. Er wusste, dass Jesus stellvertretend für die Sünden der Menschen am Kreuz gestorben war. Sollten diese Opfer ebenfalls für die Sünden der Menschen sterben? Hatte er es mit einem religiös motivierten Serienmörder zu tun? Warum hatte der Mörder so viel Wert darauf gelegt, seine Opfer ihren Tod miterleben zu lassen? Er wusste, dass bestimmte Serienmörder erst durch das Leid ihrer Opfer eine Form der Befriedigung empfanden. Das war beim machtorientierten Typus der Fall. Doch in diesen Taten sah er mehr den visionären Typus. Das waren Menschen, die einen schwerwiegenden Bruch mit der Realität vollzogen hatten. Sie hörten Stimmen oder hatten religiöse Wahnvorstellungen, die ihnen befahlen, auf eine gewisse Art und Weise zu töten.

Ihm graute vor der Vorstellung, einen solchen Serienmörder suchen zu müssen. Unter diesen Umständen würde es äußerst schwierig werden, einen Bezug zu den Opfern herzustellen.

Als Erstes musste er versuchen, Willkür auszuschließen. Er brauchte einen Anhaltspunkt. Eine Verbindung zwischen den Opfern. Wenn sie diese fanden, hatten sie ein gemeinsames Umfeld. Und in dem musste sich der Mörder bewegen.

Charkow fasste neuen Mut. »Ich gehe raus und befrage die Nonnen des Klosters«, rief er Francine zu und stieg die Wendeltreppe hinab. »Informiere mich sofort, wenn du neue Spuren findest.«

»Wie immer erfährst du es zuerst«, antwortete sie, ohne

den Blick von der Leiche zu nehmen, der sie gerade die Fingerabdrücke entnahm.

Priska kam Charkow entgegen, als er über den schneebedeckten Platz hinüber zum Hauptgebäude des Klosters ging.

»Dr. Frank, 46, verheiratet, Vater von zwei Kindern und leitender Finanzchef einer der größten Banken«, las sie von ihrem Smartphone ab, als sie auf ihn zulief.

»Unser Opfer?«

Sie nickte.

»Wo waren seine Kleider?«

»Die habe ich bis jetzt noch nicht gefunden. Dafür wurden wir betreffend seines Wagens fündig. Der einzige, der noch auf dem Parkplatz stand. Zum Nummernschild gab's den passenden Führerschein mit Bild in der Datenbank. Eindeutig unser Mann.«

»Ein Familienvater«, wiederholte Charkow nachdenklich. »Wie alt sind seine Kinder?«

»Zehn und zwölf Jahre. Zwei Mädchen.«

Charkow schoss Gabrielas Kinderwunsch durch den Kopf. Hätte sie in jetzt gefragt, wäre seine Antwort sofort *Nein* gewesen. »Hat die Ehefrau seine Abwesenheit schon bemerkt?«

»Das Kloster hat sie noch nicht kontaktiert. Sie denkt sicher, er sei noch an einem Kundenanlass, den die Bank hier im Kloster durchgeführt hat.«

»Ein Kundenanlass? Hier?«

»Damit verdient das Kloster sein Geld.«

»Und wo sind die anderen Gäste?«

»Gegangen, sagte die Oberschwester. Das ist noch nicht lange her.«

»Wurde die Leiche danach entdeckt?«

Priska nickte. »Soll ich zu ihr fahren?«

»Zu wem?«

»Zur Frau vom Toten.«

Charkow hielt das für keine gute Idee. Er hatte immer noch den Eindruck, dass Priska dieser Fall zu nah ging. Außerdem hatte sie wenig Erfahrung im Überbringen solcher Botschaften. Sicher, sie musste es irgendwann lernen. Doch nicht heute. »Willst du nicht die Nonnen befragen?«, bot er an.

Priska überlegte nicht lange und antwortete erleichtert: »Das wäre mir schon lieber.«

Als sie vor den Eingang zum Hauptgebäude traten, hielt ihn Priska am Arm zurück. »Mit was haben wir es hier eigentlich zu tun?«, fragte sie ängstlich. »Hast du das viele Blut gesehen? Ich meine, wie schrecklich muss das sein, wenn du so stirbst? Das muss ein Sadist sein, der so etwas macht.«

Beim Wort *Sadist* stockte Charkow. Ein Sadist quälte seine Opfer, um durch ihr Leiden Befriedigung zu erlangen. Jetzt, als Priska es aussprach, kam ihm ein neuer Gedanke. Was war wirklich geschehen? Zwei Menschen wurden auf brutalste Weise ermordet. Beide an einem heiligen Ort. Zwei Gemeinsamkeiten, schoss es ihm durch den Kopf. Wichtig war nicht die Art, wie sie getötet wurden. Wichtig mussten der Ort und seine Bedeutung sein. Die katholische Kirche als Tatort. Die letzte Ölung war eine symbolische Handlung dieser Konfession. Das war – abgesehen vom Hass – die wichtigste Gemeinsamkeit zwischen den Opfern. Er sah plötzlich wieder das Bild, das sich ihm von der Orgelbalustrade aus geboten hatte. Der Tote auf dem Altar und der Tote am Kreuz.

»Ich muss noch einmal zurück in die Kapelle. Such bitte die Oberschwester des Ordens. Sie soll mir nachher für eine Befragung zur Verfügung stehen.«

»Mach ich«, antwortete Priska verwirrt, weil sie glaubte, Charkow habe ihr nicht zugehört.

»Und sag Martin, er soll sich bereit halten, um mich zur Ehefrau des Opfers zu begleiten.«

Priska nickte und lief zum Hauptgebäude hinüber. Charkow konzentrierte sich wieder auf den Gedanken, der ihm vorhin gekommen war, und hoffte, Francine und die Oberschwester würden die fehlenden Bausteine und somit einen ersten Anhaltspunkt liefern. Die beiden zentralen Fragen lauteten: Warum quält der Mörder seine Opfer? Und: Warum wählt er katholische Kirchen als Tatort?

Francine hatte mittlerweile die Leiche vom Altar entfernen lassen. Sie wollte gerade den Leichensack verschließen, als Charkow neben sie trat. »Hat er die Zeichen auf der Stirn?«

Francine blickte ihn fragend an und verstand. Sie öffnete ihren Instrumentenkoffer und holte das Lumalight hervor. Als sie die Stirn von Dr. Frank beleuchtete, erschien das Kreuz. Stumm blickten die beiden sich an. Charkow stand auf und ging hinüber zum Altar. Er betrachtete den leidenden Jesus, der hoch über dem Taufbecken zu schweben schien. Das Blut aus den Wunden, die von der Dornenkrone herrührten, lief über die Stirn in die Augen. Sein dünner Körper war blass und sein Blick verriet die Frage an seinen Vater: *Warum hast du mich verlassen?* Als Charkow die Wunde am Unterleib Jesus' betrachtete, war er irritiert. Die Wunde befand sich bei Dr. Frank unterhalb des Herzens und nicht, wie bei Jesus, oberhalb der Leber.

»Habt ihr die Tatwaffe gefunden?«

»Wenn es so wäre, hätte ich es dir gesagt«, antwortete Francine gereizt.

Er nickte knapp und machte sich auf den Weg zur Oberschwester.

Martin und Priska saßen an zwei Tischen und führten die Befragungen durch. Es war ein kleiner Orden mit nur zwölf Schwestern. Oberschwester Agnes wirkte müde und überfordert. Charkow sah, dass die Hände dieser alten Frau vor Aufregung zitterten.

»Es ist einfach schrecklich«, sagte sie mit angsterfüllter Stimme. »Der Teufel muss in diesen Menschen gefahren sein.«

Charkow wartete einen Moment, bis sie sich beruhigt hatte. »Mein Name ist Maxim Charkow. Ich bin leitender Ermittler in diesem Fall. Wollen Sie mir helfen, diesen Teufel zu finden?«

Schwester Agnes schloss die Augen. Sie nickte zögerlich.

»Wer hat die Leiche von Dr. Frank entdeckt?«, fragte er ruhig.

»Das waren Schwester Regula und Schwester Paula.« Sie zeigte auf eine junge Frau, die gerade durch Priska befragt wurde.

»Die Bank, bei der das Opfer angestellt war, hatte einen Anlass bei Ihnen durchgeführt?«

Die Oberschwester nickte.

»Sie haben die Leiche erst entdeckt, nachdem alle Gäste gegangen waren?«

Sie nickte erneut.

»Wie viele Gäste waren es denn?«

»Heute waren es 50. Wir haben sie durch das Kloster geführt und anschließend verköstigt.«

»Ist diese Form der Gastfreundschaft nicht ungewöhnlich für ein Kloster?«

»Oh, Sie denken, wir leben hier nur unter uns und schotten uns vom Rest der Welt ab?« Sie schüttelte den Kopf. »Nein, wir sind Teil dieser Welt. Und die Welt ist bei uns als Gast willkommen.«

Charkow war froh zu sehen, dass sie bei diesem Thema wieder ruhiger wurde, und ermunterte sie, weiterzuerzählen.

»Damit verdient unser Kloster das Geld für den Unterhalt der Gebäude. Sie wissen ja nicht, welche Unsummen diese Gemäuer jedes Jahr verschlingen. Erst letzten Sommer mussten wir das Dach erneuern.«

Charkow nickte verständnisvoll. »Versuchen Sie sich noch einmal den heutigen Abend vom Eintreffen der Gäste an in Erinnerung zu rufen«, bat er sie. »Ist etwas Außergewöhnliches vorgefallen? Etwas, mit dem Sie nicht gerechnet haben? Ein Streit unter den Gästen, oder vielleicht gab es einen Gast, der früher ging als die anderen.«

Oberschwester Agnes dachte nach. »Es war ein Abend wie viele andere. Die Gäste trafen ein. Wir empfingen sie mit einem Aperitif in der Haupthalle. Später führte Schwester Regula sie durch die Kapelle und erzählte ihnen die Geschichte unseres Klosters.« Sie zeigte auf eine schlanke Frau Anfang 30 mit dem Gesicht eines Engels, die gerade von Martin befragt wurde.

»Was haben die Gäste nach der Führung gemacht?«

»Es gab eine Ansprache des Bankdirektors und ein Referat von Dr. Frank, danach Abendessen und für Interessierte eine kleine Messe in der Kapelle.«

Charkow horchte auf. »In der Kapelle, in der wir das Opfer gefunden haben?«

Sie nickte.

»Um wie viel Uhr hielten Sie die Messe ab?«

»Sie begann um 20.30 Uhr und dauerte nur 20 Minuten.«

»Und wann wurde die Leiche entdeckt?«

»Als mir Schwester Paula ihre Entdeckung mitteilte, war es sicher nach zehn. Aber es war noch nicht elf.«

»Woher wissen Sie, dass es noch nicht elf war?«

»Das ist die Zeit für unsere Spätmesse.«

»Halten Sie die ebenfalls in der Kapelle ab?«

»Nein, im Speisesaal.«

»Zu diesem Zeitpunkt waren die Gäste schon gegangen?«

Sie nickte. »Um halb zehn war der Anlass offiziell beendet. Wir schließen eine halbe Stunde später.«

»Wer wusste von diesem Anlass, außer Ihnen und den Gästen?«

»Alle Schwestern des Ordens. Und unsere Verwaltung natürlich.«

»Wer aus der Verwaltung?«

»Wir teilen unsere Anlässe dem Sekretariat der Diözese mit. Und unserem direkten Vorgesetzten, Pater Francescus.«

»Pater Francescus, der für die Liebfrauenkirche zuständig ist?«, fragte Charkow erstaunt, als er den Namen hörte.

Oberschwester Agnes' Hände begannen wieder zu zittern. »Auch er musste erleben, zu was der Teufel imstande ist. Aber er ist ein starker Mensch.«

Charkow beruhigte sie. Noch eine Verbindung zwischen den Opfern, dachte er. »Ist Pater Francescus' Verantwortung auf die Liebfrauenkirche und dieses Kloster beschränkt?«

»Als Pfarrer ja. Als Verwalter trägt er noch für vier weitere Gotteshäuser die Verantwortung.«

»Kennen Sie Pater Francescus gut?«

»Er ist ein gläubiger Mann. Wir mögen ihn, denn er schützt uns vor den Angriffen des Generalvikars.«

»Angriffen?«

Oberschwester Agnes seufzte schwer. »Wir haben Geldsorgen. Schulden erdrücken dieses Kloster. Generalvikar Berger wollte uns schon einige Male mit dem größeren Stift in der Stadt zusammenlegen und dieses Kloster verkaufen. Doch Pater Francescus fand immer eine Lösung, die unser Überleben ermöglichte. Es war seine Idee, das Kloster für Veranstaltungen zu öffnen, um Einnahmen zu erzielen und dadurch vom Bistum unabhängiger zu sein.«

»Ein verantwortungsvoller Mann«, stellte Charkow fest.

»Er kämpft wie der Heilige Georg gegen den Drachen«, sagte sie leise, damit die anderen Schwestern nicht den Groll in ihrer Stimme hörten. »Wenn er nicht wäre, gäbe es dieses Kloster nicht mehr. Dank seiner Initiativen können wir existieren.«

Charkow nickte anerkennend und überlegte sich, wie er die nächste Frage stellen sollte. »Vielleicht finden Sie es merkwürdig, aber ich möchte gerne von Ihnen hören, warum man einem Menschen die Letzte Ölung erteilt.«

Die Oberschwester blickte ihn fragend an.

»Es gibt ja mehrere Anlässe dafür, jedoch möchte ich die Bedeutung dieses Rituals von Ihnen erklärt bekommen«, präzisierte er. »Vielleicht hilft uns das weiter.«

Sie war von seiner Frage sichtlich irritiert, weil sie sich nicht vorstellen konnte, dass ein Mensch das nicht wusste. »Lange salbten wir nur die Sterbenden. Nach dem Zweiten Vatikanischen Konzil wurde ein Sakrament des Lebens daraus. Es soll Stärkung und Aufrichtung im Leid schenken, aber auch Vertrauen auf das ewige Leben. Den Kranken spenden wir damit Kraft zur Genesung. Den Sterbenden bereiten wir auf den Tod vor und geben ihm Mut für seinen Weg zu unserem Herrn. Warum fragen Sie?«

Charkow schwieg.

Oberschwester Agnes schien die richtigen Schlüsse zu ziehen und schlug entsetzt die Hand vor den Mund. »Wollen Sie damit sagen ...?«

»Ich bitte Sie, darüber Stillschweigen zu bewahren.«

»Um Gottes willen«, keuchte sie leise. »Wer missbraucht dieses Heilige Sakrament unserer Kirche für solch eine Tat?«

Als sie sich wieder beruhigt hatte, sah Charkow, dass sie ein Gedanke beschäftigte. Er wartete, bis sie ihn von sich aus äußerte.

»Trotz der unverzeihlichen Tat muss ich eingestehen, Güte in dieser Handlung zu entdecken.«

»Sie sprechen von Mitleid?«

»Wenn dieser Mörder dem Sterbenden die Heiligen Sakramente erteilt hat, steckt immer noch ein Funke Glaube in ihm.«

Charkow dachte darüber nach, warum ein Mörder mit seinen Opfern Mitleid empfinden sollte. Dieser Gedanke widersprach im tiefsten Kern den vermeintlichen Tatsachen: Ein sadistischer Serienmörder empfand kein Mitleid.

»Ich habe noch eine letzte Frage. In der Kapelle befindet sich ein Jesuskreuz über dem Altar. Jesus wurde eine Wunde im Unterleib zugefügt. Bei der Darstellung in Ihrer Kapelle befindet sich die Wunde auf der rechten Seite, aus Jesus' Perspektive. Ich erinnere mich auch an Darstellungen, wo die Wunde links war.«

»Auf den meisten Kreuzigungsdarstellungen befindet sich die Wunde rechts. Jedoch zeigt uns das Abbild Jesu auf dem Turiner Grabtuch die Wahrheit.«

Charkow hatte schon einiges über dieses Leichentuch gelesen. Seines Wissens war es nicht das, was die katholische Kirche jedem glauben machen wollte. Einige Wissenschaftler waren der festen Überzeugung, es sei eine Fälschung, erstellt von Leonardo da Vinci.

»Der römische Soldat, der den Gekreuzigten bewachte, stach ihn mit seinem Speer in die Seite unter dem Herzen, um festzustellen, ob er schon tot war«, fuhr die Oberschwester fort. »Unsere Kreuzigungsfigur in der Kapelle stammt aus dem Mittelalter und ist ein Geschenk eines französischen Stifts. Damals war ihnen das Turiner Grabtuch natürlich nicht bekannt. Deshalb ist diese Darstellung falsch.«

Der Mörder musste über ein religiöses Wissen verfügen, dachte Charkow. Denn er hatte Paul Frank die Wunde an der *richtigen* Stelle zugefügt. Oder war es reiner Zufall? Er sah, dass die Oberschwester am Ende ihrer Kräfte war »Für heute haben Sie genug Fragen beantwortet. Ich danke Ihnen für Ihre Hilfe. Wenn Ihnen noch etwas einfällt, rufen Sie mich bitte unter dieser Nummer an.« Er gab ihr seine Karte und verabschiedete sich. Martin stand schon am Ausgang und wartete auf ihn.

»Lass uns zur Ehefrau des Opfers fahren.«

18

Maria Frank blickte nervös auf die Uhr. Der Kundenanlass ihres Mannes hätte um neun beendet sein sollen. Erst wollte sie ihn auf seinem Smartphone anrufen, entschied sich aber dagegen. Er sollte nicht denken, sie sei schon besorgt, nur wenn er mal länger einen der seltenen Abende ohne die Familie außer Haus genoss. Nun war es schon nach Mitternacht und er war immer noch nicht zurück. Sie ging in die Küche und kochte sich zur Beruhigung einen Tee. Die Standuhr schlug halb eins, als die Türglocke läutete. Erst nahm sie an, ihr Mann hätte seine Schlüssel vergessen, doch als sie die Haustür öffnete, erschrak sie. Es war nicht Paul, der da stand, sondern zwei unbekannte Männer. Der ältere von ihnen trat einen Schritt auf sie zu und zeigte ihr einen Ausweis. Sie hörte noch seinen seltsamen Namen und dass er von der Polizei war. Ihr wurde bewusst, dass Paul etwas zugestoßen sein musste. Ein Rauschen setzte in ihrem Kopf ein und sie nahm das weitere Geschehen nur noch wie durch eine dicke Wand aus Glas wahr.

Charkow und Martin ließen sich von Maria Frank ins Wohnzimmer führen, wo sie sich ihr gegenüber auf das Sofa setzten.

»Frau Frank, es tut mir sehr leid, Ihnen diese Mitteilung machen zu müssen«, begann Charkow behutsam. »Wir haben Ihren Mann vor einigen Stunden tot in der Kapelle des Frauenklosters aufgefunden.« Maria Frank blickte die beiden Männer teilnahmslos an und schien darauf zu warten, dass Charkow weiterreden würde.

»Frau Frank, ich habe einen Seelsorger für Sie rufen lassen«, fuhr Charkow fort. »Er sollte jeden Augenblick hier eintreffen. Sind Sie damit einverstanden?«

Sie blickte ihn an, als hätte er etwas Unverständliches gesagt. »Sie irren sich. Mein Mann ist bei einem Anlass seiner Bank. Oft dauern diese Anlässe länger als geplant und deshalb verspätet sich Paul manchmal. Er ist ein guter Mann und sorgt sich um mich und meine beiden Töchter. Er wird sicher ...« Sie brach mitten im Satz ab. Betrachtete den älteren Polizisten noch einmal, als ob sie ihn jetzt erst bemerkt hätte. Seine Worte drangen nur langsam zu ihr durch. Er hatte gesagt, Paul sei tot. Und sie sah in den Augen dieses Mannes, dass er die Wahrheit sagte. Gedanken, die sie nicht greifen konnte, schossen ihr wie Blitze durch den Kopf. Ihr Körper schien sich mit einer unendlichen Leere zu füllen, aus der eine Frage emporstieg, die im Moment die wichtigste in ihrem Leben war: »Paul ist tot?«

Charkow nickte langsam. »Jemand hat Ihren Mann ermordet.«

Sie starrte ihn an, als würde er eine fremde Sprache sprechen. Energisch schüttelte sie den Kopf und erwiderte schließlich mit fester Stimme: »Das kann nicht sein.«

Martin warf Charkow einen fragenden Blick zu.

Dieser wartete einen Augenblick, um Maria Frank das Gesagte erst einmal aufnehmen zu lassen. »Sie haben mein tiefstes Beileid, Frau Frank«, sagte er mit leiser Stimme. »Sind Sie in der Lage, uns ein paar Fragen zu beantworten?«

Sie nickte und starrte auf ihre Hände, die sich ineinander verkrampft hatten.

»Können Sie sich vorstellen, wer Ihrem Mann das angetan hat?«

Sie schüttelte den Kopf und blickte sich nervös im Wohnzimmer um, als ob sie nach unsichtbarer Unterstützung suchen würde. In diesem Augenblick läutete es an der Haustür. Als Frau Frank keine Anstalten machte, die Tür zu öffnen, stand Martin auf. Vor der Tür wartete ein junger Mann Mitte 30, der sich als Seelsorger auswies. Martin führte ihn ins Wohnzimmer. Charkow nickte stumm und wies ihn an, sich zu Maria Frank zu setzen.

»Mein Name ist Heinz Seiler. Ich möchte Ihnen gerne zur Seite stehen«, erklärte er einfühlsam.

Anstatt einer Antwort rückte Maria Frank ein Stück von ihm ab. Und als der Seelsorger ihre Hand nehmen wollte, entzog sie sich hastig seiner Berührung.

Charkow spürte, dass sie im Moment nicht weiterkamen. »Wir kommen morgen wieder«, sagte er. »Haben Sie Verwandte oder Freunde, die Ihnen in den nächsten Tagen helfen können?«

»Ja.«

»Soll Herr Seiler sie benachrichtigen?«

»Nein.«

»Oder soll er Sie in den nächsten Tagen begleiten?«

»Gehen Sie jetzt bitte.« Ihre Ablehnung der angebotenen Hilfe war unerwartet energisch. »Für mich und meine Kinder ist gesorgt. Uns kann nichts passieren«, sagte sie mit ruhiger und sachlicher Stimme. Sie stand auf und machte unmissverständlich klar, dass die Männer gehen sollten. »Bitte, ich möchte jetzt alleine sein.«

Charkow stand als Erster auf und gab ihr seine Karte. »Melden Sie sich jederzeit, wenn Sie Hilfe brauchen. Sie können auch heute Nacht anrufen.«

Sie nahm die Karte und legte sie, ohne einen Blick darauf zu werfen, auf den Wohnzimmertisch. »Ich begleite Sie jetzt nach draußen.«

Als sich die Haustüre hinter den drei Männern schloss, blieben sie auf dem Gehsteig stehen.

»Meinst du, dass noch etwas kommt?«, fragte Seiler.

»Vielleicht. So etwas habe ich noch nie erlebt«, sagte Charkow.

»Auf was warten wir?«, fragte Heinz, der nicht verstand, was Seiler andeuten wollte.

»Auf Anzeichen eines Zusammenbruchs«, erklärte dieser.

Augenblicke später sahen sie Maria Frank die Vorhänge im Wohnzimmer zuziehen und das Licht im Haus löschen. Anscheinend ging sie zu Bett.

»So etwas habe ich auch noch nie erlebt«, gestand Seiler.

Charkow rief sich ihre Worte ins Gedächtnis. Was hatte sie zuletzt gesagt? *Für mich und meine Kinder ist gesorgt. Uns kann nichts passieren.* Er hatte den Eindruck, als ob sie auf den Tod ihres Mannes vorbereitet gewesen war. »Hast du die ganze Nacht Bereitschaft?«, fragte er Seiler.

»Ja. Ich bleibe jetzt noch eine Viertelstunde hier und warte mal ab. Wenn es ruhig bleibt, gehe ich nach Hause.«

»In Ordnung. Informiere mich, wenn du Hilfe brauchst.«

19

Am nächsten Morgen rief Charkow als Erstes Gabriela an. Er hatte ein schlechtes Gewissen, obwohl er sich zugestand, nicht für seinen erneuten vorzeitigen Abschied verantwortlich zu sein. Doch ihr Smartphone war ausgeschaltet. Er erinnerte sich daran, dass sie heute einen Termin bei Gericht hatte, um als Gutachterin in einem Fall von Gewalt gegen die Ehefrau ihre Aussage zu machen. Sie würde nicht vor dem späten Nachmittag erreichbar sein.

Kummer fing ihn gleich ab, als er seine Jacke über den Bürostuhl warf. »Scheiße«, fluchte er laut. »Jetzt haben wir schon zwei Leichen in Kirchen. Die Presse rennt mir die Bude ein. Du musst mitkommen.«

»Was sagen wir denen?« Charkow war alles andere als auf eine Pressekonferenz vorbereitet.

»Das wollte ich von dir hören«, antwortete Kummer gereizt.

»Auf keinen Fall darf das Wort *Serienmörder* fallen.«

Kummer zuckte unmerklich zusammen. »Sag nicht, dass wir es hier mit einer Serie zu tun haben.«

»Ich hoffe es nicht«, antwortete Charkow knapp. »Aber einiges spricht dafür.«

»Hör mal, Max, wenn das hier eine Serie ist, haben wir ein echtes Problem. Weitere Morde stehen ins Haus. Ich muss dir ja nicht sagen, wie sehr der Druck durch die Medien zunehmen wird.«

»Ich habe die Leute nicht umgebracht«, wehrte sich Charkow gegen Kummers schlechte Laune.

Plötzlich stand der Pressesprecher neben ihnen. »Was höre ich da? Du redest schon von einem Serienmörder?«

»Nein, rede ich nicht«, erwiderte Charkow nun verärgert. »Wir haben zu wenig Anhaltspunkte für so eine Aussage. Es ist nicht nur zu früh, so etwas zu behaupten, sondern auch unseriös. Ich will das heute nicht hören. Auf keinen Fall!«

»Ich ebenfalls nicht«, bekräftigte Kummer. »Ich will sogar, dass du es aufs Heftigste dementierst, wenn ein Journalist dieses Wort in den Mund nimmt.«

Nach der Pressekonferenz mussten sie feststellen, dass die Journalisten ihre Schlüsse längst im Vorfeld gezogen hatten. Die Parallelen zwischen den Taten waren für sie der klare Beweis, dass es sich um eine Mordserie handeln musste. Die Dementi von Kummer und dem Pressesprecher wurden ignoriert. Jede Zeitung wollte ihren Aufmacher. Ein Serienmörder zur Weihnachtszeit war ein Verkaufsschlager, den sich keiner entgehen lassen wollte.

Charkow, Kummer und der Pressesprecher standen schweigend an der Kaffeemaschine und schluckten ihren Frust mit einem starken Kaffee hinunter. Wenigstens war es ihnen gelungen, die Art der Tötung und die symbolhafte Platzierung der Leichen vor der Öffentlichkeit geheim zu halten.

»Wie sehen deine nächsten Schritte aus?«, wollte Kummer von Charkow wissen.

»Ich muss einen Zusammenhang zwischen den Opfern finden.«

»Einen Zusammenhang zwischen einem Bordellbesitzer und dem Finanzchef einer Bank?« Kummer schien der Gedanke absurd.

»Seine Ehefrau zeigte gestern kaum eine Reaktion, als ich ihr vom Tod ihres Mannes berichtete. Dort setze ich an.«

»Ist das nicht etwas früh?«, fragte der Pressesprecher. »Ihr Mann ist gerade mal ein paar Stunden tot.«

»Das ist ja das Merkwürdige. Sie trug die Situation mit Fassung. Ja, sie wirkte fast so, als ob sie damit gerechnet hatte.«

Kummer stellte seine Tasse noch einmal unter den Kolben der Espressomaschine und drückte den Knopf. »Das ist wirklich seltsam. Halte mich auf dem Laufenden.«

Als Charkow das Haus von Maria Frank bei Tage betrachtete, erschien es ihm viel größer als noch in der Nacht zuvor. Der Garten versteckte einen beachtlichen Teil des modernen Bungalows. Er lag am rechten Ufer auf einem Hügel hoch über dem Zürichsee, was sich nur wenige in dieser Stadt leisten konnten. Er musste unweigerlich an Iwan Solowjow denken, der nicht nur Sicht auf den See, sondern ein Haus mit Bootsanleger hatte. Ein Bordellbesitzer scheint mehr als der Finanzchef einer Großbank zu verdienen, stellte er fest.

Auf dem Weg zu Frau Frank hatte er mit dem Seelsorger telefoniert. Dieser hatte ihm bestätigt, dass die letzte Nacht ohne besondere Vorkommnisse geendet war.

Kaum hatte Charkow den Knopf der Messingtürglocke betätigt, wurde ihm geöffnet. Ein korpulenter Mann mit Bart blickte ihn misstrauisch durch zwei dicke Brillengläser an. Charkow zeigte ihm seinen Ausweis und ließ sich von dem Mann, der sich nicht vorgestellt hatte, ins Wohnzimmer führen, wo Frau Frank zusammen mit einem weiteren Mann und einer Frau saßen. Franks Töchter spielten im Garten mit einer älteren Frau und bauten einen Schneemann. Charkow sah, dass eine der Töchter an den Rollstuhl gefesselt war und trotzdem mit Freude bei der Sache zu sein schien. Die Sonne tauchte den Garten in gleißendes Licht. Ein wunderbarer Wintermorgen, wenn da nicht dieser unsichtbare Schatten über den Menschen in diesem Raum läge.

Charkow setzte sich und wartete einen Augenblick, in der Hoffnung, man würde ihn und Maria Frank alleine lassen. Doch niemand machte Anzeichen, den Raum zu verlassen. Alle schienen darauf zu warten, dass Charkow begann.

»Frau Frank, ich möchte Ihnen noch einmal mein tief empfundenes Beileid aussprechen. Mir ist bewusst, dass es nicht einfach für Sie ist, dennoch muss ich mit Ihnen über Ihren Mann sprechen. Fühlen Sie sich dazu in der Lage?«

Sie nickte kurz.

Charkow blickte in die Runde. »Wäre es möglich, dass Sie uns für einen Augenblick alleine ließen?«

Das Paar und der dicke Mann zeigten keine Regung.

»Sie sind Freunde. Sie können bleiben. Ich habe keine Geheimnisse vor ihnen«, erklärte Maria Frank und forderte Charkow auf, seine Fragen zu stellen. Dabei saß sie ganz ruhig da. Nichts deutete auf den großen Verlust hin, der sie ereilt hatte.

»Frau Frank, erlauben Sie mir die Feststellung: Sie wirken auf mich sehr gefasst«, begann Charkow. »So, als ob Sie der Tod Ihres Mannes nicht sonderlich überrascht. Für mich als Ermittler ist das ungewöhnlich. Vielleicht können Sie mir eine Erklärung für Ihr Verhalten geben?«

Der dicke Mann mischte sich sofort ein: »Wir alle müssen jeden Tag mit dem Tod rechnen. Alle, die hier versammelt sind, haben ihn in unser Leben gelassen und bereiten uns jeden Tag auf ihn vor. Somit hat der Tod für uns nichts Beängstigendes.«

Charkow ignorierte den Mann, wandte seinen Blick nicht von Maria Frank ab und wartete auf eine Antwort von ihr. Nach einer Weile ertrug sie sein Schweigen nicht mehr und sah hilflos zu dem dicken Mann.

»Hören Sie«, sagte dieser in barschem Ton, »Frau Frank ist jetzt nicht in der Verfassung, Ihre Fragen zu beantworten. Lassen Sie sie bitte in Ruhe.«

Charkow schenkte ihm erneut keine Beachtung. »Frau Frank, Ihr Verhalten macht Sie verdächtig. Wenn Sie mir meine Fragen nicht beantworten, muss ich Sie zu einem offiziellen Verhör vorladen.«

Einen Augenblick herrschte vollkommene Stille. Sie dachte einen Moment lang darüber nach, wie sie sich nun entscheiden sollte. Sie nickte dem Dicken kurz zu. Dieser äußerte ein unverständliches Murren. Er machte ein Zeichen in Richtung des Paars, das daraufhin sofort aufstand und dem Dicken nach draußen folgte. Nachdem sie die Schiebetür zum Garten hinter sich zugezogen hatten, stand Charkow auf und setzte sich neben Maria Frank. Sie wirkte nun viel verletzlicher.

»Frau Frank, ich bin nicht Ihr Feind. Ich will den Mörder Ihres Mannes finden. Ohne Ihre Hilfe kann ich das nicht. Ich bitte Sie, offen und ehrlich meine Fragen zu beantworten.« Als er ihren ängstlichen Blick bemerkte, der bei ihren Freunden im Garten nach Hilfe zu suchen schien, stand er auf und schloss die Jalousien des großen Verandafensters. »Ich wollte Ihnen vorhin nicht drohen«, erklärte er, nachdem er sich wieder zu ihr gesetzt hatte. »Können Sie mein Erstaunen über Ihre Reaktion verstehen?«

Sie nickte kurz.

»Haben Sie mit dem Tod Ihres Mannes gerechnet?«

»Nein, natürlich nicht!«, sagte sie verzweifelt. »Paul war ein guter Mann. Warum sollte ihm jemand so etwas antun?« Sie schien um Fassung zu ringen. »Musste er leiden?«, fragte sie nach einem Moment des Schweigens.

Charkow war erleichtert, als er die Tränen in ihren Augen sah. »Nein. Er musste nicht leiden«, log er und reichte ihr sein Taschentuch. »Helfen Sie mir bitte«, forderte er sie noch einmal sanft auf.

Sie nahm sein Taschentuch, trocknete ihre Tränen und sah ihn fragend an. »Wie?«

»Ich muss wissen, ob Ihr Mann in der letzten Zeit in irgendwelchen Schwierigkeiten steckte. Hatte er Probleme, die ihn belasteten?«

»Nein, ihm ging es gut. Er wirkte immer ausgeglichen. Selbst die schwere Zeit mit unserer Tochter meisterte er jeden Tag aufs Neue. Er konnte mit dieser Situation besser umgehen als ich.«

»Was ist mit Ihrer Tochter geschehen?«

»Ein Unfall«, sagte sie mit leiser Stimme, ohne ihn anzusehen. »Es war ein Unglück. Meinen Mann traf keine Schuld«, fuhr sie stockend fort. »Der andere fuhr zu schnell. Es war Winter und ein junger Mann kam von der Straße ab. Er fuhr in den Wagen meines Mannes. Seitdem ist meine Tochter …« Sie brach mitten im Satz ab.

Charkow wartete einen Augenblick, bevor er fortfuhr. Als sie sich wieder gefasst hatte, stellte er seine nächste Frage. »War Ihr Mann in letzter Zeit anders als sonst? Denken Sie in Ruhe darüber nach.«

Sie überlegte und schüttelte dann den Kopf.

Er stand auf und ging zur Schiebetür neben dem

Verandafenster, um einen Blick in den Garten zu werfen. Frau Franks Freunde standen abseits von den beiden Mädchen, die einen orangefarbenen Eimer als Hut auf dem Kopf des Schneemanns platzierten. Der dicke Mann schien sich über etwas aufzuregen und den anderen Anweisungen zu geben. Charkow konnte nicht hören, was sie sagten, doch das Paar schien seine Anweisungen bedingungslos zu akzeptieren. »Wer sind Ihre Freunde?«

»Ich verstehe Ihre Frage nicht«, sagte sie unsicher.

»Sind es Freunde oder Verwandte?«

»Es ist mehr«, antwortete sie und versuchte, Überzeugung in ihre Stimme zu legen. »Sie haben uns damals sehr geholfen.«

»Damals? Sprechen Sie vom Unfall?«

Sie nickte. »Ohne diese Menschen hätten mein Mann und ich diese Zeit nicht überstanden.«

»Sind es Seelsorger?«

»Für mich sind sie es.«

Charkow wurde hellhörig. »Gehören diese Leute einer Kirche an?«

»Das müssen sie nicht«, entgegnete sie trotzig. »Uns verbindet unser Glaube.«

»An was glauben Sie denn?«

Anstatt ihm zu antworten, schien sie sich wieder zu verschließen. Maria Frank war offensichtlich ein religiöser Mensch. Religiöse Menschen verstecken ihren Glauben nicht vor anderen, dachte Charkow. Im Gegenteil, sie treten selbstbewusst auf. Aus irgendeinem Grund wollte sie nicht darüber sprechen. Ein Verhalten, das vorwiegend bei Sektenmitgliedern zu beobachten war. In diesem Fall würde das aggressive Verhalten ihrer Freunde ihm gegenüber einen Sinn ergeben.

Er wandte seinen Blick von der Gruppe im Garten ab und setzte sich wieder zu ihr. »Entschuldigen Sie, das geht mich nichts an.«

»Haben Sie noch weitere Fragen? Wenn nicht, wäre ich froh, wenn Sie mich jetzt alleine lassen würden.«

»Kannten Sie oder Ihr Mann einen Iwan Solowjow?«, fragte er sie ungeachtet ihrer Aufforderung.

Eine kaum wahrnehmbare Erschütterung ging durch Maria Frank. »Nein, dieser Name sagt mir nichts«, antwortete sie schnell und senkte den Blick auf ihre Hände, die sie ineinander verschlungen hatte und so fest verkrampfte, dass die Knöchel weiß wurden.

»Solowjow ist wie Ihr Mann in einer Kirche ermordet worden«, fuhr er ungerührt fort. »Es war vielleicht derselbe Täter. Ich habe den Eindruck, dass sich Solowjow und Ihr Mann kannten.« Durch eine schiefe Lamelle in der Jalousie bemerkte er, dass Maria Franks Freunde auf dem Weg zurück ins Haus waren. Er musste schnell handeln. »Verschweigen Sie mir etwas?« Er spielte mit dem Gedanken, ihr zu sagen, dass sie sich durch ihr Schweigen am Tod ihres Mannes mitschuldig mache. Doch ihm wurde schnell bewusst, damit zu weit zu gehen.

»Hören Sie auf!«, schrie sie plötzlich.

In diesem Moment glitt die Schiebetür zum Garten auf und ihre Freunde traten ein.

»Was ist hier los?«, schnaubte der Dicke.

Eine der Frauen setzte sich zu Maria Frank und nahm sie in den Arm. Charkow ärgerte sich. Maria Frank würde in der nächsten Zeit kaum noch zu einem Gespräch bereit sein.

Wie zur Bestätigung seines Gedankens stellte sich der Dicke vor ihn und gab ihm seine Visitenkarte. »Ich bin ihr

Anwalt. Wenn Sie meine Mandantin noch einmal unter Druck setzen, werde ich Beschwerde gegen Sie einreichen. Wenn Sie weitere Fragen haben, will ich zugegen sein. Und jetzt gehen Sie.«

Charkow stand auf und ignorierte die ihm entgegengestreckte Visitenkarte. »Frau Frank, ich werde in einigen Tagen wiederkommen. Denken Sie darüber nach, ob Sie den Mörder Ihres Mannes ungestraft davonkommen lassen wollen.« Er wandte sich an ihre Freunde. »Sollte ich feststellen, dass Sie Frau Frank von einer wichtigen Zeugenaussage abhalten, werden Sie von unserer Staatsanwaltschaft hören.«

Charkow ging zur Haustüre, nahm sein Smartphone und orderte zwei Ermittler zur Adresse von Frau Frank. Er drehte sich noch einmal zum Anwalt um: »Sie wissen ja, wie das jetzt läuft. In 15 Minuten sind zwei meiner Kollegen hier und nehmen Ihre Personalien auf. Solange halten Sie sich zur Verfügung.«

Als er die Tür zu Maria Franks Haus hinter sich schloss, ärgerte er sich immer noch. Sie schien Iwan Solowjow zu kennen oder zumindest den Namen schon gehört zu haben. Wo war die Verbindung zwischen den Opfern? War Paul Frank ein Kunde in Solowjows Clubs gewesen? Oder war es vielleicht umgekehrt? Solowjow hatte Geld. Frank arbeitete bei einer Bank. War das die Verbindung? Irgendwie passte das Arrangement der Morde nicht zu einer banalen Geldangelegenheit.

Er stieg in seinen Wagen und wartete, bis die beiden Ermittler eintrafen. Ein Blick auf seine Uhr verriet ihm, dass Gabriela immer noch im Gericht sein musste. Also rief er Priska an und bat sie, in einer Stunde vor dem *KGB* auf ihn zu warten.

20

Priska wartete in einem Café gegenüber des Clubs und trank einen Latte Macchiato, als Charkow eintraf. »Wie war es bei der Frank?«, fragte sie.

»Sie scheint unser erstes Opfer irgendwie zu kennen.«

»*Irgendwie*?«

»Als ich den Namen erwähnte, versuchte sie sich nichts anmerken zu lassen. Ihr Gesichtsausdruck verriet sie.«

»Ihr Mann war nicht auf Popows Kundenliste«, informierte ihn Priska.

»Das heißt noch nichts. Wir fragen jetzt seine Angestellten, ob sie Paul Frank kennen.«

»Und warum fangen wir ausgerechnet mit diesem Club an? Solowjow besitzt ja noch andere.«

»Das war *sein* Club. Sergej hatte zu diesem Club keinen Zutritt.«

»*Sein* Club?« Priska verstand nicht, was Charkow damit sagen wollte.

»Komm«, forderte er sie auf und bezahlte ihren Kaffee. »Ich erklär dir das auf dem Weg.«

Priska staunte, als Charkow eine Schlüsselkarte aus seiner Manteltasche zog und die Tür zum Club öffnete. »Woher hast du den?«

»Ich habe Sergej darum gebeten.«

»Ich habe mir so ein Etablissement immer total schäbig vorgestellt. Aber hier ist ja alles vom Feinsten.« Sie schien sich nicht im Geringsten am Zweck zu stören, für den dieser Club betrieben wurde.

Charkow lief an den Séparées vorbei, die Treppe hinauf in den ersten Stock. Dort öffnete er die Tür zu Solowjows Zarenzimmer.

»Wow!«, rief Priska und musste gleichzeitig lachen. »Ist ja wie ein Kinderzimmer für Erwachsene.«

Charkows Blick wanderte hinüber zum Altar. »Du hast gesagt, der Mörder müsse ein Sadist sein«, sagte er, ohne den Blick von der Ikone über dem Altar abzuwenden.

Sie nickte. »Warum fragst du?«

»Ich glaube nicht, dass die Morde von einem Sadisten verübt wurden.«

»Ist nicht jeder Serienmörder ein Sadist? Die machen das ja nur, weil sie sich am Leiden ihrer Opfer aufgeilen.«

»Hier geht es um etwas anderes. Unser Mörder sucht gezielt heilige Stätten als Tatorte aus. Beide Male waren es Altäre in katholischen Kirchen. Wir haben über den Hass gesprochen, der bei beiden Taten außergewöhnlich ist.«

»Du glaubst, es ist etwas Persönliches?«

Charkow nickte. »Ich glaube, der Mörder will uns mit seinen Taten etwas sagen. Er lebt seinen Hass innerhalb katholischer Gotteshäuser aus.«

»Er muss diese Konfession verabscheuen«, schlussfolgerte Priska.

»Das könnte sein.«

»Warum er wohl diesen Hass hat?«

»Auf diese Frage habe ich noch keine Antwort«, stellte Charkow resigniert fest.

»Missbrauch wäre ein starkes Motiv. Ich meine, all diese Fälle, die immer wieder ans Tageslicht kommen. Kinder und Jugendliche, die von Priestern zu sexuellen Handlungen gezwungen wurden. Da wird der eine oder andere mit Sicherheit starken Hass entwickeln können.«

»Du vergisst bei deinen Gedankengängen die Opfer«, widersprach Charkow. »Wir haben keine toten Priester. Die Wut müsste sich deiner Annahme zufolge auf Kirchenvertreter richten.«

»Stimmt«, gab sie zu. Seufzend setzte sie sich aufs Bett und starrte aus dem Fenster. »Ich schlafe nicht gut«, gestand sie plötzlich. »Jede Nacht frage ich mich, wie ein Mensch andere Menschen so leiden lassen kann. Manchmal habe ich das Gefühl, selbst den Schmerz der Opfer zu spüren.«

Charkow setzte sich neben sie. Er betrachtete sie schweigend. »Versuche, es nicht an dich heranzulassen. Die Welt dieser Täter ist nicht deine Welt. Lass sie draußen.« Er wusste, dass seine Worte ihr Problem nicht lösen würden. »Konzentrieren wir uns auf das Leben der Opfer«, forderte er sie auf. »Wir müssen eine Verbindung zwischen ihnen finden. Und zwar schnell.«

»Du sagtest, Maria Frank hätte bei Solowjows Namen reagiert?«

Er nickte. »Deshalb müssen wir hier mit der Suche nach der Verbindung zwischen Paul Frank und Iwan Solowjow beginnen.«

Priska blickte sich im Raum um. »Was ist der Grund für dieses Zimmer? Warum hat er dieses Zimmer so eingerichtet? Ich meine, alle anderen sind eine Mischung aus Folterkammer und Verhörzimmer, hast du gesagt. Kalt, brutal und abweisend. Das hier entspricht dem reinsten Märchenklischee. Verspielt, warm, ein bisschen kindlich. Der Altar verleiht ihm außerdem etwas Heiliges«, sie stockte, als ob sie ihn jetzt erst bemerkte.

»Rede weiter«, forderte Charkow sie auf.

»Alles hier drin ist Kitsch. Außer dem Altar. Der wirkt auf mich echt.«

Er deutete auf die Ikone. »Sie sieht wertvoll aus. Solowjow hat sich sicher nicht mit Fälschungen abgegeben. Eine Originalikone könnte schnell ihre zehntausend Franken wert sein.«

»Wow. Und die hängt er hier auf? Hier, wo jeder rein und raus kann? Jeder könnte sie mitgehen lassen.«

»Keiner hat diesen Raum jemals ohne ihn betreten. Und einen Bordellbesitzer bestiehlst du nicht.« Er deutete zum Altar. »Du hast recht, dass dieser Altar nicht nur zur Zierde in diesem Raum aufgestellt wurde. Solowjow hat ihn benutzt.« Er zeigte auf die Kerzen. »Ihm war anscheinend wichtig, seinen Glauben praktizieren zu können.«

»Eher ungewöhnlich für einen Bordellbesitzer, oder?«

»Vielleicht für einen Bordellbesitzer, aber nicht für einen Russen. Viel auffälliger ist, dass wir genau *hier* eine Art religiöses Refugium vorfinden. Bei ihm zu Hause habe ich keinen Altar gesehen. Nur hier.«

»Vielleicht ist es nicht so wichtig«, sagte Priska hilflos.

»Nein, deine Frage ist wichtig. Hier in einem Bordell, in dem, wie du es schon gesagt hast, jeder ein und aus gehen kann, existiert dieser außergewöhnliche, sehr intime Raum. Warum hat er seinen Glauben hier und nicht in seinen eigenen vier Wänden praktiziert?«

»Also muss aus irgendeinem Grund dieser Club für Solowjow ein heiliger Ort gewesen sein«, spann Priska seine Gedanken weiter. »Ein Ort, an dem er sich heimischer fühlte als in seinem eigenen Haus. Meinst du Sergej ist der Grund dafür?«

»Sergej und Iwan hatten ein gutes Verhältnis. Ich glaube nicht, dass er sich bei Sergej unwohl fühlte und deshalb seine heile Welt hier einrichten musste.«

»Welchen Grund gäbe es noch?«

»Vielleicht hatte er ein Geheimnis und wollte das Leben mit Sergej von dem Leben, welches er hier führte, trennen.«

»Und warum?«

»Denkbar wäre, dass er Sergej schützen wollte.«

»Vor dem Geheimnis?«, fragte Priska ungläubig.

Charkow blickte hinüber zum Altar. »Ich weiß es nicht«, gestand er. »Ich weiß nur, dass ihm sein Glaube an diesem speziellen Ort Kraft verleihen musste.«

»Kraft für was?«

Charkow zuckte hilflos mit den Schultern. »Wenn wir das wissen, wissen wir vielleicht, warum Solowjow sterben musste. Und vielleicht erhalten wir endlich die Verbindung zu Frank, nach der wir suchen.«

»Mit anderen Worten, wir kommen hier nicht wirklich weiter«, stellte Priska frustriert fest.

Er ging auf ihre Bemerkung nicht ein und forderte sie auf, ihm zu folgen. »Lass uns in die Bar gehen.«

»Ist ein bisschen früh für einen Drink«, bemerkte Priska mit einem Grinsen.

»Für einen Drink schon, aber nicht für die Befragung der wichtigsten Informationsquelle eines Bordells.«

Sie sah ihn neugierig an.

»Der Barkeeper.«

Priska konnte ihren Blick von ihm nicht abwenden, und Charkow wusste, warum. Der Barkeeper war etwas älter als sie, hatte dunkle Augen, lange, offene schwarze Haare und ein leicht feminines Gesicht. Seine zurückhaltende, ruhige Art und sein dunkler Teint unterstrichen seinen südländischen Charme.

Eine gute Besetzung für die Bar, dachte Charkow, es bedeutete jeden Abend das gleiche Spiel. Die Anwesenheit eines attraktiven Mannes erzeugte für die männliche Kundschaft Konkurrenz. Obwohl sie wussten, dass er nur im Hintergrund agierte und niemals mit den Frauen näher in Kontakt treten durfte, als ihnen ein Glas Champagner auf den Tisch zu stellen, war er unbewusst immer der Rivale, den es zu besiegen galt. Das machte die Arbeit der Frauen erheblich einfacher. Solowjow hatte anscheinend einfache psychologische Kniffe beherrscht und beim Anblick dieses Mannes mit Sicherheit seine persönliche Freude gehabt.

Charkow zeigte ihm seinen Ausweis und fragte nach seinem Namen.

»Romeo«, antwortete er mit einem charmanten Lächeln, ohne den Blick von Priska abzuwenden. »Kenne ich Sie nicht?«, fragte er sie unumwunden.

Priska errötete. Charkows Seitenblick erinnerte sie schnell wieder daran, warum sie hier waren.

»Wie lange arbeiten Sie schon hier?«, wollte er von Romeo wissen.

»Bald fünf Jahre.«

Charkow hob erstaunt die Augenbrauen. »Eine beachtlich lange Zeit für einen Barkeeper.«

»Herr Solowjow zahlte gut.«

»Zahlt ihr neuer Chef auch so gut?«

»Ich kann nicht klagen«, kam Romeos wenig überzeugende Antwort. Er griff sich ein Tuch und begann mit dem Polieren der Champagnergläser, die vor ihm aufgereiht waren.

»Sie mögen Popow nicht?«

»Solange die Bezahlung stimmt, mag ich jeden«, antwortete Romeo mit einem kühlen Lächeln.

»Warum mögen Sie ihn nicht?«

»Hören Sie«, sagte Romeo gereizt, »Herr Solowjow war ein herzlicher Mensch. Sein Partner ist das genaue Gegenteil. Reicht Ihnen das als Antwort?«

»Waren Sie einmal in Solowjows Privatzimmer im ersten Stock?«

Romeo schüttelte den Kopf und stellte ein poliertes Champagnerglas zurück ins Regal. »Absolutes Zutrittsverbot. Für jeden.«

»Und er hat Sie nie mit nach oben genommen?«

Romeo hielt einen Moment inne, griff sich die nächste Flasche und grinste kopfschüttelnd. »Er trennte Geschäftliches strickt von Privatem. Außerdem stehe ich nicht auf Männer.« Er warf Priska erneut ein charmantes Lächeln zu.

»Was machte Solowjow in diesem Zimmer?«

»Das wusste keiner.«

»Hat er nie andere Männer mit rauf genommen?«

»Ich arbeite zwar fast jeden Tag hier, bin aber nicht allwissend«, antwortete er genervt. Als er sah, dass sich Charkow damit nicht zufrieden gab, lehnte er sich über die Theke. »Ich habe ihn nie mit einem anderen Mann gesehen. Oben gibt es einen Raum mit einem zweiten Zugang vom Hinterhof. Wenn Solowjow jemanden in sein Zimmer mitgenommen hat, so haben wir hier unten nichts davon mitbekommen.«

Charkow nahm sein Smartphone, wischte ein paar Mal über den Bildschirm und zeigt Romeo ein Bild von Paul Frank. »Kennen Sie den Mann?«

Romeo schaute kurz drauf, überlegte einen Moment und nickte zögerlich. »Was ist mit ihm?«

»War er schon mal hier im Club?«

»Er ist selten hier. Meistens kommt er früher.«

»Früher?«

»Ja, gegen Mittag. Er traf sich mit Herrn Solowjow.«

»Ist er ein Kunde?«

»Weiß ich nicht.«

»Hör mal!«, fuhr Charkow ihn an. »Mir reicht es, dir jeden Wurm aus der Nase ziehen zu müssen!«

»Ist ja schon gut«, sagte Romeo und hob beschwichtigend seine Hände. »Herr Frank ist mit Herrn Solowjow regelmäßig zusammengekommen. Sie schienen gemeinsam auf etwas zu warten.«

»Und auf was?«, fragte Priska barsch, deren Geduld mit Romeo nun anscheinend auch am Ende war.

»Was weiß ich«, blaffte Romeo sie an. »Herr Solowjow hat mich bei dieser Gelegenheit immer einkaufen geschickt. Er drückte mir eine Liste mit Dingen für den Club sowie die Schlüssel zum Minivan in die Hand und sagte unmissverständlich: ›Lass dir Zeit‹. Das tat ich und kam halt erst einige Stunden später zurück, wenn Herr Frank wieder weg war.«

»Regelmäßige Treffen, sagst du?«, fragte Charkow, erstaunt über die Neuigkeit.

Romeo nickte knapp und nahm sich trotzig ein neues Tablett mit Gläsern.

»Wie oft?«

»Einmal im Monat. Jeden ersten Donnerstag im Monat«, sagte er verärgert und verschränkte seine Arme vor der Brust. »Hören Sie, wir öffnen in Kürze und ich habe vorher noch echt viel zu tun.«

»Das haben wir auch«, erwiderte Charkow und verlangte seine Personalien. Von Romeo ließ er sich nicht hetzen. Als er seine Identitätskarte fotografiert hatte, wies er Priska an, ihm zu folgen. »Sie halten sich zur Verfügung!«, schärfte er ihm ein.

Sie überquerten die Straße vor dem Club und setzten sich wieder in das gegenüberliegende Café. Schweigend saßen sie eine Weile am Tisch und nippten an ihren heißen Getränken.

»Da hat sich jeden Monat etwas zwischen Frank und Solowjow abgespielt. Etwas, das geheim bleiben sollte.«

»Vielleicht ist das Solowjows kleines Geheimnis.«

»Vielleicht«, sagte Charkow, ohne richtig davon überzeugt zu sein. Er trank einen Schluck Kaffee und dachte darüber nach, was diese beiden Menschen miteinander verband.

»Immerhin haben wir eine Verbindung«, stellte Priska hoffnungsvoll fest.

»Ja, aber sie hilft uns erst, wenn wir wissen, was sich dort abgespielt hat.«

»Wir müssen jemanden finden, der etwas weiß.«

»Du sagtest, dass Frank nicht auf Solowjows Kundenliste stand.«

»Das stimmt. Und du meintest, das heiße nicht, Frank sei kein Kunde«, zitierte ihn Priska.

»Frank war kein Kunde.«

»Und was macht dich da so sicher?«

»Glaub mir, er war kein Kunde. Es gibt einen anderen Grund für seine Besuche.«

Priska verstand nicht genau, wie seine Schlussfolgerung zustande kam, doch sie wusste, dass er, wenn es um Menschen und ihre Beziehungen zueinander ging, bis jetzt immer richtig gelegen hatte. »Was schlägst du also vor? Sollen wir seine Frau noch einmal befragen? Vielleicht kann sie uns etwas zu den Clubbesuchen ihres Mannes sagen?«

Charkow antwortete nicht, sondern rührte gedankenverloren in seinem Espresso. Er musste an Sergej denken.

Romeo hatte ihn als berechnenden Menschen beschrieben, womit er sicher richtig lag. War Sergej außerhalb des Geschäftslebens auch ein berechnender Mensch? Sergej hatte einen Kontakt bei der Staatsanwaltschaft erwähnt. Dieser Kontakt war sicher ein Kunde des Clubs. Und wenn Sergej berechnend war, so schuldete dieser Kontakt Sergej entweder was oder er schmierte ihn.

Charkow wählte Sergejs Nummer auf seinem Smartphone. Nach dem fünften Klingeln nahm er ab.

»Hast du die Liste erhalten?«, fragte er Charkow gleich.

»Sie ist noch nicht vollständig.«

»Ich mach das noch. Aber nicht heute.«

»Und warum nicht heute?«

»Iwans Beerdigung.«

Charkow wusste das. Er hatte zwei Ermittler zur Beobachtung abgestellt. Sie sollten die Teilnehmer filmen. »Mein aufrichtiges Beileid, Sergej. Ich brauche nur einen Namen von dir.«

»Welchen?«

»Deinen Kontakt bei der Staatsanwaltschaft.«

Am anderen Ende trat für einen Augenblick Stille ein.

»Du stehst immer noch unter Verdacht. Entweder kooperierst du, oder ich lasse dich gleich nach der Beerdigung durch einen meiner Leute abholen. Was danach folgt, habe ich dir schon vor einigen Tagen geschildert. Es ist deine Entscheidung.«

Noch immer schwieg Sergej. Endlich sagte er in gespielter Zerstreutheit: »Ach so ... du meinst den Keller. Den muss ich wohl wirklich vergessen haben.«

»Genau den«, stellte Charkow zufrieden fest. »Also, was schuldet er dir?«

Priska konnte nicht hören, was Sergej antwortete, jedoch

bemerkte sie die Überraschung in Charkows Gesichtsausdruck.

»Ich will diesen Film«, sagte Charkow. »Ob ich dich nicht als Quelle erwähne? Das werden wir sehen. Nur noch eine letzte Frage: Ein gewisser Paul Frank war oft im *KGB*. … Nein, nein, den hast du nicht vergessen, auf die Liste zu nehmen. Ich will wissen, ob es eine Verbindung zwischen Keller und Frank gibt.«

Was er nun zu hören bekam, war nicht nur interessant. Es war mehr. Es war die Möglichkeit, eine Erklärung für Franks Besuche im *KGB* durch Keller zu erhalten. Als er auflegte, starrte er nachdenklich auf sein Smartphone.

»Ein Sekretär der Staatsanwaltschaft informiert Leute wie Popow?«, rief Priska empört.

Charkow bedeutete ihr, leiser zu sprechen, da einige Gäste im Café sich schon zu ihrem Tisch umwandten. »Trink aus. Wir fahren zu Paolo Segantini. Vielleicht erfahren wir dort, was Paul Frank bei Solowjow jeden Monat machte. Doch vorher werden wir noch einen Umschlag bei Popow abholen.«

21

Bischof Paulus Geissler saß in einem bequemen Sessel aus rotem Samt und rührte nachdenklich in seinem Tee. Generalvikar Berger hingegen lief unruhig im Zimmer auf und ab.

»Setz dich, Niklaus«, bat er ihn in ruhigem Ton. Bergers Nervosität begann ihn langsam anzustecken.

»Wie kannst du nur so ruhig sein?«

»Du weißt, dass mich diese Geschichte ebenfalls beschäftigt. Jetzt müssen wir einen kühlen Kopf bewahren.«

Berger setzte sich widerwillig und schenkte sich ebenfalls einen Tee ein. Nachdem er Milch hineingegossen hatte, schob er einen großen Briefumschlag über den Tisch.

»Was ist das?«

»Mein Bericht über die Vorfälle.«

Der Bischof nahm den Umschlag und betrachtete den Inhalt. Neben dem schriftlichen Bericht und Kopien von den bisherigen Ermittlungsunterlagen lagen Tatortfotos bei. Nachdem er sämtliche Unterlagen gesichtet hatte, schob er sie schnell wieder in den Umschlag zurück. »Mein Gott, das ist ja entsetzlich.«

»Wenn diese Fotos an die Öffentlichkeit kommen, wird es für unsere Kirche noch entsetzlicher werden«, sagte Berger besorgt.

»Woher stammten die Bilder?«

»Von einem Kontakt«, wich ihm Berger aus.

»Bei den Ermittlungsbehörden?«

»Das willst du lieber nicht wissen.«

Bergers Überheblichkeit ärgerte ihn, aber sie hatten eine gemeinsame Vergangenheit und ein Geheimnis, welches sie bis heute miteinander verband. Er schwieg und nahm einen Schluck von seinem Tee. »Du bist sicher, dass es kein Zufall ist?«, fragte er nach einer Weile.

Berger schien nachzudenken, aber der Bischof sah, dass Berger die Antwort schon wusste.

»Was heißt schon sicher. Ich vermute, dass man der Organisation Schaden zufügen will.«

»Ist das so?«

»Schließlich sind beide Opfer aus der Führungsebene.«

»Und was sagt dein Kontakt bei der Organisation? Wie gehen sie damit um?«

»Sie sind hilflos.«

»Sie haben Angst?«

»So sieht es aus«, bestätigte Berger. »Bedenke: Angst erzeugt Chaos.«

»Das ist ihr Problem.«

»Es könnte für uns auch zum Problem werden. Wir dürfen die Kontrolle nicht abgeben«, beharrte Berger. »Wir müssen immer wissen, wie ihr nächster Schritt aussieht. Und eine kopflose Organisation wird unberechenbar.«

Der Bischof stimmte ihm zu, doch er wollte sich mit diesem Thema nicht mehr länger auseinandersetzen. Langsam stellte er seine Teetasse ab, stand auf und ging zum Fenster, das ihm einen Blick auf den Klosterhof und die angrenzenden Berge bot. »Wer hat die Leiche im Kloster gefunden?«, fragte er mit einer unguten Vorahnung.

Bergers Schweigen bestätigte seine Befürchtungen. »Oh mein Gott. Wird sie betreut?«

»Die Oberschwester kümmert sich persönlich um sie.«

»Das ist gut. Ihr hätte so etwas erspart sein sollen. Das arme Kind hat in seinem Leben schon genug durchgemacht.«

»Ohne dich wäre sie tot. Du hast sie gerettet«, sagte Berger.

»*Wir* haben sie gerettet. Vergiss das nicht«, erinnerte ihn der Bischof. »Wer glaubst du, hat diese Morde begangen?«

»Es kann ein Mann aus der Kirche sein«, mutmaßte Berger.

»Wie kommst du auf diesen schrecklichen Gedanken?«

»Man hat den Opfern die Letzte Ölung gespendet.«

»Das fehlt uns gerade noch.« Der Bischof gab einen leisen Laut der Verzweiflung von sich. »Ich sehe schon die Schlagzeilen: *Mann der Kirche schlachtet in Gotteshäusern.*«

»Der Ruf unserer Kirche ist sicher ein großes Problem. Noch mehr Sorgen macht mir aber der Gedanke, wie der Mörder an die Namen kommen konnte. Beide Opfer stehen auf der Liste«, stellte Berger nervös fest.

»Die Liste ist gut geschützt«, beruhigte ihn der Bischof. »Niemand, ausgenommen wir beide und der Abgeordnete des Vatikan, kann verstehen, was die Namen auf ihr bedeuten.«

»Außer er ist aus dem inneren Kreis.«

Überrascht von dieser Aussage wandte er seinen Blick vom Klosterhof zu Berger. Er wollte sich gar nicht vorstellen, was das bedeuten konnte. Ihm war klar, dass man diese Möglichkeit ernsthaft in Betracht ziehen musste. Ein ungeheuerlicher Gedanke überkam ihn. Berger hatte zwar den inneren Kreis erwähnt. Jedoch gab es eine weitere Möglichkeit. Nein, das durfte nicht sein, versuchte er sich selbst zu überzeugen, obwohl ihn nun starke Zweifel befielen. »Hast du einen konkreten Verdacht?«, fragte er vorsichtig.

Berger seufzte. »Nein, ansonsten hätte ich mich der Sache schon angenommen.«

»Sei vorsichtig. Keine übereilten Handlungen. Wir müssen in erster Linie den Ruf der Kirche schützen. Das ist unsere oberste Pflicht«, sagte er nach einer längeren Pause und war froh, dass Berger seinen Verdacht nicht teilte.

»Wir sollten eine Pressekonferenz einberufen und den Mörder als geisteskranken Täter darstellen. Ich könnte das Gerücht streuen, dass es sich vielleicht um einen entlaufenen Patienten aus einer psychiatrischen Klinik handeln könnte. So lenken wir von uns ab«, schlug Berger vor.

»Unternimm alles Notwendige, um die Kirche zu schützen. Ich lasse dir freie Hand.« Er wollte die Besprechung beenden und wies Berger, an ihm zu folgen. »Ist dein Kontakt aus dem inneren Kreis wirklich vertrauenswürdig?«

Berger nickte kurz, stellte seine Teetasse ab, stand auf und folgte ihm zur Türe. »Er befürchtet, es könne noch weitere Opfer unter den Mitgliedern der Organisation geben.«

»So schrecklich dieser Gedanke ist, wir dürfen nicht eingreifen. Man darf keine Verbindung zwischen uns, der Kirche und der Organisation herstellen. Wir haben uns verstanden?«

In diesem Moment klopfte es an der Tür und ein Sekretär betrat den Raum. Er erinnerte den Bischof an die nächste Sitzung, trat einen Schritt zurück und wartete mit gesenktem Blick.

»Generalvikar Berger, ich danke Ihnen für die Ausführungen. Ich denke, wir haben uns verstanden. Informieren Sie mich bitte über jeden weiteren Schritt.«

Berger verbeugte sich kurz. »Sicher, Eure Exzellenz. Ich werde in Ihrem und im Sinne der Kirche handeln.«

22

»Erich Keller? Machst du Witze?«, fragte Paolo Segantini mit einer Mischung aus Verunsicherung und Ärger. »Das sind schwere Anschuldigungen, Max!«

Charkow und Priska saßen Segantini am Schreibtisch gegenüber. »Paolo, diese Unterlagen stammen aus deinem Büro.« Er schob ihm einen Umschlag zu.

Segantini schüttete dessen Inhalt auf den Tisch, warf einen Blick darauf und wurde bleich. »Da sind sogar Kopien der Tatortfotos und der forensischen Berichte dabei. Und die sind tatsächlich von Keller?«

»Iwan Solowjow hatte ihn in der Hand.«

Segantini stöhnte auf. »Keller ist die Unscheinbarkeit in Person. Ohne Ambitionen. Seit über zehn Jahren ist der Mann nun schon Sekretär in unserer Abteilung.« Mit besorgtem Blick beugte er sich zu Charkow vor. »Max, wenn das stimmt, verliert der Mann nicht nur seinen Job, sondern er wandert in den Bau. Du weißt das. Bist du absolut sicher, dass es Keller ist?«

»Willst du den Film sehen?«

»Welchen Film?«

»Ein Film, in dem Keller angekettet an der Wand eines Verhörraums des *KGB* zu sehen ist.«

»Scheiße!« Segantini ließ sich in den Sessel zurücksinken. »Hast du ihn hier?«

Charkow nickte.

»Und den hat dir Popow gegeben?«

»Ja. Wir waren vorhin bei ihm und haben uns das Material aushändigen lassen.«

»Du willst mit Keller sicher noch reden, sonst wärst du nicht mit Priska gekommen?«

»Er hat vielleicht Informationen zu Paul Frank. Wenn du ihn jetzt gleich mit dem Beweismaterial konfrontierst, macht er zu. Ich muss ihn vorher zu Frank befragen.«

Segantini dachte nach. »Weiß Keller schon, dass Popow ihn verraten hat?«

»Sergej werden wir nicht als Quelle erwähnen.«

»Lassen wir uns neuerdings von der russischen Mafia unser Handeln vorschreiben?«, fluchte Segantini und brauchte einen Augenblick, um sich wieder zu beruhigen.

»Du kannst dir Sergej holen, wenn ich Keller zu Frank befragt habe. Im Moment nützt mir Sergej mehr, wenn er frei ist. Frank traf sich mit Solowjow im *KGB*. Keller war der Informant der beiden Russen. Irgendwie steckt Sergej da mit drin. Ich weiß nur noch nicht, in was. Wenn du ihn jetzt wegsperrst ...«

»Ist ja schon gut«, unterbrach in Segantini und hob ergeben die Hände. »Ich hätte auch so entschieden. Wir müssen schnell handeln.« Er drückte eine Taste auf seinem Telefon. Kurz danach meldete sich eine Stimme über den Lautsprecher: »Keller. Was kann ich für Sie tun?«

»Welches Verhörzimmer ist frei?«, fragte Segantini.

»Nummer drei, glaube ich«, gab Keller zur Antwort.

»Ich brauche Sie für das Protokoll. Wir treffen uns dort in einer Viertelstunde.«

»Geht es um den Drogenmord?«

»Richtig«, log Segantini geistesgegenwärtig. »Bringen Sie bitte gleich die Akten mit.« Er legte auf, um gleich wieder eine Nummer einzustellen. »Ich brauche umgehend zwei Polizisten im Verhörraum drei.« Als er auflegte, betrachtete er die Kopien auf seinem Tisch. »Sagt Popow garantiert gegen ihn aus?«

»Morgen habt ihr eure Anzeige. Priska kann dir den Film gleich jetzt auf deinen Rechner kopieren.«

»Danke. Den brauche ich. Übernimmst du bitte den Einstieg ins Verhör?«

Charkow nickte.

»Sobald Keller zu mauern beginnt, schalte ich mich ein und mache Druck. Einverstanden?«

»Einverstanden. Lass uns gehen.«

Vor dem Verhörzimmer standen die zwei Beamten in Uniform und warteten auf Segantini. Er wies sie an, im Nebenraum, in dem sie das Verhör durch eine verspiegelte Glasscheibe beobachten konnten, auf sein Signal zur Festnahme zu warten.

Kurz nachdem die beiden Polizisten verschwunden waren, traf Keller ein. Gemeinsam betraten sie das Verhörzimmer. Als der Sekretär sich an den Protokolltisch setzen wollte, wies ihn Charkow an, ihm gegenüber Platz zu nehmen. Keller blickte sichtlich irritiert zu Segantini hinüber, der ihn schweigend anwies, der Aufforderung Folge zu leisten.

»Ich verstehe nicht, was das bedeuten soll«, sagte Keller mit einem unsicheren Lächeln. »Warum behandeln Sie mich wie einen Verdächtigen? Wo ist der Dealer, den wir verhören wollten?«

Niemand antwortete ihm. Stattdessen nahm Charkow sein Smartphone und legte es auf den Tisch. Auf dem Display war das Foto von Paul Frank zu sehen. Keller betrachtete es kurz und blickte fragend zu Segantini, der keine Miene verzog.

»Können Sie mir sagen, was hier los ist?«, fragte Keller nun sichtlich verärgert.

Charkow beugte sich vor und zeigte auf das Bild von Paul Frank. »Sie kennen den Mann?«

»Ja, sicher«, antwortete Keller gereizt. »Das ist Paul Frank, das zweite Opfer. Und wer Sie sind, weiß ich auch.«

»Gut, dass Sie wissen, wer ich bin«, bemerkte Charkow ruhig. »Mich interessiert, welche Verbindung Sie außerhalb der Fallbearbeitung zu Paul Frank hatten.«

»Außerhalb?« Kellers selbstsicheres Auftreten schien erste Risse zu bekommen.

»Ich weiß, dass Sie und Paul Frank sich im *KGB* regelmäßig getroffen haben.«

Die Farbe wich aus Kellers Gesicht. Er verschränkte trotzig die Arme, und Charkow sah, dass er fieberhaft über eine Antwort nachdachte.

»Und wenn ich Paul Frank kennen würde, wäre das strafbar?«

»Nein, aber verdächtig«, korrigierte ihn Charkow. »Iwan Solowjow ist tot, wie Sie wissen. Sergej Popow, sein Partner, leitet nun die Geschäfte. Von ihm weiß ich, dass Sie und Paul Frank sich jeden Monat im Club getroffen haben.«

»Soweit ich weiß, sind Clubbesuche nicht strafbar.«

Charkow spürte, wie Segantini seine Wut über Keller zügelte, und er hoffte, dass er sich noch einen Moment beherrschte, bis er die Informationen erhalten hatte, die er sich so dringend erhoffte. Er musste Keller bis zu diesem Moment das Gefühl vermitteln, dass er mit einem blauen Auge aus dieser Sache herauskommen würde. »Popow ist ein emotionsloser Geschäftsmann. Um seinen Erfolg und seine Position zu sichern, wird er reinen Tisch machen müssen.«

Keller rutschte nun nervös auf seinem Stuhl umher. »Auf was wollen Sie hinaus?«

»Popow wird mit Solowjows Seilschaften aufräumen. Er wird reden. Ich denke, es wäre in Ihrem Interesse, uns vorher gewisse Dinge selbst zu erzählen.«

Keller blickte sich nervös um, als ob er von irgendeiner Person in diesem Raum Hilfe erwartete.

»Ich weiß immer noch nicht, auf was Sie hinaus wollen«, antwortete er, um Selbstsicherheit bemüht.

»Popow machte mir eine Andeutung, dass Sie, Frank und Solowjow heimliche Treffen abhielten.« Charkow ließ diesen Satz einen Moment im Raum schweben. Er fuhr fort: »Ich will wissen, was der Grund für diese regelmäßigen Treffen war.«

»Und warum hat Ihnen das Popow nicht gleich auch noch erzählt?«, fragte Keller. Als Charkow schwieg, war ein Anflug von Triumph auf seinem Gesicht zu erkennen. »Weil Popow keine Ahnung davon hat«, stellte er erleichtert fest.

Charkow erwiderte darauf zunächst nichts, denn Keller hatte mit seiner Annahme recht. »Wer sagt, dass er keine Ahnung hat?«, bluffte er und lehnte sich vor, sodass sein Gesicht nicht mehr weit von Kellers entfernt war. »Popow und Solowjow waren ein Paar. Sie haben sich *alles* erzählt, wie es alte Paare eben tun. Ist Ihnen eigentlich bewusst, dass Sie mit Ihrer unkooperativen Art nicht nur die Ermittlungen behindern, sondern sich immer verdächtiger machen?«

»Mit den Morden habe ich nichts zu tun«, wehrte sich Keller. »Da will mir einer was anhängen.«

»Erzählen Sie mir einfach, worum es bei diesen Treffen ging!«

»Ich sage gar nichts mehr«, antwortete Keller und verschränkte die Arme vor der Brust. »Entweder haben Sie konkrete Beweise oder wir beenden das hier jetzt sofort.«

Kellers Art ließ Paolo Segantinis Geduldsfaden reißen. Er schnappte sich einen Stuhl aus der Ecke, knallte ihn ans Kopfende des Tisches und drehte das Display seines Laptops zu Keller. Er drückte wortlos eine Taste. Auf dem Display erschien das Video, in dem Keller nackt an eine Wand gekettet war und eine Frau in schwarzen Latexdessous heißes Wachs einer brennenden Kerze auf ihn goss. Keller starrte auf das Video. Nun wich der letzte Rest Farbe aus seinem Gesicht. Außer Kellers digitalem Stöhnen herrschte im Verhörraum absolute Stille.

Charkow blickte in Kellers Augen und erkannte in diesem Moment, dass er nichts mehr sagen würde. Er würde auf einem Anwalt bestehen.

»Du arbeitest jetzt schon über zehn Jahre bei uns!«, konstatierte Segantini. »Wie lange belieferst du Solowjow schon?«

Keller schwieg und blickte zu Boden. Auf dem Laptop lief immer noch das Video.

Segantini schlug mit der Faust auf den Tisch. »Das ist das Hinterletzte, was mir in meiner ganzen Karriere begegnet ist! Du hast den Ermittlungserfolg dieser Leute«, er zeigte auf Priska und Charkow, »leichtsinnig aufs Spiel gesetzt!« Plötzlich packte er Keller am Kragen. »Du sagst uns jetzt auf der Stelle, was das für Treffen waren!«

Doch Keller saß wie zur Salzsäule erstarrt auf seinem Stuhl und schwieg.

»Das bist du den beiden hier schuldig!«, schrie Segantini ihn an. Charkow ging dazwischen und hielt Segantini zurück, der gerade im Begriff war, handgreiflich zu werden.

Ein Augenblick lang schwiegen alle. Keller schien aus seiner Erstarrung zu erwachen. Mit einer langsamen Bewegung drückte er den Bildschirm des Laptops herunter und das Stöhnen erstarb. »Ich bin erledigt«, sagte er leise.

»Hilf uns«, forderte ihn Segantini etwas milder auf. »Wenn du uns hilfst, hilfst du dir selbst.«

Keller lachte matt auf. »Ihr habt keine Ahnung, was die mit mir machen werden.«

»Wer sind *die*?«, fragte Charkow.

»Das kann ich nicht sagen«, erwiderte Keller stockend.

Resigniert gab Paolo Segantini den beiden Beamten hinter der Spiegelwand das Zeichen. Sekunden später schlossen sie die Tür auf, betraten den Raum und forderten Keller auf, ihnen zu folgen.

»Entschuldige meine Unbeherrschtheit«, sagte Segantini, als die Uniformierten den Raum mit Keller verlassen hatten. »Ich habe dir gehörig einen Strich durch die Rechnung gemacht.«

»Du musst dich nicht entschuldigen. Keller hätte nichts gesagt«, stellte Charkow fest, ohne seine Enttäuschung über den Verlauf des Verhörs zu verstecken.

»Klar, weil Popow selbst nicht weiß, was der Grund für diese Treffen war. Der Einzige, der das wusste, war Solowjow. Und der redet ja bekanntlich nicht mehr.«

Charkow schüttelte den Kopf. »Keller weiß es. Er redet nicht, weil er Angst hat.«

Kaum hatte der den Satz beendet, schallte ein lauter Knall durch die leeren Flure des Verhörbereichs der Staatsanwaltschaft. Einen Moment lang blickten sich alle drei fragend an. Charkow rannte als Erster aus dem Verhörzimmer, die anderen folgten ihm, dieselbe Vorahnung teilend.

Am Ende des Ganges sahen sie die beiden Polizisten über den reglosen Körper Kellers gebeugt. Einer von ihnen warf Charkow einen verzweifelten Blick zu.

»Es ging alles so schnell«, stammelte der jüngere Polizist. »Er griff sich meine Waffe und drückte sofort ab.«

Charkow starrte auf die Blutlache, die sich auf dem grauen Linoleumboden ausbreitete. In Kellers linker Hand sah er die Waffe des Polizisten. Segantini stand bleich neben Priska und betrachtete abwechselnd den Polizisten und den Toten. Offensichtlich unfähig, zu denken oder zu handeln.

Charkow fasste den Polizisten an der Schulter und zog ihn von Kellers Leichnam weg. »Kümmern Sie sich um Ihren Kollegen«, forderte er den anderen Polizisten auf. Er nahm Priska, die immer noch wie angewurzelt neben Segantini stand, sanft am Arm. »Du musst die Kollegen der anderen Abteilung anrufen.« Priska reagierte nicht und Charkow sah, dass sie unter Schock stand. Er wandte sich an Segantini, der jetzt wieder gefasster schien. »Paolo, kümmerst du dich bitte um Priska. Bring sie weg von hier. Haltet euch in der Nähe zur Verfügung.«

»Natürlich«, antwortete er sofort. »Wir sind oben in der Kantine, wenn du uns suchst.«

Charkow wies die beiden Polizisten an, Segantini zu folgen. Er nahm sein Smartphone und rief Kummer an. Kurz teilte er ihm die wichtigsten Fakten mit, und dass er und die anderen für eine Befragung in der Kantine der Staatsanwaltschaft warten würden. Kummer war über die Ereignisse schockiert und wollte von Charkow wissen, wie es zu dem Selbstmord gekommen war.

»Keller hat sich aus Angst umgebracht«, war seine knappe Antwort, bevor er auflegte.

23

Ich bin kein Stück weiter gekommen, dachte Charkow, als er am Abend in seiner Küche stand und beobachtete, wie der Kaffee aus dem Kolben langsam in die Tasse floss. Bilder von Kellers Selbsttötung schossen ihm wie Blitze durch den Kopf. Die Blutlache. Der hilflose Polizist. Das Entsetzen auf Priskas Gesicht. Noch einmal die Angst, die Keller erfasste, als Charkow ihn nach seiner Verbindung zu Frank fragte. Wovor hatte Keller solche Angst? Er wusste, dass die russische Mafia, in die Solowjow irgendwie verstrickt war, keine Gnade mit Verrätern walten ließ. Steckte hinter Kellers Angst wirklich die Mafia? Diese Angst war anders gewesen. Das hatte er gespürt. Er hatte Verzweiflung in ihr erkennen können. Und gleich danach hatte Keller sich aufgegeben. Genau in dem Moment, als sein Verrat aufgedeckt wurde. Da musste der Entschluss gereift sein, sich umzubringen. Seine Angst war so groß gewesen, dass er den Selbstmord einer Verurteilung vorzog. Was hatte Keller zuletzt gesagt? ›*Ihr habt keine Ahnung, was die mit mir machen werden.*‹ Er musste herausfinden, welche Macht so groß war, um einen Menschen in den Selbstmord zu treiben.

Erst jetzt bemerkte er, dass der Kaffee durchgelaufen war. Er nahm die Tasse und gab vier Teelöffel braunen Zucker in den Kaffee. Im Kühlschrank fand er eine Packung Biscotti, von der er nicht wusste, dass sie überhaupt existiert hatte. Als der Geruch des süßen Gebäcks in seine Nase stieg, wurde ihm bewusst, dass er heute noch nichts gegessen hatte.

Er nahm die Biscotti, die volle Tasse und ging ins Wohnzimmer, um sich aufs Sofa zu legen. Einsamkeit überfiel ihn, als er das Fenster öffnete und den Verkehrsgeräuschen lauschte. Nachdem seine Kollegen Priska, Paolo und ihn zum Selbstmord befragt hatten, hatte er den Wunsch verspürt, Gabriela zu sehen. Er wollte mit ihr nicht nur über die Ereignisse der letzten 24 Stunden reden – er war ihr noch eine Antwort schuldig.

Auf dem Weg nach Hause hatte er sie angerufen und gefragt, ob sie zu ihm käme.

»Mein Tag bei Gericht war sehr anstrengend«, hatte sie ausweichend gesagt. »Warum willst du mich sehen?«

»Ich konnte dir gestern keine Antwort auf deine Frage geben«, antwortete er.

»Welche Frage meinst du?«

»Die Frage, die du gestellt hast, bevor ich gehen musste.«

»Ach, du meinst die Kinderfrage?« Sie versuchte, gleichgültig zu klingen. »Du musst diese Frage nicht jetzt beantworten.«

»Doch, das muss ich«, entgegnete er ruhig.

»Warum hast du gestern mit einer Antwort gezögert? Wenn du ähnlich fühlen würdest wie ich, hättest du nicht es nicht getan.«

»Da gebe ich dir recht. Ich muss darüber nachdenken. Ich brauche Zeit.«

»Wie lange denn?«

Er verstand den Sinn ihrer Frage nicht.

»Meine biologische Uhr tickt«, erklärte sie. »So, wie deine. Also, wie lange willst du denn noch warten?«

Auch auf diese Frage hatte er keine Antwort.

»Bald ist unser Termin bei Dr. Monsch. Bitte komm diesmal pünktlich.«

»Ich werde pünktlich sein und darüber nachdenken, was du mir gesagt hast. Ich bitte dich ebenfalls über eine Frage nachzudenken: Warum willst du Kinder mit einem Mann, mit dem du erst zusammenleben kannst, nachdem er mit dir in einer Paartherapie war? Warum genüge ich dir nicht so, wie ich bin?«

Gabriela schwieg einen Augenblick lang. Dann wünschte sie ihm eine gute Nacht und beendete das Gespräch.

Er wusste, dass sie auf diese Frage ebenfalls keine Antwort finden würde.

24

Tagebucheintrag Nr. 124

Lieber Engel,

ich vermisse dich. Es ist viel zu lange her, dass ich dein gütiges Lächeln sehen durfte. In dir habe ich mich wiedererkennen können. Du hast mir alles bedeutet. Doch man hat dich mir genommen. Trotzdem spreche ich bis heute mit dir durch Gott.

Seit Tagen wandle ich auf dem letzten Weg seines Sohnes. Einem Weg voller Leid. Einem Weg, der mich alle inneren Widerstände aufzugeben zwingt, um

Mitgefühl mit den Leidenden zu haben. Denn die Leidenden verkörpern das Böse. Und trotzdem gewähre ich dem Bösen in der Stunde des Todes die letzte Gnade. So, wie es Gott mit seinem Sohn tat.

Verzeih, mein Engel, nur dir kann ich meine schwere Bürde erzählen. Nur du verstehst mein Handeln. Obwohl du weit entfernt bist, so bist du immer ganz nah bei mir.

Erinnere dich. Unser gemeinsamer Weg war dem von Gottes Sohn ähnlich. Auch uns hat damals ein Judas verraten. Und auch wir wurden durch ein Tribunal der Gewalt voneinander getrennt. Du bist direkt in den Himmel eingegangen. Ich muss erst durch die Hölle gehen und Gott hinter mich lassen. Denn meine Taten haben mich von ihm getrennt. Er wird mir nie verzeihen können.

Doch ich habe keine Angst. Mit Stolz trage ich unser gemeinsames Kreuz. Das Zeichen, welches die Erde und den Himmel vereint und das die Römer zum Instrument der Folter gemacht haben. Das ist die Sünde. Denn sie wussten, was sie taten. Und so lösten sie ihre Seele von sich selbst und von Gott. Sie verwandelten das Gute in Böses. Das Licht in Schatten.

Nun wandle ich wie der Sohn unseres Herrn im Schatten. So wie er, will ich das

Böse in Liebe verwandeln. Dafür muss ich zuerst das Böse ertragen. Ich wurde zum Richter über das Böse und musste dafür zum Schatten werden. Böses muss mit Bösem bekämpft werden. Ich bin mir meiner Taten bewusst. Meine Seele hat mich schon vor Langem verlassen. Das ist der Preis, den ich bezahlen muss.

Und wie Gottes Sohn habe auch ich Momente unerträglichen Zweifels. Momente, in denen ich nicht mehr an Gott glauben kann. Erging es ihm am Kreuz nicht ebenso? Musste er sich nicht in der Stunde seines Todes von seinem Vater abwenden, bevor er auferstehen konnte?

"Eli, Eli, lama asabthani?*", schrie er damals am Kreuz.

Auch ich habe mich von meinem Vater abgewandt, obwohl ich ihm diene. Und immer dienen werde. Mein Engel, es ist unerträglich und ich wünschte, du wärst jetzt hier bei mir und würdest mich mit deinen sanften Flügeln umarmen, um mir meine Schuld zu nehmen. Denn ich schaffe es nicht, unseren Schuldigern zu vergeben. Denn sie haben mich deiner beraubt. Dafür müssen sie gerichtet werden. Ihre Zahl ist groß. Größer denn je. Sie sitzen wie die Heuschrecken in unserer Welt und nähren sich an den Seelen der Unschuldigen. Wenn ich sie nicht

---

* Hebräisch für *Gott, Gott, warum hast du mich verlassen?*

aufhalte, werden sie weiterhin Engel wie dich zerstören.

Bitte vergib mir.

In Liebe

M.

25

»Ich kann dir keinen Rat geben«, sagte Francine mit einem mitleidigen Blick über ihre Kaffeetasse. »Wann habt ihr die nächste Therapiesitzung?«

»Ich glaube, nächste Woche«, antwortete Charkow.

»Willst du denn grundsätzlich keine Kinder oder willst du sie nicht mit Gabriela?«

»Darüber habe ich noch nie nachgedacht.«

Francine lachte. »Darüber denkt man nicht nach. Man weiß es einfach.«

»Ich sollte diese Beziehung vielleicht beenden. Sonst mache ich ihr falsche Hoffnungen.«

»Na, das ist ja mal wieder eine bequeme Ausrede«, sagte Francine immer noch mit einem Lächeln. »Max, ist dir schon mal aufgefallen, dass deine Beziehungen immer so enden?«

»Wie enden sie denn?«, fragte er, obwohl er die Antwort schon kannte.

»Immer, wenn die Frauen Verbindlichkeit suchen, kneifst du.«

Er wusste, dass Francine nicht unrecht hatte. Aber es gab noch andere Gründe für sein Verhalten. Sein Beruf ließ eine Partnerschaft, die viel gemeinsame Zeit forderte, nicht zu. Und da war noch seine Mutter, mit der er selbst mehr als genug Probleme hatte. Dass sie immer noch im Bergdorf lebte, welches mehr als vier Autostunden entfernt lag, machte die Sache nicht einfacher. Die Kälte dieser Frau und seine Erinnerungen, die er mit dem Dorf seiner Kindheit verband, kosteten ihn schon genug Überwindung, wenn er einen seiner Pflichtbesuche machte. Wie viel schwerer musste es für eine Partnerin sein, dies zu ertragen.

»Du musst aufhören, dich für alles und jeden verantwortlich zu fühlen«, sagte Francine, als ob sie seine Gedanken gelesen hätte. »Gabriela ist alt genug, um selbst entscheiden zu können. Hör auf, für sie zu denken. Wenn sie die Beziehung beenden will, weil du keine Kinder willst, soll sie es tun. Diese Entscheidung muss sie fällen. Nicht du«, sagte sie wohlmeinend. »Schließlich will sie mit dir weiter in die Paartherapie gehen. Also glaubt sie an dich.«

»Vielleicht hast du recht.«

»Na klar habe ich recht.« Francine lachte und nahm den letzten Schluck ihres Kaffees. »Ich schicke dir die Rechnung für diese Sitzung«, schmunzelte sie. »Was verdient der Walfisch eigentlich pro Stunde?«

»Mehr als wir beide zusammen«, antwortete er. »Gibst du dich zufrieden, wenn ich den Kaffee bezahle?«

»In Ordnung, ich hab heute meinen sozialen Tag«, seufzte Francine mit gespielter Enttäuschung. »Für die nächste ›Sitzung‹ will ich mindestens ein Nachtessen bei Vladimir.«

Sie verließen das Café, welches sich auf dem gegenüberliegenden Flussufer des Kasernenareals befand. Nachdem sie die Militär-Brücke überquert hatten, liefen sie über eine Treppe hinunter zum Uferweg, der mit großen Steinplatten ausgelegt war und bis ins Stadtzentrum in die Nähe der Bahnhofstraße führte. Ein großer Schwarm Fische glitt blitzschnell durch das glasklare Wasser, dessen Ufer vereist waren. Am oberen Ende, kurz vor der Schleuse, standen zwei Graureiher im Fluss und warteten auf ihre Beute.

»Wo stehst du mit den Ermittlungen?«, fragte Francine.

»Überall Sackgassen.«

»Kein Lichtblick?«

Er schüttelte den Kopf.

»Ich hab das von Keller gehört. Schrecklich.«

»Ich mache mir Sorgen um Priska.«

»Weshalb?«

»Sie nimmt der ganze Fall sehr mit. Dazu noch Kellers Selbstmord.«

»Sie ist stärker, als du annimmst. Mach dir um Priska keine Sorgen«, beruhigte sie ihn. »Hast du schon herausgefunden, warum er sich umgebracht hat?«

»Nein. Maria Frank ist meine letzte Hoffnung. Das *KGB* war der Treffpunkt unserer Opfer. Das ist die einzige Verbindung, die es zwischen ihnen gibt. Sie trafen sich monatlich in diesem Club. Nicht wegen der Frauen, sondern wegen etwas anderem.«

»Sicher ist die russische Mafia der Grund. Du selbst hast ja gesagt, dass Keller Informationen an Solowjow geliefert hat. Es ging sicher nur um Geld. Es geht immer um Geld«, wiederholte sie mit einer abschätzigen Handbewegung.

»Das ist ja das Seltsame. Martin hat die Bankbewegungen der Opfer geprüft. Mit Keller hat er zwar erst begonnen, jedoch weist nichts auf Unregelmäßigkeiten oder eine Verbindung zu Solowjow oder Frank hin.«

»Kann man diese Transaktionen nicht vertuschen?«

»Sicher, allerdings glaube ich nicht, dass die Mafia dahinter steckt.«

»Weil die Taten nicht einem typischen Mafiamord entsprechen?«

Er nickte. »Da steckt eine andere Organisation dahinter. Eine, die ihre Mitglieder nicht über Geld steuert.«

»Jetzt sag nicht, dass du an die Kirche denkst?«, fragte Francine ungläubig.

»Vielleicht. Vielleicht auch nicht. Beide Männer wurden in Kirchen umgebracht. Hinzu kommt die Art, wie die Leichen platziert wurden, die letzte Ölung ... Glaube kann angeblich Berge versetzen.«

»Und einen Menschen zu diesen Taten bewegen?« Sie dachte einen Augenblick lang über seine These nach. »Es müsste somit eine Verbindung zur Kirche geben.«

»Vielleicht«, sagte er und versuchte, seine Zweifel an seiner eigenen Theorie nicht zu offen zu zeigen. Ein Blick auf die Uhr erinnerte ihn daran aufzubrechen. »Du musst den Spaziergang ohne mich beenden. Ich habe bei Maria Frank und anschließend beim Bischof einen Termin. Vorher hole ich noch Priska ab.«

Francine blieb stehen und stellte sich auf die Zehenspitzen, um ihm zum Abschied zwei Küsse auf beide Wangen zu drücken. »Viel Glück, mio caro.«

»Danke, das kann ich gebrauchen.« Er wusste nicht, ob sie ihm Glück für die Ermittlungen oder für die Sitzung bei Dr. Monsch wünschte. Er hoffte für beides.

26

»Sagen Sie ihm, ich komme am Nachmittag. Es ist mir egal, ob er einen anderen Termin hat. Er wird sich für meine Fragen Zeit nehmen müssen«, schloss Charkow und steckte kopfschüttelnd sein Smartphone in seinen Mantel.

»Jetzt kommst du nicht in den Himmel«, stellte Priska fest und musste lachen.

»Du wirst mich auf meinem Weg in der Hölle begleiten«, erwiderte er.

Priska warf ihm einen kurzen Blick zu, um zu sehen, ob er es ernst meinte.

»Pass auf!«

Fast hätte sie eine Fußgängerin übersehen und musste scharf bremsen. Er stützte sich stöhnend mit beiden Händen auf dem Handschuhfach ab.

»Frauen dürfen dort überhaupt nicht rein«, fuhr sie nach einer Schrecksekunde fort, während sie zusah, wie die wütende Fußgängerin die Straße überquerte.

»In die Hölle?«, fragte er und beruhigte sich wieder ein wenig.

»In den Sitz des Bischofs«, präzisierte sie gereizt.

»Ins Büro des Bischofs darfst du mich begleiten. Schließlich bist du eine Ermittlerin. Und was dein Seelenheil anbelangt, kann ich dir nicht helfen. Auch für Frauen gelten die Gesetze des Himmels und der Hölle.«

Zügig fuhren sie den Limmatquai entlang, um von dort in die Altstadt einzubiegen.

»Bist du eigentlich katholisch?«, fragte sie.

»Meine Eltern waren russisch-orthodox. Ich gehöre keiner Kirche mehr an.«

»Warum bist du aus der Kirche ausgetreten?«

»Meine Mutter ist sehr gläubig. Reicht für die ganze Familie«, antwortete er lakonisch.

»Glaubst du denn an etwas?«, bohrte sie weiter.

»Ich glaube, dass du gleich hier links abbiegen musst«, wich er ihrer Frage aus und zeigte in die Straße, die sie fast verpasst hätte.

Priska bremste erneut scharf und riss das Lenkrad nach links. Hinter ihr hupte ein verärgerter Fahrer.

Charkow stöhnte noch einmal kurz auf und beschloss, eine Weile aus dem Seitenfenster und nicht mehr nach vorn auf die Straße zu blicken.

Nachdem sie die Altstadt hinter sich gelassen hatten, fuhren sie den Zürichberg hinauf, an dessen Hang sich die Villenviertel befanden.

»Konntest du mit jemandem über Kellers Selbstmord reden?«, fragte Charkow ernsthaft besorgt.

Priska zögerte einen Moment. »Paolo hat mich gleich zu Dr. Goldsachs geschickt.«

Als er Gabrielas Nachnamen hörte, zuckte er unmerklich zusammen. Er hatte niemandem im Büro von seiner Beziehung zu ihr erzählt. Erst jetzt wurde ihm bewusst, dass Gabriela auch andere Polizisten betreute.

»Sie ist wirklich gut«, fuhr Priska fort. »Mir ging es nach der Sitzung mit ihr schon viel besser.«

»Das freut mich«, sagte er und blickte kurz zu ihr hinüber, um zu sehen, ob sie vielleicht etwas über seine Beziehung zu Gabriela wusste.

»Vielleicht mache ich noch eine Sitzung«, fuhr sie fort.

»Wenn du das Gefühl hast, es sei gut für dich, geh zu ihr. Mach das ruhig während der Arbeitszeiten.«

»Mach ich«, antwortete sie dankbar. »Das wäre vielleicht auch etwas für dich.«

Er antwortete ihr nicht. Anscheinend hatte sie nichts von seiner Therapie erfahren. Gleichzeitig war er beruhigt, dass Priska offensichtlich keine Ahnung von seiner Beziehung zu Gabriela hatte.

»Sie hilft einem wirklich gut in solchen Situationen«, hakte Priska nach.

»Ich freue mich, wenn sie dich unterstützen kann. Ich brauche zurzeit keine fremde Hilfe.«

Sie bogen in eine Privatstraße, die zu den Villen am Waldrand führte. Unter ihnen lag der Zürichsee. Die Sonne blitzte durch die schnell dahinziehenden Wolken und die schneebedeckte Landschaft an den Ufern leuchtete auf.

»Es ist das dritte Haus von links«, sagte er und war froh, dass sie endlich angekommen waren.

In der Einfahrt von Maria Franks Haus standen zwei teure Geländewagen, wovon einer ihrem toten Mann gehörte.

»Merda«, fluchte er, als er den anderen Wagen erkannte.

»Was ist?«

Er zeigte auf den dunkleren der beiden Geländewagen. »Ihr Anwalt ist da.«

»Der, mit dem du dich angelegt hast?«

»Genau der.«

Sie waren noch nicht an der Haustüre angekommen, da öffnete sie sich bereits und der Anwalt trat heraus, schloss die Tür hinter sich und ging auf sie zu. »Maria Frank hat keine Zeit für Sie«, rief er ihnen zu.

Charkow blickte den Anwalt herausfordernd an. »Das will ich von ihr persönlich hören«, sagte er und ging an ihm vorbei zur Tür.

»Was fällt Ihnen ein?«, rief der Anwalt empört.

»Sie behindern meine Ermittlungen«, erwiderte er und lief weiter.

»Und Sie reden jetzt mit mir und nicht mit Frau Frank, Freundchen!«

Er ignorierte den Anwalt und drückte den Knopf der Glocke.

»Was fällt Ihnen eigentlich ein? Ich werde mich bei Walter Kummer über Ihre Art beschweren!«

Charkow klingelte erneut, ohne den Anwalt eines weiteren Blickes zu würdigen.

Plötzlich öffnete sich die Tür und Maria Frank stand mit müden Augen und sichtlich erschöpft im Türrahmen.

»Maria, ich konnte diesen Menschen nicht ...«

Sie hob beschwichtigend die Hand und wandte sich an Charkow. »Was wollen Sie noch von mir? Ich habe Ihnen alles gesagt.«

Charkow entschied, sie trotz ihres offensichtlichen Zustands nicht zu schonen. »Frau Frank, wir wissen, dass Ihr Mann Kontakt mit Iwan Solowjow hatte. Auch wissen wir, dass er ihn jeden Monat in einem seiner Clubs traf. Als ich Sie neulich nach Iwan Solowjow fragte, sagten Sie mir, dass Sie ihn nicht kennen. Warum haben Sie gelogen?«

»Hören Sie jetzt gefälligst auf!«, fuhr der Anwalt dazwischen.

Hinter Maria Frank erschien das Paar, welches sich am Tag nach Paul Franks Tod um die Kinder gekümmert hatte, und stellte sich schützend neben sie.

Der Anwalt nahm Maria Frank am Arm und führte sie

zurück ins Haus. »Und Sie machen jetzt, dass Sie wegkommen!«, herrschte er die beiden Polizisten an. Er schlug ihnen die Haustür vor der Nase zu.

Priska warf Charkow einen fragenden Blick zu. »Sollen wir die Frau vorladen?«

»Der Anwalt würde das zu verhindern wissen«, winkte er ab. »Ihre Reaktion sagt ja schon viel.«

»Dass sie etwas über Solowjow weiß?«

»Ja, aber wichtiger ist die Frage: Warum wollen ihr Anwalt und ihre Freunde mit aller Macht verhindern, dass die Verbindung zwischen Frank und Solowjow ans Tageslicht kommt?«

»Nun, ist ja nicht schmeichelhaft, wenn ein Banker Umgang mit einem Bordellbesitzer hat«, mutmaßte Priska.

»Darum geht es nicht.«

»Und um was geht es dann?«

»Um diese starke Abwehrhaltung. Schließlich haben wir ihnen gerade verraten, dass wir von der Verbindung zwischen Frank und Solowjow wissen. Der Anwalt könnte einfach alles auf Paul Frank schieben. Frau Frank wäre aus unserem Fokus. Aber nein, sie schotten die Frau total von uns ab. Da geht es um mehr als nur den Verlust des guten Rufs.«

Als sie in den Wagen stiegen, warf er noch einmal nachdenklich einen Blick zurück zum Haus. »Da drin wird mit aller Macht ein Geheimnis bewahrt.«

»Welches?«, fragte Priska.

»Sie wissen sehr wahrscheinlich, warum sich die Männer im *KGB* getroffen haben. Und sie haben Angst, dass wir den Grund für diese Treffen erfahren könnten.«

Der zuständige Bischof der Diözese hatte seinen Sitz über der Altstadt von Chur auf einer Anhöhe. Priska und Charkow fuhren am See entlang in Richtung Bündner Alpen, an dessen Fuß das Kloster lag, welches die Verwaltungszentrale des Bischofssitzes beherbergte. Wegen eines Fahrverbots stellten sie den Wagen in der Altstadt ab und gingen den Rest des steilen und rutschigen Weges zu Fuß. Das Kopfsteinpflaster war nur stellenweise unter Eis und Schnee zu erkennen. Priska und Charkow liefen dicht an den Mauern der mittelalterlichen Häuser entlang, deren kleine Vordächer einen schmalen Pfad vom Schnee frei hielten.

»Scheißkälte«, fluchte Priska.

Charkow hörte sie schwer atmen, denn die Steigung nahm kurz vor den Klostergebäuden zu. »Du solltest weniger rauchen.«

»Das sagt gerade der Richtige«, erwiderte sie.

»Ich habe damit aufgehört.«

»Insgesamt hast du in deinem Leben mehr geraucht als ich bisher.«

»Erst recht ein Grund, damit früher aufzuhören«, entgegnete er.

»Ja, ja«, erwiderte sie leicht genervt. »Sind wir bald da?«

»Nur noch bis zu diesem Tor.«

Ein paar Minuten später traten sie durch ein mächtiges Portal auf den Hof der Klosteranlage. Am anderen Ende des Platzes ragte der mächtige Turm der Kathedrale vor ihnen auf. Der graue, kalte Granit, aus dem der Sakralbau errichtet wurde, machte auf jeden Besucher einen einschüchternden Eindruck. Eingekesselt von Verwaltungs- und Wirtschaftsgebäuden wirkte der Platz kleiner, als er in Wirklichkeit ausmaß. Dieser Umstand ließ den Turm übermächtig groß und schon fast bedrohlich erscheinen.

Hier war alles auf die Repräsentation von Macht ausgerichtet, dachte Charkow.

»Wo müssen wir hin?«, fragte Priska.

»Die Klosterpforte befindet sich dort.« Er zeigte auf das Renaissancegebäude am anderen Ende des Platzes.

Ein Priester saß hinter einem Glasfenster in einem Büro. Als sie eintraten, schob er eines der Fenster zur Seite. »Wie kann ich Ihnen helfen?«

»Wir haben einen Termin beim Bischof«, antwortete Charkow.

Der Priester ging zurück zu seinem Schreibtisch, um in seinem Kalender nachzusehen. Als er nichts fand, kam er zurück. »Sind Sie sicher? Wir haben keinen Eintrag.«

Er zeigte dem Priester seinen Ausweis. »Wir haben erst vorhin angerufen.«

Der Priester nickte und bat die beiden zu warten.

Während er einen Anruf tätigte, setzten sie sich auf die unbequemen Holzstühle, die an der Wand standen. Auf einem kleinen Glastisch lagen zwei Bibeln, eine Rundschrift des Bischofs und Prospekte über die Geschichte der Kathedrale, die vor einigen Jahren aufwendig renoviert und mit pompösem Zeremoniell eingeweiht worden war. Priska entschied sich für den Prospekt und als sie las, dass die Renovation der Kathedrale mehrere Millionen Franken verschlungen hatte, war sie entsetzt. »Dafür bezahle ich Kirchensteuern?«, regte sie sich auf. »Für ein Gebäude?«

Bevor Charkow etwas dazu sagen konnte, erschien ein anderer Priester.

»Ich bin Generalvikar Berger. Sie ermitteln in dieser Sache, die unsere Kirche so schwer belastet?«, fragte Berger mit leiser Stimme.

»Ich würde gerne mit dem Bischof darüber reden.«

»Folgen Sie mir«, bat Berger mit einer Handbewegung.

Als sie das Büro des Bischofs erreichten, blieb der Generalvikar kurz stehen. »Hören Sie, Bischof Geissler ist gesundheitlich angeschlagen. Die Ereignisse der letzten Zeit haben ihn und unsere Kirche sehr viel Kraft gekostet.«

»Sie reden von den Missbrauchsfällen pädophiler Priester?«, fragte Priska, obwohl sie genau wusste, dass Berger auf die Morde ansprach.

Berger blickte sie kurz an, als ob sie ein lästiges Insekt wäre, und wandte sich wieder mit freundlichem Blick Charkow zu. »Ich darf Sie bitten, das Gespräch so kurz wie möglich zu halten.«

Der Generalvikar öffnete die Tür und begleitete sie, vorbei am Schreibtisch, hinter dem der Sekretär des Bischofs saß, in ein überraschend modern eingerichtetes Büro, in dem Geissler auf sie wartete.

Der Bischof erhob sich nicht zur Begrüßung, sondern zeigte auf zwei Stühle an einem Sitzungstisch in der Ecke und bat sie, sich zu setzen. Er schrieb noch etwas in eine Akte, legte sie bedächtig in ein Fach auf seinem Schreibtisch, und setzte sich zu ihnen. Dass ihm Priskas knallrote Winterjacke und ihr enges Shirt mit dem Aufdruck *It's time to eat the dogs* missfiel, zeigte er in aller Deutlichkeit, indem er sie mit einem abschätzigen Gesichtsausdruck bedachte und sie keines weiteren Blickes mehr würdigte.

»Sie müssen der Ermittler sein, der auf diesem Gespräch bestand, Herr …?«

»Charkow.«

»Wie Sie mein Generalvikar sicher schon informiert hat, habe ich sehr wenig Zeit. Eigentlich habe ich gar keine Zeit.

Ich müsste jetzt einen Vortrag über die Kreuzigung Jesu halten. Also fassen Sie sich bitte kurz. Meine Mitbrüder warten im Auditorium auf mich.«

Charkow zeigte sich von der Aufforderung des Bischofs unbeeindruckt. »Ihr Generalvikar teilte mir mit, dass Sie gesundheitlich angeschlagen sind. Ich bin froh zu hören, dass Sie doch noch die Kraft haben, einen Vortrag zu halten und somit sicher in der Lage sind, meine Fragen beantworten zu können.« Charkow machte eine kleine Pause und sah, wie Berger nervös mit den Fingern zu spielen begann. »Was glauben Sie, warum die beiden Männer in Ihren Gotteshäusern umgebracht wurden?«

Bischof Geissler nahm sich Zeit, um eine passende Antwort zu finden. »Ich glaube, dass wir alle für unsere Sünden büßen werden. Warum jemand unsere heiligen Orte entweiht, kann ich Ihnen nicht sagen. Ich kann Ihnen jedoch versichern, dass wir über diese Taten entsetzt sind und mit den Hinterbliebenen trauern.«

»Ist es Ihrer Meinung nach ein Zufall?«, fragte Charkow weiter.

Der Bischof zuckte mit den Schultern. »Die Wege des Herrn sind unergründlich. Wer kann schon wissen, warum er das Böse in unser Haus trägt? Vielleicht ist es eine Prüfung«, schloss er.

»Eine Prüfung? Was soll er denn Ihrer Meinung nach prüfen?«

»Unsere Kraft in den Glauben an ihn«, wich Bischof Geissler aus und blickte demonstrativ auf die Uhr.

»Ihrer Meinung nach wäre der Mörder ein Instrument Gottes. Und somit wäre die Wahl des Tatorts kein Zufall?« Zufrieden stellte Charkow fest, wie beim Bischof die Überheblichkeit einem Unbehagen Platz machte.

»Haben Sie noch weitere Fragen?«, mischte sich der Generalvikar ein.

In Charkow begann ein neuer Gedanke zu keimen. Einer, der ihn in der Annahme bestärkte, dass der Mörder aus dem Kreis der Kirche stammte. »Herr Geissler ...«

»Es heißt *Eure Exzellenz*«, wies ihn Generalvikar Berger zurecht, sichtlich erregt wegen der falschen Anrede.

Charkow sah, wie der Bischof seinen Generalvikar mit einem kurzen Blick zum Schweigen aufforderte, und fuhr unbeirrt fort. »Was ich Ihnen nun erzähle, ist bis jetzt nicht an die Öffentlichkeit gelangt. Und ich wünsche, dass dies so bleibt.« Er machte eine kurze Pause, bis der Bischof bestätigend nickte. »Wir glauben, der Täter stammt aus Ihren Kreisen.«

»Das ist unerhört«, verlor Generalvikar Berger die Beherrschung. »Diese Anschuldigungen ...«

»Schweigen Sie, Berger!«, fuhr der Bischof dazwischen. »Wie kommen Sie zu dieser Annahme?«, fragte er in ruhigem Tonfall.

»Sämtlichen Opfern wurde die Letzte Ölung gespendet. Das ist ein Ritual innerhalb Ihrer Kirchengemeinschaft.«

»Jeder kennt dieses Ritual und kann es für seine Zwecke missbrauchen. Was macht Sie in Ihrer Annahme so sicher?«

»Die Art der Tötung. Darin erkenne ich ebenfalls eine religiöse Symbolik«, erklärte Charkow. »Das erste Opfer wurde mit geweihtem Wasser aus dem Taufbecken ertränkt. Im Rachen des zweiten Opfers fanden wir ein Stück seiner Bauchdecke. Letzteres kann ich mir noch nicht erklären.«

»Taufe und Eucharistie«, sagte der Bischof tonlos. Die Neuigkeit schien dem Bischof einen kleinen Schock versetzt zu haben.

Charkow schwieg, denn er sah, dass Bischof Geissler nach Worten suchte.

»Die Heiligen Sakramente der Taufe und des Abendmahls. Wir nehmen beim Abendmahl das Blut und den Leib Christi zu uns. Der Mörder missbraucht unsere Heiligen Sakramente«, erklärte der Bischof, stützte seine Ellenbogen auf den Tisch und vergrub sein Gesicht in den Händen.

»Warum sollte jemand die Heiligen Sakramente missbrauchen? Erkennen Sie darin eine Bedeutung?« Charkow hätte gerne gewusst, was im Kopf des Geistlichen vorging.

»Darauf habe ich leider keine Antwort«, antwortete der Bischof, anscheinend immer noch entsetzt über diesen Umstand.

»Wir befürchten, dass es weitere Opfer geben wird«, fuhr Charkow fort. »Unser Mörder wird wieder eine katholische Kirche für seine Taten auswählen. Mit Ihrer Hilfe werden wir dies vielleicht verhindern können.«

Charkow sah, wie sich der Generalvikar und der Bischof erneut einen kurzen Blick zuwarfen.

»Wie könnten wir Ihnen denn helfen?«, fragte der Bischof ratlos.

»Behindern Sie nicht unsere Arbeit.«

»Was wollen Sie damit sagen?«

»Sie wissen, was ich damit sagen will. Keine Anwälte mehr. Meine Ermittler sollen ungehindert mit Ihren Mitarbeitern reden können.«

Der Bischof nickte. »Ich verstehe. Generalvikar Berger wird sich darum kümmern. Was noch?«

»Wenn Sie etwas Ungewöhnliches aus Ihrer Diözese hören, informieren Sie mich umgehend.«

»Ich werde die Leiter der Diözese anweisen, auf außergewöhnliche Vorkommnisse zu achten.« Der Bischof erhob sich langsam von seinem Stuhl. »Jetzt muss ich leider zu meinem Vortrag. Ich bitte Sie, über dieses Gespräch Stillschweigen zu bewahren. Vor allem äußern Sie sich um Himmels willen nicht gegenüber der Presse über die abscheulichen Details.«

»Das bitte ich Sie ebenfalls«, sagte Charkow.

Der Bischof verließ mit Generalvikar Berger den Raum, ohne sich von ihnen zu verabschieden. Gleich darauf erschien der Sekretär und begleitete sie zum Ausgang.

Als sie den Hof überquerten, fragte Priska: »Was war das vorhin?«

»Was genau meinst du?«

»Na, das mit dem *Instrument Gottes* und der *Prüfung des Glaubens*«, sagte sie mit gespieltem Pathos.

»Sie wissen mehr, als sie uns gesagt haben.«

»Du willst sagen, die kennen den Mörder?«

Er schüttelte den Kopf. »Hast du nicht bemerkt, dass der Bischof kaum darüber erstaunt war, als ich ihm erzählte, den Opfern sei die Letzte Ölung gespendet worden?«

Priska versuchte sich zu erinnern. »Du hast recht. Erst, als du das mit dem Taufwasser und dem ...«, sie suchte nach dem Wort, »Hautlappen erwähnt hast, wurden sie nervös.«

»Sie wussten es schon.«

»Das stand nicht in den Zeitungen.«

Charkow nickte.

»Oh ... du meinst, sie haben – wie Solowjow – einen Informanten bei uns?«, fragte Priska entsetzt.

»Vielleicht hatten sie sogar denselben«, mutmaßte er. »Allerdings ist das im Moment nicht wichtig. Mich interessiert der andere Gedanke des Bischofs: Dass der Mörder sich als Instrument Gottes sehen könnte.«

»Instrument für was?«, fragte Priska.

»Was hat der Bischof gesagt? *Wer kann schon wissen, warum Gott das Böse in unser Haus trägt.* Wir sprachen ja schon über den Hass, der diesen Taten zugrunde liegt. Hass verzerrt die Realitätswahrnehmung. Ein Mensch, der hasst, teilt die Welt in *Gut* und *Böse* auf. Unser Mörder glaubt, er bekämpft das Böse.«

»Er glaubt, seine Opfer seien das Böse«, folgerte Priska.

»Nicht nur.«

»Nicht nur?«

»Mit jeder Tat entweiht unser Mörder die katholische Kirche. Er tut dies bewusst, indem er sich der Heiligen Sakramente bedient.«

»Für ihn ist die Kirche also ein Teil des Bösen.«

Charkow nickte. »Ich bin sicher, er sieht sich selbst als Instrument Gottes, welches das Böse aus der Welt schaffen muss.«

»Dieser Mensch muss ein schreckliches Erlebnis mit der Kirche verbinden.«

»Nicht zwingend. Es kann ein Trauma sein, das er mit der Kirche verknüpft und nun auf sie projiziert.«

»Du klingst schon wie Dr. Goldsachs«, sagte Priska und musste lachen. »Wenn du sagst, es müsste jemand aus der Kirche sein, wäre er ein gläubiger Mensch«, setzte sie ihre Gedanken fort. »Der müsste sich der Konsequenzen seiner Taten bewusst sein.«

»Die da wären?«

»Ein One-Way-Ticket in die Hölle.«

»Davor hat er keine Angst mehr. Der Bruch mit seinem Glauben hat schon lange stattgefunden«, war Charkow überzeugt. »Die zentrale Frage lautet: Was treibt ihn an?«

»Das sagtest du schon: Er will das Böse aus der Welt schaffen.«

»Ich glaube nicht, dass er religiös motiviert ist. Der visionäre Typ des Serienmörders plant seine Taten nicht so akribisch. Ich glaube, unser Mörder befindet sich auf einem Rachefeldzug.«

»Moment mal«, sagte Priska, die langsam verstand, worauf er hinaus wollte. »Dich stört, dass es zwischen den Opfern eine Verbindung gibt, weil das dem klassischen Opferschema des visionären Typs widerspricht?«

»Richtig. Meistens besteht zwischen Opfer und Täter keine vordeliktische Beziehung.«

»Du glaubst, es handelt sich hier nicht um einen Serientäter?«

Charkow schüttelte den Kopf. »Wir haben hier eindeutig eine Serie. Es ist sehr wahrscheinlich ein Mensch, der Rache an den Opfern *und* der Kirche nimmt.«

»Also müssen wir den Grund für seine Rache finden«, schloss Priska.

»Richtig.«

»Und wie stellen wir das an?«

»Wir müssen herausfinden, warum sich die Männer im *KGB* getroffen haben.«

»Und wie?«

»Ich habe keine Ahnung«, gestand Charkow.

27

Charlotte Herder wartete, bis der Letzte ihrer Schüler das Klassenzimmer verlassen hatte und sie ungestört den Anruf tätigen konnte, der sie schon den ganzen Morgen belastet hatte. Nervös tippte sie die Nummer ein, die ihr angegeben worden war. Sie verwählte sich und tippte die Zahlen erneut ein. Mit einem flüchtigen Blick vergewisserte sie sich, dass die Tür des Klassenraums geschlossen war.

Am anderen Ende der Leitung erklang wieder diese Stimme, von der sie nicht wusste, ob sie zu einem Mann oder einer Frau gehörte: »In einer Stunde treffen wir uns«, befahl sie ihr.

Charlotte Herder holte tief Luft und musste all ihren Mut aufbringen, um noch ein letztes Mal den Versuch eines Widerstands zu unternehmen. »Ich weiß wirklich nicht, was Sie von mir wollen.«

»Du weißt ganz genau, weshalb du mich treffen musst!«, kam die barsche Antwort.

»Sie müssen mich mit jemandem verwechseln, denn ich habe mit dieser Sache, die Sie da immer wieder erwähnen, nichts zu tun«, versuchte sich Charlotte Herder herauszuwinden. Sie wusste nur zu gut, was der oder die Unbekannte ansprach.

»Du weißt, was du getan hast!«, schallte es ihr wütend entgegen. »Und ich weiß, was du immer noch tust! Es ist nicht möglich, dich deiner Verantwortung zu entziehen. Meine Beweise werden dich sonst vernichten. Dich und deine Familie. Du entscheidest heute über euer Schicksal.«

Die Worte schnitten in Charlotte Herders dünne Schutzmauer wie ein heißes Messer durch die Butter und brachten sie sofort zum Einsturz. Sie wollte noch etwas erwidern, doch der Unbekannte hatte aufgelegt. Erst jetzt bemerkte sie, dass sie am ganzen Körper zitterte.

Es stand alles auf dem Spiel, was sie sich erarbeitet hatte. Als Prorektorin einer angesehen Privatschule, Ehefrau eines Unternehmers und Mutter von zwei Kindern hatte sie einen Ruf zu verteidigen. Dank der angesehenen Familie ihres Mannes hatte sie diese Stelle und ihren Status in der Gesellschaft erreichen können. Das Urteil über ihre eigene Familie hatte sie schon früh gefällt. Ihr Vater arbeitete als Schweißer bei der Schweizerischen Bundesbahn, während ihre Mutter für einen Hungerlohn in einem der neuen Hotels im Gewerbegebiet die Zimmer putzte. Wenn sie sich an ihre Eltern erinnerte, hatte sie vor allem die schmutzigen Kleider ihres Vaters und die ungepflegten Haare ihrer Mutter vor Augen. Ihr älterer Bruder tat es dem Vater gleich, und ihre Schwester bekam mit 17 das erste von fünf Kindern. Ihrer Ansicht nach bestand ihre Familie nur aus Verlierern. Als Konsequenz brach sie den Kontakt zu ihnen ab, kurz nachdem sie ihr Studium, gefördert mit einem Stipendium, begonnen hatte.

An der Universität lernte sie ihren zukünftigen Mann kennen. Als sie ihre beiden Kinder bekam, verschwieg sie es ihrer Familie. Auch von ihrer Heirat erfuhren sie nie. Ihrem Mann erzählte sie, mit ihrer Familie abgeschlossen und keinen Kontakt mehr haben zu wollen. Ihr Mann und seine Familie zeigten Verständnis für ihren Wunsch und schienen insgeheim froh darüber, nicht mit dieser *Art Menschen* – wie sie sagten – Umgang pflegen zu müssen. Als die Kinder in die Schule gingen, wollte sie ihre Arbeit als

Lehrerin wieder aufnehmen. Die Familie ihres Mannes half und beschaffte ihr die angesehene Position als Prorektorin.

Nun konnte sie nicht auf deren Unterstützung zurückgreifen. Niemand kannte ihr Geheimnis. Jetzt war sie auf sich alleine gestellt. Wenn ihr Mann davon erfuhr, würde sie alles verlieren. Der Gedanke daran erschreckte sie. Er kam einem gesellschaftlichen Todesurteil gleich. Trotzdem war die Angst, die sie nach der Nachricht von Paul Franks Tod gespürt hatte, größer gewesen. Sein gewaltsamer Tod hatte ihren Glauben an den Schutz durch ihre Gemeinschaft in den Grundfesten erschüttert. Was, wenn ihr dasselbe widerfahren würde?

Die Schulglocke riss sie aus den Gedanken. Ihr wurde plötzlich bewusst, dass sie weniger als eine Stunde Zeit hatte, den Forderungen des Erpressers nachzukommen. Mechanisch nahm sie ihren Mantel vom Lehrerpult, holte den Autoschlüssel aus ihrer Handtasche und lief aus dem Klassenraum, über den Flur hinaus auf den Parkplatz. In ihrem Kopf plante sie die schnellste Strecke zu der Kapelle am See, in der sie versuchen würde, ihr bisheriges Leben zu retten.

28

Einsam stand die kleine Kapelle am Ufer des Sees. Das Überbleibsel einer Klosteranlage, die in der Zeit der Besetzung durch Napoleons Truppen erst zweckentfremdet, aufgegeben und schließlich dem Verfall preisgegeben wurde. Die katholische Kirche hatte sie übernommen, aufwendig restauriert und in eine Parkanlage einbetten lassen. Seitdem wurde sie kaum genutzt. Nur im Frühling ließen sich Brautpaare wegen der exklusiven Kulisse dort trauen. Die meiste Zeit stand die Kapelle leer – seelenlos, ein teures Schmuckstück.

Charlotte Herder bog auf den Parkplatz am Rand des Parks. Ihr Atem ging schnell und formte kleine Wölkchen, als sie eilig über den schmalen Kiesweg zur Kapelle lief. Graue Wolken hingen tief am Himmel und der starke Nordwind drang unerbittlich durch den Stoff ihrer Kleidung. Ihr dünner Körper zitterte mehr vor Angst als vor der Kälte. Was erwartete sie hier? Wie konnte sie sich und ihre Familie vor einem drohenden Skandal retten? Sie versuchte, mit aller Kraft an ihre Mitbrüder und Mitschwestern zu denken. Eine starke Gemeinschaft, die sie schon seit dem Studium begleitete. Eine unsichtbare Kraft verband alle Mitglieder miteinander. Eine Kraft, die nur sie kannten. Sie, die das wahre Gesicht des Universums verstanden. In dieser Gemeinschaft fand sie ihr wahres Leben, aus dem sie die Kraft schöpfte, dieses Geheimnis zu schützen und die Angriffe der Außenwelt abzuwehren.

Einen Moment lang beruhigte sie dieser Gedanke. Doch niemand aus ihrer Gemeinschaft konnte ihr nun helfen. Wenn sie ihnen die Ereignisse der letzten Tage offenbart hätte, würde sie verstoßen werden oder Schlimmeres. Schnell übernahm wieder die Angst die Kontrolle. Sie wollte nur noch diese Begegnung so schnell wie möglich hinter sich bringen.

Als sie die Holztür der Kapelle erreichte, musste sie sich mit dem ganzen Gewicht ihres Körpers dagegen stemmen, um die vereisten Scharniere zu öffnen. Fast hätte sie das Gleichgewicht verloren, als die Tür unvermittelt nachgab. Eine kleine Wolke Schneeflocken folgte ihr in die Kapelle. Schnell schloss sie die Tür hinter sich und sah sich im Halbdunkel nach ihrem Erpresser um. Sie schien alleine zu sein. Ein flüchtiger Blick auf die Uhr verriet, dass sie zu früh war. Beim Altar brannten einige Kerzen und vermittelten ein Gefühl von Wärme. Doch der Dampf ihres Atems machte ihr klar, dass die Kälte auch hier den ganzen Innenraum beherrschte.

Obwohl sie nicht an Gott glaubte, lief sie zögernd zu dem Opferkerzentisch, entzündete eine Kerze und steckte sie auf einen gusseisernen Stachel. Sie wollte ein Gebet sprechen und musste feststellen, dass sie nicht wusste, wie man betete. Hilflos blickte sie sich in der Kapelle um. Immer noch war sie allein. Sie setzte sich auf eine der vorderen Holzbänke. Die Kälte des Holzes drang durch ihren dünnen Rock. Am liebsten hätte sie ihren Mann angerufen und ihn um Hilfe gebeten. Doch das konnte sie nicht. Noch nie in ihrem Leben hatte sie sich so einsam gefühlt. Tränen rannen ihr über die Wangen.

In diesem Augenblick öffnete sich die Tür zur Kapelle und die Silhouette einer schlanken Frau stand im Gegenlicht, das von draußen hineindrang. Schnell schloss sie die Tür hinter sich, lief zum Weihwasserbecken, kniete nieder und bekreuzigte sich.

Charlotte erschrak. Als sie sah, dass die junge Frau in einer der hinteren Reihen Platz nahm und zu beten begann, beruhigte sie sich wieder. Sie warf der Frau einen verstohlenen Blick zu. Sofort fielen ihr das lange, schwarze Haar und das ebenmäßige, schöne Gesicht mit seinen feinen Zügen auf. Einen Augenblick lang hatte sie den Eindruck, ihr schon einmal begegnet zu sein. Die Anwesenheit der Frau ließ sogar Hoffnung in ihr aufkeimen: Sie war nicht mehr allein.

Nervös schaute sie noch einmal auf ihre Uhr. Es waren schon ein paar Minuten über die vereinbarte Zeit. Vielleicht kam der Erpresser nicht, dachte sie. Vielleicht war das alles nur ein böses Spiel, das man mit ihr spielte. Sie spürte, wie die Ruhe langsam wieder in ihr einkehrte.

Plötzlich vernahm sie ein heiseres Lachen, das vom hinteren Teil der Kapelle zu kommen schien und unmöglich von der jungen Frau stammen konnte. Lähmende Angst stieg in ihr auf, die sie daran hinderte, sich umzudrehen. Mit aller Macht konzentrierte sie sich auf die beruhigenden Flammen der Kerzen. Das heisere Lachen verstummte. Sie schloss ihre Augen und horchte in die Stille hinter sich. Sie hörte ein leises Rascheln, wie von Kleidung, die aneinander rieb.

»Riechst du das verbrannte Menschenfleisch?«, fragte plötzlich eine flüsternde Stimme ganz nah an ihrem Ohr.

Sie stieß einen Schrei des Entsetzens aus. Instinktiv versuchte sie sich umzudrehen. Bevor sie sehen konnte, wer hinter ihr war, wurde ihr ein Stoffsack über den Kopf gestülpt. Jemand packte ihren Arm und riss sie gewaltsam mit dem Gesicht nach unten auf den kalten Boden des Mittelgangs. Hart schlug sie mit dem Kopf auf die rauen Holzplanken, mit denen die Kapelle ausgelegt war. Sie wollte schreien, doch ihr Angreifer kniete schon mit seinem ganzen Gewicht auf ihren Schulterblättern, sodass ihr schlagartig die Luft aus den Lungen gepresst wurde. Kräftige Hände packten ihre Unterarme und banden ihr die Hände auf dem Rücken zusammen. Sie spürte, wie ein Seil um ihre Fußgelenke gewickelt wurde und sich eine

Schlinge um ihren Hals legte. Als sie feststellte, dass sich durch die Bewegung ihrer Beine die Schlinge um ihren Hals zuzog, stöhnte sie vor Entsetzen auf.

Als Reaktion darauf drückte ihr Angreifer seine Knie noch tiefer in ihren Rücken. Der Schmerz trieb ihr Tränen in die Augen. Panik stieg in ihr auf. Ein Tritt gegen die Hüfte brachte sie in Rückenlage. Sie spürte einen stechenden Schmerz an ihrem Bein, der sofort wieder verebbte. »Was wollen Sie von mir?«, fragte Charlotte Herder verzweifelt.

Keine Antwort. Sie horchte in die Stille. Wo war ihr Angreifer nun? Jede Sekunde, in der sie nichts hörte, vergrößerte sich ihre Angst.

»Bitte reden Sie mit mir«, flehte sie.

Ein kurzes Knarren von Holz verriet ihr, dass sich der Angreifer auf eine der Gebetsbänke in der Nähe gesetzt hatte.

»Lassen Sie mich bitte gehen. Ich tue alles, was Sie wollen«, wimmerte sie.

»Ich will wissen, wer euch anführt.«

»Von wem reden Sie?«, fragte sie und erkannte erstaunt, dass es die Stimme einer Frau war.

»Ich frage dich ein letztes Mal: Wer führt dich und die Deinen an?«

Oh Gott, dachte Charlotte Herder, der schlagartig klar wurde, was man von ihr verlangte. Man will mich zwingen, den Führer unserer Gemeinschaft zu verraten. Wenn sie diesen Verrat begehen würde, käme das ihrem Todesurteil gleich. Wenn sie schwiege, würde sie hier und jetzt sterben. Was hatte sie also zu verlieren? Und wer sollte ihr nachweisen, dass sie den Verrat begangen hatte? Sie musste versuchen, an das Gefühl dieser Frau zu appellieren. Verzweifelt schrie sie: »Ich kann es Ihnen nicht sagen, sonst töten sie mich!« Tränen rannen über ihre Wangen. »Haben Sie Mitleid mit mir!« Angstvoll erwartete sie, dass die Angreiferin ihrer Wut über ihre Verweigerung nun freien Lauf lassen würde. Nichts geschah. Einen Augenblick lang herrschte vollkommene Stille.

»Mitleid?« In der tonlosen Stimme lag Verachtung. »Du hast nichts mehr, was du mir geben kannst«, stellte ihre Peinigerin klar, erhob sich und kam zu ihr herüber. Sie legte sich neben sie auf den kalten Holzboden und nahm ihre Hand.

Charlotte wollte von ihr wegrücken, doch ihre Beine gehorchten ihr nicht mehr. Erst jetzt nahm sie wahr, wie sich ein Kribbeln von ihrer Hüfte langsam den Körper hinauf bewegte. »Was haben Sie mit mir gemacht?«

Die Unbekannte drückte fester ihre Hand und fragte mit ruhiger Stimme: »Bereust du es?«

Sie schwieg. Jetzt glaubte sie die Stimme zu erkennen. Passte sie tatsächlich zu dem Gesicht der jungen Frau, die sie vorhin gesehen hatte? Das war unmöglich. Diese Frau war zierlich. Sie konnte unmöglich diese Kraft haben. Wie eine Lawine brachen sich die Gedanken einen Weg in ihr Bewusstsein. Erst langsam, dann immer schneller. Plötzlich traf sie die Erkenntnis wie ein Schlag. »Du bist es, nicht wahr? Wie hast du mich finden können?«

»Schsch«, versuchte die Frau sie zu beruhigen. »Bereust du es?«

Charlotte Herder schossen erneut Tränen in die Augen. Sie fühlte unendliche Trauer und Scham. Die Vergangenheit, die sie so lange verdrängt hatte, brach mit aller Macht hervor. »Ich … Oh mein Gott! Du bist es wirklich. Ich wollte das nicht«, stammelte sie.

»Gott hatte uns damals verlassen. Er war nicht da. Er hat meinen Engel nicht gerettet.«

»Dich hat er gerettet«, erwiderte sie erleichtert. »Wir haben Fehler gemacht, die nicht wiedergutzumachen sind.«

»Du wirst nicht mehr viel Zeit haben. Bereust du?«

»Ja, ich bereue«, antwortete sie ehrlich – und in der Hoffnung, ihrem Schicksal noch irgendwie entrinnen zu können. Sie wollte noch etwas sagen, doch zu ihrem Entsetzen umarmte die Frau sie innig. Augenblicke später spürte Charlotte einen Druck durch das Sackleinen auf ihrer Stirn. Sie zeichnete ihr ein Kreuz auf die Stirn, stellte sie entsetzt fest.

»Ich lasse dich nun mit Gott allein.«

29

Nur eine Stunde später fand Elsa Weisz, eine pensionierte Buchhalterin, die für die Reinigung der Kapelle zuständig war, den Leichnam von Charlotte Herder und verständigte die Polizei.

Als Charkow und Priska am Tatort eintrafen, waren Francine und zwei Mitarbeiter des Technischen Dienstes schon in ihre Arbeit vertieft.

Charkow setzte sich mit Priska auf eine der Gebetsbänke und wartete auf den Abschluss von Francines Untersuchungen.

»Wann hört das auf?«, fragte Priska, die mit dem Entsetzen zu kämpfen hatte.

Schweigend betrachteten sie den zierlichen Körper der toten Frau, der auf dem Boden der Kapelle lag. Francine entfernte gerade den schwarzen Jutesack von ihrem Kopf. Die Augen der Toten waren weit geöffnet, die Haut hatte eine leichte bläuliche Farbe. Zwischen den Lippen des halb geöffneten Mundes stand die Zunge ein Stück weit vor. Priska stöhnte leise auf.

Francine untersuchte die Haut der Toten und fand kleine rote Punkte. »Das sind petechiale Blutungen. Die Frau ist erstickt.«

»Hat sie sich selbst stranguliert?« Er zeigte auf die Schlinge um ihren Hals, die mit den Füßen verbunden war.

Sie entfernte die Schlinge und betrachtete die Rötungen. »Wenn sie sich selbst erdrosselt hätte, wäre die Schlinge tief in ihre Haut eingedrungen.« Sie fuhr mit der Untersuchung fort. »Hier ist schon wieder so eine Verletzung ähnliche der, die wir an den Wangen der ersten beiden Opfer gefunden haben.« Sie zeigte auf einen kleinen Riss im Nylonstrumpf.

»Sie wird ebenfalls am Gift gestorben sein«, mutmaßte Charkow.

»Tetrodotoxin kann in kleinsten Mengen zum Erstickungstod führen«, bestätigte Francine. Sie untersuchte die Beweglichkeit der Gelenke und maß die Körpertemperatur und die des Kapellenbodens. Als sie die Werte ablas, wurde sie plötzlich unruhig. »Die Frau ist erst vor ein bis zwei Stunden gestorben.«

Ein Funke Hoffnung keimte in Charkow auf. Er nahm sein Smartphone und rief die Zentrale an. »Schickt mir umgehend alle Ermittler, die verfügbar sind oder Bereitschaft haben. Wir brauchen sie hier für eine Zeugensuche.« Er gab die Adresse durch. Anschließend wandte er sich an Priska: »Geh nach draußen und warte auf das Ermittlerteam, um sie einzuweisen.«

Priska stand auf und wollte schon gehen, als ihr Smartphone einen kurzen Klingelton von sich gab. Sie betrachtete das Display. »Das Auto auf dem Parkplatz gehört einer gewissen Charlotte Herder«, erklärte sie.

»Charlotte Herder«, murmelte er.

Francine horchte auf und betrachtete noch einmal prüfend das Gesicht der Toten. »Stimmt. Das ist die Herder«, stellte sie zu ihrem eigenen Erstaunen fest.

Priska warf ihr einen fragenden Blick zu.

»Die Frau von Franz Herder, dem Industriebaron«, erklärte Francine. »Die Herders sind eine der reichsten Familien der Stadt.«

Jetzt fiel ihm ein, in welchem Zusammenhang er den Namen schon einmal gehört hatte. »Das meiste Geld haben sie mit Waffen gemacht.«

Priska las weiter. »Sie ist stellvertretende Rektorin an einer Privatschule. Unterrichtet Mathematik und Physik.«

»Und warum ist sie hier und nicht in der Schule?«, wunderte sich Francine.

»Das müssen wir herausfinden«, sagte er. »Hast du schon ihre Stirn untersucht?«

Francine schüttelte den Kopf und richtete das Lumalight auf das Gesicht der Toten. Sofort blitzte das Kreuzzeichen unter dem blauen Licht auf.

»Merda«, fluchte er, obwohl er es schon geahnt hatte.

Als Francine den Unterkiefer der Toten nach unten drückte, wandte sich Priska ab. »Ich warte draußen auf die Verstärkung.«

Charkow nickte und beugte sich mit Francine über den offenen Mund der Toten, wo sie den Rachenraum nach einer Hostie absuchten.

»Nichts«, stellte Francine fest.

»Nur das Kreuz?«

»Sieht so aus.«

»Das ist seltsam.«

»Vielleicht wurde der Mörder gestört?«, mutmaßte Francine.

»Die Rentnerin, die Charlotte Herder entdeckte, hat niemanden gesehen.«

»Wann hat sie die Leiche entdeckt?«

Er warf einen Blick auf seine Uhr. »Ihr Anruf bei der Zentrale kam vor ungefähr 40 Minuten rein.«

Francine betrachtete ihre Notizen mit den Temperaturangaben noch einmal und seufzte. »Die Zeit zwischen der Tat und dem Leichenfund kann mehr als 30 Minuten betragen haben.«

»Nehmen wir an, er wurde nicht gestört. Warum gibt es keine Hostie? Auch sehe ich nicht, dass er sich eines der anderen Heiligen Sakramente bedient hat, abgesehen vom Kreuz.«

»Was fehlt uns denn noch in unserer Sammlung?«

Charkow warf ihr einen fragenden Blick zu.

»Ich spreche von den Heiligen Sakramenten. Bei Solowjow war es die Taufe, bei Frank das Abendmahl. Welcher Sakramente hat sich der Täter noch nicht bedient?«

»Die Salbung finden wir bei allen Opfern.« Charkow dachte nach. »Es fehlen somit Hinweise auf die Anwendung eines der drei übrigen Sakramente: die Beichte, die Ehe und die Weihe. Nur wie könnte er eines davon an seinen Opfern inszenieren?«

»Ich kann nichts dergleichen bei diesem Opfer finden. Und eine Idee, wie er das hätte bewerkstelligen sollen, habe ich beim besten Willen nicht. Gut, ein Opfer in einem Beichtstuhl abzulegen, kann ich mir noch vorstellen, aber die Ehe und die Weihe? Wie sollte er diese symbolischen Handlungen real werden lassen?«

»Da muss ich dir recht geben«, stellte Charkow resigniert fest. »Trotzdem frage ich mich, warum er das Drehbuch geändert hat.«

Francine zuckte mit den Schultern.

Charkow wusste, dass dieser Umstand wichtig war. Nur konnte er noch nicht erkennen, warum der Mörder seine Handschrift ausgerechnet bei Charlotte Herder verändert hatte.

30

Charkow und Priska beobachteten, wie Franz Herder die Botschaft vom Tod seiner Frau aufnahm.

»Charlotte? Tot?« Ungläubig schüttelte er den Kopf. Das Gesagte drang nur langsam zu ihm durch, die Farbe wich aus seinem Gesicht und er musste sich setzen.

Charkow sah ihm die Betroffenheit an, aber da war noch etwas anderes. Da war echte Trauer, doch er schien über etwas fieberhaft nachzudenken. »Herr Herder, können Sie mir vielleicht sagen, warum Ihre Frau zu dieser Kapelle hinausgefahren ist?«, fragte er nach einer Weile.

Franz Herder antwortete nicht sofort. Langsam schüttelte er den Kopf. »Was genau ist passiert?«

Charkow bemerkte, wie Priska ihm von der Seite einen fragenden Blick zuwarf. »Ihre Frau fiel demselben Täter zum Opfer, der sehr wahrscheinlich für die anderen beiden Morde in den letzten Tagen verantwortlich war.« Er machte eine kurze Pause. »Ich kann Ihnen versichern, dass Ihre Frau nicht leiden musste«, versuchte er ihn zu beruhigen.

»Ich will wissen, wer sie umgebracht hat.« Die Betroffenheit Franz Herders wich nun einer plötzlichen Wut.

»Wir suchen mit Hochdruck nach dem Täter«, sicherte er ihm zu. »Sie können uns bei der Suche helfen, indem Sie meine Fragen beantworten.«

»Sicher.« Franz Herder presste die Handflächen aufeinander und versuchte sich zu beherrschen. »Ich habe keine Ahnung, was sie in der Kapelle verloren hatte. Wir waren noch nie dort. Zumindest war sie nie mit mir dort.«

Charkow fiel auf, dass Franz Herder den letzten Satz mit einer Spur Verbitterung sagte. »War Ihre Frau ein gläubiger Mensch?«

Franz Herder machte eine hilflose Handbewegung. »Keine Ahnung, ob sie gläubig war. Sie war katholisch. So wie ich. Charlotte hat vor der Hochzeit unseren Glauben angenommen. Meine Eltern legen Wert auf so etwas.«

»Was wollen Sie damit andeuten?«

»Meine ganze Familie ist katholisch. An den offiziellen Festtagen gehen wir alle gemeinsam in die Kirche.«

»Also ist Ihnen der Glaube wichtig?«

»Er muss es sein«, antwortete Franz Herder ernst. »Man erwartet das von uns. Schließlich tragen wir eine nicht unwesentliche Verantwortung in der Wirtschaft.«

»Fiel Ihnen in der letzten Zeit etwas Außergewöhnliches an Ihrer Frau auf? Ich spreche von einer Veränderung in ihrem Verhalten oder neuen Freundschaften.«

»Was soll diese Frage?«, fragte Franz Herder plötzlich gereizt. »Meine Frau war …«, er brach inmitten des Satzes ab.

Da war es wieder. Irgendetwas schien ihn zu beschäftigen, dachte Charkow. »Jeder Hinweis ist wichtig. Wir behandeln Ihre Informationen selbstverständlich vertraulich.«

Franz Herder wägte einen Moment lang die Situation ab. »Reden Sie mit ihren Kollegen im Internat. Vielleicht können die Ihnen einen Hinweis geben.« Er stand auf. »Ich muss mich jetzt um meine Kinder kümmern«, sagte er und verließ den Raum.

Priska blickte Charkow fragend an.

»Komm, wir lassen den Mann erst einmal in Ruhe.«

»Wohin gehen wir?«

»Wir befolgen seinen Rat.«

31

Auf dem Weg zum Internat schwiegen sie. Priska fuhr langsamer als sonst, und Charkow konnte seinen Gedanken nachhängen. Er fragte sich, was Franz Herder so beschäftigt hatte. Seine Trauer und Betroffenheit waren echt gewesen. Trotzdem hatte er den Eindruck, dass ihn die Nachricht vom Tod seiner Frau nicht sehr überrascht hatte. Aus irgendeinem Grund schien er damit gerechnet zu haben.

Priska bog an einem Kreisverkehr in eine verkehrsberuhigte Zone ab, an deren rechter Seite sich das Gelände der Privatschule über die nächsten 800 Meter erstreckte, und parkte den Wagen auf dem Schulhof.

Im Lehrerzimmer waren neben dem Rektor sieben Lehrer anwesend. Kurz vor ihrer Abfahrt von der Villa Herder hatte er den Rektor über seinen Besuch informiert. Er hatte ihn gebeten, die Lehrer zu einer Sitzung einzuberufen, ohne vorab etwas über Charlotte Herders Tod verlauten zu lassen. Nach einer kurzen Vorstellung informierte Charkow die Lehrer über den Grund ihrer Anwesenheit. Die Details und Umstände von Charlotte Herders Tod erwähnte er nicht. Er sagte nur, dass sie eines gewaltsamen Todes gestorben war, was der Fantasie der Zuhörer einen gewissen Spielraum ließ. Als er geendet hatte, beobachteten er und Priska aufmerksam die Reaktionen. Alle schienen über den Tod ihrer Kollegin entsetzt zu sein. Niemand zeigte eine abweichende oder auffällige Reaktion.

»Wer von Ihnen hatte näheren Kontakt zu Charlotte Herder? Damit meine ich einen Kontakt, der über das Berufliche hinausging«, fügte er erklärend hinzu.

Fast alle Blicke richteten sich gleichzeitig auf eine Frau Mitte 30, die zögernd ihre Hand hob.

»Janine Perren«, erklärte der Rektor. »Vertrauenslehrerin und die Stellvertreterin von Frau Herder.«

Charkow blickte in ihre Richtung. »Ich muss mit Ihnen unter vier Augen sprechen.«

Janine Perren nickte und erhob sich.

»Ich brauche zwei Räume, in denen Frau Künzler und

ich ungestört mit Ihren Mitarbeitern reden können«, wandte er sich an den Rektor.

»Kein Problem. Meine Sekretärin wird Ihnen zwei Klassenzimmer zur Verfügung stellen.«

Er dankte ihm und wandte sich wieder an Janine Perren. »Kommen Sie bitte.«

Sie ließen sich von der Schulsekretärin zu den beiden Klassenräumen führen. Als sie den lichtdurchfluteten Gang vor dem Lehrerzimmer betraten, ertönten drei dezente Glockentöne. Sekunden später füllten sich die leeren Gänge mit Schülern, die sie und die kleine Gruppe von Lehrern, die ihnen folgte, neugierig betrachteten und zu tuscheln begannen.

»Hier sind wir«, sagte die Sekretärin und blieb vor zwei Klassenzimmern stehen.

Charkow öffnete Janine Perren die Türe zum linken Raum und bat sie einzutreten. Sie setzten sich an einen der Schülertische.

»Ist sie diesem Serienmörder zum Opfer gefallen?«, fragte Janine Perren ängstlich.

»Weshalb glauben Sie so etwas?«, fragte er, überrascht von ihrer Annahme.

Sie schüttelte den Kopf und schien über etwas nachzudenken. »Ich kann mir vorstellen, dass sie aus einem anderen Grund umgebracht wurde.«

Er horchte auf. »Das müssen Sie mir erklären.«

»Es ist nicht einfach«, wich sie aus. »Ich weiß nicht, wo ich beginnen soll.«

»Wer hätte denn Ihrer Meinung nach Charlotte Herder umbringen wollen?«

»Oh, das weiß ich nicht. Verstehen Sie mich bitte nicht falsch. Charlotte war eine gute Lehrerin«, begann sie.

»Aber manchmal war sie überheblich und verletzte die Menschen in ihrem Umfeld.«

»Erzählen Sie mir mehr von ihrer Überheblichkeit.«

»Charlotte tat so, als wüsste sie mehr über das Leben als die anderen«, fuhr sie fort. »Es ist nicht einfach für mich, es Ihnen richtig zu beschreiben.«

»Versuchen Sie es«, ermutigte er sie, ohne seinen Blick von ihr zu nehmen, um ihre Mimik und Gestik zu beobachten. Er war sich sicher, dass sie nicht log und nicht aus verletztem Stolz heraus über ihre Kollegin sprach.

»Eines Tages nahm sich Claudia Giovanoli, eine Kollegin von uns, das Leben. Ihr Mann hatte sie verlassen und sie fiel in eine schwere Depression.« Sie machte eine kurze Pause und blickte gedankenverloren aus dem Fenster, als ob sie dort draußen ihre Erinnerung finden würde. »Im Nachhinein haben wir uns alle Vorwürfe gemacht, dass wir es nicht rechtzeitig bemerkt haben. Wenn wir alle ehrlich mit uns gewesen wären, hätten wir zugeben müssen, dass wir sahen, dass mit Claudia etwas nicht stimmte. Trotzdem zogen wir es vor, uns lieber mit uns selbst zu beschäftigen.«

Er sah, dass sie dieses Ereignis nach wie vor tief zu bewegen schien und sie sich immer noch ihr eigenes Verhalten von damals vorwarf.

»Wir waren alle bei der Beerdigung. Auch Charlotte. Nach der Grabrede sind wir gegenüber vom Friedhof in ein kleines Café gegangen, wo wir uns die sogenannte Trauer von der Seele geredet haben. Sie kennen das sicher.«

Er nickte.

Nach einer kurzen Pause holte sie tief Luft und fuhr fort. »Wir fühlten uns alle schlecht, weil wir ihr nicht geholfen hatten, und trieften vor Selbstmitleid. Es war erbärmlich. Nach einer Weile sagte Charlotte plötzlich, dass der Tod nicht existiere und nur eine Illusion sei. Erst dachten wir, dass sie uns damit irgendwie trösten wollte. Stattdessen sagte sie, dass wir immer noch eine primitive Einstellung gegenüber dem Tod hätten und nur die wenigsten wirklich dafür auserwählt wären, eine neue Menschheit zu gründen.«

»Was um Himmels willen hat sie damit sagen wollen?«

»Das wussten wir nicht. Wir haben sie nur fassungslos angeschaut. Nicht nur wegen dem, was sie sagte, sondern wie sie sich geäußert hatte. Es war nicht nur ihre absolute Überzeugung, die uns überraschte. Es war die Überheblichkeit, die in ihrer Stimme lag. Mit dieser Überheblichkeit setzte sie nicht nur uns herab, sondern auch Claudias Tod.«

»Wie haben Sie darauf reagiert?«

»Leider überhaupt nicht. Wir gingen kurz danach alle nach Hause. Wissen Sie, Lehrer sind harmoniesüchtig«, gestand sie beschämt ein.

»Und Sie glauben nun, dass ihre überhebliche Art ein Motiv für einen Mord sein könnte?«, fragte er etwas enttäuscht.

Sie schüttelte den Kopf. »Wie gesagt, mich hat ihre Überzeugung überrascht.«

»Erklären Sie es mir.«

»Als ich sie darauf ansprach, blockte sie ab und ging mir aus dem Weg. Ich gab nicht so schnell auf. Bis sie mir eines Tages klar machte, dass ich sie in Ruhe lassen solle und mich ihr Glaube nichts anginge.«

»Glaube? Meinte sie den katholischen Glauben?«

»Nein. Von der katholischen Kirche würden Sie so etwas, was sie damals bei der Beerdigung sagte, niemals zu hören bekommen. Ich selbst bin katholisch.« Sie machte eine kurze Pause und senkte den Blick auf ihre Hände. »Und sie hat noch gesagt, dass Menschen wie ich Unwissende wären und sie keinen engeren Kontakt mit dieser Sorte Menschen wünscht.«

»Wie gingen Sie mit der Situation um? Schließlich war sie Ihre Vorgesetzte.«

»Als sie das sagte, war ich natürlich verletzt. Trotzdem hörte ich neben der Überheblichkeit etwas anderes in ihrer Stimme. Es war Angst.«

»Angst? Wovor?«

»Wenn Sie mich fragen, war da irgendeine Sekte im Spiel.«

Eine kleine Erschütterung ging durch Charkow, als er das hörte. Er musste an Maria Frank und ihre Freunde denken, an Keller, der sich aus Angst umbrachte. Eine Sekte, natürlich. Das würde vieles erklären. »Wie kommen Sie darauf?«, fragte er weiter. »Hat Frau Herder Ihnen gegenüber so etwas konkret erwähnt?«

Sie schüttelte den Kopf. »Ich habe während meines Studiums eine Ausbildung zum Thema Sektenaufklärung gemacht. Als sie mich damals so verletzte, war ich wütend und sprach sie direkt auf dieses Thema an. Sie verneinte aufs Heftigste.«

»Und ihre Reaktion war so heftig, dass Sie dies als Bestätigung sahen«, vermutete er.

Sie nickte langsam.

»Haben Sie eine Ahnung, um welche Sekte es sich handeln könnte?«

»Nein. Und ich glaube zudem, dass ihre Familie nichts davon wusste.«

»Wie kommen Sie darauf?«

»Sie verheimlichte etwas vor uns und ihrer Familie. Sie müssen wissen, dass Sektenmitglieder oft ein Doppelleben führen«, erklärte Janine Perren überzeugt.

»Wie kommen Sie darauf, dass Charlotte Herder ein Doppelleben führte?«

»Sie arbeitete Teilzeit und hatte jeden Monat einen Tag frei. Für ihre Kinder, sagte sie. Sie wolle die Zeit mit ihnen gemeinsam zu Hause verbringen, um die Erziehung nicht nur ihrem Kindermädchen zu überlassen. An einem ihrer freien Tage entdeckte ich ihr Smartphone, das sie am Vorabend im Lehrerzimmer vergessen haben musste. Ich nahm es an mich und rief mit ihm bei ihr zu Hause an, um es ihr mitzuteilen. Das Kindermädchen nahm ab. Sie musste die Nummer erkannt haben und fragte gleich, ob etwas vergessen worden sei und sie es in die Schule bringen sollte.«

»Sie dachte, Frau Herder hätte angerufen«, folgerte er.

Janine Perren nickte. »Sie war gar nicht zu Hause. Ich war wie vor den Kopf gestoßen.«

»Das könnte ein Zufall gewesen sein.«

»Nein. Denn einige Wochen später habe ich erneut an ihrem freien Tag angerufen. Diesmal nahm ihr Mann ab. Ich gab mich als jemand von der Schulbehörde aus und sagte, ich müsse dringend mit seiner Frau sprechen. Er teilte mir mit, dass ich sie in der Schule erreichen würde.«

»Haben Sie Frau Herder mit Ihrer Entdeckung konfrontiert?«

Sie schüttelte den Kopf. »Charlotte hätte es mir gegenüber nie zugegeben.«

»Und Sie mussten befürchten, Ihre Stelle zu verlieren«, mutmaßte er.

Sie nickte.

»Vielen Dank, Frau Perren. Sie waren mir eine große Hilfe.«

Er erhob sich und begleitete sie zurück ins Lehrerzimmer. Dort angelangt, wandte sie sich noch einmal an ihn mit einer Bitte: »Verraten Sie Charlottes Mann bitte nicht, dass ich ihn damals angerufen habe. Er soll nicht wissen, dass seine Frau … Sie wissen, was ich meine.«

»Ich werde nicht erwähnen, dass ich diese Information von Ihnen habe«, wich er aus. Irgendwann musste er ihre Aussage verwenden.

Er ging zurück zu dem Klassenzimmer, in dem Priska die anderen Lehrer befragte. Er entschuldigte sich für die Unterbrechung und bat sie, kurz mit ihm nach draußen zu kommen.

»Was ist los?«, wollte sie wissen.

Er fasste die Ergebnisse des Gesprächs mit Janine Perren zusammen und bat sie, alle Lehrer noch einmal zu Claudia Giovanolis Beerdigung zu befragen. Außerdem sollte sie versuchen herauszufinden, ob außer Janine Perren noch andere Lehrer etwas über Charlotte Herders Geheimnis wussten.

Priska wirkte erleichtert. »Endlich haben wir eine Spur.«

Charkow nickte. »Ich fahre nachher zu Franz Herder, um ihn mit dieser Neuigkeit zu konfrontieren.«

»Glaubst du, er wusste es?«

»Was glaubst du?«

»Ich hatte den Eindruck, er verschweigt uns etwas.«

»Mit diesem Eindruck bist du nicht alleine.« Er warf einen kurzen Blick auf seine Uhr. »Wie viel Zeit wirst du noch für die Lehrer brauchen?«

Priska überlegte. »Ich schätze, in zwei Stunden bin ich durch.«

»Wir treffen uns in zwei Stunden bei den Herders.«

32

Als Charkow sich in den Wagen setzte, beschloss er, auf dem Weg zu Franz Herder einen Umweg über das *KGB* zu machen, wo er hoffte, Romeo anzutreffen. Charlotte Herder hatte immer an einem Tag frei genommen, und die Treffen im *KGB* fanden ebenfalls immer an einem bestimmten Tag statt. Er stellte den Wagen zwei Seitenstraßen entfernt vom Club ab. Auf dem Weg zum *KGB* informierte er Kummer über den Stand der Ermittlungen und seine nächsten Schritte. Anschließend rief er Priska an und bat sie, mit Martin zu den Herders zu kommen.

Er zeigte Romeo ein Bild von Charlotte Herder, welches er von der Website der Kantonsschule auf sein Smartphone geladen hatte. Als Romeo ihre Anwesenheit bei den Treffen bestätigte, überraschte es ihn nicht. Jetzt musste er nur noch herausfinden, ob Franz Herder davon wusste.

Vor dem alten Herrenhaus der Herders traf er zu seiner Überraschung auf Walter Kummer, der in seinem Wagen saß und wartete.

»Warum bist du hier?«, fragte Charkow.

»Bin gerade erst gekommen«, antwortete Kummer erschöpft.

Charkow blickte in seine müden Augen und eine Welle des Mitleids wogte in ihm auf. Er war sich sicher, dass Kummer die Probleme mit seiner Frau quälten. »Und was willst du hier?«

»Ich kenne die Herders und will nicht, dass ihre Anwälte euch in die Quere kommen. Als du mir sagtest, was du vorhast, bin ich gleich hierher gefahren.«

»Verstehe. Danke.«

»Wollen wir?«, fragte Kummer ungeduldig.

»Ich will noch auf Martin und Priska warten. Sie sollten jeden Augenblick hier sein.«

Kaum hatte er den Satz beendet, fuhren die beiden vor und stießen zu ihnen.

»Also, jetzt erklärt mir bitte noch einmal in Kurzform, wie ihr bei den Herders vorgehen wollt«, forderte Kummer sie auf.

Charkow fasste die Aussagen von Janine Perren und Romeo zusammen. Priska teilte im Anschluss an seine Ausführungen mit, dass keiner der Lehrerkollegen etwas darüber wusste, was Charlotte Herder immer an ihrem freien Tag gemacht hatte. »Jedem ist irgendwann ihre überhebliche Art gehörig auf die Nerven gegangen«, schloss sie.

»Und jetzt sucht ihr nach irgendetwas, das euch einen Hinweis liefert, was da im Club gelaufen ist?«, folgerte Kummer.

»Diese geheimen Treffen sind der Schlüssel zu allem. Und die Morde stehen meiner Meinung nach irgendwie in Zusammenhang mit diesen Treffen im *KGB*«, erklärte Charkow.

»Du mutmaßt«, warf ihm Kummer vor.

»Das muss ich.«

»Ich will da drin kein Wort über eine Sekte hören«, befahl er. »Der Mann hat vor ein paar Stunden seine Frau verloren und jetzt konfrontieren wir ihn noch mit einem Doppelleben, das sie geführt haben soll. Eine Sekte!« Kummer schüttelte den Kopf. »Wenn wir das erwähnen, können wir sofort zusammenpacken und nach Hause gehen. Die Herders haben sehr gute Anwälte.«

Charkow stimmte Kummer zu. »Lass uns gehen und keine Zeit verlieren.«

Unterdessen waren die Eltern von Franz Herder eingetroffen. Seine Mutter war mit den Kindern in der Küche und bereitete mit ihnen das Mittagessen zu, um sie abzulenken. Priska und Martin gesellten sich zu ihnen, während Charkow und Kummer sich zu Franz Herder und seinem Vater setzten.

Charkow kam gleich zur Sache. »Ich habe die Kollegen Ihrer Frau befragt und dabei sind wir auf etwas gestoßen, dem wir nachgehen müssen.« Er warf einen Blick zu Herder senior, der fest entschlossen schien, bei diesem Gespräch dabei zu sein. »Ihre Frau hatte regelmäßige Abwesenheiten an der Schule. Als Grund gab sie an, Zeit mit ihren Kindern zu Hause verbringen zu wollen«, fuhr Charkow fort.

Das Blut wich aus Franz Herders Gesicht. »Vater, würdest du uns bitte alleine lassen.«

Der alte Mann mit den grauen Haaren und dem dunkelblauen Zweireiher warf ihm einen fragenden Blick zu. Als er erkannte, dass es seinem Sohn ernst war, erhob er sich. Kummer begleitete ihn nach draußen.

»Über was sprechen Sie da?«, fragte Franz Herder unsicher, nachdem sie alleine waren.

»Ich glaube, Sie wissen, von was ich spreche. Es geht um das Doppelleben Ihrer Frau.« Charkow entschied, ihn nicht zu schonen, um die Gelegenheit nicht verstreichen zu lassen.

Herder stöhnte auf, unternahm jedoch keinen Versuch, es abzustreiten. »Ich habe es vor drei Monaten herausgefunden. Da war dieser Anruf, der mich misstrauisch gemacht hat. Die Schulbehörde wollte sie sprechen, und ich wunderte mich, dass sie zu Hause anriefen.«

»Was haben Sie daraufhin unternommen?«

»Herrgott!« Aufgeregt stand er auf und lief zum Fenster. Verzweifelt fuhr er fort: »Ich habe in der Schule angerufen, wo man mir sagte, dass meine Frau nicht dort sei, sondern frei habe.« Er verschränkte die Arme vor der Brust. »Was würden Sie machen, wenn Ihre Frau Sie belügt?«

»Sie sind ihr später an einem dieser freien Tage gefolgt?«, nahm Charkow an.

Herder nickte. »Sie ging zu einem Club in der Stadt. Es war einer dieser Clubs, die …«, er stockte einen Moment, um seine offensichtliche Scham zu überwinden, »… die spezielle Praktiken anbieten.«

»Haben Sie Ihre Frau zur Rede gestellt?«

Franz Herder rieb mit Daumen und Zeigefinger seine Stirn, als ob er plötzlich Schmerzen hätte. Er schüttelte den Kopf. »Ich habe mich nur gefragt, warum sie so etwas braucht. Doch ich schwieg. Es war für unsere Familie und vor allem die Kinder das Beste.«

»Glauben Sie, dass der Tod Ihrer Frau in Zusammenhang mit diesen Clubbesuchen stehen könnte?«

»Ganz sicher«, sagte er überzeugt. »Irgendein Verrückter hat mit ihr … in dieser Kapelle …« Er brach ab und vergrub sein Gesicht in den Händen.

»Es tut mir sehr leid.« Der Mann hatte keine Ahnung, dass seine Frau aus einem anderen Grund in diesem Club gewesen war. »Hat Ihre Frau in diesem Haus eine Art Arbeitszimmer?«

»Ja, im zweiten Stock befindet sich ihr eigenes Zimmer«

»Erlauben Sie, dass ich mich im Zimmer Ihrer Frau umsehe?«

Franz Herder nickte, immer noch sein Gesicht in den Händen vergraben.

Charkow verließ das Wohnzimmer und ging in die Küche. Dort winkte er Priska und Martin zu sich und bat sie, ihm zu folgen. Sie ließen sich von der Haushälterin zu Charlotte Herders Zimmer führen. Als sie eintraten, zogen sie sich Latexhandschuhe an und begannen mit der Durchsuchung.

»Die haben getrennte Schlafzimmer«, stellte Priska mit Befremden fest.

»Umso besser für uns«, antwortete Charkow und versuchte auf jedes Detail im Raum zu achten. Charlotte Herder schlief in einem Himmelbett. Es war von weißen Vorhängen umrahmt. Das Bettzeug war mit Stickereien verziert und darüber war ein Leinen gespannt, dass einen Abendhimmel mit Sternen zeigte. Alles wirkte romantisch, verspielt, ja fast kindlich. Eine heile Welt. Im Gegensatz dazu stand alles Übrige in diesem Raum. Das Zimmer war von Strenge und Ordnung geprägt. Dunkelbraune, schwere, antike Kirschholzmöbel standen auf dunklem Eichenholzparkett. Selbst die Decke war mit Eichenholz getäfelt. Einzig durch die beiden Fenster vor ihrem Schreibtisch, die einen Blick auf den Garten und den See gewährten, drang etwas Licht in den Raum. Der Tisch selbst war sehr aufgeräumt. Auf der Arbeitsfläche standen ein Laptop, ein Haustelefon und drei Kolbenfüllfederhalter, die in extra dafür vorgesehenen Halterungen steckten. Sonst nichts. Am meisten überraschte ihn, dass er nirgendwo ein Bücherregal sah. Wie konnte eine stellvertretende Rektorin, die Mathematik und Physik lehrte, ohne Bücher auskommen?

»Die Schubladen sind verschlossen«, riss ihn Priska aus seinen Überlegungen.

Er sah, dass sie ohne Erfolg an den Schubladen des Sekretärs rüttelte. »Hatte sie die Schlüssel bei sich?«, fragte er sie.

»Da müsste ich Francine fragen.«

»Ruf sie an. Aber geh vorher nach unten und frag ihren Ehemann. Vielleicht hat er einen Zweitschlüssel.«

»Mach ich.«

In diesem Moment klingelte sein Smartphone. Es war Gabriela. Einen Moment lang starrte er unschlüssig auf das Display. Er hatte weder Zeit noch Lust, mit ihr zu reden, also leitete den Anruf direkt auf seine Mailbox weiter.

»Der Rest des Zimmers gibt nichts her, was uns weiterbringen könnte«, stellte Martin fest.

»Ist dir aufgefallen, dass sie keine Bücher hat?«

»Die Lehrbücher sind sicher in der Lehrerbibliothek und das meiste hat man heute auf dem Laptop«, erklärte Martin und zeigte auf den Rechner, der auf dem Schreibtisch stand.

»Kannst du ihn dir anschauen?«

»Klar. Soll ich ihn mitnehmen?«

»Schau jetzt rein und such nach Dateien, die nichts mit ihrem Beruf zu tun haben.«

»Wenn du meinst«, sagte Martin.

Charkow nahm erneut die Unzufriedenheit seiner Bemerkung wahr. »Was ist eigentlich los mit dir?«

»Nichts. Was soll denn los sein?«, sagte Martin, ohne den Blick vom Laptop abzuwenden.

»Du weichst mir aus«, fuhr Charkow ruhig fort. »Wenn ich dir einen Auftrag gebe, hast du in der letzten Zeit oft etwas daran auszusetzen.«

»Das stimmt nicht«, wehrte sich Martin.

»Du bist nicht motiviert.«

»Wer sagt das? Priska?«

»Geht es hier um Priska?«, fragte Charkow erstaunt. »Habt ihr ein Problem miteinander?«

»Nein. Priska hat damit nichts zu tun. Ich arbeite gerne mit ihr.«

»Aber da ist doch etwas, was dich beschäftigt?«

»Warum lässt du mich nicht einfach meine Arbeit machen?«, fragte Martin und zeigte damit deutlich, dass er nicht mehr weiter über dieses Thema reden wollte.

»Sicher«, sagte Charkow ruhig. »Wenn ich dir irgendwie helfen kann, lass es mich wissen.«

Martin nickte kurz und konzentrierte sich wieder auf den Rechner, der jetzt ein Passwort verlangte. »Das muss ich irgendwie umgehen.«

»Versuch es mit den Namen der Kinder«, empfahl Charkow.

Martin war erstaunt, als gleich der erste Name funktionierte, und versuchte erfolglos, es sich nicht anmerken zu lassen.

In diesem Augenblick öffnete sich die Tür und Priska stand mit einem Schlüsselbund im Türrahmen. »Einer davon sollte passen, meint die Haushälterin.«

Charkow erkannte sofort, dass der kleine Messingschlüssel der richtige sein musste. Sie öffneten die vier Schubladen und durchsuchten sie. Sie fanden Bankauszüge, ein Schulreglement und Postkarten. Schnell überflog er die Handvoll Postkarten ihrer Arbeitskollegen, unter denen sich drei von Janine Perren befanden, deren Inhalte jedoch keine neuen Erkenntnisse ergaben.

»Habt ihr mal einen Blick ins Zimmer ihres Ehemannes geworfen?«

»Der lebt in einem Museum«, bemerkte Priska. »Aber

ohne Schreibtisch. Irgendwie sieht es so aus, als ob sie getrennte Leben geführt hätten.«

»Zieh keine voreiligen Schlüsse«, erwiderte er. »Jeder Mensch braucht seine Privatsphäre. Bei Verheirateten ist das nicht anders.« Er wandte sich an Martin, der mittlerweile eine Übersicht der Dateien auf der Festplatte durchforstete. »Hast du schon was?«

»Nein. Noch nichts. Ich checke mal die Pfade von Dateien und suche nach Clowdsoftware-Links in ihrem Browser. Vielleicht hat sie Daten extern abgelegt.«

Charkow blickte sich im Raum um. Ihr Geheimnis waren ihre *KGB*-Besuche. Doch wo waren die Hinweise, die ihnen erklärten, was sie dort gemacht hatte? Sein Smartphone klingelte erneut und der Leiter der Ermittlungseinheit, die nach Zeugen für Charlotte Herders Ermordung suchten, teilte ihm mit, dass die Suche erfolglos verlaufen war. Gedankenverloren blickte er auf die offenen Schubladen des Schreibtisches. Weit entfernt in seinem Kopf tauchte eine Frage auf. Erst konnte er sie nicht fassen, schließlich nahm sie Form an. »Hast du Francine erreicht?«, fragte er Priska.

»Ja, sie hat einen Schlüsselbund in der Handtasche des Opfers gefunden.«

»Und ihre Haushälterin hatte ebenfalls Schlüssel«, dachte er laut nach.

»Auf was willst du hinaus?«

»Also sind die verschlossenen Schubladen kein wirkliches Versteck«, erklärte er. »Wenn du Charlotte Herder wärst, wo würdest etwas verstecken?«

»In diesem Zimmer?«

Er nickte.

Priska schaute sich noch einmal um. »Vielleicht unter der Matratze? Ach nein, die Putzfrau würde es finden.«

»Schau trotzdem nach«, forderte Charkow sie auf.

Sie hob die Matratze und untersuchte die Ecken des Spannbezugs, da war nichts.

»Ich würde es dort verstecken, wo man es nicht so offensichtlich finden kann«, sagte Martin plötzlich, den Blick auf den Schreibtisch gerichtet.

Charkow verstand und begann die Schubladen aus ihren Verankerungen zu hebeln.

Am Rücken der untersten Schublade klebte ein Papiercouvert. Charkow riss es ab, öffnete die Lasche und zog eine weiße Plastikkarte hervor. Auf ihrer Rückseite befand sich ein dünner Magnetstreifen und auf der Vorderseite war eine stilisierte Sonne aufgedruckt. Er reichte sie Martin.

»Eine Sonne? Was soll das bedeuten?«

Charkow hatte keine Ahnung. Die Plastikkarte ähnelte einer Magnetkarte aus einem Hotel. »Martin, kannst du den Magnetstreifen lesen?«

»Ja. Aber nicht hier. Dafür müsste ich zurück ins …«

Weiter kam er nicht, weil Priska ihm plötzlich die Karte aus der Hand riss. »Das *KGB* hat solche Karten, die sie als Schlüssel für ihre ›Folterräume‹ benutzen. Sie sind zwar rot und haben ein anderes Logo drauf, aber die hier hat denselben außergewöhnlich schmalen Magnetstreifen.«

»Du hast recht.« Charkow wandte sich an Martin. »Bleib hier und untersuche den Laptop.«

»Und was machst du?«

»Ich fahre mit Priska ins *KGB*.«

33

Auf dem Weg zum *KGB* betrachtete Charkow immer wieder die Plastikkarte, als ob sie ihm gleich ein Geheimnis verraten würde. »Was glaubst du, was das Zeichen hier bedeutet?«

»Keine Ahnung. Vielleicht ist das eine spezielle Member-Card, die Stammkunden des *KGB* bekommen«, sagte Priska und musste über ihre Idee ein wenig lachen.

Oder die Karte führte sie zu dem Ort, wo sie endlich Antwort auf ihre Fragen erhielten, dachte er und steckte sie in seine Tasche. »Weißt du, was mit Martin los ist?«

»Was soll mit ihm sein?«

Er suchte nach den passenden Worten. »Ich habe den Eindruck, dass er nicht so richtig bei der Sache ist.«

»Er macht einen guten Job.«

»Ja, aber ich vermisse im Moment die Motivation.«

»Vielleicht hat er irgendein privates Problem.«

»Hat er denn eines?«, hakte Charkow nach.

»Nicht, dass ich wüsste.«

Er hatte den Eindruck, dass sie ihm auswich. »Redet ihr nicht miteinander?«

»Schon. Im Büro. Meistens reden wir nur über den Fall.«

»Ich meine, geht ihr nicht mal abends gemeinsam ein Bier trinken und unterhaltet euch über Privates?«

Priska schüttelte den Kopf. »Er macht sein Ding und ich meins. Martin und ich leben in zwei total unterschiedlichen Welten. Er hat eine Familie. Ich bin Single. Er interessiert sich für Computer. Ich mich für meine Freunde.«

Charkow verstand. »Entschuldige, dass ich dich überhaupt gefragt habe. Schließlich geht es mich nichts an.«

»Wenn ich wüsste, was der Grund für seinen …«, sie suchte ebenfalls nach dem passenden Wort, »… ja, es ist eine Art Rückzug. Also wenn ich den Grund wüsste, hätte ich ihn sicher darauf angesprochen. Dass er nicht darüber reden will, respektiere ich.«

Sie hatte es also auch bemerkt. Er musste mit Martin noch einmal ein Gespräch führen. Das war schon lange überfällig. Sein Fehler. Er war derjenige, der sich für das letztjährige Mitarbeitergespräch kaum Zeit genommen hatte. Ihm war nichts Gescheiteres eingefallen, als den beiden einfach zu sagen, dass sie einen guten Job leisteten und so weitermachen sollten. Die Personalchefin und Kummer hatten ihm diese Nachlässigkeit vorgehalten. Seine Assistenten hätten nicht nur ein Recht auf eine ausführliche Bewertung ihrer Arbeit, sondern sie brauchten sie für ihre persönliche Entwicklung und Motivation.

Und dieses Jahr war er wieder im Verzug. Die Gespräche hätten schon vor über einem Monat stattfinden sollen und er hatte dafür bis heute nicht einmal einen Termin vereinbart, geschweige denn eines der Bewertungsformulare ausgefüllt. Er musste feststellen, dass er ein lausiger Vorgesetzter war.

Einige Minuten später erreichten sie das *KGB*. Vor dem Club standen erste Kunden in teuren Anzügen, die mit ihren Smartphones lautstark Gespräche führten. Als Priska an ihnen vorbeiging, erschien ein anzügliches Grinsen auf einigen Gesichtern. Einer der Männer war Russe und bemerkte seinem Kumpel gegenüber: »Posmotri-ka, kak takomu parnju udalos' poluchit' takuju schikarnuju zhenschinu?*«

* Russisch für *Schau mal, wie kriegt so ein Kerl so eine geile Braut?*

Charkow drehte sich um und antwortete so laut, dass es alle hören konnten: »Nechego na zerkalo penjat', koli rozha kriva.*«

Die Männer waren erst überrascht, dass er sie auf Russisch ansprach, dann lachten sie laut los.

»Was hat er gesagt?«, wollte Priska wissen.

»Dass er dich hübsch findet«, antwortete Charkow.

»Und was hast du gesagt?«

»Dass du zu mir gehörst.«

Er öffnete Priska die Tür und sie gingen direkt zur Bar, an der Romeo eine Handvoll Japaner bediente. Als er Charkow sah, verschwand sein zuvorkommendes Lächeln. »Was wollen Sie denn jetzt schon wieder?«

Charkow zeigte ihm die Plastikkarte mit der Sonne. »Kennst du die?«

Romeo nahm sie in die Hand, drehte sie hin und her und gab sie kopfschüttelnd zurück.

»Ihr habt solche Karten als Schlüssel für eure Räume.«

Romeo griff unter die Theke, holte eine Schlüsselkarte des Clubs hervor. »Unsere sehen so aus«, und schob sie über den Tisch.

»Ich weiß, wie eure Karten aussehen, trotzdem ich bin sicher, dass die hier irgendwo passt.«

In diesem Moment trat Sergej neben ihn. »Dobrij vecher, Charkow**.« Er bemerkte die Karte. »Was ist das?«

»Eine Schlüsselkarte, die vielleicht zu einem deiner Räume führt.«

»Und wieso glaubst du das?«

»Weil ein weiteres Opfer, das sich mit Iwan hier getroffen hat, genau diese bei sich trug.«

---

* Russisch für *Beschuldige nicht den Spiegel, wenn dein Gesicht schief ist.*

** Russisch für *Guten Abend*

Sergej horchte auf. »Weißt du schon, wer ihn umgebracht hat?«

»Diese Karte führt uns vielleicht zu seinem Mörder.«

»Wenn du weißt, wer es ist, musst du es mir sagen«, bat Sergej eindringlich.

»Hilf mir. Und ich helfe vielleicht dir«, log Charkow, ohne eine Miene zu verziehen.

»Also, was willst du?«, fragte Sergej.

»Lass mich diese Karte an den Schlössern deiner Räume ausprobieren.«

»Jetzt? Hast du einen Durchsuchungsbeschluss?«

»Du weißt genau, dass ich ihn bekomme. Der Staatsanwalt ist gerade dabei, mir einen zu besorgen. Warum sollten wir so lange darauf warten?«

»Ich habe Zeit«, erwiderte Sergej lakonisch.

»Ich nicht. Wenn du es vorziehst, auf den Beschluss zu warten, könnte ich in der Zwischenzeit die Aufenthaltsbewilligungen deiner weiblichen Angestellten prüfen.«

»Hör mal, ich habe Kundschaft in den Räumen. Da könnt ihr nicht einfach so reinspazieren«, versuchte Sergej zu beschwichtigen.

»Du willst doch Iwans Mörder finden, oder nicht? Und die Karte wird sicher nicht alle Räume aufschließen.«

»Also gut. Tu, was du tun musst.«

Sie ließen sich von Sergej die Treppe hinauf zu den Zimmern führen.

»Sie sind alle verschlossen«, erklärte er.

»Sogar wenn Kunden drin sind?«, fragte Priska.

Sergej nickte. »Wenn die Karte irgendeine der Türen öffnet, lasst ihr mich den Raum erst prüfen. Ich will meine Kundschaft nicht verärgern.« Er nahm die Karte und zog sie durch das Lesegerät, das an der Wand neben der ersten

Tür angeschraubt war. Ein leises Summen war zu hören, die Tür blieb verschlossen.

Sie gingen zur nächsten Tür. Wieder zog er die Karte durch den Schlitz. Die Antwort war ein erneutes Summen. Auch die nächste und übernächste Tür ließen sich nicht öffnen. Als sie es an der letzten versuchten, ertönte wieder der Summton.

»Und was jetzt?«, fragte Priska enttäuscht.

»Gibt es noch andere Räume?«, fragte Charkow.

Sergej schüttelte den Kopf. »Nicht, dass ich wüsste. Kommt, ich spendiere euch einen Drink an der Bar.«

»Nein, warte«, sagte Charkow und hielt Sergej, der sich schon auf den Weg zurück zu Bar machen wollte, am Arm zurück.

»Was willst du noch?«, fragte er genervt. »Die Karte passt zu keinem der Schlösser.«

Charkow drehte sich um und lief den Gang in Richtung Hinterhof, wo sich Iwans Zarenzimmer befand. Er zog die Karte durch den Schlitz. Ohne Erfolg. »Mach auf.«

Murrend zog Sergej seine Karte aus seiner Hosentasche und schloss die Tür zu Iwans Zimmer auf.

Alles ist so, wie ich es in Erinnerung habe, stellte Charkow fest. Er ging zum Altar und betrachtete ihn aufmerksam. Charlotte Herder hatte ihr Geheimnis in Form dieser Schlüsselkarte verstecken müssen. Und die Geheimnisse von allen drei Opfern hatten einen zentralen Ort: das *KGB*. Eines von Iwans Geheimnissen war dieses Zimmer. Es war direkt über eine Hintertreppe vom Innenhof erreichbar. Somit konnte jeder unerkannt ins Zimmer gelangen. Der Raum bestand, wie der ganze Club, vorwiegend aus Kitsch, infantilen Accessoires in zu bunten, zu grellen Farben und Stoffen, rief er sich in Erinnerung.

Alles nur Fassade für die Show. Nur der Altar hebt sich von allem in diesem Club ab. Er ist das einzig Echte. Das Wahre und Reine. Die Leben von Charlotte Herder und Paul Frank waren nach außen hin vorbildlich. Und trotzdem trafen sie sich einmal im Monat hier, in einer Welt, die das Gegenteil zu ihrer bürgerlichen Existenz bildete. Iwan hingegen lebte jeden Tag ihr. Hier, in dieser Schattenwelt, hatte er einen Altar errichtet, der das Reine verkörpern sollte.

Charkows Blick fiel auf die Ikone. Vielleicht ist dahinter genauso etwas verborgen, wie hinter Charlotte Herders Schublade, kam ihm plötzlich in den Sinn. Er versuchte, die Ikone von der Wand zu nehmen, doch sie ließ sich nicht bewegen.

»Pass auf, die ist echt!«, warnte Sergej.

Charkow untersuchte, wie die Ikone befestigt war. Sie steckte in einer Art Schiene. Er legte seinen Daumen unter die Ikone und drückte sie vorsichtig nach oben. Leise glitt sie aus der Schiene. Dahinter kam ein in die Wand eingelassenes Lesegerät zum Vorschein.

»Wow!«, stieß Priska hervor.

Einen Augenblick lang starrten alle drei auf das Lesegerät, ohne ein Wort zu sagen.

»Los, probier sie aus!«, brach Priska das Schweigen.

Als er die Karte durch den Schlitz zog, hörte er ein Klicken und ein brummendes Geräusch, wie von einem Elektromotor. Plötzlich bewegte sich der Altar in seine Richtung. Er tat einen Schritt zurück. Der Altar stand für einen Augenblick still, um nur Sekundenbruchteile später mit einem leisen Summen zur Seite zu gleiten.

Erstaunt blickten sie auf die Öffnung, die nun hinter dem Altar auftauchte. Kaum war der Mechanismus eingerastet, schalteten sich kleine Lampen im Dunkel vor ihnen ein und erleuchteten die Stufen einer Wendeltreppe, die nach unten führte.

»Das ist total irre!«, rief Priska mit einer Mischung aus Begeisterung und Angst davor, was sie am Fuße dieser Treppe erwarten würde.

Charkow betrat als Erster die Wendeltreppe und stieg hinab. Sie führte in einen schmalen Gang, an dessen Ende ein roter Vorhang aus dickem Samt hing, hinter dem vollkommene Dunkelheit herrschte. Vorsichtig ging er einen Schritt weiter. Plötzlich schaltete sich das Licht wie von selbst ein und erleuchtete einen übermächtig großen, fensterlosen Raum, dessen Wände mit runden Spiegeln und weiteren roten Samtvorhängen ausgekleidet war. Der Boden war mit einem dunkelroten Teppich ausgelegt. Hoch über ihnen prangten gut lesbar die vergoldeten Buchstaben *OTS* an der Decke. Der gesamte Raum war wie ein Amphitheater gestaltet und bot für mehr als 100 Menschen Platz. Auf den Sitzflächen lagen rote Kissen. Das Zentrum bildete der große Altar, auf dessen Frontseite waren ebenfalls die drei Buchstaben zu lesen.

Überwältigt von der Größe des Raums blickten sie sich um.

»Davon hat er mir nie etwas erzählt«, brach Sergej nach einer Weile das Schweigen.

»Mit was haben wir es hier zu tun?«, fragte Priska unsicher.

»Ich habe keine Ahnung«, gestand Charkow. »Trotzdem bin ich sicher, dass wir hier die Verbindung zwischen unseren Opfern gefunden haben.« Er zeigte auf die drei Buchstaben. »Was bedeuten sie?«

Priska nahm ihr Smartphone und tippte die drei Buchstaben in den Browser. »Oh«, sagte sie nur, als sie nach einem Augenblick die Resultate sah.

»Was hast du?«

»OTS scheint für *Ordre du Temple Solaire* zu stehen. Das ist die Sonnentemplersekte!«

»Was? Iwan in einer Sekte? Ihr spinnt! Davon hätte ich gewusst!«, rief Sergej.

Charkow brauchte einen Moment. »Du sprichst von denen, die in den Neunzigern ihre Mitglieder umgebracht haben?«, fragte er ungläubig, ohne Sergej zu beachten, der immer noch wütend durch den Raum lief. »Bist du sicher, dass die drei Buchstaben das Zeichen dieser Sekte sind?«

»Mensch, Max! Das sind sie! Ganz sicher! Die Kollegin von Herder hatte eine Sekte erwähnt. Und die komischen Leute bei der Frank. Der ganze Fall dreht sich um das hier.«

Charkow wusste, dass sie recht hatte. Nun musste noch geklärt werden, welchem Zweck dieser Raum diente. Trafen sich hier tatsächlich an die 100 Sektenmitglieder? Und was, wenn dies nicht der einzige Raum war? Was, wenn es noch mehr Mitglieder gab und sie ähnliche Positionen in Unternehmen und Ämtern bekleideten wie die Opfer? Diese Vorstellung schien ihm absurd. Die Sekte war seinen Kenntnissen zufolge nach dem Drama in den Neunzigern zerschlagen worden. Was er jetzt brauchte, war Gewissheit.

»Ruf Kummer an«, wies er Priska an. »Er soll gleich Franzen von der Bundespolizei informieren. Der kennt sich mit Sekten aus.«

Walter Kummer traf als Erster ein. Priska war gerade mit dem Filmen des Raumes beschäftigt, als Charkow ihn hereinführte.

»Oh, nein! Ich dachte, es sei vorbei«, war sein einziger Kommentar, bevor er wie angewurzelt stehen blieb und entgeistert auf die drei Buchstaben auf dem Altar starrte. »Die Sonnentempler«, fuhr Kummer mit tonloser Stimme fort. »Und anscheinend sind sie wieder voll im Geschäft.«

»Warum bist du dir da so sicher?«

Kummer setzte sich und strich mit den Händen über sein Gesicht. »Ich war damals in die Ermittlungen involviert. Das waren schlimme Ereignisse«, fügte er an und seine Miene verfinsterte sich.

Priska setzte sich neben ihn. »Ich erinnere mich nicht an diesen Fall.«

»Du bist zu jung. Es begann 1994. Die Sekte richtete ein regelrechtes Blutbad unter den Mitgliedern an. Damals fanden unsere Kollegen in Cheiry, westlich von Fribourg, 22 Leichen. Der Raum, in dem man sie fand, war mit dem hier fast identisch.«

Alle betrachteten schweigend das tiefe Dunkelrot, in das der Raum getaucht war und nun so stark an Blut erinnerte, dass ihnen beinahe übel wurde.

»Bei einigen Leichen war der Kopf mit einem Müllsack umwickelt. Man hatte sie erstickt. Andere wurden erschossen oder vergiftet«, fuhr Kummer fort, dem das Erzählen sichtlich schwer fiel. »Drei Stunden später ging eine Meldung bei der Feuerwehr in Martigny ein: Hoch über dem Rhonetal wurde ein großes Feuer gesichtet. Der Löschzug fuhr zu einem Feriendorf in Granges-sur-Salvan. Eines der Chalets stand in Flammen. Als man das Feuer gelöscht hatte und die Trümmer durchsuchte, fand man die Überreste von weiteren 25 Menschen. Sie waren zum größten Teil bis zur Unkenntlichkeit verkohlt.« Er musste eine Pause machen, bevor er weiter erzählen konnte. »Der schlimmste Moment jedoch war, als die Kollegen feststellten, dass sich unter den Toten fünf Kinder befanden.«

»Gab es damals nicht weitere Opfer im Ausland?«, fragte Charkow.

Kummer nickte. »1995, kurz vor Weihnachten, in Frankreich. Zwei Jahre später in Kanada. Alleine in der Schweiz und Frankreich kamen rund 60 Mitglieder der Sonnentempler durch Totschlag, Mord und Selbstmord ums Leben. Darunter befanden sich auch die beiden Sektenführer.«

»Und von da an war die Sekte nicht mehr aktiv. Angeblich«, kam es plötzlich von einer fremden Stimme vom Eingang her.

Charkow erkannte Franzen. »Danke, dass du so schnell kommen konntest.«

Franzen nickte kurz, betrachtete den Raum und stieß einen anerkennenden Pfiff durch die Zähne aus. »Na, das nenn ich einen geheimen Stützpunkt. Ohne Zweifel Sonnentempler.« Er lief zum Bereich hinter dem Altar und zog einen Vorhang zur Seite. Es kam eine Reihe von Schwertern, die fein säuberlich auf einem Stahlgestell an der Wand aufgereiht waren, zum Vorschein.

»Oh Gott, was ist das?«, fragte Priska. »Haben die hier Menschenopfer zelebriert?«

Franzen lachte. »Nein, allerdings Mitglieder zu Rittern des Ordens geschlagen. Alles nur reine Show, aber effektiv.«

»Wusstet ihr von dem Raum?«, fragte Kummer, als ob er eine Vorahnung hatte.

Franzen zögerte mit einer Antwort. »Nicht von diesem.«

Charkow brauchte einen Augenblick, um sich der Konsequenz dieser Aussage bewusst zu werden. »Ihr kennt andere Räume?«

Franzen schwieg.

Charkow stand auf und spürte, wie die Wut langsam in ihm aufstieg. »Ihr habt sie unter Beobachtung?« Franzen gab ihm keine Antwort, was ihn nur noch wütender machte. »Ihr wusstet, dass Solowjow, Frank und Herder Mitglieder dieser Sekte waren?«

Franzen wich seinem Blick aus und schien nach einer passenden Antwort zu suchen. »Von Solowjow wussten wir es nicht. Sonst hätten wir von diesem Raum Kenntnis gehabt.«

»Verdammt! Was für ein Spiel treibt ihr eigentlich?«, rief Charkow. »Wir suchen mit Hochdruck nach einer Verbindung zwischen den Opfern und ihr kennt sie schon, ohne uns darüber zu informieren!« Kopfschüttelnd betrachtete er Franzen. »Was seid ihr für beschissene Geheimniskrämer!«

Kummer stellte sich zwischen die beiden. »Beruhige dich, Max! Das hilft uns jetzt nicht weiter.«

Charkow warf die Hände in die Luft. »Dank eurem Schweigen haben wir wertvolle Zeit verloren.« Er setzte sich und spürte plötzlich eine unendliche Müdigkeit in sich. »Erzähl uns jetzt alles, was ihr über die anderen beiden Opfer wisst«, forderte er Franzen auf.

»Dr. Paul Frank und Charlotte Herder waren aus der Führungsebene der Sekte.«

»Der Führungsebene? Was bedeutet das?«

Franzen zögerte wieder.

»Du musst uns jetzt sagen, was du über die Sekte weißt!«, verlangte Charkow. »Alles kann wichtig sein.

Wir müssen verstehen, warum jemand diese Menschen umbringt.«

Franzen räusperte sich. »Wo soll ich beginnen?«

»Immer am Anfang«, sagte Kummer, dem mittlerweile auch der Frust ins Gesicht geschrieben stand.

»Beginnen wir beim *Transit zum Sirius.*« Er stieß ein abschätziges Lachen aus. »Die Zeitungen haben es damals dankbar aufgenommen. Den Mitgliedern wurde eingeredet, der Tod existiere nicht und sei reine Illusion. Nach dem – vorgeblich nicht existierenden – Tod hätte ihr neues Leben auf dem Stern Sirius beginnen sollen.«

Das waren ähnliche Worte, wie sie Charlotte Herder auf der Beerdigung ihrer Kollegin benutzt hatte, erinnerte sich Charkow. »Warum ausgerechnet 1994?«

»Die Welt hätte mal wieder untergehen sollen.«

»Und was glaubst du, war der wahre Grund?«, fragte Kummer.

»Die Tötungen waren unserer Meinung nach nur ein Reinigungsprozess. Die alten Köpfe mussten weg, um einer neuen Führung Platz zu machen.«

»Es starben nur zwei der Führungsfiguren«, stellte Kummer fest. »Alle anderen Opfer waren einfache Mitglieder.«

»Anscheinend waren sie den beiden Sektenführern Luc Jouret und Joseph di Mambro zu treu ergeben«, erklärte Franzen. »Die Zahl der Toten entsprach nach unseren Schätzungen höchstens zehn Prozent der gesamten Mitgliederschaft. Unserer Meinung nach gab es einen Machtkampf innerhalb der Organisation. Man wollte weg von diffusen Heilslehren hin zu einer moderneren, effizienteren Form.«

Charkow wollte sich erst gar nicht vorstellen, was das

bedeutete. »Was wir jetzt brauchen, ist eine Spur zu unserem Mörder.«

»Wie kann ich helfen?«, fragte Franzen.

»Ich muss alles über diese Sekte wissen. Ich brauche die Akten der Prozesse und vorangegangenen Ermittlungen. Und ich will die Namen von derzeitigen Mitgliedern.«

»Ich werde dir beschaffen, was ich kann.« Franzen nahm sein Smartphone und führte ein kurzes Gespräch. »In zwei Stunden hast du alles, was freigegeben wurde. Mit den Namen aus den laufenden Ermittlungen kann ich dir leider nicht weiterhelfen.«

»Was soll diese Geheimnistuerei?«, fragte Charkow verärgert. »Wir arbeiten für dieselbe Sache! Ihr wollt doch auch, dass das hier aufhört.«

»Du glaubst, der Mörder macht weiter?«

»Eigentlich müsste ich das euch fragen«, erwiderte Charkow verärgert. »Wir haben drei Opfer aus der Führungsriege dieser Sekte. Das Motiv des Mörders ist folglich die Beseitigung der Sektenführung. Wenn es weitere Führungsmitglieder gibt, könnten sie unsere nächsten Opfer sein.«

»Vielleicht ist es wieder ein Machtkampf«, warf Priska ein.

Franzen winkte ab. »Diese Morde sind völlig kontraproduktiv für die Entwicklung der Sekte. Da muss etwas anderes dahinter stecken.«

»Und was ist das deiner Meinung nach?«, fragte Kummer, der mittlerweile die Geduld gänzlich zu verlieren schien.

Franzen zuckte mit den Schultern. »Die zentrale Frage für uns lautet: Woher hat er die Namen?«

»Wie soll uns das weiterbringen?«, fragte Charkow.

»Die Sekte hütet die Identität ihrer Mitglieder mit aller Macht. Wenn ihr herausbekommt, wer sich die Namen beschafft hat, habt ihr vielleicht euren Mörder.«

»Es könnte jemand aus der Sekte selbst sein«, mutmaßte Priska.

Franzen warf ihr einen fragenden Blick zu. »Du glaubst, der Täter könnte aus der Führungsebene stammen?«

»Du sagtest selbst: Nur die Führung offenbart sich untereinander ihre Identität.«

»Klingt plausibel.«

»Oder ihr habt bei euch ein Leck«, mutmaßte Kummer.

»Sehr unwahrscheinlich«, erwiderte Franzen.

»Das glaubten wir auch«, sagte Kummer lakonisch.

»Du sprichst von Keller?«

Charkow fragte sich, warum er nicht erstaunt war, dass Franzen schon von Keller wusste.

»Bei uns kennt nur der Kern des Ermittlungsteams die Namen«, erklärte Franzen. »Ein Leck ist so gut wie ausgeschlossen.«

»Wer ist denn der Kopf der Sekte?«

»Du sprichst vom Großmeister? Den kennen wir nicht.«

»Wie lange ermittelt ihr schon?«, fragte Charkow ungläubig.

»Seit Cheiry«, gestand Franzen.

»Und bisher habt ihr erst Paul Frank und Charlotte Herder identifiziert?«

»Nein, wir kennen weitere Mitglieder. Doch die Sekte verfügt über viel Geld und über die beste Motivationstechnik, um ihr Geheimnis zu wahren: Angst.«

»Herrscht dort eine Art Omertà?«

»Richtig«, stimmte Franzen zu. »Die Pflicht, über die Mitglieder und die Sekte zu schweigen, ist das oberste

Gebot. Deshalb haben wir bis heute kaum Ermittlungserfolge vorzuweisen.«

»Aus welchen Gesellschaftsschichten rekrutieren sie ihre Mitglieder?«, wollte Charkow wissen.

»Wenn du jetzt annimmst, du hättest es mit labilen, selbstmordgefährdeten und esoterischen Spinnern zu tun, täuschst du dich. Es sind Anwälte, Bankiers, Künstler, Ärzte und so weiter. Die Elite des Landes. Wir vermuten, dass sogar Regierungsmitglieder dazu gehören.«

Diese Information überraschte Charkow. »Menschen, die in ihrem Leben anscheinend alles erreicht haben, sind motiviert, sich einer Sekte unterzuordnen?«

»Genau dieser Umstand ist ihr Problem«, erklärte Franzen. »Sie haben alles erreicht. Und jetzt suchen sie eine Gewissheit, etwas, das ihnen ein Leben nach dem Tod verspricht. Sie wollen die Unsterblichkeit. Verstehst du?«

»Dasselbe Versprechen, das die Kirchen geben«, stellte Charkow fest.

»Ihre Idee ist zwar immer noch eine seltsame Mischung aus mittelalterlichem Mysterienglauben, New-Age-Bräuchen, irgendwelchen Naturreligionen und Elementen aus der Astrologie, sie verpacken es nur etwas moderner.«

Charkow konnte sich kaum vorstellen, wie ein Mensch sein Vermögen, seine Familie und letztlich sich selbst diesen Ideen opfern konnte. »Kennst du die Leute in Maria Franks Umfeld?«

»Du meinst den Anwalt und das Schriftstellerehepaar? Sie sind ebenfalls Mitglieder der Sekte.«

»Was, ihr kennt sie? Hör zu, wir brauchen von euch die Namen dieser Mitglieder. Sie könnten in Gefahr sein.«

»Wie gesagt, wir haben nur wenige Namen. Und die können wir euch nicht geben. Wenn ihr jetzt im Zusammenhang mit den Morden diese Leute befragt, warnt ihr sie, und unsere Arbeit der letzten Jahre war vergeblich.«

»Ihr nehmt in Kauf, dass es weitere Opfer geben kann?«, fragte Charkow ungläubig.

Franzen zögerte mit einer Antwort. »Ich werde sehen, was ich tun kann.«

Charkow brauchte einen Moment, um das Gehörte einzuordnen. »Ach so ist das. Ihr *könnt* nichts gegen diese Sekte und ihre Mitglieder unternehmen.«

»Ja, denn sie haben gegen keines unserer Gesetze verstoßen, beziehungsweise konnten wir ihnen nichts nachweisen«, stellte Franzen frustriert fest. »Wir müssten schon an den Großmeister rankommen.«

»Nach was sucht ihr denn genau?«

»Illegale Immobilientransaktionen, Schwarzgeld, Spendeneinlagen, die das Normalmaß überschreiten. Vor allem nach weiteren Namen.«

»Ihr befürchtet, dass sie unsere Gesellschaft unterwandern, nicht wahr?«

»Wenn sie Schlüsselpositionen besetzen können, werden sie diese zur Machtsteigerung missbrauchen.«

»Ein Staat im Staat. Deshalb seid ihr an ihnen dran.« Charkow dachte kurz über das Gesagte nach. Seine Prioritäten waren andere. »Nun, wir suchen nach einem Mörder, der aus irgendeinem Grund diese Führungsmitglieder umbringt«, sagte er und stand auf. »Und da er deiner Meinung nach kein Mitglied der Sekte ist, muss er von außen kommen.«

»Was treibt ihn an?«, fragte Franzen.

»Hass«, war Charkows knappe Antwort. »Unser Mörder projiziert seinen Hass auf diese Sekte.«

»Und was soll die Quelle dieses Hasses sein?«, fragte Franzen.

»Hast du Familie?«

Franzen nickte.

»Stell dir mal vor, deine Frau wäre damals mit einem Müllsack erstickt worden. Was würdest du machen?«

Nun verstand Franzen. »Du glaubst, wir müssen das Motiv in den Ereignissen von damals suchen?«, fragte er, jedoch ohne rechte Überzeugung.

»Hast du eine bessere Idee?«, fragte Charkow zurück.

34

›Horror in katholischen Kirchen!‹
›Der Serienmörder hat sein drittes Opfer!‹
›Handelt es sich beim Mörder um einen geisteskranken Täter, der die Kirche hasst?‹
›Entlaufener Patient einer psychiatrischen Klinik als Mörder?‹

Charkow konnte die reißerischen Schlagzeilen der Morgenzeitungen nicht übersehen, als er mit der Tram ins Büro fuhr. Gestern war es spät geworden und er hatte beschlossen, vom *KGB* zu Fuß nach Hause zu gehen, um sich in der kalten Winterluft einen klaren Kopf zu verschaffen.

Quietschend fuhr die Tram um die Kurve und hielt am Paradeplatz, wo die meisten Linien kreuzten. Es herrschte Hochbetrieb. Menschen stiegen aus und ein, rannten hektisch in ihre Büros und immer wieder erblickte er die Zeitungsplakate mit ihren Aufmachern zur Titelgeschichte des Tages. Wenigstens hatten sie die Art, wie die Opfer getötet wurden, immer noch vor der Presse geheim halten können.

Durch die Tram ging ein Ruck und sie fuhr weiter in Richtung Bahnhof. Es fiel ihm schon schwer genug, die Plakate zu ignorieren. Als auch noch einige Fahrgäste über die Morde und den *Stillstand der polizeilichen Ermittlungen*, wie es die größte Gratiszeitung schrieb, zu diskutieren begannen, verließ er die Tram genervt eine Haltestelle früher.

Der graue Schneematsch auf der breiten Allee der Bahnhofstraße war über Nacht zu Eis geworden und er musste aufpassen, nicht auszurutschen. Dass am Nachmittag die nächste Therapiesitzung mit Gabriela bei Dr. Monsch bevorstand, verschlechterte seine Laune noch mehr. Als Gabriela ihn gestern nicht erreichen konnte, hinterließ sie ihm nur die Nachricht, den Termin bei der Therapeutin nicht zu vergessen. Einen Moment lang spielte er mit dem Gedanken, abzusagen. Gabriela würde sicher die Schlagzeilen der Zeitungen bemerkt haben. Der Druck auf ihn und sein Team war seit gestern noch mehr gestiegen. Er beschloss, sich nicht der Verantwortung zu entziehen, und nahm sich vor, pünktlich zum Termin zu erscheinen.

Sein Smartphone läutete. Es war Francine. Sie wollte wissen, wo er bliebe. Sie säßen schon alle im Sitzungszimmer und warteten auf ihn.

»Gib mir fünf Minuten«, antwortete er und legte auf.

»Was hat das mit dem entlaufenen Irren auf sich?«, eröffnete Kummer die Besprechung.

Charkow war froh, als Priska antwortete. »Den gibt es nicht. Es liegt von keiner Klinik des Kantons eine Meldung vor. Meiner Meinung nach eine Ente.«

Gute Arbeit, Priska, dachte Charkow und war erleichtert, dass sie das schon so früh geklärt hatte.

»Diese Schmierfinken!«, fluchte Kummer. »Gottlob haben die das mit dem Raum noch nicht rausgefunden!«

»Und das mit Keller«, fügte Priska hinzu.

Kummer stimmte ihr zu und schien sich wieder zu beruhigen.

»Hat sich dein Verdacht von gestern bestätigt?«, wandte sich Charkow an Francine.

Sie nickte. »Das Opfer wurde tatsächlich mit demselben Gift getötet. Ich habe auf dem Rücken der Leiche zwei Hämatome festgestellt. Die Blutergüsse stammen sehr wahrscheinlich vom Täter. Er muss sich auf ihren Rücken gekniet haben. Auf ihrem Jackett hat der Technische Dienst Faserspuren gefunden, die er in Kürze auswerten wird. Stimmt es, dass ihr einen Raum der Sonnentempler gefunden habt?«

»Versteckt, im Club von Solowjow«, bestätigte Charkow und öffnete seine Tasche. »Ich habe die letzte Nacht damit verbracht, erste Akten-Files der Sonnentempler-Prozesse zu studieren. Hier habt ihr Kopien von den wichtigsten Dokumenten.« Er holte seinen Tablet-PC und einen Memory Stick hervor, den er Martin gab. »Lest sie gründlich und verschafft euch ein Bild über die Lage. Irgendwo hier drin«, er drehte den Tablet-PC so, dass sie alle die Akten-Files sehen konnten, »finden wir vielleicht eine Spur, die uns zum Mörder führen kann. Sucht nach einem Hinweis auf ein Motiv. Wer konnte so einen Hass auf die Sekte entwickeln, dass er nun seine Führungsmitglieder tötet.«

Kummer nickte und schob den Tablet-PC mit zwei Fingern von sich weg, als ob er mit einer ansteckenden Krankheit infiziert wäre. »Hört zu«, begann er. »Ich war damals mit den Ermittlungen bei zehn Opfern betreut worden, die aus unserer Stadt kamen. Ich werde euch Informationen geben, die über den Inhalt dieser Unterlagen hinausgehen.« Er machte eine kurze Pause und schien mit seinen Gefühlen zu kämpfen. »Das war ein Scheißfall!«, fluchte er plötzlich. »Es gab Indizien, denen man nicht nachging. Es gab Zeugen, die man nicht verhörte, sondern laufen ließ. Und es gab niemanden, der sich wirklich für die Opfer zu interessieren schien. Irgend so ein bescheuerter Politiker ließ mich schließlich von dem Fall abziehen, als ich Fragen zu stellen begann, die in höheren Kreisen Alarmglocken ausgelöst haben mussten. Bis heute haben wir die Täter nicht konsequent verfolgt, sondern sie durch Inkompetenz, Schlampigkeit und Wegsehen geschützt«, sagte er resigniert. »Verdammt noch mal! Und jetzt spült diese Scheiße wieder hoch.«

So hatten sie Kummer noch nie erlebt. Charkow war sich nicht sicher, ob das Problem mit seiner Frau oder dieser Fall der Grund für seine heftige Reaktion war.

»Macht, was Max euch gesagt hat«, forderte Kummer Priska und Martin auf. »Lest die Unterlagen und achtet auf Unstimmigkeiten. Ihr werdet einige finden. Wir setzen uns heute Nachmittag wieder zusammen und diskutieren darüber. Ich werde versuchen, die Wissenslücken zu füllen und euch die Informationen zu geben, die nicht in den Unterlagen stehen.«

Priska und Martin betrachteten skeptisch die große Anzahl von Akten-Files auf dem Bildschirm und schienen sich Gedanken zu machen, wie sie diese Unmenge an Informationen in so kurzer Zeit bewältigen sollten.

»Konzentriert euch vor allem auf die Untersuchungsergebnisse und die Fakten«, riet Charkow, der ihre Ratlosigkeit erkannte. »Ich will, dass ihr die Namen der Opfer in Verbindung mit unseren Opfern und den verhörten Zeugen bringt. Lasst die Verhandlungsprotokolle aus.«

»Die Verhandlung«, schnaubte Kummer verächtlich. »Sie war das Wort nicht wert.« Er versuchte sich zu beruhigen. »Fokussiert euch bei eurem Aktenstudium auf die drei Personen, die der damalige leitende Untersuchungsrichter verhört hat. Sie sind meiner Meinung nach in die Morde an den Sektenmitgliedern in Granges-sur-Salvan verstrickt. Beachtet außerdem die Berichte über die drei Autos, die der Sekte gehörten und am Abend vor den Massentötungen am Tatort gesehen wurden. Zwei der Fahrzeuge fand man kurz danach in der Nähe des Bahnhofs von Cheiry. Das dritte Fahrzeug ist bis heute verschwunden«, schärfte Kummer Martin und Priska ein.

»Was geschah mit den drei Verdächtigen, die verhört wurden?«, fragte Priska.

»Der Untersuchungsrichter hatte sie als nicht ausreichend verdächtig befunden und sie laufen lassen«, sagte Kummer und machte eine abschätzige Handbewegung. »Einige Wochen später haben sie in Frankreich, in der Nähe von Grenoble, weitere Mitglieder, darunter drei Kinder, getötet.«

»Sie sind immer noch auf freiem Fuß?«, fragte Martin, der nicht glauben konnte, dass so etwas in der Schweiz passiert war.

»Nachdem sie die Kinder und Sektenmitglieder getötet hatten, haben sie sich gemäß offiziellen Angaben selbst gerichtet.«

»Manchmal siegt die Gerechtigkeit«, bemerkte Priska.

Kummer winkte ab. »Es gibt starke Zweifel, ob sich die drei wirklich selbst getötet haben.«

»Du glaubst, jemand hat sie ermordet?«, fragte Priska, für die die Geschichte immer fantastischere Züge annahm.

»Ziemlich sicher war es so. Auf dem Hochplateau bei Grenoble, wo die Leichen verbrannt wurden, hat man keine Benzinkanister oder Rückstände von Plastik gefunden. Wie kannst du dich selbst verbrennen und anschließend die Kanister beseitigen? Außerdem gab es Zeugenaussagen, die in der Nähe des Tatorts drei Fahrzeuge mit Schweizer Kennzeichen gesehen hatten. Und die sind bis heute verschwunden. Die wahren Mörder sind sehr wahrscheinlich immer noch auf freiem Fuß.«

»Kann es sein, dass die Mörder von damals unsere Sonnentempler von heute sind?«, fragte Priska.

»Möglich ist das«, antwortete Charkow. »Wir wissen von der Bundespolizei, dass sie eine neue Zelle gebildet haben.«

»Hat man denn die Spuren von damals nie weiter verfolgt?«, wollte Martin wissen.

Kummer schüttelte den Kopf. »Wir haben bis heute keine Ahnung, wer die wirklichen Drahtzieher waren. Mein Eindruck ist, dass unsere eigene Justiz und die in Frankreich alles daran gesetzt haben, die Ermittlungen zu blockieren.«

»Offiziell kamen also nur ein paar fehlgeleitete Mitglieder einer Endzeitsekte um.« Die Ironie in Charkows Stimme war nicht zu überhören.

»Und man setzte alles daran«, bestätigte Kummer, »die Akten so schnell wie möglich zu schließen.«

»Ich kann es kaum glauben«, sagte Priska. »Haben wir nicht einen der besten Justizapparate der Welt?«

Kummer stand auf und blickte aus dem Fenster. Vor ihm lag träge der kleine Fluss. An dessen gegenüberliegendem Ufer befanden sich die alten Reitställe der Armee, die heute eine Kunsthochschule beherbergten und in der nun keine Pferde, sondern Schauspieler dressiert wurden. »Wir sind nur richtig gut, wenn niemand aus dem engeren Kreis unseres Umfelds involviert ist«, stellte er resigniert fest. »Dieses Land ist zu klein. Jeder kennt jeden. Interessenskonflikte sind an der Tagesordnung.« Er wandte sich an Priska. »Aber da machen wir nicht mehr mit, oder?«

»Auf keinen Fall«, pflichtete sie ihm bei. »Dafür bin ich nicht Polizistin geworden.«

»Na los. Packen wir dieses Monster von damals noch einmal bei den Hörnern«, befahl Kummer entschlossen.

Charkow war froh zu sehen, wie Kummer durch die Arbeit von seinen Problemen zu Hause abgelenkt wurde. Seine Frau war immer noch in den Bergen und es sah so aus, dass sie zu Weihnachten nicht nach Hause zurückkehren würde. Kummer hatte ihm erzählt, dass sich jetzt auch noch seine Kinder Sorgen um die Ehe ihrer Eltern machten und wie unerträglich diese Situation für ihn mittlerweile geworden war.

Als die Besprechung beendet war, zog sich Charkow in sein Büro zurück, um sich den Fall nochmals in Ruhe vor Augen zu führen. Er konnte keinen klaren Gedanken fassen. Immer wieder musste er an die Sitzung mit Gabriela denken, die ihm am Spätnachmittag bevorstand. Ein ungutes Gefühl machte sich in ihm breit. Zwar war sein Wunsch, es gleich wieder zu ignorieren, groß, doch er fragte sich, warum er ihm immer wieder auswich. Schließlich war es nicht normal, ein ungutes Gefühl zu haben, wenn man an den Mensch dachte, den man eigentlich liebte. Liebte er Gabriela? Ihre Sprunghaftigkeit und ihr Wunsch, ihn verändern zu wollen, störten ihn. Er konnte kein Vertrauen zu ihr fassen, weil sie sich weigerte, mit ihm über ihre Kindheit und die Gründe für die Trennung ihrer Eltern zu sprechen. Irgendetwas musste damals vorgefallen sein, das sie ihm verschwieg. Er beschloss, etwas zu tun, was er noch nie getan hatte. Er loggte sich auf die interne Datenbank der Polizei ein. Als er Gabrielas Familiennamen eingab, wurde er schnell fündig. Einen Augenblick lang zögerte er. Mit einem unguten Gefühl öffnete er die Akte und musste lesen, dass ihr Vater wegen häuslicher Gewalt verurteilt worden war. In der Anlage entdeckte er ein File mit einem psychologischen Gutachten, in dem unter anderem stand, dass Gabrielas Vater Alkoholiker gewesen war. Als Resultat davon hatte er oft die Selbstkontrolle verloren und wurde gewalttätig, anfangs nur gegen seine Frau, später auch gegen Gabriela. Als der Alkoholismus seinen Höhepunkt erreicht hatte, begann er, seine eigene Tochter zu missbrauchen. Ein Zufall beendete Gabrielas Hölle: Ein Nachbar hörte ihre Schreie und alarmierte die Polizei. Als Charkow am Ende des Dokuments den Namen von Dr. Monsch als verantwortliche Gutachterin entdeckte, schloss er irritiert die Aktennotiz.

Plötzlich stand Francine in seinem Büro. »Wie ich höre, bist du unter die Verschwörungstheoretiker gegangen«, stellte sie mit einem Lächeln fest und setzte sich.

Er versuchte, sich nichts anmerken zu lassen und griff schnell nach den Unterlagen des damals verantwortlichen Rechtsmediziners. »Kennst du Frédéric Salvagnin?«

Francine musste nicht lange überlegen. »Den Rechtsmediziner aus Lausanne? Klar. Er war einer meiner Professoren. Dank der Sonnentempler ist er Experte für Brandleichen geworden.«

Charkow zeigte ihr ein Foto, auf dessen Vordergrund Salvagnin in einem improvisierten Sezierraum inmitten einer Kühlhalle ernst in die Kamera blickte. Im Hintergrund waren unzählige verbrannte Körper zu sehen, die auf Tischen und sogar auf dem Boden aufgereiht lagen.

Schlagartig wurde Francine das schreckliche Ausmaß bewusst. »Entschuldige, das war geschmacklos von mir.«

»Ist schon gut. Arbeitet er noch?«

»Der ist sicher schon pensioniert.«

»Kannst du mir beim Sichten seiner Befunde helfen?«

»Sicher. Gib her.«

Er zog die Mappe mit den Untersuchungsergebnissen aus einem Stapel von Kopien und reichte sie Francine.

Sie überflog die Akten. »In Cheiry hatten wir es vorwiegend mit Mord zu tun. Die Mörder versuchten, ihre Tat durch das Feuer zu kaschieren.« Sie las weiter. »Salvagnins Arbeit war nicht einfach. Die Opfer stammten aus Kanada, Frankreich, Belgien, Italien und Spanien. Das erschwert eine Identifizierung ungemein.«

»Er hat es in weniger als zwei Monaten geschafft«, sagte Charkow anerkennend.

»Ja, die Hälfte der Opfer konnten er und sein Team anhand der Zahndaten ermitteln.«

Er betrachtete noch einmal das Foto, welches Salvagnin vor den Leichentischen zeigte. Irgendetwas auf diesem Bild irritierte ihn. Nun betrachtete er es eingehender, erkannte jedoch immer noch nicht, was der Grund für seine plötzliche Unruhe war. Was sah er noch nicht?, fragte er sich. Da war Salvagnin mit seinem ernsten, schon fast angespannten Gesichtsausdruck, der die Überforderung durch die Situation erkennen ließ. Im Hintergrund eine Vielzahl von verkohlten Leichen, deren Gliedmaßen grotesk verrenkt waren, weil die Hitze des Feuers ihre Muskulatur zusammengezogen hatte. Der Raum war in seinem ganzen Ausmaß auf dem Foto zu sehen. Soweit er erkennen konnte, hatte man dieses Bild kurz vor Beginn der Obduktionen aufgenommen. Also mussten alle Leichen auf diesem Bild zu sehen sein. Er begann, sie zu zählen. Gemäß Angaben der Polizei starben in Cheiry 22 und in Granges-sur-Salvan 25 Menschen, darunter die fünf Kinder. Kummer hatte diese Zahl ebenfalls erwähnt. »Wie viele Röntgenbilder von Gebissen der Toten hast du?«, fragte er Francine.

Sie nahm ein Stapel mit Schwarz-Weiß-Kopien und begann zu zählen. »45.«

Jetzt war ihm klar, was der Grund seiner Unruhe war. »Zähl bitte noch einmal und schau mal, ob du keine übersehen hast.«

»Sicher.« Sie zählte erneut. »Nein, ich habe mich nicht vertan. Was ist los?«

Anstatt ihr zu antworten, öffnete er in seinem Laptop ein Browserfenster und gab die Suchbegriffe ›Leichen‹, ›Sonnentempler‹ und ›Schweiz‹ ein. Die Anzahl der Treffer war groß. Er überflog Zeitungsartikel, Berichte von Kirchen, Einträge in Lexika und war erstaunt, wie stark die Angaben in den unterschiedlichen Artikeln über die Anzahl Toter voneinander abwichen. Irritiert las er noch einmal den Bericht der Untersuchungsbehörden.

»Kann es sein, dass zwei Opfer woanders untersucht wurden?«, fragte er.

Francine überlegte kurz. »Üblich wäre das nicht.

Laut den Unterlagen wurden alle Opfer nach Lausanne gebracht.«

Er beugte sich vor und lenkte ihre Aufmerksamkeit noch einmal auf das Foto. »Schau, wenn du hier die Leichen zählst, kommst du auf 45.«

»Somit stimmt doch alles«, antwortete sie mit fragendem Blick.

Er schob ihr die Ermittlungsunterlagen über den Tisch und drehte den Laptop in ihre Richtung, sodass sie die Zeitungsartikel auf dem Bildschirm lesen konnte.

Sie überflog die Unterlagen und erkannte, auf was er anspielte. »Oh! Wir haben zwei Opfer zu viel! Oder sollte ich sagen, wir haben zwei zu wenig?«

»Fast überall wird von 47 Opfern berichtet. Jedoch wurden in Lausanne nur 45 obduziert.« Er zeigte ihr die Kopie von einem Polizeiprotokoll, das die Namen der Toten auflistete. Er legte die Namensliste der Rechtsmedizin daneben.

Francine überflog sie und sah sofort dieselbe Abweichung. »Ein Fehler in den Ermittlungsunterlagen?«

»Das kann vorkommen. Wenn man hingegen die Verantwortung für einen Fall mit so großer Aufmerksamkeit seitens der Medien hat, ist es eher unwahrscheinlich. Man versucht jeden Fehler, und sei er noch so klein, zu vermeiden, erst recht so einen kapitalen. Wenn du mich fragst, stimmt da was nicht.«

»Das sehe ich auch so. Warum hat das niemand bemerkt?«

»Die zentrale Frage lautet: Handelt es sich um einen Fehler oder steckt Vorsatz dahinter?«

»Was willst du tun?«

»Kannst du mich zu Dr. Salvagnin begleiten?«

»Ja. Wenn das wirklich wahr ist, ...«

»Behalte es bitte noch für dich. Ich will erst mit Salvagnin reden. Schließlich habe ich diese Unterlagen von der Bundespolizei. Wer weiß, ob sie sie nicht selbst manipuliert haben.«

»Bist du also doch unter die Verschwörungstheoretiker gegangen?«, lachte sie.

»Wenn du wüsstest, wie viel in diesem Fall nicht sauber gelaufen ist, würdest du auch deine Zweifel bekommen.«

»Glaubst du, Salvagnin erinnert sich noch an die Details der Untersuchung?«

»Mich interessiert vor allem der Mensch.«

»Du willst wissen, ob er sich hat manipulieren lassen«, präzisierte Francine.

Er schwieg. Anstatt einer Antwort gab er ihr das Telefon, damit sie den Rechtsmediziner für ihn anrief, um einen Termin zu vereinbaren. Als Francine das Büro verließ, um mit Salvagnin zu telefonieren, legte sich Charkow noch eine Kopie von der Akte über Gabrielas Vater in seinem privaten Fileordner an. Er schaltete den Rechner aus und folgte Francine in der Hoffnung, dass sie den Rechtsmediziner erreicht hatte.

35

Dr. Salvagnin bewohnte einen alten Bauernhof in der Nähe von Fribourg und genoss nun das Leben. »Dem

Tod habe ich mich lange genug gewidmet«, sagte er mit einem Lächeln, ohne seine Arbeit im Gewächshaus zu unterbrechen. »Mit dir hat er ja einen guten Ersatz für mich gefunden.«

Francine war froh, dass er sich an sie erinnerte, als sie angerufen hatte, und bereit gewesen war, sie noch heute zu treffen.

»Wie lange sind Sie schon pensioniert?«, fragte Charkow.

Salvagnin drückte mit einem runden Holzstück mehrere parallel verlaufende Reihen von Löchern in eine Schale mit Erde. »Lass diese Förmlichkeit. Nenn mich Frédéric.« Er nahm Setzlinge aus einer Holzkiste und pflanzte sie behutsam in Aussparungen ein. »Seit drei Jahren habe ich endlich Zeit für mich. Wie du siehst, bin ich zum Landwirt geworden«, lachte er wieder, an Francine gewandt. Als er fertig war, wischte er sich die Hände an seiner Schürze ab. »Kommt rein. Ich mache uns einen Kaffee.«

Charkow und Francine folgten ihm ins Haus. Er bat sie, in der Stube Platz zu nehmen. Sie setzten sich an einen alten Nussbaumtisch, in dessen Mitte eine Platte aus Schiefer eingelassen war und auf deren Oberfläche noch die Strichlisten vom Jassen zu sehen waren. Francine musste unweigerlich lächeln. Sie stellte sich vor, wie ihr ehemaliger Professor mit seinen Freunden abends hier saß und Karten spielte. Das passte so gar nicht zu dem Bild von dem ernsten Menschen, den sie im Vorlesungssaal erlebt hatte.

Das Bauernhaus stammte aus der Zeit der Napoleonischen Besetzung. Decke, Boden und Wände des Raums waren aus dunklem Tannenholz gezimmert. In der Ecke stand ein Ofen, dunkelgrün gekachelt, in dem ein Feuer knisterte.

Die Beete des Gemüsegartens waren im Stil der Gartenbaukunst des 18. Jahrhunderts mit niedrigen Buchsbaumhecken voneinander abgegrenzt. Die Hecken waren auf kunstvolle, kleine Quadrate zurechtgeschnitten worden, die von kleinen Kissen aus Schnee gekrönt wurden. An der Seite des Gartens standen ein Dutzend kahler Apfelbäume, in deren Ästen noch vereinzelt Früchte hingen, die hungrigen Vögeln jetzt als Winterfutter dienten.

»Hier ist es richtig gemütlich«, flüsterte sie Charkow zu. Er sah, wie ein wohliger Schauer durch ihren Körper ging.

Salvagnin kam mit einem Tablett aus der Küche ins Wohnzimmer. Zum Kaffee gab es reichlich Milch, mit einer dicken gelben Schicht aus Rahm, dazu Zucker, Birnenbrot mit Butter und eine Flasche Schnaps. »Die Milch und Butter stammt von Lotti«, sagte Salvagnin stolz.

»Wer ist Lotti?«, wollte Francine wissen.

»Meine Kuh.« Er goss den dampfenden Kaffee in hellbraune Trinkkacheln. Charkow winkte ab, als er ihm Schnaps anbot.

»Fährst du zurück?«, fragte Francine. Als Charkow nickte, ließ sie sich einen kräftigen Schluck vom selbst gebrannten Apfelschnaps in ihren Kaffee gießen. »Wo ist deine Frau?«

Salvagnin hielt einen Moment inne, als er die Flasche verkorkte. Bedächtig strich er mit der Handfläche einen Tropfen Schnaps von der Etikette der Flasche. »Sie ist vor zwei Jahren gestorben.«

»Oh, nein.« Francine nahm spontan seine Hände. »Ihr wart ein Vorbild für mich. Jeder von uns Studenten hat gesehen, wie sehr ihr beiden euch geliebt habt, wenn ihr zusammen auf den Universitätsbällen auf der Tanzfläche herumgewirbelt seid.«

Salvagnin blickte auf Francines feingliedrige Hände, die die seinen umschlungen hielten. Er kämpfte einen Moment lang gegen die Erinnerung und Trauer an. »Sie hat diesen Hof noch mit mir ausgesucht. Es war Frühling, die Apfelbäume blühten. Die Welt war sprichwörtlich rosarot und wir freuten uns, einen gemeinsamen Traum in Erfüllung gehen zu lassen.« Er machte eine Pause, um sich nicht zu sehr von seinen Gefühlen mitreißen zu lassen. »Drei Wochen später starb sie an einer Hirnblutung.«

»Das ist schrecklich«, sagte Francine, sichtlich von der Neuigkeit erschüttert.

Salvagnin holte tief Luft und machte eine einladende Geste. »Bitte, lasst uns über was anderes reden.« Er wandte sich an Charkow. »Du bist der Grund, dass ich Francine wiedersehen konnte. Aber ihr seid ja nicht gekommen, um über mich zu sprechen.«

»Das mit deiner Frau bedauere ich sehr«, sagte Charkow.

»Danke für die Anteilnahme.« Er nahm einen kräftigen Schluck Kaffee. »Also, was wollt ihr wissen? Francine sagte mir, es ginge um das Sonnentemplerdrama.«

Charkow nickte. »Du hast damals die Leichen obduziert. Auf Grund der Anzahl der Toten konntest du die Obduktion sicher nicht alleine durchführen.«

»Steht das nicht alles in den Berichten?« Er zeigte auf den Stapel Kopien, den Charkow vor sich auf den Tisch gelegt hatte.

»Die Unterlagen sind nicht vollständig. Ich kann mir ein besseres Bild machen, wenn ich mit dir darüber rede.«

Salvagnin versuchte, sich an den Fall zu erinnern. »Soweit ich weiß, waren wir sieben Pathologen. Ja, mit mir waren es sieben. Ich musste aus Fribourg, Sion und

Genf Kollegen zu Hilfe bitten. Die Identifikation der Leichen war schwer, da wir nur rund die Hälfte durch Zahnschemata identifizieren konnten. Den Rest ... na, du weißt ja, wie das ist«, sagte er an Francine gewandt. »Sie waren bis zur Unkenntlichkeit verbrannt.«

»Erinnerst du dich noch an die Anzahl der Leichen?«, fragte Charkow.

»Da muss ich nicht lange überlegen. Es waren 45. Das ist mir geblieben, weil wir genauso viele Tage für die Identifikation benötigten.«

»Kein einfacher Job«, bemerkte Francine.

»Nein«, gestand er nachdenklich. »Neben der großen Zahl der Leichen machte uns der Geruch sehr zu schaffen. Das Schlimmste waren die Kinder.« Salvagnin nahm einen Schluck seines Kaffees, in den er vorher noch einmal einen kräftigen Schluck Schnaps gegossen hatte. »Die Medien und vor allem die Angehörigen erschwerten die Untersuchungen zusätzlich. Alle wollten schnell Gewissheit über die Identität der Opfer.«

Charkow legte ihm drei Ausdrucke auf den Tisch. »Hier sind die Schlagzeilen von Zeitungsartikeln, ein Protokoll, auf dem ihr den Eingang der Leichen dokumentiert habt, und ein weiteres Protokoll mit den Namen der Toten, die der verantwortliche Ermittler erstellt hat.« Er zeigte mit dem Finger auf eine der Textpassagen, die er mit einem Leuchtstift hervorgehoben hatte. »Wie du sehen kannst, sprechen die Medien von 47 Toten. Das stimmt mit dem Protokoll vom Polizisten Pierre Fleuri überein. Doch auf eurem Protokoll sind nur 45 vermerkt.«

Salvagnin betrachtete die Kopien kopfschüttelnd. »Wie kommt denn diese Abweichung zustande?«

»Auf diese Frage suchen wir eine Antwort«, sagte Francine.

»Wir haben sicher nicht mehr als 45 Leichen obduziert.«

»Kann es sein, dass vielleicht zwei nicht bei euch untersucht wurden?«

»Nein, alle Leichname kamen zu uns. Ich erinnere mich noch an diesen Pierre Fleuri. Ein unangenehmer Kerl. Er hat uns wie Anfänger behandelt.«

Charkow wurde hellhörig. »Erkläre mir bitte, was du damit andeuten willst.«

»Er hat uns einen Vortrag darüber gehalten, wie wir uns zu verhalten hätten. Dass wir absolutes Stillschweigen gegenüber der Presse halten sollten und die Ermittlungen schnellstens vorangetrieben werden müssten. Halt das übliche Gerede eines Menschen, der sich zu wichtig nimmt. Wir waren froh, als er uns später wieder in Ruhe ließ.«

»War er der einzige Polizist, der für die Bergung der Leichen zuständig war?«

Salvagnin dachte nach. »Ich erinnere mich an keinen anderen, der am Tag des Eintreffens der Opfer bei uns gewesen ist. Ob später noch jemand dabei war, weiß ich nicht mehr.«

»Lebt Pierre Fleuri noch?«, fragte Francine.

Zur ihrer und Charkows Überraschung wusste Salvagnin eine Antwort auf diese Frage. »Er war ein paar Jahre später ein Kunde von mir.«

»Starb er eines natürlichen Todes?«, wollte Charkow wissen.

»Autounfall mit Fahrerflucht. Das war die offizielle Version.«

»Also kein Zufall?«, fragte Francine.

»Meiner Meinung nach nicht«, pflichtete Salvagnin bei. »Man interessierte sich damals nicht für meine Ansicht. Er starb eindeutig an den inneren Verletzungen durch den Autounfall, dennoch hatte ich Hinweise gefunden, die den Unfallhergang in ein anderes Licht rückten.« Er biss in ein Stück Birnenbrot. »Meiner Meinung nach fuhr man noch ein zweites Mal über den schon schwer verletzten Polizisten.«

Charkow nickte unmerklich wie zur Bestätigung. »Du glaubst, der Mörder stammte aus den Sektenkreisen?«

Salvagnin zuckte mit den Schultern. »Ich bin Wissenschaftler, verstehst du? Ich halte nicht viel von Glauben. Meine Annahme hatte ich ausführlich mit Fakten im Obduktionsbericht begründet. Neben den besagten Verletzungen hatte ich beim Toten noch Lackspuren, Reifenabdrücke und Glassplitter gesichert. Sie konnten einem Fahrzeugtyp zugeordnet werden.«

»Niemand hat diese Spuren weiter verfolgt«, schlussfolgerte Charkow.

»Richtig.«

»Das ist ja unglaublich!« Francine war entsetzt.

»Aber es passt ins Gesamtbild«, stellte Charkow beunruhigt fest.

»Um wen handelt es sich eigentlich bei den beiden Opfern, die ich nie auf meinem Tisch hatte?«, fragte Salvagnin.

»Sie waren Geschwister. Zwei Mädchen mit den Namen«, er warf einen kurzen Blick auf die Liste, »Maria und Myriam.«

»Zwei biblische Namen. Und trotzdem ließen sich ihre Eltern auf die Sekte ein.«

»Ihre Eltern kamen damals ebenfalls ums Leben.« Charkow zeigte mit dem Finger auf die Liste mit den Opfern. »Eva und Marco Freisler.«

»Ich erinnere mich. Sie waren unter den Toten, die von Granges-sur-Salvan stammten und die ich obduziert hatte.« Salvagnin warf noch einmal einen Blick auf die Unterlagen. Überrascht blickte er auf. »Habt ihr bemerkt, wann sie geboren wurden?«

Charkow nickte. »Es waren eineiige Zwillinge.«

»Oh!« Für Francine war diese Tatsache neu.

»Sie waren beide gerade mal zwölf Jahre alt«, rechnete Salvagnin aus. »Und sie waren damals wirklich nicht unter den Opfern?«

»Um diese Frage zu beantworten, sind wir zu dir gekommen.«

»Ich verstehe«, sagte er langsam. »Du willst wissen, ob ich damals Teil der Sekte war und dabei geholfen habe, die Unterlagen zu fälschen.«

Charkow schwieg.

»Das hätte ich mich an deiner Stelle auch gefragt«, gab er zu, ohne beleidigt zu sein. »Ich höre heute zum ersten Mal von diesen beiden Mädchen.«

Charkow war sich sicher, dass Salvagnin damals nichts vertuschen wollte, sondern einfach nur, wie viele andere, manipuliert worden war. Er warf noch einmal einen Blick in seine Unterlagen und suchte nach einem Hinweis über die Beerdigung der Eltern, doch er fand keinen. »Vielleicht weißt du, wo die Eltern der Zwillinge beerdigt wurden?«

»Soweit ich mich erinnere, haben wir die Leichen an ein Beerdigungsinstitut in Zürich überstellt. Somit müssten sie bei euch beerdigt worden sein.«

»Wir müssen deine Kollegen zu den beiden Mädchen befragen. Hast du noch Kontakt zu ihnen? Wenn du uns ihre Adressen geben könntest, sparen wir Zeit.«

»Von uns sieben sind nur noch ich und drei weitere Kollegen übrig. Wir sind mittlerweile alle pensioniert.«

»Was ist mit den anderen?«

Salvagnin betrachtete den Kaffee in seiner Kachel, als ob er dort die Antwort finden würde. »Karl ist an einem Herzinfarkt gestorben. Zwei Wochen nach seiner Pensionierung. Manchmal bricht der Bogen, wenn man ihn über 40 Jahre gespannt hielt und plötzlich die Spannung von einem auf den anderen Tag wegnimmt. François kam bei einem Autounfall ums Leben. Er liebte schnelle Autos und wollte wohl so sterben. Ein Draufgänger. Lebte und starb wie sein Vorbild James Dean. Und da war noch Charles ...« Er machte eine Pause und plötzlich schien ihn die Melancholie zu beherrschen. Gedankenverloren blickte er einen Moment lang in die Winterlandschaft, an dessen Horizont die Berge durch die dicken Wolken schemenhaft auftauchten. »Ja, Charles. Er hat sich das Leben genommen.«

»Wann?«, fragte Charkow.

»Unmittelbar nach diesen Ereignissen.«

»Waren sie der Auslöser?«, fragte Francine.

»Ich glaube, es war zu viel für ihn.«

»Wie hat er sich das Leben genommen?«, wollte Charkow wissen, der eine Vorahnung hatte.

»Im Sommer. Es war ein wunderschöner Sommertag. Er ging hier in der Nähe zu einem Bahnhof und ...« Salvagnin brach ab. Dieses Ereignis lag schon fast zwei Jahrzehnte zurück und schien ihn immer noch stark aufzuwühlen. »Ich hatte Bereitschaft.«

Francine stieß einen kurzen Laut des Entsetzens aus und legte die Hand auf ihren Mund.

»Gab es Zeugen?«, fragte Charkow.

Salvagnin schüttelte den Kopf. »Es war ein sehr kleiner Bahnhof. Dort hält kaum noch ein Zug.«

Charkow dachte, dass es genauso gut ein Mord gewesen sein konnte.

Salvagnin schien seine Gedanken gelesen zu haben. »Jetzt, wo ich von euch erfahre, dass diese Sekte immer noch existiert, frage ich mich natürlich, ob es damals wirklich Selbstmord war.«

Francine und Charkow schwiegen. Salvagnin blickte wieder aus dem Fenster und suchte nach den vertrauten Silhouetten der Berge, die mit ihren klaren Konturen ein Gefühl der Sicherheit vermittelten. Sie waren verschwunden. Graue, undurchsichtige Wolken hingen tief über dem Land und schienen alles zu verschlingen.

»Danke, dass du uns so kurzfristig empfangen hast«, brach Francine das Schweigen.

»Es war schön, dich wieder einmal zu sehen«, antwortete Salvagnin mit traurigem Blick.

Sie verabschiedeten sich von ihm. Als sie mit dem Wagen von seinem Hof fuhren, stand er noch lange vor dem Haus und winkte ihnen zum Abschied, als wüsste er, dass er sie für eine lange Zeit nicht mehr wiedersehen würde.

Sie fuhren über eine verlassene Landstraße in Richtung Autobahn. Ab und zu kamen sie an einem Hof vorbei, sonst waren sie von verschneiten Ackerflächen und Wald umgeben. Charkow fühlte sich einsam und war froh, Francine an seiner Seite zu wissen. Als er kurz zu ihr hinüber sah, blickte sie gedankenverloren aus dem Fenster.

»Was beschäftigt dich?«, fragte er.

Seine Frage schien sie aus einer fernen Welt zurückzuholen und sie brauchte einen Augenblick, bis sie antwortete. »Was ist, wenn sie noch leben?«

»Wer, die Zwillinge?«

Sie nickte. »Stell dir vor, du überlebst aus irgendeinem Grund dieses Drama. Du bist kurz vor der Pubertät und deine Eltern werden erschossen oder verbrannt.«

Er bremste scharf und bog abrupt in einen Feldweg ein. Der Wagen rutschte auf dem Schnee weg, drehte sich zur Seite. Nur mit Mühe brachte Charkow ihn zum Stehen.

Francine erschrak und blickte ihn vorwurfsvoll an. »Willst du uns beide umbringen?«

»Nein. Ich würde diese Menschen umbringen!«, rief er, von der Offensichtlichkeit des Motivs wie vor den Kopf gestoßen.

»Max! Das ist völlig unwahrscheinlich«, versuchte Francine seine Euphorie zu dämpfen. »Die beiden sind für tot erklärt worden.«

»Und wo sind ihre Leichen?«

»Ziemlich sicher haben die Ermittler oder die Rechtsmediziner einen Fehler gemacht. Sie haben die Mädchen vielleicht obduziert, ohne es noch zu wissen. Drei der damaligen Rechtsmediziner und ein Ermittlungsbeamter sind tot. Wir können uns keine hundertprozentige Klarheit mehr über die Vorgänge von damals verschaffen.«

»Wovon zwei von ihnen vielleicht umgebracht wurden«, hielt er dagegen.

»Hör mal, ich kenne solche Situationen. Ich war damals beim Notfallteam in Thailand. Nach dem Tsunami haben wir die Leichen zu identifizieren versucht. Plötzlich waren wir mit einer unfassbaren Zahl von Toten konfrontiert. Weißt du, wie schnell man den Überblick verliert?«, wandte sie ein. »Und wie Salvagnin damals, arbeitete ich nicht alleine. Plötzlich hast du eine Vielzahl neuer Kollegen, die von außen hinzugezogen werden, um dir zu helfen. Jeder macht seine Arbeit. Und jeder versucht, die Übersicht nicht zu verlieren. Auch wenn Frédéric die Leitung innehatte, so besaß er sicher nicht die volle Kontrolle über die Arbeit jedes Einzelnen seiner Kollegen.«

»Du glaubst also, die beiden Zwillinge sind tot?«

»Ich sage nur, dass es eher unwahrscheinlich ist, dass sie noch leben. Schau mal. Das Sonnentemplerdrama liegt schon so lange zurück.«

»Was willst du damit sagen?«

»Warum finden die Morde erst jetzt statt? Warum nicht schon vor einigen Jahren oder noch früher?«

»Vielleicht, weil die Sekte erst jetzt wieder aktiv geworden ist.«

»Du hast selbst gesagt, dass die Identität der Mitglieder das am besten gehütete Geheimnis ist. Wie soll also der Mörder an die Namen von Solowjow und den anderen gekommen sein?«

Francines Gegenposition schwächte den Glauben an seine These nicht, sondern spornte ihn erst recht an. »Wenn die Zwillinge wirklich noch leben, stehen sie vielleicht irgendwie in Verbindung mit der Sekte. Die Bande von damals könnte immer noch existieren.«

Francine schüttelte den Kopf. »Das klingt für mich alles sehr spekulativ.«

»Es war deine Idee.«

»Ich erkläre mich im Sinne der Anklage für schuldig«, erwiderte sie und konnte sich ein Lächeln nicht verkneifen. »Was tun wir jetzt?«

»Wir suchen das Grab der Familie Freisler.«

36

Charkow setzte Francine am Institut für Rechtsmedizin ab und fuhr ins Präsidium. Auf dem Weg zu Kummer warf er einen kurzen Blick ins Büro von Priska und Martin. Die beiden waren so sehr ins Studium der Akten vertieft, dass sie ihn gar nicht bemerkten. Kummer war ebenfalls mit der Sichtung eines Aktenbergs beschäftigt, als Charkow in sein Büro trat, sich setzte und ihm die neuesten Erkenntnisse mitteilte. Während er ihm seine Theorie über die Zwillinge darlegte, konnte er Kummers Zweifel förmlich greifen.

»Was glaubst du dort zu finden?«, fragte Kummer, als ihn Charkow nach dem Grab der Familie Freisler fragte.

»Ich bin mir nicht sicher, ob die Zwillinge dort tatsächlich beerdigt worden sind.«

»Natürlich liegen die dort. Ich war schließlich damals bei der Beerdigung.«

Erst jetzt fiel ihm wieder ein, dass Kummer an den Ermittlungen in Zusammenhang mit der Familie Freisler beteiligt gewesen war.

»Es standen vier Särge in der Kapelle. Die Eltern und die beiden Mädchen«, ergänzte Kummer.

»Hast du die Leichen gesehen?«

»Mensch, Max, was glaubst du denn? Es waren Brandopfer. Niemand wäre auf die Idee gekommen, die Särge noch einmal zu öffnen.«

»Ich wollte wissen, ob du die Leichen vor der Beerdigung gesehen hast.«

»Nein, verdammt noch mal! Die Leichen wurden direkt von der Rechtsmedizin Lausanne an das Beerdigungsinstitut geliefert. Die Überstellungspapiere der Toten waren unterschrieben und in Ordnung.«

»Also hat niemand den Inhalt der Särge kontrolliert?«

Kummer schwieg einen Augenblick, weil ihm die Frage absurd vorkam. »Das ist nicht üblich. Und niemand hatte wirklich Lust, verkohlte Leichen anzuschauen«, erklärte er nun gereizt. »Oder willst du andeuten, dass wir leere Särge beerdigt haben?«

»Waren die Freislers ursprünglich katholisch?«, kam Charkow ein weiterer Gedanke.

»Soweit ich mir erinnern kann, ja.« Kummer schien zu dämmern, worauf Charkow hinaus wollte. »Stellst du jetzt schon Verbindungen zwischen der Sekte und der katholischen Kirche her?«, fragte er mit sarkastischem Unterton.

»Unsere Morde wurden alle in heiligen Stätten der katholischen Kirche verübt. Zudem wissen wir, dass die Sonnentempler irgendwie mit diesen Morden verknüpft sind. Für mich ist klar, dass hier ein Zusammenhang besteht«, antwortete er ruhig. »Es ist schon seltsam, dass wir erst jetzt, nach so langer Zeit, markante Fehler in den Ermittlungsunterlagen finden.«

»Was willst du damit andeuten?«, fragte Kummer nun gereizt.

»Nichts. Ich muss feststellen, dass wir nach gegenwärtigem Stand nicht sicher sein können, ob die Zwillinge nun tot sind oder noch leben.«

»Sie sind tot, verdammt noch mal!«, schrie Kummer.

Charkow blieb immer noch ruhig, denn er wusste, dass Kummers Frust nicht ihm, sondern den Vorkommnissen von damals galt. »Hör zu, Walter, wir müssen Gewissheit haben. Ich brauche deine Hilfe.«

Kummer schien erst nicht zu verstehen, was er damit meinte. Ihm wurde nur langsam klar, worauf das hinauslief. »Nein, nein, lieber Max. Das kannst du nicht ernsthaft in Erwägung ziehen.«

Charkow schwieg und sah Kummer an, um ihm klar zu machen, dass es ihm ernst war.

»Komm, das kannst du nicht wirklich von mir verlangen. Wie soll ich das rechtfertigen?«

»Du weißt genau, dass der Fehler in den Ermittlungsakten betreffend der Zahl der eingelieferten Leichen ein hinreichender Grund ist.«

»Wenn die Presse davon Wind bekommt, ist hier die Hölle los. Wir konnten nur mit Mühe diese Sonnentemplergeschichte vor denen geheim halten«, sagte Kummer verzweifelt. »Wenn du jetzt das Grab der Freislers exhumieren lä…«

»Wir müssen es machen«, insistierte Charkow. »Du weißt, dass ich recht haben könnte.« Er sah, wie Kummer mit sich rang. Er tat ihm leid. Doch Charkow musste alles daran setzen, weitere Morde zu verhindern. »Francine hat gesagt: Wenn die Zwillinge leben, erinnern sie sich vielleicht an die Ereignisse von damals. Und das wäre ein klares Motiv für die Morde.«

Kummer gab sich geschlagen. »Ich veranlasse alles Notwendige.«

37

Sie stand schon an einem der Weihnachtsstände, nicht unweit von Dr. Monschs Praxis, und wartete auf den Crêpe, den sie bestellt hatte.

»Mit Schokolade?«, fragte Charkow, als er Gabriela erreichte.

Sie erschrak kurz, da sie ihn nicht hatte kommen sehen, aber schenkte ihm trotzdem ein Lächeln. »Die habe ich als Kind schon gerne gegessen. Du bist früh.«

Charkow bestellte sich ebenfalls einen Crêpe und einen Kaffee. Während sie warteten, schwiegen beide und schauten zu, wie die Standbesitzerin den dünnen Weizenteig geschickt wendete, kleine Schokoladenstücke darauf verteilte und ihn mit einer schnellen Bewegung zusammenklappte.

Obwohl es kalt war, setzten sie sich auf eine der Bänke, die auf dem kleinen Platz neben einem Stadtbrunnen stand, und aßen ihre Crêpes.

»Wo kommst du her?«, wollte sie wissen.

»Ich war bei einem alten Rechtsmediziner.«

»Oh, warum? Hat der was mit deinem Fall zu tun?«

Er schwieg.

»Entschuldige, du darfst darüber nicht reden. Ich sollte dich so etwas nicht fragen.«

»Gabriela, ich muss mit dir reden«, begann er.

Sie legte langsam den Crêpe auf die Serviette in ihrem Schoß und sah ihn von der Seite fragend an. »Was ist denn?«

»Ich glaube, du solltest alleine zu Dr. Monsch gehen.«

Gabriela senkte den Blick auf den Crêpe in ihrem Schoß und umklammerte ihre Papierserviette, als ob sie diese jeden Moment verlieren könnte.

»Du machst diese Sitzungen nicht wegen mir«, begann er nachdenklich. »Du machst sie wegen dir.« Er warf ihr einen flüchtigen Blick zu und sah, dass sie keinen Versuch unternahm, sich zu verteidigen. »Du versteckst dich nur hinter mir. Es geht nicht um meine Vergangenheit, um meine Muster, sondern wir sind bei Dr. Monsch, weil du mit deiner eigenen Vergangenheit nicht klar kommst.«

Sie schwieg immer noch. Starr blickte sie auf ihre Hände. »Ohne dich kann ich das nicht«, sagte sie plötzlich leise.

Zum ersten Mal hatte er das Gefühl, die wahre Gabriela zu erleben. »Ich kann dir dabei nicht helfen«, bedauerte er. »Ich musste mich damals – bei dir – den Geistern aus meiner Vergangenheit auch alleine stellen. Sonst hätten sie die Kontrolle über mich behalten.«

»Ich habe Angst«, gestand sie.

»Die hatte ich auch.« Als er sie betrachtete, sah er das kleine, verängstigte Mädchen, das sie gewesen sein musste, als ihr Vater sie das erste Mal missbraucht hatte. »Erinnerst du dich? Ich habe in den Sitzungen bei dir über meine Ängste gesprochen. Über Ängste, die aus meiner Kindheit kamen. Über Dinge, die ich sah und hörte. Dinge, die sich mir eingebrannt hatten und die ich seit diesem Moment in mir trug. Du halfst mir, diese Dinge loszulassen. Ich denke, du musst dich nun ebenfalls deinen Geistern stellen.«

»Woher weißt du davon?«, fragte sie plötzlich, in der Erkenntnis, dass er etwas über ihre Vergangenheit in Erfahrung gebracht haben musste. »Du hast das über meinen Vater in der Datenbank recherchiert, nicht wahr?«, nahm sie ihm die Antwort ab.

»Ich bin nicht stolz darauf«, antwortete er leise. »Ich habe nur nicht verstanden, warum du mir nie etwas von deiner Kindheit erzählen wolltest«, versuchte er sich zu rechtfertigen und schämte sich für diesen kläglichen Versuch. »Das entschuldigt nicht, dass ich hätte warten sollen, bis du es mir selbst erzählst. Es tut mir leid.«

»Nein, ist schon gut«, unterbrach sie ihn. »Ich hätte es dir erzählen müssen. Schon viel früher.« Sie stand auf, nahm den Crêpe und warf ihn in den Abfalleimer, der gleich neben der Bank stand. Sie nahm Charkow, der ebenfalls aufgestanden war, in den Arm und drückte ihn kurz. Er sah Tränen in ihren Augen.

»Vielleicht melde ich mich wieder einmal bei dir«, sagte sie. »Im Moment brauche ich Zeit für mich.«

Er wollte noch etwas antworten, doch sie wandte sich schnell ab und verschwand in der Menschenmenge zwischen den unzähligen Weihnachtsständen. Er hielt immer noch seinen mittlerweile kalt gewordenen Crêpe in den Händen. Er konnte Gabriela zwar schon lange nicht mehr sehen, trotzdem blickte er ihr nach. Er fühlte sich ein wenig schuldig, weil er ein Gefühl der Erleichterung verspürte.

38

Am nächsten Morgen erwachte Bischof Paulus Geissler mit starken Kopfschmerzen. Es gab Nordwind, dachte er. Einen Moment lang schloss er die Augen und konzentrierte sich auf das stechende Pochen an seiner rechten Schläfe. Er musste ihn annehmen, befahl er sich selbst. Wenn er sich gegen den Schmerz wehrte, würde es nur noch schlimmer.

Mit den Ereignissen der letzten Tage war es ebenso. Die Akzeptanz fiel zusehends schwerer. Generalvikar Berger versuchte ihn zu einer Entscheidung zu drängen. Nach dem Mord an Charlotte Herder mussten sie der Wahrheit ins Auge blicken: Jemand wollte die Führungsriege der Sonnentempler vernichten und hatte sich irgendwie Zugang zu den Namen verschafft. Für die Taten kam nur ein Mitglied aus dem inneren Kreis der Sekte infrage. Da war sich auch Berger sicher gewesen. Gestern Nacht hatte er ihn unerwartet angerufen und um eine Sitzung gleich am nächsten Morgen gebeten. Es sei dringend, hatte er gesagt, denn es gäbe neue Erkenntnisse, was die Herkunft des Mörders anbelangte.

Seine Vermutung, Berger könne auf denselben Verdacht wie er gestoßen sein, machte ihm Angst. Wie sollte er darauf reagieren? Er musste sie auf jeden Fall schützen. Er hatte es damals getan und würde es wieder tun. Das war seine Pflicht.

Das Anziehen der Kleider war eine Mühsal. Jedes Mal, wenn er sich bückte und wieder aufstand, wurde der stechende Schmerz in seinen Schläfen unerträglich. Ein kurzer Blick auf die Uhr sagte ihm, dass Berger bald eintreffen musste. Sein Blick fiel durch das Fenster seines Schlafzimmers auf den Hof. Bergers Wagen war nicht zu sehen. Er hatte noch Zeit für ein Gebet, dachte er und beschloss, hinüber zur Kathedrale zu gehen. In diesen frühen Morgenstunden waren noch keine Gläubigen anzutreffen und er würde den heiligen Raum ganz alleine für sich haben.

Der Gedanke an die Ruhe und Kraft, die ihn dort erwarteten, halfen ihm, seinen Schmerz zu ertragen.

Die Gänge der Gebäude waren leer, als er sich auf den Weg machte. Seine Mitbrüder hatten sich um diese Zeit beim Frühstück versammelt. Er genoss die Stille und war froh, niemandem zu begegnen. Die Luft war stechend kalt. Die hohen Berge, die den Bischofssitz umgaben, ließen erst gegen Mittag die Sonne für wenige Stunden auf die Stadt scheinen.

Als er die Kathedrale betrat, vernahm er den vertrauten Geruch von Weihrauch und Kerzenwachs. Er schloss die Augen und atmete den Duft tief ein. Als ob er Erinnerungen an seine Kindheit einatmen würde. Er war in dieser Stadt aufgewachsen. Schon als Kind liebte er es, im Klosterhof und der Kathedrale zu spielen. Dieser Ort hatte ihm damals wie heute Geborgenheit geschenkt. Seine Eltern und später seine Klassenkameraden hatten seine Liebe zur Kirche nicht verstanden. Verbote und Hänseleien bestärkten ihn nur noch mehr in seinem frühen Wunsch, Priester zu werden.

Er setzte sich auf eine der vorderen Bänke beim Altar und schloss die Augen. Stille. Seine Gedanken hatten nun Raum. Er versuchte sie zu ordnen. Doch jeder Versuch, eine Struktur in das Chaos der letzten Wochen zu bringen, scheiterte hoffnungslos. Loslassen, befahl er sich. Gott wird mich leiten. Nicht ich bin es, der leitet. Es ist Gott. Ich bin nur das Instrument. Sein Puls verlangsamte sich und der pochende Schmerz in seinem Kopf wurde leiser. Er musste lernen loszulassen, ermahnte er sich noch einmal. Geissler konzentrierte sich auf seinen Atem und wollte zum Gebet ansetzen.

»Denkst du manchmal an sie?«

Erschrocken öffnete er die Augen. Die Stimme war direkt hinter ihm. Nicht die plötzliche Anwesenheit einer Person war der Grund seines Schocks, sondern ihre Stimme. Langsam wandte er sich um und blickte in Augen, die er noch nie zuvor so voller Trauer gesehen hatte. Er wollte etwas erwidern, doch ihm fehlten die Worte, als er sich der Frage bewusst wurde, die sie ihm gestellt hatte.

»Ich denke jeden Tag an sie«, sagte die junge Frau in der Gebetsbank hinter ihm.

Die dunkelrote Bluse mit dem passenden Lippenstift und die elegante Hose fielen ihm sofort auf. Das schwarze, glänzende Haar war zu einem Zopf geflochten und ihre grazilen Finger zum Gebet gefaltet. Sie ist eine Frau geworden. Eine wunderschöne Frau, dachte er. So hatte er sie noch nie gesehen. Sie war so schön, dass er vergaß, sich die Frage zu stellen, warum sie das Gewand Gottes abgelegt hatte. »Warum bist du hier?«

Sie senkte den Blick auf ihre Hände und ihre Augen füllten sich mit Tränen. »Warum denke ich immer an sie?«

Er wusste keine Antwort. »Du musst zurück. Noch heute. Wenn man dich hier sieht …«

Ihr Blick verhärtete sich und sie sah ihm direkt in die Augen. »Du hast keine Angst um mich. Du fürchtest nur, dass man uns zusammen sieht.«

»Du musst zurück. Versteh bitte. Du bist hier nicht sicher.«

»Nein. Ich gehe nicht zurück.«

»Aber …«

»Du verleugnest mich. Berger hat die Angst in mein Leben gepflanzt. Und du hast mich belogen. Ich weiß nicht, wie ich dir vergeben kann.«

Beschämt senkte er den Blick. »Ich wollte dich schützen.«

»Du kannst mich nicht mehr schützen«, erwiderte sie und stand auf.

Ihre letzten Worte riefen seine schlimmsten Befürchtungen wieder hervor. War sein Verdacht wirklich berechtigt?

»Warte«, bat er sie inständig. »Wohin willst du nun?«

»Kannst du es dir nicht denken?«

»Warum tust du das?«, fragte er, ohne zu wissen, ob er die Antwort wirklich hören wollte.

Sie wandte sich von ihm ab und verließ die Kirche.

Die Begegnung war so kurz und seltsam gewesen, dass er einen Moment lang zweifelte, ob sie wirklich stattgefunden hatte. Er roch zwischen Kerzenwachs und Weihrauch den leichten, süßlichen Duft ihres Parfums. Sie war wirklich bei ihm gewesen. Seine Hände zitterten. Erst jetzt stieg die Angst in ihm auf. Eine diffuse Angst, deren Ursprung er nicht erkennen konnte. Er spürte, dass sie real war. Und er war sich sicher, dem Bösen begegnet zu sein.

39

Ein unappetitliches Schwarzbraun mischte sich mit dem frisch gefallenen Schnee, als die Stahlschaufel des Baggers das erste Stück gefrorene Erde über dem Grab herausriss. Charkow stand neben Francine und Kummer, dessen besorgte Miene sich mit jedem Stück Erde, das der Bagger am Fuß des Grabs anhäufte, mehr verfinsterte.

»Was machen wir, wenn alle vier Familienmitglieder hier liegen?«, fragte Kummer besorgt.

»Wir suchen nach neuen Hinweisen«, antwortete Charkow.

Francine las die vier Namen auf dem Grabstein. Es war ein auffällig teurer Stein, auf dessen glatt geschliffener Oberfläche mit goldenen, geschwungenen Lettern die Namen der Toten standen. Nur der gemeinsame Todestag störte diesen perfekten Eindruck. »Wer hat eigentlich diesen schönen Grabstein ausgesucht?« Francine warf Kummer einen fragenden Blick zu.

»Keine Ahnung«, sagte er. »Sicher die Verwandten.«

»Gab es denn welche?«, fragte Charkow.

»Das weiß ich nicht mehr«, gestand Kummer.

Charkow versuchte sich zu erinnern, doch in den Unterlagen waren ihm keine Informationen über den Hintergrund der Familie Freisler aufgefallen.

»Ich weiß nicht, was ich mir mehr wünsche«, sagte Francine. »Dass wir leere Särge finden oder dass die Zwillinge wirklich da unten liegen.«

»Für die Zwillinge wäre es wohl besser, wenn sie noch lebten«, meinte Kummer.

»Bist du dir da so sicher?«, fragte Charkow.

Es dauerte noch eine ganze Weile, bis die Schaufel des Baggers plötzlich ein knirschendes Geräusch verursachte. Sofort brachen sie die Arbeit ab, und drei Männer, die mit Schaufeln bereit standen, stellten eine Leiter an das Fußende des Grabs, stiegen hinab und legten die vier Särge sorgfältig frei. Anschließend stiegen sie aus dem Grab und blickten auffordernd zu Francine.

Sie holte tief Luft und griff nach dem Brecheisen. »Lass uns nachsehen, ob du mit deiner Vermutung richtig liegst.«

Charkow stieg als Erster hinab und half Francine, als sie ihm über die Leiter folgte. Das Holz war feucht und Francine rutschte beim Versuch weg, sich auf einem der Särge abzustützen. Auf dem Deckel des ersten Sargs war eine Inschrift eingraviert: *Myriam Freisler – Du bleibst immer in unserer Erinnerung*. Kummer stand oben am Rand des Grabes und beobachtete die beiden. Francine zögerte und blickte kurz zu ihm hinauf. Er nickte ihr unmerklich zu.

Charkow nahm ihr das Brecheisen aus der Hand. »Es war schließlich meine Idee, die Gräber zu exhumieren.«

Er stieß das Eisen unter die Kante des Sargdeckels und legte sein ganzes Gewicht auf das andere Ende. Beim ersten Versuch rutschte das Brecheisen ab. Der Deckel schien angefroren zu sein. Er unternahm einen weiteren Versuch und schlug das Eisen noch tiefer in das Holz. Der Deckel gab nicht nach. Erst als er mehr Gewicht auf das Brecheisen legte, sprang dieser so plötzlich auf, dass Charkow für einen Moment das Gleichgewicht verlor und zu fallen drohte. Reflexartig stützte er sich mit einer Hand auf dem Boden des Sargs ab und griff ins Leere.

»Verdammt!«, rief Kummer. »Ihr hattet recht!«

Alle drei starrten in den leeren Sarg. Charkow drehte sich um und hebelte den Sarg von Myriams Schwester auf – ebenfalls leer. Dann wandte er sich den beiden anderen Särgen zu.

»Warte, wir haben keine Erlaubnis, diese ebenfalls zu öffnen«, warnte Francine.

Charkow blickte zu Kummer, der einen Moment lang zögerte. »Los«, befahl er trotzig. »Ich will jetzt wissen, wie sehr wir damals für dumm verkauft wurden.«

In den anderen Särgen fanden sie die Leichname zweier Erwachsener. Das Grab wurde zum Tatort erklärt und Francine rief den technischen Dienst, um etwaige Spuren an den Särgen und die DNS der beiden Leichen zu sichern.

Charkow und Kummer fuhren gemeinsam zurück ins Büro und beriefen eine Besprechung mit Priska und Martin ein. Sie informierten kurz über die gemachte Entdeckung. Die Neuigkeiten über das leere Grab der Zwillinge motivierten die beiden. Endlich gab es eine konkrete Spur.

»Hier habt ihr die Namen der drei noch lebenden Gerichtsmediziner, die Dr. Salvagnin damals unterstützt haben.« Charkow reichte ihnen Kopien einer Zusammenfassung des Gespräches mit Salvagnin, die er in der letzten Nacht geschrieben hatte. »Ich will, dass ihr noch heute mit ihnen sprecht. Ihr müsst unbedingt darauf achten, ob sie euch bezüglich der Zwillinge die Wahrheit sagen. Stellt eure Fragen also geschickt.«

»Du glaubst, einer von ihnen könnte an der Vertuschung beteiligt gewesen sein?«, fragte Priska.

Er nickte.

»Warum das Ganze?«, fragte Martin. »Warum sollten ausgerechnet diese Zwillinge das Drama überlebt haben?«

»Das ist eine wichtige Frage. Im Moment ist wichtiger zu klären, ob einer der drei Rechtsmediziner ein wenig nachgeholfen hat.«

»In diesem Fall könnte er uns zu den Sonnentemplern führen, weil er wahrscheinlich Mitglied der Sekte ist«, war Priskas Schlussfolgerung.

»Richtig«, bestätigte Charkow. »Oder vielleicht sogar zu den Zwillingen.«

»Was glaubst du, wie sie damals entkommen konnten? Hat man sie vielleicht entführt?«, fragte Kummer.

»Möglich ist vieles. Vor allem denke ich an den Hass, den vielleicht einer oder beide dieser Zwillinge in sich tragen und der ausreicht, um sie weiter morden zu lassen.«

»Du glaubst, die Zwillinge sind verantwortlich für diese Morde?« Kummer hatte wohl schon selbst diesen Gedanken, denn seine Überraschung über Charkows Vermutung hielt sich in Grenzen.

Martin und Priska ließen das Gesagte einen Moment lang auf sich wirken. Diese Erkenntnis war ein möglicher Wendepunkt in den Ermittlungen.

»Wir müssen zuerst die Zwillinge finden«, stellte Martin fest.

»Richtig. Durchforste die Datenbanken nach den Namen der Mädchen und vergleiche sie mit den Bildern der Passämter. Lasst uns jedoch zuerst mit den Rechtsmedizinern reden«, befahl Charkow.

»Und was machen wir, wenn die Befragung der Rechtsmediziner erfolglos bleibt?«, wollte Priska wissen.

»Wir fahren mehrgleisig. In den Untersuchungsakten von damals gibt es ein Foto der Familie Freisler. Ich gebe es unserem Spezialisten und lasse einen der Zwillinge künstlich altern.«

»Du willst sie zur Fahndung ausschreiben lassen?«, fragte Kummer.

»Ich will wissen, ob sie noch leben«, sagte Charkow.

»Was sollen wir deiner Meinung nach der Presse sagen?«

Charkow verstand Kummers Problem. Sie brauchten die Presse, um eine große Verbreitung des Bildes zu erreichen, aber sie durfte nicht erfahren, um wen es sich dabei handelte.

Kummers Gehirn schien auf Hochtouren nach einer Lösung zu suchen. »Wir dürfen sie keinesfalls als potenzielle Täterin hinstellen«, mahnte er. »Wir könnten sie als Zeugin suchen lassen.«

»Gut. Ich sehe keinen besseren Weg, um sie schnell aufzuspüren.« Er bemerkte, dass Kummer anscheinend immer noch daran zweifelte, das Richtige zu tun. »Walter, es ist die beste Spur, die wir haben.«

»Also gut. Machen wir es so«, stöhnte Kummer. »Soll ich Franzen informieren?«

»Was ist, wenn die Bundespolizei hinter dieser Vertuschungsangelegenheit steckt? Was ist, wenn einer von denen Informant oder, noch schlimmer, Mitglied in dieser Sekte ist?«

»Das glaubst du jetzt selbst nicht!«, entrüstete sich Kummer.

»Warum haben sie uns nicht schon nach unserem ersten Opfer informiert? Und warum ist ihnen der Fehler bei der Anzahl der Leichen nicht aufgefallen?«

»Du kennst sie doch. Das ist zwar ein Club von Geheimniskrämern. Aber auch sie machen Fehler.«

»Kann schon sein. Aber wir machen keine. Nicht wahr?«

Kummer ließ sich mit einem Seufzer in seinen Stuhl zurückfallen. »Also gut. Ich kann einfach nicht glauben, dass man uns damals so getäuscht hat.«

Priska und Martin warfen sich einen hastigen Blick zu. »Wir versuchen jetzt die Rechtsmediziner zu erreichen«, sagte Priska, die spürte, dass es besser wäre, Charkow und Kummer alleine zu lassen. Als keiner der beiden Männer reagierte, stand sie auf und verließ mit Martin den Raum.

Charkow ging zum Kaffeemaschine, legte eine Kapsel in den Kolben, drehte ihn ein und drückte den Knopf. »Willst du auch einen?«

Kummer schien ihn nicht zu hören. Er war aufgestanden und starrte aus dem Fenster. »In dieser verdammten Geschichte steckte damals schon der Wurm.«

»Und heute kommt er zum Vorschein«, ergänzte Charkow.

»Mein Glaube in unser Rechtssystem hat mich damals blind gemacht. Ich stand am Anfang meiner Karriere und wollte alles richtig machen. Dabei habe ich alles falsch gemacht.«

»Du hast es richtig gemacht«, widersprach Charkow. »Du hast dich an die Vorschriften gehalten und dem leitenden Untersuchungsrichter zugearbeitet. Woher hättest du wissen sollen, dass die beiden Särge leer waren? Mach dir keine Vorwürfe.«

Kummer zuckte mit den Schultern, wandte seinen Blick vom Fenster ab und ging zu Charkow. »Ich mache mir trotzdem Vorwürfe«, sagte er ernst und blickte ihm direkt in die Augen. »Wenn ich damals so wie du gewesen wäre, hätte ich die Dinge hinterfragt. Verdammt noch mal, das ist mein Job! Und ich habe meinen verdammten Job nicht gemacht!«

Charkow wusste darauf nichts zu erwidern und nahm einen Schluck Kaffee.

»Lass das Bild noch heute anfertigen. Ich glaube auch, dass die Zwillinge noch leben. Und ich will wissen warum«, sagte Kummer entschlossen und verließ das Sitzungszimmer.

40

Schnell überquerte Bischof Paulus Geissler den Klosterhof, immer noch aufgewühlt von der Begegnung mit ihr. Als er den Wagen von Berger sah, wäre er am liebsten umgekehrt. Doch er musste ihn anhören. Die Kirche zu schützen war wichtiger als seine Vergangenheit, die ihn einzuholen drohte. Er würde Berger nichts von der Begegnung in der Kathedrale erzählen, beschloss er. Er könnte falsche Schlüsse ziehen und würde sie damit vielleicht in Gefahr bringen. Das durfte nicht geschehen. Er musste erst einmal selbst verstehen, was diese Begegnung zu bedeuten hatte, versuchte er seine Entscheidung zu rechtfertigen. Als er das Klostergebäude betrat, wartete Berger schon an der Pforte auf ihn. Nach einer knappen Begrüßung zogen sie sich ohne ein weiteres Wort in das Sitzungszimmer des Bischofs zurück.

»Die Namen sind nicht mehr geheim«, offenbarte Berger ohne Umschweife.

»Was willst du damit sagen?«

»Jemand hat sich Zugang zu unserer Liste verschafft.«

»Ist sie gestohlen worden?« Er hasste es, wenn Berger sich bitten ließ.

»Nein, wir vermuten, dass sie kopiert wurde.«

»Wer ist *wir*?«

»Der Leiter des Priesterseminars und ich.«

»Sprichst du von Hieronymus?«

Berger nickte.

Hieronymus arbeitete zwei Gebäude weiter von ihm. Warum hatte Berger ihm nie gesagt, dass Hieronymus von der Liste wusste?

»Hieronymus kennt die Liste ebenfalls?«, fragte er aufgebracht. Es war nicht das erste Mal, dass Berger eigenmächtig Mitarbeiter in Geheimnisse einweihte, weil er es als notwendig erachtet hatte.

»Beruhige dich«, sagte Berger. »Sein Bruder arbeitet für uns und beschafft die Namen auf dieser Liste. Er ist der Maulwurf. Hieronymus hat bemerkt, dass jemand die Aktenschränke durchsucht und danach die Mappe mit der Liste falsch eingeordnet hat.«

»Hat er gesehen, wer es war?«

Berger blickte kurz betroffen auf den Siegelring an seiner linken Hand. »*Sie* war es.«

»Wann war das?«

»Letzten Sommer.«

Sie war also letzten Sommer hier, stellte Paulus Geissler betroffen fest. Und sie kam nicht zu mir, um mich zu sehen. »Ist sich Hieronymus wirklich sicher?«

»Er hat sie gesehen. Sie war im Bürotrakt.«

»Das ist kein Beweis.«

»Sie hätte sich dort nicht aufhalten dürfen. Du weißt das genauso gut wie ich. Was hatte sie also dort verloren?«

Er suchte nach einem Weg, Berger von seinem Verdacht abzubringen. »Und was soll sie deiner Meinung nach mit diesen Namen anfangen? Die Namen sind für Nichteingeweihte bedeutungslos. Woher soll sie also deren Bedeutung kennen?«

»Sie war kein Kind mehr, als es passierte«, verteidigte sich Berger. »Sie erinnert sich noch an Namen aus dieser Zeit! Oder warum glaubst du, dass ausgerechnet diese drei als Opfer ausgewählt wurden?«

Der Bischof rang mit seinen Gefühlen. Er wusste, dass Berger recht hatte, deshalb musste er jetzt alles daran setzen, sie zu beschützen. »Das ist reine Spekulation! Selbst wenn es so wäre, auf was willst du hinaus?« Bergers Schweigen ließ ihn das Schlimmste vermuten. »Nein. Das kannst du nicht wirklich glauben«, beschwor er ihn und dachte an die Begegnung in der Kathedrale. Diese wunderbare Frau musste unschuldig sein. Sie war sein Engel und nicht der Teufel.

»Wir müssen uns um die Angelegenheit kümmern«, beharrte Berger. »Wir dürfen keine Zeit verlieren.«

»Was hast du vor?«

»Wir müssen sicher gehen, dass die Sache ein Ende findet.«

Ihm war klar, was Berger andeutete. »Du wirst nichts dergleichen tun! Du hast keine Beweise.«

»Wir müssen sie beseitigen!«

»Wage es nicht, an so etwas zu denken! Du weißt, von wem du hier sprichst!«, schrie er Berger an. Seine Schmerzen an der Schläfe wurden jetzt unerträglich. »Du wirst ihr nichts antun! Im Gegenteil!« Er warf Berger einen drohenden Blick zu. »Ich erteile dir den Befehl, sie zu schützen. Hast du mich verstanden?«

»Wir müssen die Kirche schützen«, widersprach Berger und wich Geisslers Blick aus. »Das ist das einzig Wichtige.«

»Du denkst nur an deine Karriere!«

»Du weißt so gut wie ich, dass die Wahrheit für uns beide den sicheren Untergang bedeutet«, erwiderte Berger kalt.

Geisslers Kräfte verließen ihn und er musste sich setzen. »Das ist mir egal«, sagte er tonlos.

»Wir müssen handeln! Jetzt!«, herrschte ihn Berger an.

»Du hast meinen Befehl gehört«, entgegnete er in hartem Tonfall und blickte in Bergers Gesicht, das vor unterdrücktem Zorn weiß geworden war. »Bitte beschütze sie», sagte er nun sanft und hoffte auf Bergers Verständnis. »Du bist der Einzige, der es kann.«

»Wie?«, fragte Berger widerwillig. »Willst du sie einfach versetzen lassen? Das wird sie kaum zulassen. Und du weißt warum.« Berger beugte sich vor und redete eindringlich auf den Bischof ein: »Paulus, sie ist krank. Wir werden sie nicht so einfach aufhalten können.«

»Ich will nichts davon hören!«

»Wenn wir sie nicht stoppen«, fuhr Berger unbeirrt fort, »wird es früher oder später die Polizei. Hast du eine Ahnung, welche Konsequenzen das haben wird?«

»Finde eine Lösung! Sie umzubringen ist keine! Wenn wir im Unrecht sind, können wir das weder vor uns noch vor Gott verantworten«, schloss Paulus Geissler, stand auf und verließ den Besprechungsraum.

Berger verließ das Klostergebäude mit unterdrückter Wut im Bauch. Was bildete sich Paulus eigentlich ein, ihm Befehle zu erteilen? Er wusste schließlich, was auf dem Spiel stand, dachte er zornig. Er war überzeugt, dass sie nicht nur die Liste kopiert hatte und die Bedeutung der Namen kannte, sondern auch für die Morde verantwortlich war. Und wenn die Polizei sie vor ihnen finden würde, käme ihr Geheimnis ans Licht und er würde alles verlieren. Er war nun bald Mitte 50. Der Vatikan würde seine Mitwisserschaft an ihrem Projekt leugnen, ihn exkommunizieren und anschließend zum Teufel jagen. Im besten Fall würde man ihm in irgendeinem Dschungeldorf am Amazonas eine Stelle als Missionar beschaffen, wo er ein paar Jahre später an Malaria stürbe. So machten sie es in Rom immer mit unliebsamen Mitgliedern. Nein! Er musste mit aller

Macht verhindern, dass so etwas geschah. Dafür würde er Paulus' Befehl ignorieren und versuchen, der Sache sofort ein Ende zu bereiten. Und er wusste jetzt, wie.

41

Charkow saß an seinem Schreibtisch. Die Spezialistin für künstliche Alterung bei der Fahndungsabteilung hatte das Bild einer der Zwillinge gescannt und bearbeitet. Als sie ihm das Ergebnis zeigte, war er von der Schönheit der Frau auf dem Fotoausdruck überwältigt gewesen.

»Bis du sicher, dass sie immer noch lange Haare hat?«, hatte er die Spezialistin gefragt.

»Wenn ich so schönes schwarzes Haar hätte, würde ich es nicht abschneiden«, antwortete sie mit einem wissenden Lächeln.

Er dankte ihr und gab das Bild in die Fahndung. Kummer hatte für den Nachmittag eine Pressekonferenz einberufen. Ihr Konterfei konnte somit morgen in den wichtigsten Medien erscheinen. Mit etwas Glück würden einige Zeitungen das Thema schon heute in ihren Onlineausgaben publizieren. Er würde sich bis morgen gedulden müssen, bis die Rückmeldungen aus der Bevölkerung kamen. Nun galt es zu warten. Eine Situation, die er verabscheute.

Martin trat in sein Büro. Er legte einen Stapel Ausdrucke auf den Tisch. »Das sind Kunden, welche Präparate, die Tetrodotoxin enthalten, gekauft haben. Die gelb markierten haben ein Rezept. Die grün markierten haben große Mengen bestellt, aus denen sich eine gefährliche Dosis extrahieren ließe.«

»Und die Unmarkierten?«

»Die sind entweder nicht eindeutig identifizierbar, haben zu geringe Mengen bestellt oder stammen nicht aus der Schweiz.«

»Sind hier Kunden aus den Grenzgebieten aufgeführt?«

»Natürlich.«

Charkow nickte kurz. »Hast du Erkenntnisse, die uns weiterbringen?«

»Kein Name oder eine Adresse aus unseren Ermittlungen taucht in dieser Liste auf«, erklärte Martin. »Ich muss dazu sagen, dass wir nicht alle Kunden bis jetzt ermitteln konnten, da einige Anbieter ihre Anwälte eingeschaltet haben.«

Charkows Frust vergrößerte sich. »Und warum hat das so lange gedauert?«

»Ich kann die Unternehmen nicht zwingen, schneller zu arbeiten«, erklärte Martin gereizt.

Charkow erkannte, dass ihn seine Bemerkung beleidigt hatte. »Entschuldige. Du hast recht. Danke, Martin. Gute Arbeit. Was habt ihr bezüglich der drei Rechtsmediziner herausgefunden?«

»Priska wird dir mehr erzählen können. Sie hat sich darum gekümmert.« Ohne ein weiteres Wort verließ Martin das Büro.

Wieder überfiel Charkow Unruhe. Er warf einen flüchtigen Blick auf Martins Unterlagen und schob sie missmutig beiseite. Zweifel machten sich in ihm breit. Priska hatte erfolglos die Datenbanken der Meldeämter auf einen

Hinweis ihrer Existenz durchforstet. Hatte er richtig entschieden, sich ausschließlich auf die Spur der Zwillinge zu fokussieren? Reichte das Erlebnis in ihrer Kindheit wirklich, um beide oder eines der Mädchen so stark zu traumatisieren, dass es zur Mörderin werden konnte? Wenn ja, warum hatte sie erst jetzt diese Taten begangen? Es muss einen Auslöser geben, dachte er plötzlich. Irgendetwas in ihrem Leben musste kürzlich geschehen sein. Und dieses Ereignis musste einen Riss in ihrer Seele verursacht haben, durch den sich der Hass entfalten konnte. Charkow brauchte eine schnelle Antwort auf die Frage nach dem Auslöser. Und schnelle Antworten auf Fragen zur Seele würde er von Gabriela erhalten. Nur einen Moment lang spielte er mit dem Gedanken, Priska mit dieser Frage zu ihr zu schicken. Doch er schämte sich sofort seiner Feigheit und wählte Gabrielas Nummer. Zu seiner Verwunderung nahm sie direkt ab. Nachdem er ihr kurz die Situation geschildert hatte, verabredeten sie sich in der Kantine.

Sie traf fünf Minuten später ein.

»Danke für deine Zeit«, sagte er, als sie sich zu ihm setzte.

»Das ist meine Aufgabe, für die mich die Polizei eingestellt hat«, erwiderte sie mit einem flüchtigen Lächeln. »Wie alt waren noch mal die Mädchen, als man ihre Eltern umbrachte?«

»Zwölf«, antwortete er und war froh, dass sie ohne Umschweife ins Thema einstieg.

»Haben sie durch Dritte erfahren, wie ihre Eltern ums Leben kamen? Oder waren sie, was noch schlimmer gewesen wäre, dabei, als sie starben?«

»Wir wissen es nicht. Wir wissen nicht einmal, ob sie noch leben.«

»Es ist die junge Frau, die ihr zur Fahndung ausgeschrieben habt, nicht wahr?«

Er nickte.

Gabriela schien nachzudenken. »Wenn eines dieser Mädchen miterlebt hat, wie grausam ihre Eltern ums Leben kamen, ist das schon eine Basis für ein Motiv. Hass könnte ein ausreichender Grund für diese Form der Taten sein.«

»Warum mordet sie erst jetzt?«

»Es wäre eine Reihe möglicher Auslöser denkbar.«

»Könnte es sein, dass sie einem ehemaligen Sektenmitglied begegnet ist?«

»Du meinst, einem Mitglied, das eine Schuld an der Ermordung ihrer Eltern trifft?«

Charkow nickte. Ihn überkamen Zweifel an seinem Gedanken. »Glaubst du, sie hätte nach so langer Zeit diesen Menschen erkannt?«

»Wenn ein Mensch traumatisiert ist, brennt sich entweder ein Erlebnis tief ein oder man verdrängt es in den hintersten Bereich seines Unterbewusstseins. Im ersten Fall ist es sehr gut möglich, dass sie diese Person auch nach so langer Zeit wiedererkennt.«

Charkow versuchte sich vorzustellen, welche Art Erlebnis es hätte sein können. »Andere Auslöser?«

»Es könnte sich um ein Ereignis handeln, das überhaupt nichts mit den Vorgängen von damals zu tun hat. Etwas, das sie aus der Bahn geworfen hat und das sie nun mit dem damaligen Trauma verknüpft.«

»Du sprichst von Projektion?«

Gabriela nickte. »Die zentrale Frage, die ich mir stellen würde, ist: Woher hat sie die Namen der Sektenmitglieder? Du hast erwähnt, sie seien ein gut gehütetes Geheimnis. Sie hat die Morde genauestens geplant. Also brauchte sie Zeit für die Beschaffung der Informationen über ihre Opfer sowie für die Vorbereitung ihrer Taten.«

»Somit muss der Auslöser schon einige Zeit vor der ersten Tat liegen«, schlussfolgerte er. Immer noch spürte er den Rest eines Zweifels in seiner Magengegend. Er zeigte ihr das Foto der Familie Freisler. »Die Mädchen waren sehr zierlich. Unsere Spezialistin, die das Fahndungsbild angefertigt hat, meinte, ihr Körperbau müsste heute immer noch so sein. Ich frage mich, woher sie die Kraft nahm, Solowjows Leiche durch die ganze Kirche zu ziehen oder Frank auf den Altar zu legen. Hatte sie einen Helfer?«

»Vielleicht waren beide Schwestern beteiligt?«, kam Gabriela der Gedanke.

Charkow spielte einen Augenblick lang mit dieser Idee. »Wenig wahrscheinlich. Irgendjemandem wären die Zwillinge aufgefallen.«

»In diesem Fall bleibt ein unbekannter Mittäter oder der Hass, der bekanntlich Berge versetzen kann«, beendete sie ihren Gedankengang. »Wie ich dich kenne, hast du Letzteres schon längst selbst in Erwägung gezogen.«

Sicher. Er hatte es gewusst. Aber ihm war wichtig gewesen, es von ihr zu hören.

»Liebe übrigens auch«, fügte sie hinzu und blickte schnell auf ihre Hände.

Hatte sie ihm damit einen Vorwurf gemacht? Er betrachtete Gabriela und sah, dass sie ihre Bemerkung nicht an ihn gerichtet hatte, sondern an sich selbst.

Einen Augenblick schien sie über das Gesagte nachzudenken, dann nahm sie den Blick wieder von ihren Händen. »Du solltest versuchen, etwas über ihr Leben nach dem Sonnentemplerereignis in Erfahrung zu bringen. Das Trauma durch den Tod ihrer Eltern ist sicher stark, aber sie müssen danach noch weiter traumatisiert worden sein, um diesen Hass zu entwickeln.«

»An was denkst du?«

Gabriela senkte kurz die Augen, wie um Kraft zu sammeln. »Eine lieblose Jugend in einem Heim oder sogar Missbrauch.«

Charkow verstand.

»Hast du noch weitere Fragen?«, wollte Gabriela wissen.

»Nein, danke. Du warst mir eine große Hilfe.«

Sie stand auf, nahm ihren Mantel von der Stuhllehne und betrachtete noch einmal das Fahndungsfoto. »Sie ist eine wunderschöne Frau. Sicher wirst du sie schnell finden.«

»Vorausgesetzt, sie ist noch am Leben.«

»Du weißt, wo du mich findest. Ruf an, wenn du mich brauchst.«

Charkow sah ihr nach, bis sich die Tür der Kantine hinter ihr schloss. Sie ist auch eine schöne Frau, gestand er sich ein und der Gedanke versetzte ihm einen kleinen Stich ins Herz.

42

Bischof Paulus Geissler saß noch eine ganze Weile im Sitzungszimmer. Er war sich sicher, es nicht geschafft zu haben. Berger würde bis zum Letzten gehen. Noch hatte er einen Vorteil: Berger wusste nicht, dass Myriam das

Kloster verlassen hatte. Ein Anruf bei der Oberschwester hatte seine Vermutung bestätigt. Doch wie lange würde er diesen Vorsprung gegenüber Berger halten können? Er musste Myriam irgendwie warnen. Er musste herausfinden, wo sie sich aufhielt. Vielleicht traf er erneut in der Kathedrale auf sie? Seine Hoffnung war klein, als er den Entschluss fasste, sie dort zu suchen.

Eine Gruppe von Pilgern stand vor dem Portal. Einer der Gläubigen erkannte ihn, machte einen Kniefall und bekreuzigte sich. Augenblicke später erkannten auch die anderen, wer er war, und taten es dem Mann gleich. Er beachtete sie nicht, sondern rannte an ihnen vorbei in das Innere des Doms.

Viele Gläubige saßen schon auf den Kirchenbänken und waren in ihr Gebet vertieft. Hastig lief er durch den Mittelgang. Suchend schweifte sein Blick zwischen den Anwesenden hin und her, Ausschau haltend nach dem schwarzen Zopf und der roten Bluse. Myriam war nirgendwo zu sehen. Mit einem Gefühl der Ohnmacht setzte er sich auf eine der vordersten Bänke und schloss die Augen. Den Tumult, der durch seine Anwesenheit um ihn herum entstand, nahm er kaum wahr.

Was sollte er nun tun? Der Gedanke, dass Myriam in die Morde verstrickt sein könnte, ließ ihm keine Ruhe mehr. Er hatte sie gerettet. Dieses Mädchen. Sein Mädchen. Nur er und Berger wussten, wer sie wirklich war. Seine Tochter.

Erinnerungen brachen in sein Bewusstsein, wie ein reißender Strom, dessen Kraft jahrelang zurückgehalten wurde. Myriam. Er hatte den Namen ausgesucht. Und Eva, ihre Mutter, war mit seiner Wahl einverstanden gewesen. Er hatte Eva schon seit seiner Jugend gekannt. Gemeinsam wuchsen sie in dieser Stadt auf. Gingen an dieselbe

Schule. Ihre dunklen Augen und die schwarzen Haare hatten ihn vom ersten Augenblick an gefesselt. Eva erwiderte seine Zuneigung. Sie glaubten beide daran, füreinander bestimmt zu sein. Sie liebten sich und schmiedeten gemeinsam Pläne. Als das Ende der Schule nahte, hatte er ein Erlebnis, das alles verändern sollte. Eva und er bereiteten sich auf die Maturaprüfungen vor, als ihm seine Mutter mitteilte, dass ihr Vater im Sterben lag. Sein Großvater hatte Krebs, der sich unerwartet schnell in seinem Körper ausbreitete. Er liebte diesen alten Mann und wollte nicht akzeptieren, dass er starb. Die Schmerzen waren für seinen Großvater unerträglich. Der Arzt gab fast täglich Morphium. Wut und Zorn kamen in ihm auf. Warum musste sein Großvater so sterben? Warum ließ ihn Gott leiden? Er wollte nicht akzeptieren, dass man ihn ihm wegnahm. Als der Arzt sagte, sein Großvater habe nur noch wenige Tage zu leben, kam ein Priester an sein Bett. An diesem Tag war sein Großvater für einen kurzen Moment bei klarem Verstand. Er und der Priester beteten. Das Gebet ließ seinen Großvater ruhig werden und gab ihm Kraft. Noch während des Gebets gab sein Großvater plötzlich ein leises Seufzen von sich und verstummte. Er starb mit einem Ausdruck auf dem Gesicht, der seinem Enkelsohn sagte, er habe dieses Leben in Frieden loslassen können und es sei gut so. Dies war der Moment, an dem er entschied, Priester zu werden. Ihn faszinierten nicht nur die Kraft, die er als Priester den Menschen geben konnte, sondern auch die Macht über den Augenblick und die Menschen selbst, und die Macht, die ihm dieses Amt verlieh. Er hatte in diesen Momenten das Gefühl, über dem Tod stehen zu können.

Nach Abschluss der Matura folgte die schmerzhafte Trennung von Eva. Die anfängliche Hoffnung, sein

Wunsch, Gott zu dienen, würde ihn seine Liebe vergessen lassen, stellte sich schnell als falsch heraus. Das Priesterseminar wurde zur Qual. Er konnte Eva nicht aus seinen Erinnerungen löschen. Nur mit Mühe verdrängte er sie. Bis zu dem Tag, als ihre Bewerbung um die Stelle im Sekretariat der Klosterpforte auf seinem Tisch lag. Auf dem Bewerbungsfoto war sie immer noch die junge Frau aus seiner Erinnerung. Und ohne sich dagegen wehren zu können, waren alle Gefühle, Bilder, Gerüche und Berührungen, die er mit ihr verband, wieder da. Anscheinend hatte sie ihn nicht vergessen, hatte er sich damals eingeredet und ihr die Stelle im Sekretariat der Klosterpforte gegeben. Kaum hatte sie den Job angetreten, war ihre Liebe neu entflammt. Er vergaß sein Gelübde, seine Karriere und gab sich dieser Frau ein zweites Mal hin. Gott hatte sie zu ihm geführt, beruhigte er sein Gewissen, und er nahm sein Schicksal an.

Sie trafen sich heimlich. Er hatte ihr Geld für eine zweite Wohnung gegeben, die außerhalb der Stadt lag und die sie unter falschem Namen anmietete. Ein Ort der Anonymität und der Vertrautheit. Die Angst vor Entdeckung prägte ihre Beziehung. Und als ihm Eva offenbarte, schwanger zu sein, zerriss es ihn fast. Er wollte die Verantwortung für sie und das Kind übernehmen. Aber er hatte schon die Stelle des Generalvikars angetreten. Eva versuchte sein Leiden zu mindern. »Ich bin glücklich in unserer Beziehung. Gib dein Leben nicht für das der Kinder auf. Es ist gut so, wie es ist«, hatte sie kurz vor der Entbindung gesagt. Sie gebar ihm Zwillinge. Zwei Mädchen. Er war Vater. Für ihn ein magisches Wort. Als er seine Töchter das erste Mal in den Armen hielt, war er bereit, alles für sie zu opfern. Wieder war es Eva, die ihn an seinem Entschluss zweifeln ließ. Das dürfe er nicht, hatte sie damals gesagt. Er dürfe es nicht, weil er sonst seinen Traum aufgeben müsste. Niemals würde er sich und damit ihr diesen Schritt verzeihen. »Bleibe dir selbst treu«, hatte sie ihm gesagt. »Ich liebe dich, so wie du bist. Und wenn du mich genauso liebst, bleib ein Mann der Kirche.«

Er entschied sich gegen seine Gefühle und führte sein Leben mit Eva in Heimlichkeit weiter.

Es kam der Tag, der alles veränderte. Die Kirche kürte ihn zum Bischof. Er konnte Eva nicht mehr privat sehen, denn das neue Amt machte ihn zu einer Person der Öffentlichkeit und jeder seiner Schritte wurde von nun an strenger beobachtet. Seine Töchter sah er nur noch auf Fotos, die ihm Eva heimlich zusteckte. Ein Jahr später lernte Eva Marco kennen. Einen Witwer, der Frau und Kind bei einem Verkehrsunfall verloren hatte. Sie verliebte sich in ihn und verschwieg Marco, wer der Vater ihrer Kinder war. Ohnmächtig musste Paulus zusehen, wie sie sich immer weiter von ihm entfernte. In ihm tobte ein Kampf zwischen seinem Wunsch, Eva zurückzugewinnen, dem Verständnis für ihre Entscheidung und den Ansprüchen, die sein neues Amt an ihn stellte. Sein Leiden fand einen Höhepunkt, als er eines Tages ins Sekretariat ging und Evas Schreibtisch leer vorfand. Ohne sein Wissen hatte sie ihre Stelle gekündigt. Berger hatte ihre Kündigung entgegengenommen, ohne Paulus über ihren Schritt zu informieren. Er war außer sich gewesen, als er davon erfuhr. Als er ihm sein Verhalten vorwarf, hatte Berger zu seiner Überraschung entgegnet, dass Evas Kündigung nur zu seinem Besten sei. Er habe schon lange von seiner Affäre und den Zwillingen gewusst. Zu seinem Erstaunen offenbarte Berger ihm, was er bis zu diesem Tag alles ohne sein Wissen unternommen hatte, um ihn vor einer Entdeckung zu bewahren. Von da an war ein unsichtbarer Pakt zwischen ihm und Berger besiegelt. Und bald stellte sich heraus, dass es ein Pakt mit dem Teufel war. Berger verlangte als Gegenleistung Macht und Einfluss. Ohne wirklich eine Wahl zu haben, hatte er damals eingewilligt – unter einer Bedingung: Berger sollte den Kontakt zu Eva und seinen Töchtern aufrecht erhalten, damit er über ihn an ihrem Leben teilhaben konnte. Es sollte alles anders kommen.

43

Charkow hatte vergeblich bis spät in den Abend auf einen Anruf von der Zentrale gewartet. Trotz der Pressekonferenz und den ersten Meldungen in den Onlineausgaben der Zeitungen gab es noch keine Reaktionen aus der Bevölkerung. Mit einem Gefühl der Enttäuschung verließ er sein Büro und beschloss, nach Hause zu fahren. Als er die dreispurige Hardbrücke überquerte, konnte er den Weihnachtsschmuck in den Fenstern der Häuser sehen, die auf beiden Seiten hinter dem Brückengeländer aufragten. Er erinnerte ihn daran, dass in ein paar Tagen Heiligabend war und er immer noch keine Pläne für die Festtage gefasst hatte. Bei dem Gedanken, wie jedes Jahr gemeinsam mit seinem autistischen Bruder zu ihrer Mutter in die Berge zu fahren, überfiel ihn Schwermut. Es war seine Mutter, die dieses Gefühl bei ihm auslöste. Bis vor Kurzem hatte er nur verzweifelte Wut über ihre Ignoranz empfunden und darüber, dass sie ihm nie die Wahrheit über die Hintergründe des Todes seines Vaters erzählt hatte. Nun, nach den Gesprächen mit Gabriela, verstand er, dass seine Mutter nie zu einem anderen Verhalten fähig gewesen war und nie sein würde. Mit der Zeit hatte er die Situation akzeptiert. Und er hatte seine russischen Wurzeln und die damit verbundenen Gefühle annehmen können. Der Wunsch, mit seinem Bruder Weihnachten alleine zu verbringen, keimte in ihm auf. Je mehr er darüber nachdachte, desto mehr verlor sich seine Schwermut.

Er beschloss, bei Vladimir etwas zu essen. Er stellte den Wagen in der Nähe seiner Wohnung ab und überquerte die zweispurige Straße, die an seinem Wohnblock vorbeiführte. Schnell warf er einen Blick auf das elektronische Fahrplan-Display an der Tramhaltestelle und war überrascht, wie spät es schon war. Hoffentlich gab es noch einen freien Tisch.

»Max!«, rief Vladimir, als er ihn sah. Sie umarmten und küssten sich herzlich auf die Wangen. »Gde tvoja dewuschka?*«

»Sie kann heute nicht kommen«, log Charkow.

Das Restaurant war überfüllt und alle Tische besetzt. Vladimir winkte eine Servicemitarbeiterin zu sich und flüsterte ihr etwas ins Ohr. Sie nickte und verschwand in einem Raum neben der Küche. »Komm, trink mit mir etwas an der Bar.« Vladimir führte ihn zu einem Barhocker und verschwand hinter dem Tresen. Er öffnete das Eisfach, griff sich eine Flasche Wodka, zwei Gläser und schenkte ein. »Na zdorowje!«

* Russisch für *Wo ist deine Frau?*

Sie leerten das erste Glas in einem Zug. Vladimir schenkte sofort wieder nach.

Zögernd betrachtete Charkow das zweite Glas. Er wollte heute einen klaren Kopf behalten und schwor sich, nach der zweiten Runde erst einmal etwas zu essen. »Wie ich sehe, läuft dein Restaurant besser denn je.«

»Dank dir.«

Charkow winkte ab. »Ich habe wenig dazu beigetragen.«

»Geld und Hilfe mit den Behörden ist nicht *wenig*. Dank dir habe ich Erfolg.«

»Der Erfolg ist nur eine Momentaufnahme. Dem sind viele wichtige kleine Schritte vorausgegangen.«

»Da spricht der Polizist«, lachte Vladimir.

Charkow stimmte seinem Freund zu. Heute hatte er das Gefühl, trotz der ausbleibenden Rückmeldungen aus der Fahndung einen großen Schritt vorangekommen zu sein. Und das war ein gutes Gefühl. Er leerte sein zweites Glas und ließ sich doch noch einmal nachschenken.

Nachdem Vladimir sein Glas ebenfalls geleert hatte, verschwand das Lächeln aus seinem Gesicht und er wurde ernst. »Max, sei ehrlich mit deinem Freund. Deine Frau hätte heute kommen können, wenn du es gewollt hättest.«

»Warum glaubst du das?«

»Ich sehe es in deinen Augen«, antwortete Vladimir.

Charkow schwieg.

»Hör zu, es geht mich nichts an. Du bist wie ein Bruder für mich und uns verbindet nicht nur dieses Restaurant, sondern auch unsere Herkunft. Wir erkennen, wenn ein Russe leidet.«

»Glaube mir, ich leide nicht.«

»Doch, das tust du. Warum lässt du die Frauen immer gehen? Warum kämpfst du nicht um sie? Frauen wollen das doch. Weißt du, meine Frau hat mich immer abgewiesen, wenn ich ihr den Hof gemacht habe. Und als ich ihr den ersten Heiratsantrag machte, lachte sie mich aus. Stell dir das vor! Mich, Vladimir, lacht eine Frau aus«, rief er in gespielter Empörung. »Ich habe gekämpft«, fuhr er nach einer kurzen Pause stolz fort. »Und heute ist sie meine Frau. Seit bald 20 Jahren. Ich streite zwar immer noch mit diesem dickköpfigen Weib, dennoch lieben wir uns. Ohne den anderen sind wir nichts.«

Das war es, was Charkow an Vladimir liebte: Er nahm das Leben, wie es kam. Und um sein Glück kämpfte er.

In diesem Moment trat die Servicemitarbeiterin zu ihnen und wies ihm eine ruhige Ecke neben der Bar zu, wo sie für ihn einen Tisch und zwei Stühle hingestellt hatte.

»Danke, Vladimir. Du hättest dir wegen mir keine Umstände machen müssen.«

Vladimir lachte laut auf. »Wenn nicht für dich, für wen denn sonst?«

»Für wen ist der zweite Stuhl?«

»Ich kann meinen Bruder nicht alleine essen lassen«, rief er, dieses Mal ernsthaft empört, legte seine Hand auf Charkows Schulter und begleitete ihn zum Tisch.

44

Paulus Geissler konnte nicht einschlafen. Seit der Begegnung mit Myriam quälten ihn seine Gedanken. Oder war es sein Gewissen? Die Kirchglocken läuteten zur Mitternachtsmesse. Er konnte nicht alleine sein und beschloss, an der Messe teilzunehmen.

Als er die Kathedrale betrat, bereiteten die Mönche vorne im Altarraum die Messe vor. Als sie ihn entdeckten, kam ein Moment der Unruhe auf. Die Kathedrale war fast leer. Nur wenige Besucher kamen zu so später Stunde. Er setzte sich in die hinterste Reihe. Sein Blick schweifte über die überschaubare Zahl Gläubiger und er ertappte sich dabei, wie er nach dem langen schwarzen Zopf und der roten Bluse Ausschau hielt. Myriam war nicht da. Müde schloss er die Augen und faltete seine Hände. Nach einigen vergeblichen Versuchen musste er feststellen, dass er nicht mit Gott sprechen konnte. Fragen, die ihn sein ganzes Leben lang beherrscht hatten, ließen es in diesem Moment nicht zu. Warum musste es so weit kommen? War es seine Schuld? Er hatte Myriam vor dem sicheren Tod gerettet. Dafür musste sie dankbar sein.

Es war Berger gewesen, der damals als Erster davon Wind bekam. Mitten in der Nacht hatte er ihn angerufen und ihm erzählt, dass Marco seit dem Tod seiner eigenen Familie ein Mitglied der Sonnentemplersekte war. Eva sei nun ebenfalls dieser Sekte verfallen, was der tatsächliche Grund ihrer Kündigung gewesen sei. Als er von Berger diese Neuigkeiten vernahm, wollte er erst nicht glauben, was er da hörte. Sie trafen ihn unerwartet und klangen völlig absurd. Ungehalten unterbrach er Berger und wollte wissen, warum er ihn so spät mit diesen Informationen belästige. Er hätte damit auch noch bis zum nächsten Tag warten können.

Berger ließ sich nicht beirren. Er wisse aus vertraulichen Quellen, dass die Sonnentempler einen kollektiven Selbstmord planten.

Langsam drangen die Worte in sein Bewusstsein. »Wann soll das geschehen?«

»Morgen«, antwortete Berger vollkommen ruhig.

»Wir müssen sofort zu Eva und den Zwillingen fahren, um sie vor dem Schlimmsten zu bewahren«, sagte er mit erstickter Stimme.

Berger setzte alles daran, ihn an seinem Vorhaben zu hindern. »Es wird das Beste sein, wenn wir nichts unternehmen, damit sie dein Geheimnis mit ins Grab nehmen.«

Über diese Worte außer sich, befahl er Berger, ihm bei der Befreiung Evas und seiner Kinder zu helfen. In einer Nacht- und Nebelaktion fuhren sie nach Granges-sur-Salvan, wo sich die Sonnentempler ein letztes Mal vereinigt hatten. Nur mit Mühe konnten sie an den Wachen vorbei ins Chalet eindringen, in dem gerade die letzte Messe der Sekte abgehalten wurde. Als Eva ihn sah, blieb sie seltsam ruhig und versuchte ihm zu erklären, dass alles in Ordnung sei. Er müsse sich keine Sorgen machen und solle sie und die Kinder jetzt alleine lassen. In Panik packte er sie am Arm und zog sie in ein Seitenzimmer, um mit ihr zu reden.

»Was hast du vor?«, hatte er sie gefragt.

»Wir unternehmen eine Reise in eine bessere Welt. Die Welt, wie wir sie kennen, wird sterben. Wir sind auserwählt. Wir werden weiterleben«, hatte sie in einer Selbstverständlichkeit geantwortet, die ihm einen Schauer über den Rücken jagte.

Er packte sie an den Oberarmen und begann sie zu schütteln. »Bist du verrückt? Du bist im Begriff, dich und unsere Kinder zu töten! Du kannst doch nicht …«

»Hab keine Angst«, unterbrach sie ihn mit einer besänftigenden Geste. »Uns wird es gut gehen.« Sie löste sich aus seinem Griff. »Lass uns jetzt bitte alleine.«

Das waren ihre letzten Worte an ihn. Ohnmächtig sah er zu, wie sie sich wieder in den Gemeinschaftsraum begab. Er war unfähig, klar zu denken oder zu handeln, und rannte zusammen mit Berger in den Park.

»Wir müssen sie retten!«, schrie er außer sich.

»Das hat keinen Sinn mehr. Sie haben die Selbstmorde schon vorbereitet. Sie sind alle bereit, zu sterben«, versuchte Berger, ihn von seinem Plan abzubringen.

»Was redest du da? Lass uns zurückgehen und wenigstens die Mädchen retten!«

»Die Sektenmitglieder sind total verrückt! Ich habe Behälter mit Benzin gesehen, an denen sie Fernzünder angebracht haben. In der Küche liegen Schusswaffen. Sie füllen Wasserflaschen mit einem starken Betäubungsmittel ab. Wir können dort nicht mehr rein. Es ist einfach zu gefährlich!«

Berger redete noch weiter auf ihn ein, doch er hörte ihm nicht mehr zu, rannte zurück zum Chalet und lief in den Wohnraum, wo sich die Mitglieder zum Sterben versammelt hatten. Einige lagen schon in Gruppen zusammen auf dem Boden und hielten sich an den Händen. Neben ihnen sah er die leeren Wasserflaschen, von denen Berger gesprochen haben musste. Er rannte zu Eva und den Zwillingen, packte sie am Arm und wollte sie zwingen, ihm zu folgen.

Seine Töchter gehorchten ihm. Eva hingegen begann sich plötzlich mit unkontrollierten Bewegungen zu wehren. Wie in Zeitlupe schlug sie um sich und schrie. Er sah eine halb volle Wasserflasche neben ihr auf dem Boden liegen, blickte in ihre Augen und erkannte, dass die Wirkung des Medikaments schon eingesetzt haben musste. »Habt ihr von dem Wasser getrunken?«, schrie er seine Töchter in Panik an. Sie schüttelten den Kopf. »Kommt!«, forderte er sie auf. »Gebt euch die Hand und lasst sie so lange nicht mehr los, bis ich es sage!«

Myriam klammerte sich an seine Hand, mit der anderen hielt sie ihre Schwester fest. Plötzlich packten ihn zwei Männer und wollten die beiden Mädchen von ihm trennen. In größter Panik wehrte er sich aufs Heftigste. Einem der Männer verpasste er einen Schlag ins Gesicht, sodass dieser hart zu Boden fiel.

In seinem Kopf war nur noch ein Gedanke: Ich darf meine Töchter nicht verlieren. Er spürte Myriams Angst. Mit seinem freien Arm stieß er den zweiten Angreifer weg, sodass dieser das Gleichgewicht verlor, über ein am Boden liegendes Sektenmitglied stolperte und nach hinten fiel. Der Mann prallte mit dem Kopf gegen einen der Benzinbehälter und verlor das Bewusstsein. Inzwischen hatte sich der andere wieder berappelt und folgte ihnen durch die Küche hinaus in den Garten.

Ohne zurückzublicken, rannte Paulus mit seinen Töchtern ins Freie. Solange er Myriams Hand spürte, war er sicher, seine Töchter aus dieser Hölle retten zu können. Viel zu spät vernahm er Myriams Klagen: »Maria! Wir haben Maria verloren.«

Er drehte sich um und sah, dass sich Maria nicht mehr an ihre Schwester klammerte, sondern von dem Mann, der sie verfolgt hatte, wieder zurück ins Chalet gezerrt wurde. Wenn er umkehrte, würde er Myriam gefährden. Erst musste er sie in Sicherheit bringen. Wo war Berger? Panisch blickte er sich um. Plötzlich hörte er einen Motor aufheulen. In diesem Augenblick brach Berger mit dem Wagen durch das verschlossene Tor an der Auffahrt zum Chalet und raste auf die beiden zu. Noch während der Fahrt stieß Berger die Beifahrertür auf und schrie ihnen zu, sofort einzusteigen.

Paulus drängte Myriam auf den Vordersitz des Wagens, warf die Tür von außen zu und wandte sich um.

»Was hast du vor? Steig endlich ein!«, schrie Berger durch das geöffnete Beifahrerfenster.

»Ich muss Maria retten!«

»Sei kein Narr! Du kannst ihr nicht mehr helfen!«

Er ignorierte Bergers Warnung und rannte zurück zum Chalet. Kaum hatte er sich ein paar Schritte vom Wagen entfernt, hörte er ein leises Pfeifen und Sekundenbruchteile später zerbarst Glas in seinem Rücken. Wie angewurzelt blieb er stehen und drehte sich um. Die Heckscheibe des Wagens war vollkommen zerstört. Die Hutablage war mit Glassplittern übersät. Hastig blickte er in Richtung des Chalets, wo der Mann, der ihm Maria entrissen hatte, mit einer schallgedämpften Waffe auf ihn zu rannte und erneut zum Schuss ansetzte.

»Paulus! Verdammt! Steig ein. Wir müssen sofort hier weg!«, schrie Berger.

Einen Moment lang zögerte er. Als sein Angreifer immer näher kam, sprang er in den Wagen. Es war aussichtslos. Berger drückte das Gaspedal durch, die Hinterräder drehten auf dem Kies durch und der Wagen raste hinab ins Tal.

Auf der gesamten Fahrt zurück hatte Berger unaufhörlich auf Myriam eingeredet. »Du heißt von jetzt an Regula. Du darfst keinem erzählen, was heute geschehen ist. Und du darfst niemandem deinen wahren Namen verraten. Wenn du das tust, wirst du von den Männern umgebracht, die jetzt deine Mutter und deine Schwester getötet haben!«

Myriam hatte ununterbrochen geweint. Immer wieder fragte sie nach ihrer Mutter und ihrer Schwester.

»Sie sind tot«, hatte Berger geantwortet.

Er empfand Bergers Verhalten als herzlos, doch er redete sich ein, dass es nur dem Schutz Myriams diente.

Er blieb im Wagen sitzen, als Berger seine Tochter unter dem Namen Regula in die Obhut eines katholischen Waisenhauses gab. Die Leiterin des Waisenhauses stellte keine Fragen nach der Herkunft, sondern wollte nur wissen, ob sie das Mädchen in ihrer Obhut belassen oder es gleich einer Missionsstation im Ausland zuweisen solle. Berger wollte sie sofort wegschicken. Anfangs konnte er ihn davon abhalten. Hinter seinem Rücken gelang es Berger jedoch, Myriam wenige Monate später in eine Missionsstation nach Zentralamerika einweisen zu lassen. Zum Wohl aller, begründete er damals sein Verhalten. Myriam verschwand aus seinem Leben.

Bis heute.

Erschöpft öffnete er die Augen. Wie nach einer langen Reise kam er zurück in die Gegenwart und betrachtete mit einer Mischung aus Befremden und Neugier die Gläubigen, die in einer Reihe für die Eucharistiefeier am Altar anstanden.

Er vergrub das Gesicht in den Händen. Mit aller Kraft kämpfte er gegen seine Wut an. Die Wut, die ihn dazu bewogen hatte, die Sonnentempler zu unterwandern. Bis vor einigen Wochen war er vom Hass gegen diese Menschen besessen gewesen. Er musste einsehen, dass dieser Hass nun in Myriam war und welche Folgen sein Handeln hatte.

»Oh mein Gott, was soll ich tun?«, flüsterte er leise.

›Du hast damals nur sie retten können‹, sagte plötzlich eine Stimme in ihm. ›Und nun musst du es wieder tun‹.

45

»Dr. Petri ist dement. Ich habe mit der Tochter gesprochen«, erklärte Priska.

Charkow konnte sehen, wie frustriert sie war. Er hatte immer noch leichte Kopfschmerzen vom Abend bei Vladimir und versuchte sich zu konzentrieren. »Was ist mit den anderen beiden Rechtsmedizinern?«

Sie seufzte. »Dr. Jakob lebt in einem Altersheim. Es dauerte eine Weile, bis man mich mit ihm verbunden hatte, und es dauerte noch länger, bis ich ihm alle Fragen stellen konnte.«

»Warum?«

»Der Mann ist total schwerhörig. Dennoch konnte er sich gut an die Ereignisse von damals erinnern. Er und Dr. Petri waren für die Obduktion der Leichen aus Cheiry zuständig. Und er wusste noch, wer die Familie Freisler obduziert hatte.«

»Wer?«

»Ein gewisser Dr. Frank«, sagte sie mit einem vielsagenden Lächeln.

»Willst du jetzt sagen, dass Dr. Frank …«

»… mit Paul Frank verwandt ist?«, beendete Priska seine Frage und nickte.

»Wo finden wir ihn?«

»*Sie*«, korrigierte Priska. »Dr. Frank heißt Jaqueline mit Vornamen und war Paul Franks Mutter.«

»War?«

»Sie ist tot.«

»Was?«

»Halt dich fest: Autounfall mit Fahrerflucht.«

»Wann?«

Priska warf einen Blick in ihre Notizen. »Vor acht Jahren.«

»Verdammt!« Wenn sie eine vermeintliche Spur hatten, endete sie sofort wieder in einer Sackgasse.

»Warte, ich bin noch nicht fertig. Dr. Jakob erwähnte noch einen Kollegen, der Pierre Fleuri immer begleitet hatte. Sein Name ist Jules Leclerc. Er ist seit drei Jahren pensioniert. Seine Frau stammt aus Zürich, deshalb sind sie nach seiner Pensionierung hierher gezogen. Praktisch, nicht wahr?«

»Was hast du von ihm erfahren?«

»Nichts. Als ich vor einer Stunde anrief, war er nicht zu Hause. Er ist leidenschaftlicher Angler und seine Frau meinte, dass wir ihn im Hafen finden, wo er an seinem Boot bastelt.«

»Worauf wartest du? Lass uns fahren.«

Auf dem Weg zum Hafen stellte Charkow beruhigt fest, dass fast alle Zeitungsplakate an den Kiosken das Fahndungsfoto zeigten und die Medien die Frau als gesuchte Zeugin ausgaben. Kummer hatte seinen Job gut gemacht.

Sie stellten den Wagen auf dem Parkplatz der Seepolizei ab. Hier war die Kälte noch unerträglicher als in der Stadt. Die Feuchtigkeit ließ sie durch die Kleider direkt in ihre Knochen fahren. Charkow und Priska liefen einen vom Schnee geräumten Weg entlang hinüber zum Hafenbecken. An dessen Ende lag ein großer verschneiter Platz, auf dem die kleineren Boote träge in ihren Anhängern überwinterten.

»Wie kann man bei dieser Saukälte freiwillig an seinem Boot werkeln?«, fragte Priska, deren Lippen mittlerweile leicht bläulich geworden waren.

Charkow blickte sich um. Anscheinend schlossen sich die meisten Bootsbesitzer Priskas Meinung an, denn der Platz war menschenleer. Er bückte sich und blickte unter den Schiffsbäuchen hindurch ans andere Ende des Platzes. Dort sah er einen älteren Mann, der mit einem Spachtel alte Farbe von einem Holzboot kratzte. »Das dort hinten muss er sein.«

Als sie bei ihm eintrafen und ihre Ausweise zückten, nickte Leclerc kurz. »Worum geht's?«

»Um damals«, antwortete Charkow.

»Herrgott noch mal, lässt einen die Geschichte denn nie mehr in Ruhe«, schimpfte er mit Zigarette im Mundwinkel, ohne seine Arbeit am Boot zu unterbrechen.

Charkow ließ sich nicht beirren. »Wir haben ein paar Fragen an Sie.«

»Damit Sie es gleich wissen: Ich bin weder Mitglied dieser Sektenspinner noch war ich es jemals. Es war einfach Pech, dass ich damals Nachtschicht mit Pierre hatte. Es geht sicher um Pierre, oder nicht?«

Charkow war von seiner offenen Art überrascht. »Ja, ich glaube, Sie könnten uns weiterhelfen.«

»Bei was? Das ist alles verjährt. Und Pierre, das Arschloch, ist tot. Sehr wahrscheinlich von seinen eigenen Leuten umgebracht.«

»Sie sind zurück«, sagte Charkow ruhig.

Seine Worte schienen ihre Wirkung nicht zu verfehlen. Jules Leclerc unterbrach seine Arbeit, legte den Spachtel zur Seite und warf ihm einen ungläubigen Blick zu. »Was reden Sie da?«

»Die Sekte ist wieder aktiv. Die aktuellen Morde in den Kirchen, Sie werden davon gehört haben, stehen mit ihnen in direktem Zusammenhang. Wir müssen begreifen, was damals wirklich geschehen ist.«

»Verstehe«, murrte Leclerc.

»Sie glauben also, dass Pierre in die Sache verwickelt war?«, nahm Charkow den Faden wieder auf.

»Was kann ich Ihnen beiden schon Neues erzählen? Steht doch alles in den Akten«, erwiderte Leclerc mit zynischem Unterton.

»Glauben Sie, dass Pierre die Akten manipuliert hat?«

»Das kann man wohl sagen. Dennoch werden Sie nichts nachweisen können.«

»Und warum nicht?«

»Weil es niemanden interessiert hat.« Er ließ seine Zigarette in einen leeren Farbtopf fallen und zündete sich eine neue an. »Pierre hat die Beweise manipuliert.«

»Gab es denn Beweise?«

»Ob es welche gab?« Jules Leclerc stieß ein verächtliches Lachen aus. »Sicher. Und wo es welche gab, hatte er die Finger schon drin. Die oben haben schön weggeschaut.«

Leclercs Resignation erstaunte Charkow nicht. Pierre Fleuri war sein Vorgesetzter gewesen, trotzdem zeigte Leclerc offene Verachtung für das Verhalten seines damaligen Chefs. »Erinnern Sie sich an die Leichen von zwei Mädchen?«

»Lassen Sie mich nachdenken.« Leclerc hatte wieder damit begonnen, die Farbe von seinem Boot zu kratzen. »Wir hatten fünf Kinder unter den Toten. Die kamen alle aus Granges-sur-Salvan.«

»Ich weiß. Mich interessieren Zwillinge, Mädchen, im Alter von zwölf Jahren.«

Leclerc kratzte sich am Kopf. »Waren die nicht unter den fünf Kindern?«

»Wir sind nicht sicher«, log Charkow.

»Pierre und ich hatten die Verantwortung für die Einlieferung aller Opfer. Die Zwillinge müssten dabei gewesen sein«, sagte Leclerc sichtlich hilflos, weil er sich nicht mehr richtig erinnern konnte.

»Erinnern Sie sich noch an die Anzahl der Leichen?«

»Es waren 45«, antwortete Leclerc, ohne lange nachzudenken.

Leclerc hat keine Ahnung, erkannte Charkow. Er entschied, das Thema zu wechseln. »Sie haben vorhin Schlampigkeit bei den Ermittlungen erwähnt.«

»Schlampigkeit! Das war keine Schlampigkeit! Da steckten Absicht und System dahinter, wenn Sie mich fragen.«

»Warum glauben Sie, haben die Pierre umgebracht?«

»Er wusste sicher Dinge, die er nicht wissen durfte.«

»Welche?«

Leclerc zuckte mit den Schultern. »Ich lebe noch. Also kann ich es nicht wissen.« Er kniff ein Auge zu, weil der

Rauch von seiner Zigarette hineingeriet. »Die Sache mit den Fahrzeugen am Tatort war so ein Ding.«

»Sie sprechen von den Autos, die Zeugen in Granges-sur-Salvan gesehen haben?«

Er nickte. »Ihr habt die Akten gelesen?«

»Haben wir«, antwortete Priska.

»Und? Haben Sie irgendwelche Angaben zu Nummernschildern gefunden?«

Priska schüttelte den Kopf. »Laut Zeugenaussage wissen wir nur, dass es zwei weiße und ein schwarzes Fahrzeug waren.«

Leclerc stieß erneut ein abschätziges Lachen aus. »Das ist nur die halbe Wahrheit.«

Charkow und Priska horchten auf.

»In meinem Bericht habe ich erwähnt, dass das schwarze Fahrzeug ein Bündner Kennzeichen mit den ersten beiden Ziffern 56 hatte und die beiden anderen Fahrzeuge aller Wahrscheinlichkeit Audi-Modelle waren.«

»Diese Angaben fehlen«, stellte Priska trocken fest.

»Richtig. Das war so eine von Fleuris Beweismanipulationen. Denn die Fahrzeuge gehörten sehr wahrscheinlich denjenigen, die die Sektenmitglieder getötet haben. Versteht ihr, worauf ich hinauswill?«

»Was wurde noch verheimlicht?«, fragte Charkow, der sich über nichts mehr wunderte.

»Die Zeugenaussage«, fuhr Leclerc fort. »Ein Ehepaar hat gesehen, wie das schwarze Fahrzeug fluchtartig den Tatort verlassen hat – vor dem Brand. Ein Unbekannter soll darauf geschossen haben.«

»Und dieser Spur wurde nicht nachgegangen?«, fragte Priska verständnislos.

»Man sagte uns, dass sich die Bundespolizei darum

kümmere. Erst später merkte ich, dass das anscheinend niemand getan hat.«

»Sie erinnern sich noch gut an die Details«, bemerkte Charkow.

Leclerc tippte sich an die Stirn. »Ist alles hier oben drin. Ich bin bekannt für mein gutes Gedächtnis.«

»Warum sind Sie mit den Informationen nicht an die Medien gegangen, nachdem Sie gemerkt haben, dass man alles unter den Teppich kehren wollte?«, fragte Priska vorwurfsvoll.

Leclerc lachte laut auf. »Glauben Sie, ich wollte mich lächerlich machen? Ich hatte keine Beweise! Das Protokoll meiner Zeugenaussage war auf geheimnisvolle Weise verschwunden. Und am Tatort gab es keine Spuren mehr. Was hätte ich also sagen können?«

»Und was ist mit den Zeugen? Sie hätten sie noch einmal befragen können.«

»Wie denn? Das war ein Ehepaar aus Deutschland. Sie waren Feriengäste, reisten gleich danach zurück und wollten anschließend mit der Sache nichts mehr zu tun haben. Was sollte ich denn Ihrer Meinung nach tun?«

»Hartnäckig das Gegenteil beweisen«, erwiderte Priska.

»Ich habe eine Frau und drei Kinder, um die ich mich kümmern muss. Der Untersuchungsrichter aus der Westschweiz hatte das Heft in die Hand genommen und uns unmissverständlich klar gemacht, dass wir in *seinem* Fall nichts mehr zu suchen hätten. Da überlegst du es dir zweimal, ob du gegen den Strom schwimmst.«

»Haben Sie versucht, die Fahrzeuge zu ermitteln?«, fragte Charkow.

»Nein, das hätte man ganz oben bemerkt.« Leclerc legte den Spachtel in die Werkzeugkiste, nahm einen Bogen

Schleifpapier und begann, die Farbreste auf dem Holz zu entfernen. »Mehr weiß ich nicht«, sagte er, ohne seine Augen von der Bootswand zu nehmen. »Ich möchte Ihnen einen Rat geben.«

»Und der wäre?«, fragte Priska, ohne ihre Verachtung für sein Verhalten zu verbergen.

»Passen Sie auf sich auf.«

»Danke für Ihre Offenheit«, sagte Charkow und zeigte Leclerc, dass er es so meinte.

Dieser nickte kurz und beschäftigte sich wieder mit seinem Boot. Charkow deutete Priska mit einer kurzen Kopfbewegung an, ihm zu folgen.

Als sie ein Stück weit gegangen waren, fragte sie: »Hättest du genauso reagiert wie er? Ich meine, wärst du genauso feige gewesen?«

»Urteile nicht so schnell über Leclerc«, gab er zu bedenken. »Es kommt immer auf die Situation und die Umstände an.«

»Komm schon, gerade du hättest dich nicht unterkriegen lassen.«

»Ich habe auch keine drei Kinder und eine Frau.« Er sah, dass Priska von seiner Antwort enttäuscht war. »Leclerc war kein schlechter Polizist. Er war dem Druck einfach nicht gewachsen. Das muss ich respektieren. Und du solltest das ebenso.«

»Das wäre mir egal. Wir müssen schließlich die Wahrheit ans Licht bringen. Du sagst immer, dass das unser Job ist. Wenn nicht wir das machen, wer kümmert sich sonst darum?«

»Und deshalb machen wir es«, sagte er und bemerkte ein kleines Strahlen auf ihrem Gesicht.

Im Büro angelangt, machte sich Priska sofort daran, nach dem schwarzen Fahrzeug zu suchen, das am Tatort gesichtet worden war. Zuerst wollte sie die Zeugen aus Deutschland ausfindig machen.

Charkow beauftragte Martin, in seinem Büro zu warten, bis ein Hinweis bezüglich der Fahndung eingehen würde. Er schien froh, obwohl er nur diese langweilige Aufgabe erhielt.

Danach ging er in Kummers Büro, das leer war, und hinterließ ihm eine Notiz mit den wichtigsten Erkenntnissen aus dem Gespräch mit Leclerc. Außerdem teilte Charkow seine Absicht mit, noch einmal mit der Oberschwester des Frauenklosters zu reden. Er hoffte, die Antwort auf die Frage, warum die drei Morde alle in katholischen Kirchen begangen wurden, dort zu finden.

46

Generalvikar Berger saß in seinem Büro und dachte darüber nach, wie er auf die neuesten Entwicklungen reagieren sollte. Die gestrige Sitzung mit Paulus hatte dessen zögerliche Haltung bestätigt. Doch als er heute Myriams Bild an den Zeitungsständen sah, war seine Wut über Geisslers Verhalten Entschlossenheit gewichen. Wenn er die Sache nicht in die Hand nähme, endete alles in einem Desaster. Er fasste den Entschluss, den Befehl seines Vorgesetzten zu missachten und Myriam so schnell wie möglich zu beseitigen, ohne damit in Verbindung gebracht zu werden. Plötzlich hatte er eine Eingebung. Er öffnete eine verschlüsselte Datei in seinem Computer. Die Liste mit den Mitgliedern der Sonnentempler erschien auf dem Bildschirm. Paulus und er hatten in den letzten 20 Jahren akribische Recherchen über die Sekte betrieben. Rom hatte sie inoffiziell dabei unterstützt. Mit Geldern und vor allem mit Informationen aus dem Vatikan, der sie aus Quellen bei staatlichen Geheimdiensten bezog. Als Paulus zum Bischof geweiht wurde, hatte er die Leitung dieses *Projektes*, wie sie es nannten, übernommen. Ihr Antrieb waren die Ereignisse in Cheiry und Granges-sur-Salvan gewesen. Er hatte damit begonnen, einen Maulwurf in die neue Zelle der Sekte einzuschleusen. Sektenmitglieder, die die Beratungsstellen der katholischen Kirche aufsuchten, wurden durch speziell von ihm geschulte Mitarbeiter zuerst befragt, bevor man ihnen beim Ausstieg aus der Sekte half. Am wertvollsten waren die Informationen über das Umfeld der einzelnen Mitglieder. Heute war er im Besitz weitreichender Informationen. Er kannte ihre Familienverhältnisse, ihre Affären, Geschäftsbeziehungen, Lebensumstände und Freunde. Einzig ihre Funktion in der Sekte war zum größten Teil immer noch unbekannt. Zudem war er sich sicher, dass es neben den über 500 Namen auf der Liste noch eine Vielzahl weiterer Mitglieder gab, die ihnen nicht bekannt waren.

Er fragte sich, woher Myriam wusste, dass es sich bei den Namen auf dieser Liste um die Mörder ihrer Familie handelte. Es war kein Zufall, dass sie drei von fünf Mitgliedern des Führungszirkels als Opfer ausgewählt hatte. Und sie würde weitermorden. Davon war er überzeugt. Nicht nur er kannte die nächsten Opfer. Auch der Großmeister der Sonnentempler würde gewarnt sein. Die Frau auf dem Fahndungsbild, das die Medien publiziert hatten, wurde von der Polizei offiziell als Zeugin gesucht. Er war sich sicher, dass weder der Großmeister noch die Polizei die wahre Identität des Mörders kannten. Dennoch spielte die Zeit gegen ihn. Myriam war Ordensschwester in dem Frauenkloster, in dem sie Frank ermordet hatte. Jetzt, als er daran dachte, wurde er sich erst der Kaltblütigkeit dieser Tat bewusst. Es war nur eine Frage der Zeit, bis jemand aus dem Kloster sie mit dem Fahndungsbild in Verbindung bringen würde und die Polizei informierte. Und wenn die Polizei sie vor ihm fand, würde Myriam reden. Und damit seine Position gefährden. Er musste schnell handeln.

Sein Plan basierte auf derselben Motivation, aus der Myriam mordete: Rache. Er würde diese Frau mit ihrer eigenen Motivation zur Strecke bringen, dachte er.

Um diesen Plan in die Tat umzusetzen, hatte er im Umfeld der Opfer recherchiert und herausgefunden, dass jedes einen Menschen hinterließ, der um ihn trauerte. Nun musste er sich nur noch fragen, welcher der Hinterbliebenen am ehesten auf Rache sinnen würde und vor allem das Potenzial besaß, dieses Gefühl in die Tat umzusetzen. Sergej Popow fiel sofort in seine engere Wahl. Ein Homosexueller, ein Mann der Halbwelt mit den passenden Verbindungen und einem Hang zur Gewalt. Popow war das ideale Instrument für sein Vorhaben. Er musste nur noch Gewissheit erhalten, dass er sich tatsächlich zu seinem Werkzeug machen ließ.

›Hier beginne ich‹, sagte er sich und öffnete ein Browserfenster, um eine E-Mail-Adresse mit dem Namen *Solowjows Rache* einzurichten. Sekunden später war die Adresse aktiv und er schrieb:

An: sergej.popow@kgbclub.com
Betreff: Iwans Mörder

Wenn du bereit bist, den Mörder deines Geliebten zu töten, beantworte diese E-Mail einfach mit ›Ja.‹ Ich sende dir anschließend ein Bild des Mörders und den Ort, an dem du ihn finden wirst.

Er las den Text noch einmal und war sich sicher, dass er seine Wirkung nicht verfehlen würde. Berger verschickte die Mail im sicheren Glauben daran, dass er ein *Ja* von Popow erhalten würde.

Nun musste er nur noch erreichen, dass Myriam das Kloster verließ, damit Popow sie problemlos beseitigen konnte. Er beschloss, zu ihr zu fahren und sie mit seinem Wissen zu konfrontieren. Sie würde sicher erst alles abstreiten, doch er würde es letztendlich schaffen, ihr Vertrauen zu gewinnen, indem er ihr offenbarte, dass er den Großmeister und dessen Aufenthaltsort kannte. Das war zwar eine Lüge, doch Myriam würde ihm glauben. Schließlich war er es, dem sie ihr Leben zu verdanken hatte. Und er war der Vertraute ihres Vaters. Sie würde zu dem von ihm genannten Ort fahren und dort würde Popow sie erwarten.

47

Sie hatte sich im Rotlichtmilieu ein Zimmer gemietet. Niemand hatte nach ihrer Herkunft gefragt, als sie das heruntergekommene Stundenhotel betreten hatte und nach einem Zimmer fragte. Die Frau an der Rezeption wollte das Geld im Voraus. Ihr Zimmer in der fünften Etage war mit einem Bett, einem Holzstuhl und einem wackeligen Tisch eingerichtet. Die Tapete löste sich von den Wänden und im Bad flackerte die Neonröhre über dem Spiegelschrank. Ansonsten war das Zimmer sauber und ruhig. Durch ein schmales Fenster hatte sie Sicht auf den Hinterhof, in den eine Feuertreppe hinabführte. Nachts sah sie Drogendealer, die ihre Kunden im Schutz der Dunkelheit mit künstlichen Träumen versorgten. Zwischen Müllcontainern und kleinen, halb verdorrten Büschen, die ums Überleben kämpften, lagen Spritzen, Plastiksäcke und einige Kleidungsstücke, die die Junkies im Delirium hatten liegen lassen.

Schon vor einem Monat hatte sie diese Gegend ausgekundschaftet. Nur zwei Straßenzüge weiter lag Solowjows Club. Sie hatte beobachtet, wie Solowjow kam und ging. Seine Gewohnheiten erkundet. Zu ihrer Überraschung war er ein gläubiger Mensch, der regelmäßig die Liebfrauenkirche besuchte.

Im Kloster hatte man sie nicht vermisst. Als Grund für ihre häufige Abwesenheit hatte sie Oberschwester Agnes erklärt, einer an Aids erkrankten Bekannten in ihren letzten Tagen beistehen zu wollen. Es schmerzte sie, Agnes zu belügen. Doch sie hatte keine andere Wahl. Das Leben im

Kloster war von Besitzlosigkeit geprägt, und für ihr Vorhaben brauchte sie Geld. Sie hatte diese Lüge benutzt, um von Agnes ein Pecunio* zu erhalten.

Sie lag auf dem Bett und richtete ihren Blick auf die Decke über ihr. Ein feiner Riss zog sich von einer Ecke zur anderen. Alles im Leben war instabil, dachte sie. Sie war nur ein Instrument Gottes.

Sie versuchte auf ihren Atem zu lauschen, um ihre Gedanken zu verscheuchen. Je mehr sie sich anstrengte, umso stärker drängten sich Zweifel und Angst in ihr Bewusstsein. Sie hatte drei Leben beendet, um selbst wieder leben zu können. Doch der Tod dieser Menschen, die eine Mitschuld an der Ermordung ihrer Schwester trugen, vermochte ihr Leid nicht zu mindern. Einzig die Angst nahm mit jedem weiteren Opfer ab.

Damals, als sie erfuhr, was die Sonnentempler mit ihrer Schwester und ihrer Mutter gemacht hatten, starb etwas in ihr. Nur wenige Tage nach ihrer Flucht hatte Generalvikar Berger ihr Bilder der verbrannten Leichen gezeigt. Als sie die Fotos ansehen musste, übergab sie sich. Die Angst, die er ihr damit ins Fleisch gepflanzt hatte, gedieh und garantierte ihm ihr Schweigen. Bis heute träumte sie von diesen Bildern und wachte schweißgebadet mitten in der Nacht auf. Die wahre Hölle wartete jedoch erst auf sie. Das Waisenhaus, in welches man sie noch am selben Tag nach der Flucht vor den Sonnentemplern gebracht hatte, war ein Schock. Die überstrenge Leiterin, die unerträglichen Mädchen, deren Neid auf ihre Schönheit schnell in Hass umschlug. Sie war kaum eine Woche im Heim, da

---

* Spanisch für *Taschengeld*, das Ordensschwestern nur gegen Rechenschaft zur freien Verfügung von ihren Vorgesetzten erhalten

drängte sie eine Gruppe von Mädchen nach der Sportstunde im Umkleideraum in eine Ecke. Sie drangsalierten sie mit Worten, warfen ihr vor, sie hielte sich für was Besseres. Sie sah die Schere in der Hand eines der Mädchen. Drei von ihnen hielten sie fest und das Mädchen mit der Schere kam auf sie zu. Sie drückten ihren Kopf nach hinten und schnitten ihre schwarzen Haare ab. Sie wehrte sich nicht. Sie fühlte in ihrem ganzen Körper nur Taubheit. Dieses Verhalten machte die Mädchen nur noch wütender. Als endlich Tränen über ihre Wangen liefen, ließen sie von ihr ab. Die Heimleiterin sah, was geschehen war, unternahm jedoch nichts. Die Taubheit in ihr verschwand nicht mehr, und die Mädchen, gelangweilt von ihrer Passivität, ignorierten sie fortan. Sie hätte immer so weitergelebt, wenn nicht schon wenige Monate später die Waisenhausleiterin sie zu sich ins Büro gerufen hätte. Dort war ein Priester, dem sie ohne weitere Erklärungen übergeben wurde und der sie anwies, ihre Kleider zu packen. Sie gehorchte ohne Widerrede. Sie stiegen in einen Wagen, der sie zum Flughafen fuhr. Als sie aus dem Flugzeug stieg, erwartete sie eine fremde Welt. Die Sonne war grell, die Luft heiß und feucht, aus der grünen Wand von Pflanzen neben dem Rollfeld war schrilles Kreischen und dumpf monotones Surren zu hören. Sie hatte den Priester mit ängstlichem Blick angesehen. Er zerrte nur an ihrer Hand und reichte sie an eine alte Nonne mit strengem Blick weiter, die am Rollfeld auf sie wartete. Die Nonne wies sie mit einem knappen Kopfnicken an, ihr zu folgen. Man brachte sie zu einer katholischen Mission, wo sie nach ihrem Eintreffen erfuhr, dass sie in Uruguay war. Die Schwestern der Mission hatten ein Schweigegelübde abgelegt. Außer zu kurzen, genau festgelegten Zeiten durfte sie von diesem Tag an nicht mehr sprechen. Gleich am nächsten Morgen wies man sie an, den Schwestern im Missionskrankenhaus zur Hand zu gehen. Sie lernte die Steinböden zu schrubben, die Bettpfannen zu leeren, Verbände zu wechseln und die von Blut und Eiter getränkten Mullbinden zu waschen. Ihre innere Taubheit beherrschte sie noch immer. Sie half, die ihr aufgetragenen Arbeiten zu bewältigen, ohne an ihnen zu zerbrechen. Irgendwann ließ die Taubheit langsam nach. Ein Riss begann sich in ihr zu öffnen, aus dem sich Wut und Hass in sie ergossen. Eines Tages beherrschten sie diese Gefühle voll und ganz. Eine Schwester machte ihr Vorwürfe, weil sie noch Flecken auf den ausgekochten Mullbinden fand. Ihre Schimpftiraden wurden immer lauter. Es wurde ihr zu viel. Sie griff nach dem Eimer mit heißem Wasser, in dem sie die Mullbinden ausgekocht hatte, und schüttete den dampfenden Sud ins Gesicht der Schwester.

In diesem Moment schloss sich der Riss in ihr wieder und die Taubheit kehrte zurück. Eine Woche später schickte man sie wortlos weg. Die Mission in Costa Rica war noch strenger geführt. Doch auch dort kam der Tag, an dem sich der Riss in ihr wieder öffnete und sie ihrem Hass und Wut freien Lauf ließ. Erst versuchten die Schwestern sie mit Strafen zu maßregeln. Später mit Gewalt. Und irgendwann kam wieder der Zeitpunkt, an dem man sie wegschickte. Ihr Leben bestand nur noch aus Angst, Taubheit, Strafe, Wut und Hass, Gefühle, die permanent einander ablösten. Bis zu dem Tag, als man sie zurück in die Schweiz zu Oberschwester Agnes brachte. Dort erlebte sie seit Langem zum ersten Mal wieder ein Gefühl von Liebe und Zuneigung. Aber sie wusste, es war zu spät.

An ihrem 25. Geburtstag gestand ihr der Bischof, ihr leiblicher Vater zu sein. Sie bemerkte seinen erwartungsvollen Blick. Sie konnte die Freude, die er erwartete, nicht erwidern. Wo war er gewesen, als sie ihn gebraucht hatte? Er war nicht umgekehrt, als sich die Hand ihrer Schwester aus der ihren gelöst hatte. Er hatte sie einfach dem Mann überlassen und ihr Flehen überhört, Maria zu retten. Und damals, als Berger ihr die Bilder zeigte, hatte er nur wortlos daneben gestanden. Immer wieder ließ dieser Mann, der behauptete, ihr Vater zu sein, sie im Stich. Selbst, als er ihr eines Tages Hoffnung auf Erlösung von ihren Ängsten gab. Er sprach davon, die Mörder ihrer Schwester ausfindig zu machen und sie zur Rechenschaft zu ziehen. Im Vertrauen offenbarte er ihr sein Vorhaben, die Sonnentempler zu unterwandern. Er erzählte ihr von der Liste, die sie anfertigten. Sie solle sich nur gedulden.

Als sie dies hörte, fiel sie ihm um den Hals. Sie hatte das erste Mal das Gefühl, wirklich einen Vater zu haben. Und sie erkannte, dass ihr Vater schon lange diesen Moment herbeigesehnt hatte.

Sie hatte gewartet. Auf Genugtuung. Auf Rache. Nichts geschah. Enttäuschung wich der Frustration. Der Frust wandelte sich eines Tages in Zorn. Sie wollte ihren Vater sprechen. Ihn fragen, wann endlich die Mörder ihrer Schwester und ihrer Mutter zur Rechenschaft gezogen würden. Ihm seine Untätigkeit vorwerfen. Jedes Mal, wenn sie mit ihm Kontakt aufzunehmen versuchte, wurde sie durch sein Sekretariat abgewiesen. Sie gab nicht auf. Beharrlich schrieb sie ihm. Über zwei Jahre lang bekam sie keine Antwort. Vor einigen Monaten endlich ein Brief von ihm. Sie solle ihm nicht mehr schreiben. *Für einen Bischof ist es nicht schicklich, so direkt mit einer Ordensschwes-*

ter zu kommunizieren. Die Dinge haben sich geändert. Rache ist keine Lösung. Bitte führe ein Leben mit Gott und vergib deinen Schuldigern. Bischof Paulus Geissler.

Als sie den Brief in den Händen hielt, zeigte sich erneut dieser feine Riss in ihr. In diesem Moment zerbrach etwas endgültig in ihr.

Langsam öffnete sie die Augen und betrachtete erneut den feinen Riss in der Decke. Draußen war es mittlerweile dunkel geworden und die Leuchtreklame auf dem Dach des gegenüberliegenden Hauses warf bunte Flecken an die Wände ihres Zimmers. Sie fühlte sich plötzlich völlig erschöpft. Morgen würde sie ihr viertes Opfer zwingen, sich mit ihr in der katholischen Kirche eines kleinen Dorfes auf dem Land zu treffen. Ein abgelegenes Gotteshaus, das spät am Abend nicht mehr besucht wurde. Sie würde ein einfaches Spiel haben und wieder ein Stück ihrer Angst verlieren. Vielleicht hatte sie dieses Mal Glück und würde erfahren, wo sich der Großmeister aufhielt. Der Kopf der Hydra. Wenn sie ihn in den Händen hielt, würde sie ihre Angst für immer verlieren.

Sie lag noch eine ganze Weile auf dem Bett und stellte sich den Moment ihrer Erlösung vor, der ihr ein Gefühl der Beruhigung, aber auch der nervösen Vorfreude schenkte.

48

Auf dem Weg ins Kloster dachte Berger über einen geeigneten Ort nach, zu dem er Myriam schicken konnte und an dem Popow sie erledigen sollte. Er hatte keine Ahnung, wer der Großmeister war, geschweige denn, wo er sich aufhielt. Er wusste nur, dass die Sekte neben dem Raum in Solowjows Club noch über weitere heimliche Treffpunkte verfügte. Ein Informant hatte ihm erst kürzlich ein Seminarzentrum genannt, das die Sekte anscheinend für ihre Treffen nutzte. Es verfügte über eine große Parkanlage, die am Abend geschlossen wurde. Das Grundstück fiel an der Ostseite steil ab. Der ideale Ort für sein Vorhaben, entschied er.

Oberschwester Agnes war von seinem Besuch überrascht und er spürte ihre Abneigung. Schließlich war er es, der das Kloster aus Spargründen schließen und die Schwestern in ein anderes Kloster integrieren wollte. In Pater Francescus hatte sie einen starken Verbündeten.

»Liebe Agnes«, begann er in freundlichem Ton, »ich möchte Sie um einen Gefallen bitten.«

Sie schwieg und bedachte ihn mit einem skeptischen Blick.

»Bischof Paulus hat mich beauftragt, mit Schwester Regula über ihr schreckliches Erlebnis zu sprechen.«

»Welches der schrecklichen Erlebnisse meinen Sie denn?«, fragte sie ironisch.

Er wusste, dass die Oberschwester bis heute vergeblich zu ergründen versuchte, welche Herkunftsgeschichte Schwester Regula verbarg. Als der Bischof hinter seinem

Rücken Myriam hierher versetzt hatte, musste er improvisieren. Er hatte der Oberschwester ein Lügenmärchen aufgetischt. Oberschwester Agnes hatte ihm die Geschichte nie geglaubt. Als sie die bildhübsche Frau sah, schloss sie diese, trotz der Warnungen der leitenden Schwester aus Guatemala, gleich in ihr Herz. Sie war überzeugt, dass in jedem Mensch ein guter Kern steckte und man ihn nur aktivieren musste. Und sie hatte recht behalten.

»Was wollen Sie von ihr?«, fragte sie misstrauisch und verschränkte die Arme.

»Ich will mit ihr reden«, antwortete er ruhig. »Nur kurz.«

»Und was, wenn sie nicht mit Ihnen reden will?«

»Ich glaube, Schwester Regula sollte mich kurz anhören. Wenn sie erfährt, warum ich hier bin, wird sie sicher mit mir reden wollen«, erwiderte er mit einem sanften Lächeln.

Oberschwester Agnes' Gesicht verfinsterte sich und sie faltete ihre Hände wie zum Gebet. »Sie können mit ihr nicht reden.«

Wollte sie ihm ein Gespräch mit Myriam verweigern? Oder gab es vielleicht einen anderen Grund? »Ist sie gerade nicht hier?«

»Sie hat das Kloster verlassen«, sagte die Oberschwester mit fester Stimme.

»Verlassen? Wohin ist sie gegangen?«

»Ich weiß es nicht. Sie hat uns über ihr Vorhaben nicht in Kenntnis gesetzt. Vor vier Tagen erschien sie nicht zum Vigil. Als ich in ihrer Kammer nachsah, lag ihre Ordenstracht sauber gefaltet auf dem Bett.«

»Kein Brief? Keine Nachricht?«, fragte er entsetzt.

Die Oberschwester schüttelte trotzig den Kopf.

»Vielleicht weiß eine der Schwestern etwas?«

»Nein. Und Sie werden sie nicht dazu befragen. Das verbiete ich Ihnen.«

Er verlor die Beherrschung, und seine aufgesetzte Freundlichkeit verschwand in Sekundenbruchteilen. Wütend schlug er mit der flachen Hand auf den Tisch. »In Ihrer Position sollten Sie wissen, wo sich Ihre Schäfchen aufhalten!«

Oberschwester Agnes stand auf und blickte ihn mit müden Augen an. »Wir sind kein Gefängnis, Generalvikar. Und wenn Ihnen nach Schreien zumute ist, bitte ich Sie, dies woanders zu tun. Gehen Sie jetzt.«

Er war wie vor den Kopf gestoßen. Sein Plan ging nicht mehr auf, Myriam zum Seminarzentrum zu locken. Jetzt musste er erst ihren Aufenthaltsort ausfindig machen. »Ich rate Ihnen, mich sofort zu benachrichtigen, wenn Sie ihren Aufenthaltsort erfahren!«

Zu spät bemerkte er, dass er immer noch schrie. Als sich eine Hand von hinten auf seine Schulter legte, schrak er auf.

»Sie sollten Menschen nicht anschreien.«

Er wandte sich blitzschnell um und wollte etwas erwidern. Als er den Polizisten erkannte, schluckte er seinen Zorn hinunter und versuchte, sich langsam wieder in den Griff zu bekommen. »Sie haben recht. Entschuldigen Sie.«

»Sie sollten sich nicht bei mir, sondern bei der Oberschwester entschuldigen«, sagte Charkow ruhig.

Generalvikar Berger stand ohne ein weiteres Wort auf und verließ schnell den Raum.

Charkow sah, dass die Oberschwester am ganzen Körper zitterte. Wie am Abend von Paul Franks Ermordung. »Frau Oberschwester, darf ich …«

»Agnes«, unterbrach sie ihn. »Bitte nennen Sie mich Schwester Agnes.«

»Gut. Aber nur, wenn Sie mich Maxim nennen.«

Über ihr Gesicht huschte ein Lächeln und sie nickte.

»Soll ich vielleicht später wiederkommen?«

Sie schüttelte den Kopf.

Charkow bat sie, sich wieder zu setzen. »Ich werde Sie nicht lange aufhalten.«

Sie winkte ab. »Danke, dass Sie mich von diesem Menschen befreit haben.«

»Was wollte der Generalvikar von Ihnen, wenn ich fragen darf?«

»Er wollte mit einer der Ordensschwestern sprechen.«

»Und, konnte er es?«

Sie schüttelte den Kopf. »Sie ist vor ein paar Tagen gegangen.«

»Und deshalb wird der Generalvikar so ausfallend?«

Oberschwester Agnes zuckte mit den Schultern. »Lassen Sie uns über etwas anderes reden.«

Charkow spürte, wie das Zittern ihrer Hände langsam verebbte. »Ist es üblich, dass Schwestern das Kloster so unerwartet verlassen?«

»Ach wissen Sie, Maxim, ich habe in meinem Leben schon so viele Schwestern kommen und gehen sehen.« Sie seufzte kurz, blickte auf ihre Hände und fuhr fort: »Ja, es ist schon vorgekommen. Gerade üblich ist es nicht. Von Schwester Regula hätte ich es nicht erwartet.«

Sie hielt einen Moment inne und Charkow erkannte, wie sehr sie dieser Umstand verletzte. »Sie mochten diese Schwester sehr, nicht wahr?«

»Wie eine Tochter«, gestand sie. »Und ich muss zugeben, dass ich enttäuscht bin.«

»Soweit ich mich erinnere, war Schwester Regula es, die Paul Franks Leiche in der Kapelle gefunden hat?«

Sie nickte.

»Vielleicht hat sie dieses Erlebnis aus der Bahn geworfen.«

»Das wäre eine Erklärung«, seufzte sie erleichtert.

»Es tut mir leid, dass sie diese Enttäuschung erleben mussten.«

»Ich danke Ihnen für Ihr Mitgefühl. Aber deshalb sind Sie ja nicht hier.« Erwartungsvoll blickte sie ihn an. »Was kann ich für Sie tun?«

»Ich wollte mit Ihnen reden. Fragen, ob Ihnen noch etwas zum Abend des Mordes eingefallen ist.«

»Nein, leider nicht. Sind Sie denn in Ihren Ermittlungen schon weitergekommen?«

»Nein«, log er. Am liebsten hätte er ihr von den Zwillingen erzählt, von den Erkenntnissen, die sie mittlerweile über die Sekte hatten und den Verdacht, dass ihre eigene Kirche irgendwie darin verstrickt war. Über das Gespräch mit Berger wollte Agnes anscheinend mit ihm nicht reden. Was er respektierte.

»Ich suche nach einer Antwort auf die Frage, warum die Morde in katholischen Gotteshäusern verübt wurden.«

Oberschwester Agnes sah ihn fragend an.

»Genauer gesagt: Ich suche einen Zusammenhang zwischen dem Täter und Ihrer Kirche.«

»Wie könnte ich Ihnen in dieser Frage helfen?«

»Wir suchen einen Menschen, der diese Kirche hasst«, verriet Charkow.

»Ich kenne keinen Menschen, der zu solch einer Tat fähig sein würde.«

Die Antwort der Oberschwester kam so schnell und selbstsicher, dass Charkows Hoffnung, hier auf eine Antwort zu stoßen, in Enttäuschung umschlug. Warum hatte er geglaubt, die Antwort hier zu finden? Jetzt erst wurde ihm bewusst, dass ihm seine Intuition einen Streich gespielt haben musste.

»Sie suchen nach etwas«, sagte sie unvermittelt, als ob sie seine Gedanken lesen konnte. »Sie wissen nur noch nicht, wo Sie es suchen sollen.«

Er nickte und hob hilflos die Hände. »Agnes, Sie sind eine sehr weise Frau.«

»So wie Ihnen geht es mir manchmal auch«, gestand sie mit einem beschämten Lächeln.

»Und wann geht es Ihnen so?«

»Immer wenn ich Gott verloren habe«, sagte sie ernst.

»Und was machen Sie in diesen Momenten?«

»Ich gehe noch einmal zum Ursprung und suche nach der Antwort auf die Frage, warum ich mich für Gott entschieden habe. Kommen Sie wieder, wenn Sie Ihre Frage gefunden haben. Sie wissen ja, wo Sie mich finden.«

Charkow drückte ihr zum Abschied die Hand und verließ das Kloster, enttäuscht über seinen Instinkt, der ihn anscheinend in die Irre geleitet hatte.

Der Himmel war blauviolett und die tief stehende Sonne tauchte die Landschaft um das Frauenkloster in diffuses Licht. Er kniff die Augen zusammen, als er zu seinem Wagen lief, um nicht geblendet zu werden. Aus irgendeinem Grund hatte er das seltsame Gefühl, eine Chance verpasst zu haben. So sehr er auch darüber nachdachte, konnte er nicht erkennen, was es hätte sein können. Manchmal wurde man von einem Flügel der Erkenntnis nur gestreift, dachte er.

Als Charkow den Parkplatz erreichte, fiel ihm auf, dass der rote Wagen mit dem Bündner Kennzeichen nicht mehr dort war. Einer Eingebung zufolge hatte er bei seiner Ankunft mit dem Smartphone ein Foto von dem Fahrzeug gemacht. Ihm waren die ersten Ziffern des Kennzeichens aufgefallen und er hatte das Bild Priska gesendet.

Nun wählte er ihre Nummer.

»Hast du mein Bild erhalten?«, fragte er, als sie das Gespräch entgegennahm.

»Ja. Warum interessierst du dich für den Wagen?«

»Schau dir die ersten beiden Ziffern an.«

»Oh! Die stimmen mit den Angaben von Leclerc überein. Nur, der Wagen ist rot.«

»Es ist ein neues Modell mit einem alten Kennzeichen«, erwiderte er.

»Verstehe. Eine Idee, wem der Wagen gehört?«

»Ich glaube, Generalvikar Berger.«

49

Mittlerweile war es dunkel geworden. Myriam entschloss sich, beim Thailänder am Ende der Straße ihr Abendessen zu holen. Sie ging ins Badezimmer, zog ihre Jeans aus, streifte sich Nylonstrümpfe über die langen Beine und zog einen eleganten, eng anliegenden Rock an, der ihr knapp bis zu den Knien reichte. Ihr verschwitztes T-Shirt stopfte sie in einen Plastiksack neben dem Waschbecken. Sie streifte die dunkelrote Bluse über ihre schmalen Schultern und genoss, wie die Seide auf ihrer nackten Haut knisterte. Ein Gefühl, das neu war. Wie dieses ganze Leben hier. Sie öffnete den Spiegelschrank, nahm ein kleines Necessaire mit Schminkutensilien heraus und stellte es auf den Rand des Waschbeckens. Sie betrachtete ihr Gesicht im Badezimmerspiegel, hob die Augenbrauen und trug behutsam Lidschatten auf. Mit einem tiefroten Lippenstift zog sie langsam die Konturen ihres Mundes nach. So, wie es ihr die Verkäuferin in der Kosmetikabteilung gezeigt hatte. Das weiche Fett fühlte sich gut auf ihren vollen Lippen an. Zum Schluss zog sie ihr dichtes schwarzes Haar fest nach hinten und band es zu einem Pferdeschwanz. Sie verließ das Badezimmer und ging zu ihrem Nachttisch, auf dem das Fläschchen Parfüm stand, welches sie vor ein paar Tagen in einem der teuren Geschäfte an der Bahnhofstraße gekauft hatte. Sie zog den kleinen Glasstift aus der Öffnung und fuhr seitlich über ihren Hals. Das feuchte, kalte Gefühl des Glases auf ihrer Haut und der süßliche Duft, den sie jetzt einatmete, erzeugten Gänsehaut auf ihren Armen. Die Tür zum Badezimmer stand offen und sie sah sich selbst im Spiegel. Die Menschen sahen in ihr eine schöne Frau. Sie selbst sah nur jemanden, den Gott zu einer Mörderin gemacht hatte, um sein Werk zu erfüllen. Sie griff nach ihrem Mantel und verließ das Zimmer.

Auf der Straße herrschte trotz Schnee und Kälte Hochbetrieb. Kaum war sie einige Schritte gelaufen, sprach sie schon ein Mann an und fragte nach dem Preis. Sie ignorierte seine Frage. Als Dank rief er ihr nach, dass sie eine arrogante Schlampe sei. Diese Art der Begegnungen hatte sie oft in diesem Stadtquartier. Sie machten ihr keine Angst. Angst mussten die anderen haben.

Mailin war Thailänderin und die Inhaberin des Restaurants. Wie immer stand sie an der Kasse und begrüßte Myriam herzlich, als sie das Lokal betrat. Auch hier herrschte hektisches Treiben. Die drei Köche schwitzten über den Dampfschwaden, die zischend aus ihren Woks aufstiegen. Mailin gab Myriam einen Bestellzettel. Sie kreuzte ihr Lieblingsgericht an, setzte sich in eine Ecke und wartete auf das Essen, vor sich einen grünen Tee.

Myriams Blicke schweiften über den Rand der Teetasse durch das Restaurant und die große Glaswand nach draußen auf die Straße. Sie sah Männer in dunklen Anzügen, das pomadisierte Haar streng zurückgekämmt. Mit ihren italienischen Schuhen stolzierten sie durch den gefrorenen Schneematsch, was sie lächerlich wirken ließ. Die Scheinwerfer der Autos warfen kurz ihr grelles Licht in die dunklen Seitengänge, die zu Hinterhöfen führten, und setzten die Prostituierten mit ihren knalligen Make-ups für Sekunden in Szene. Myriam nahm einen kleinen Schluck des heißen Tees. Ihr Blick streifte zu dem Kiosk an der gegenüberliegenden Straßenecke. Die Scheinwerfer eines vorbeifahrenden Autos erleuchteten die Zeitungsplakate, auf denen die Schlagzeilen des Tages angekündigt wurden. Sie sah sie nur einen Sekundenbruchteil lang. Aber was sie sah, beunruhigte sie. Sie konzentrierte sich auf die Stelle beim Kiosk und wartete das nächste Fahrzeug ab. Nun schob sich ein Bus durch die enge Straße und blieb vor dem Kiosk an einer Haltestelle stehen. Jetzt sah sie deutlich, was sie so nervös gemacht hatte: Das Portrait, das ihr von den Plakaten entgegenstarrte. Die Frau darauf entsprach nicht exakt ihrem jetzigen Äußeren, trotzdem hatte sie keine Zweifel, dass es um sie ging.

Irgendetwas war geschehen, ohne dass sie es bemerkt hatte. Sie stellte die Teetasse so heftig ab, dass sie überschwappte. Mailin rief ihr noch nach, ihr Essen mitzunehmen, als sie hinaus auf die Straße rannte. Sie überhörte das Hupen der wütenden Autofahrer, die abrupt bremsen mussten, als sie ohne sich umzublicken die Straße überquerte und zum Kiosk lief.

Vor einem der Plakate blieb sie stehen und las mit Entsetzen die Schlagzeile über ihrem Fahndungsbild: *Mysteriöse Kirchenmorde – Kein Ende in Sicht? Wer hat diese Frau gesehen?*

Schnell lief sie zur Zeitungsauslage und kaufte drei Zeitungen, die ihr Konterfei auf der Frontseite abgedruckt hatten. Sie rannte zurück in ihr Hotelzimmer, legte sich aufs Bett und begann zu lesen. Man suchte sie als Zeugin. Sie war sich sicher, dass niemand sie bei ihren Taten beobachtet hatte. Sonst würde sie jetzt wegen Mordes gesucht. Warum suchte man sie also als Zeugin? Kraftlos ließ sie die Zeitungen auf den Boden gleiten. Warum brachte die Polizei sie in Zusammenhang mit den Morden? Niemand kannte ihre Verbindung zu den Opfern und der Sekte. Außer ihr leiblicher Vater und der Generalvikar. Einer der beiden musste sie verraten haben, schoss es ihr durch den Kopf. War es ihr Vater gewesen? Hatte ihn nach ihrer Begegnung in der Kathedrale die Angst gepackt, als sie ihm andeutete, für die Morde verantwortlich zu sein? Nein, das konnte nicht sein. Ein Vater würde seine Tochter nicht verraten. Es konnte nur Berger gewesen sein. Der Mensch, den sie fast so sehr hasste wie die Sonnentempler. Er hatte mit der Polizei geredet. Was, wenn Berger der Polizei sogar die Liste gegeben hatte? Ihr Vorhaben konnte scheitern. Die Polizei würde die Führungsmitglieder der Sekte zu schützen versuchen. Ihr Plan, das vierte Führungsmitglied zu töten, wurde nun zu einer Gefahr für sie selbst. Wie konnte sie den Tod ihrer Schwester rächen? Maria, die im Feuer ihr Leben verloren hatte, während sie gerettet worden war, musste Gerechtigkeit widerfahren. Sie hatte ihre

Hand nicht fest genug gehalten. Sie war nicht zurückgerannt, um sie zu retten. Die Schuld am Tod ihrer Schwester trug alleine sie. Ihr Kreuz. Und sie würde es weiterhin tragen. Was sollte sie tun?

In ihrem Kopf begann sich alles zu drehen. Die Ereignisse überschlugen sich. Ihr blieb keine Zeit mehr, um die zwei letzten Führungsmitglieder zu töten, gestand sie sich ein. Sie hatte vielleicht nur noch ein Mal die Chance, Rache zu nehmen. Sie musste sich auf den Großmeister dieser Sekte konzentrieren. Nur, wie konnte sie in Erfahrung bringen, wer er war und wo er sich aufhielt? Die Observierung ihrer Opfer hatte sie nicht zu ihm geführt. Bei den Treffen im *KGB* hatte der Großmeister nicht teilgenommen. Und ihre Opfer hatten ihr nicht verraten, wo dieser sich aufhielt. Wie konnte sie in so kurzer Zeit seinen Aufenthaltsort finden? Verzweifelt suchte sie nach einer Lösung. Ihren Vater konnte sie nicht fragen. Er hatte sich ihr gegenüber verleugnen lassen. Berger. Natürlich! Er musste wissen, wo der Großmeister zu finden war. Und er war vielleicht derjenige, der sie in diese Lage gebracht hatte.

Nervös lief sie im Zimmer auf und ab. Immer wieder sah sie ihr Bild auf den Titelseiten der Zeitungen, welche überall verstreut auf dem Fußboden lagen. Sie fasste einen Entschluss. Sie musste ihren Hass überwinden und mit Berger Kontakt aufnehmen. Sie musste mit dem Bösen paktieren, um mit dem Teufel sprechen zu können.

50

»In den Siebzigern hatten wir in diesem Kanton fünfstellige Nummern. Somit habe ich eine Gruppe von fast 1000 Fahrzeugen, die infrage kommt«, erklärte Priska bei der morgendlichen Sitzung, an der Kummer nicht teilnahm. Sie griff sich ein Croissant aus der Papiertüte, die in der Mitte des Tisches lag. Plötzlich hielt sie inne. Sie merkte nicht, wie alle auf die Fortsetzung ihrer Ausführungen warteten, sondern starrte auf die Zeitung unter der Papiertüte, auf der das Fahndungsbild der jungen Frau zu sehen war.

»Was ist?«, wollte Martin wissen.

Priska griff nach der Zeitung und betrachtete wie hypnotisiert das Bild. Sie hatte das starke Gefühl, diese Frau irgendwo schon einmal gesehen zu haben. Sie wusste nur nicht wo.

»Kennst du die Frau?«, wollte Charkow wissen.

Priska dachte konzentriert nach. Sie konnte beim besten Willen keine Erinnerung abrufen, die sich mit ihrem Gefühl verbinden ließ. Sie schüttelte langsam den Kopf.

»Sie ist sehr schön«, sagte Charkow. »Da glaubt man schnell, diesen Menschen gesehen zu haben. Können wir jetzt weitermachen?«

Priska ließ die Zeitung sinken, widmete sich wieder ihren Unterlagen und fuhr fort. »In dieser Gruppe waren damals rund 850 Limousinen angemeldet. Davon hatten rund die Hälfte dunkle Lackierungen. Also Dunkelblau, Schwarz, Dunkelgrün und so weiter.«

»Konnten die Zeugen keine genaueren Angaben machen?«, fragte Martin.

»Ich habe versucht, das Ehepaar aus Deutschland ausfindig zu machen. Der Ehemann ist mittlerweile verstorben, seine Frau lebt im Altersheim. Mit ihr konnte ich sprechen. Leider erinnert sie sich nicht mehr an die Farbe des Wagens. Allerdings bestätigte sie Leclercs Aussage, dass zwei Männer – und jetzt kommt es – mit einem Mädchen in den Wagen gestiegen seien, während ein anderer Mann auf das Trio geschossen habe.«

Einen Augenblick lang herrschte vollkommene Stille. Jeder schien das Gesagte in sich aufzunehmen.

»Sie könnte eine der beiden Zwillinge gewesen sein«, stellte Charkow fest.

»Das mit dem Mädchen steht in keiner Akte«, fiel Martin auf.

»Leclerc hat ebenfalls nichts erwähnt«, sagte Charkow. »Warum erzählt sie das erst jetzt?«

»Hat sie nicht«, erwiderte Priska.

»Sie hat es damals schon zu Protokoll gegeben?«, fragte Martin ungläubig.

»Und du bist sicher, dass die Frau nicht dement ist oder sich das zusammenfantasiert?«, ergänzte Charkow.

»Sie wusste sogar noch den Namen des Polizisten, dem sie das mitgeteilt hatten: Pierre Fleuri.«

»Verdammt!«, fluchte Charkow. »Dieser verdammte Fleuri hatte überall seine Finger mit drin! Was hat die Frau sonst noch erzählt?«

»Sie wunderte sich, dass niemand von den Schweizer Behörden später noch einmal Kontakt zu ihr aufgenommen hat.«

»Was ist mit Leclerc? War er damals bei der Befragung dabei?«

»Er hat uns tatsächlich alles erzählt, was er wusste.

Fleuri hatte die beiden Zeugen alleine befragt. Leclerc war nie anwesend. Ich habe die Gerichtsunterlagen durchgesehen und festgestellt, dass Fleuri Bandmitschnitte von den Befragungen gemacht hat.«

»Die er nach der Befragung sehr wahrscheinlich manipuliert hat«, mutmaßte Charkow.

Sie nickte.

»Konnte sie mehr zu den beiden Männern oder dem Mädchen sagen?«

»Nein, sie stand auf dem Balkon ihrer Ferienwohnung und die Entfernung war zu groß, um Gesichter erkennen zu können.«

»Wie war es ihr dann möglich, das Kennzeichen des Fahrzeugs erkennen?«, fragte Martin.

»Das habe ich sie auch gefragt. Ganz einfach: Der Wagen fuhr an der Straße unter ihrem Balkon vorbei.«

»Gehen wir davon aus, dass ihre Aussage stimmt«, entschied Charkow. »Was konntest du über das Nummernschild ermitteln? Gibt es eine Verbindung zum Generalvikar?«

»Nur indirekt. Die katholische Kirche hat über hundert Fahrzeuge angemeldet. 25 davon würden dem Fahrzeugtyp, den wir suchen, entsprechen.«

»Wie sieht es mit privaten Zulassungen aus?«

»Keine Treffer in Bezug auf die Kirche. Es kann reiner Zufall sein, dass der Generalvikar ein Fahrzeug aus dieser Gruppe benutzt. In der Regel behältst du ja das Kennzeichen ein Leben lang. Das wird bei der katholischen Kirche nicht anders sein.«

»Wir müssen herausfinden, wo die 25 Fahrzeuge damals zur Tatzeit waren. Eines davon muss in Granges-sur-Salvan gewesen sein.«

»Das wird nicht möglich sein, da die Kirche keine Fahrtenbücher über die Nutzung der Fahrzeuge führte.«

»Da konnte jeder einfach einen Wagen nehmen, ohne dass er sich registrieren musste?«, fragte Martin.

Priska nickte.

»Wir treten auf der Stelle«, stellte Charkow fest. »Was wir jetzt brauchen, ist ein Hinweis auf einen der Zwillinge.«

»Glaubst du wirklich, dieses Mädchen, das die Zeugin mit den zwei Männern in den Wagen steigen sah, könnte eine der Zwillinge gewesen sein?«, fragte Priska.

Charkow zuckte mit den Schultern. »Ich glaube im Moment gar nichts mehr. Wir haben hier Akten, die in einem unbekannten Ausmaß manipuliert wurden. Zeugen, die sich kaum noch erinnern. Ermittlungsbeamte und Rechtsmediziner, die auf mysteriöse Weise ums Leben kamen. Zu guter Letzt in einem Grab zwei leere Särge, die uns entweder sagen, dass wir zwei Gespenstern nachjagen oder in ein verdammtes Wespennest stechen werden.«

»Was schlägst du vor?«, fragte Martin.

»Wir warten.«

»Auf was?« Priska warf ihm einen ungläubigen Blick zu.

»Auf ein Wunder.«

Charkow ging in die Kantine und bestellte sich einen doppelten Espresso. Er hatte die Kopien der Akten dabei und nahm sich vor, sie noch einmal sorgfältig durchzusehen. Als er die Fotos der Exhumierung betrachtete, war eines darunter, auf dem der Grabstein zu sehen war. Jetzt erst fiel ihm auf, wie groß er war. Typisch für ein Familiengrab, dachte er. Beim Wort *Familie* ging er noch einmal die Ergebnisse von Martins Recherchen über Familie Freisler durch. Er hatte den Stammbaum von Marco und Eva Freisler aufgezeichnet. Marco war ein Einzelkind. Beide Eltern waren früh an Krebs gestorben. Eva wuchs ebenfalls alleine auf und gebar ihre unehelichen Zwillinge. Den leiblichen Vater konnten sie nicht ermitteln, da Eva keine Angaben bei der Geburt gemacht hatte. Evas Vater, Patrick Steiner, starb Jahre nach dem Tod seiner Tochter an Herzversagen und wurde auf demselben Friedhof beerdigt. Von seiner Frau hatte er sich früh getrennt. Ihren letzten Aufenthaltsort hatten sie nicht mehr ermitteln können, da sie gleich nach der Scheidung nach Frankreich ausgewandert war.

Ihm kam ein weiterer Gedanke: Was hatte Francine bei der Exhumierung gefragt? *Wer hat diesen schönen Grabstein bezahlt?* War es Patrick Steiner gewesen? Nun tauchte eine weitere Frage auf: Wer hat die Beerdigung von Patrick Steiner bezahlt? Laut seinen Unterlagen hatte er keine Verwandten mehr. Außer seiner geschiedenen Frau. Vielleicht führte ihn die Bestattung von Patrick Steiner auf eine neue Spur. Er griff zum Hörer und rief die Friedhofsverwaltung an. Die Sachbearbeiterin erklärte ihm, dass keine Unterlagen mehr existierten, da diese nach zehn Jahren gelöscht wurden. Er dankte für die Auskunft und legte auf. Plötzlich kam ihm ein weiterer Gedanke: *Familie*. Sie hält zusammen. Egal, was geschieht. Blut ist dicker als Wasser. Was, wenn Evas Mutter noch lebte? Sie könnte vielleicht Kontakt zu den Zwillingen haben. Um ihren Aufenthaltsort herauszufinden, musste er die Kollegen in Frankreich fragen. Mit etwas Glück lebte sie noch. Die Chance, sie zu finden, war zwar gering. Und dass die Zwillinge noch irgendeine Verbindung zu ihr haben könnten, war noch geringer. Doch er musste sich jetzt an jeden Strohhalm klammern. Vielleicht geschah ja ein Wunder.

51

»Wo sind Sie?«, fragte Generalvikar Berger, der immer noch nicht glauben konnte, dass sie ihn anrief. Er hatte gerade sein Frühstück beendet, als das Smartphone läutete. Die Nummer war unterdrückt und er hatte erst gezögert, das Gespräch entgegenzunehmen.

»Das geht Sie nichts an«, kam die barsche Antwort. »Ich will wissen, ob Sie mich an die Polizei verraten haben.«

Fieberhaft ordnete er seine Gedanken. Jetzt durfte er keinen Fehler machen, sonst würde er sie verlieren. »Wir sollten uns treffen, um in Ruhe über alles zu reden.«

»Kein Treffen. Ich will eine Antwort.«

»Ich würde Sie nie im Leben verraten! Erinnern Sie sich? Ich habe Ihnen das Leben gerettet.«

»Sie haben mein Leben nicht gerettet – Sie haben es zerstört«, antwortete sie mit kalter Stimme.

»Hören Sie, ich will Ihnen helfen.«

»Sagen Sie mir, wer der Großmeister ist.«

»Das weiß ich selbst nicht. Aber ich kann Ihnen verraten, wo er sich zurzeit aufhält.«

Einen Moment lang herrschte Schweigen am anderen Ende der Verbindung und Angst befiel ihn, dass Myriam auflegen würde. Zu seiner Erleichterung sprach sie weiter.

»Woher soll ich wissen, dass Sie mich nicht belügen und mir eine Falle stellen, um mich der Polizei auszuliefern?«

»Ich bin auf Ihrer Seite. Das ist weder im Interesse von mir noch von Ihrem Vater, der mir ausdrücklich befohlen hat, Sie zu schützen.« Er hatte die Hoffnung, dass die letzten Worte sie berührten. »Hören Sie«, fuhr er fort, »wir wollen genauso wie Sie die Sekte vernichten. Sie sind uns nur zuvorgekommen.«

»Sie lügen!«, schrie sie. »Ihr habt nichts unternommen! Ihr habt mich die ganzen Jahre hingehalten und belogen! Mein Vater hat mich verleugnet! Ich lasse mich von euch nicht mehr für dumm verkaufen.«

Er hatte den Eindruck, dass sie weinte. Sie durfte jetzt nicht auflegen, sagte er sich. Ich muss Zeit gewinnen, damit Popow auf die E-Mail antworten und die notwendigen Vorbereitungen treffen kann.

»Niemand will Sie für dumm verkaufen«, versuchte er sie zu beruhigen.

»Sagen Sie mir, wo ich den Großmeister finden kann!«

Sie wollte es schon jetzt tun, erkannte er. Er suchte fieberhaft nach einer Lösung und entschloss sich dazu, alles auf eine Karte zu setzen. »Der Großmeister wird in den nächsten 24 Stunden an einem Ort sein, der mit bekannt ist. Wenn Sie wollen, sende ich Ihnen die genaue Adresse auf Ihr Smartphone, sobald ich mit meinem Informanten gesprochen habe.«

Wieder schwieg Myriam. Kurz darauf sagte sie entschlossen: »Ich werde Sie morgen anrufen. Wenn Sie mich belügen, werden Sie der Nächste sein. Das schwöre ich.« Sie legte auf.

In Generalvikar Bergers Kopf hallten die letzten Sätze noch lange nach. Jetzt stand sein eigenes Leben auf dem Spiel.

»Wir hätten sie damals nicht retten sollen«, sagte er leise. Seine Hände zitterten.

52

Sergej Popow war spät ins Bett gekommen und viel zu spät aufgewacht. Mittlerweile war es schon nach zehn. Er saß auf dem Bettrand und konnte sich nicht aufraffen, seinen Körper über diese Position hinaus zu bewegen. Schlaftrunken griff er zur Zigarettenschachtel und dem Feuerzeug, die auf seinem Nachtisch lagen. Als er den ersten Zug machte, musste er heftig husten. Nach dem nächsten Zug hatte sich die Lunge an das Gift gewöhnt. Er nahm noch einen Zug. Plötzlich meinte er ein Geräusch von unten zu vernehmen. Er horchte auf. War da jemand, der in der Küche das Frühstück zubereitete? Nein, da war niemand. Nur Stille. Ich höre schon Gespenster. Iwan ist tot. Ohne ihn wirkte das große Haus leer. Wie mein Leben, stellte er schmerzhaft fest. Noch nie hatte er sich so einsam gefühlt.

Langsam erhob er sich vom Bettrand. Seine Glieder schmerzten und ein Stechen in seinem Kopf machte ihm bewusst, dass er gestern Nacht wieder seine Trauer in Alkohol zu ertränken versucht hatte. Wut stieg in ihm auf, wenn er an die Bilder dachte, die ihm Keller von Iwans Leiche zugespielt hatte.

Dieser russische Bulle hatte versprochen ihm zu helfen. Ihm einen Namen zu nennen. Er hätte es besser wissen müssen. Auf einen Polizisten ist kein Verlass. Der Russe hatte seine Trauer nur benutzt, um Keller ausfindig zu machen. Und jetzt war Keller tot. Mit ihm starb seine Informationsquelle. Wie sollte er nun Iwans Tod rächen?

Er ging in die Küche, öffnete den Kühlschrank und trank einen Schluck kalter Milch direkt aus der Flasche.

Lustlos biss er in eines der Brioches, die ihm der private Lieferdienst einer Feinkostbäckerei jeden Morgen vor seine Türe legte. Mittlerweile stapelten sich die Säckchen mit dem Gebäck in der Küche. Er konnte sich nicht dazu entschließen, die Bestellung anzupassen oder zu stornieren. Denn sie erinnerten ihn an Iwan. Er hatte keinen seiner Tage ohne frische Brioches begonnen.

Wehmütig betrachtete er den Berg aus Papiertüten. Er zerrte den Abfallbehälter aus dem Schrank und warf die Tüten hinein. Als er fertig war, lief er im Pyjama mit dem vollen Müllsack barfuß durch den Schnee die Einfahrt zur Straße hinunter und warf den Sack in die Tonne.

Als er zurücklief, spürte er seine Füße kaum noch. Popow beschloss, erst einmal zu duschen, sich gründlich zu rasieren, saubere Kleidung anzuziehen und endlich wieder seine Arbeit aufzunehmen, die er seit Iwans Tod vernachlässigt hatte.

Eine halbe Stunde später, als er sich mit frisch gewaschenem Hemd und rasiert an den Schreibtisch setzte, fühlte er sich wesentlich besser. Zuerst würde er seine E-Mails lesen, was er seit Tagen nicht mehr gemacht hatte. Er öffnete das Programm und sein Blick flog über die Betreffzeilen. Werbung, Anfragen von Lieferanten, Kreditkartenabrechnungen und plötzlich eine Zeile, die seinen Atem stocken ließ: *Iwans Mörder*. Schnell öffnete er die E-Mail und las weiter. Wer schickte ihm diese Nachricht? Der Absender nannte sich *Solowjows Rache*. War es der russische Polizist? Wollte er ihm auf diese Weise helfen? Wer sollte es sonst sein, sagte er sich. Keller war tot. Und einen anderen Kontakt bei der Polizei hatte er nicht. Skeptisch überflog er noch einmal die E-Mail. Er überlegte nicht lange und antwortete mit *Ja*.

Er entschloss sich, vor dem Rechner sitzen zu bleiben und zu warten. Das Haus wollte er erst wieder verlassen, wenn er eine Antwort erhielt.

53

Charkow empfand diese Phase in einer Ermittlung als unerträglich. Er hasste es, untätig auf Reaktionen aus der Bevölkerung warten zu müssen. Sämtliche Spuren, die sie weiterverfolgt hatten, führten ins Leere. Aus dem Umfeld der Opfer und der katholischen Kirche hatten sie keine Verbindungen zur Sekte finden können. Vielleicht wäre er bei Maria Frank weitergekommen. Die wurde jedoch von ihrem Anwalt abgeschirmt. Die Ermittlungen nach der Herkunft des Gifts hatten auch nichts ergeben. Was ihn erstaunte: Die Kollegen von der Bundespolizei hatten sich bei ihm bis jetzt nicht gemeldet. Er hatte gehofft, mit dem Bild in den Zeitungen eine Reaktion auszulösen. Entweder hatte er das Interesse der Kollegen nicht geweckt oder sie kümmerten sich auf ihre Art und Weise um die Zwillinge. Letzteres wollte er sich gar nicht erst vorstellen.

Unruhe machte sich in ihm breit. Seine Kollegen in Frankreich hatten versprochen, ihn noch vor dem Mittag anzurufen. Nicht das Warten auf den Rückruf machte ihn unruhig, sondern die wenigen Meldungen zu den Zwillingen. Außer ein paar Falschmeldungen, die auf Verwechslungen beruhten, und einem Verrückten, der behauptete, dass es sich bei der Frau auf dem Fahndungsbild um seine tote Mutter handelte, gab es keine weiteren Reaktionen.

Einerseits bestärkte es ihn in seiner Idee, die Zwillinge könnten in Frankreich bei ihrer Großmutter sein. Andererseits wäre diese Tatsache nicht wirklich befriedigend. Denn falls die Zwillinge in Frankreich lebten, würden sich nicht nur die Ermittlungen erschweren, sondern er musste wohl mit der Suche nach dem Täter von vorne beginnen.

Bei diesen Gedanken verschlechterte sich seine bereits miese Laune noch mehr. Ein Blick auf den Kalender verriet ihm, dass in drei Tagen Weihnachten war. Die Chance, den Täter bis dahin zu fassen, schien ihm mehr als unwahrscheinlich. Somit würde er über die Festtage arbeiten müssen. Martin und Priska wollte er frei geben. Die Vorstellung, Heiligabend nicht zu seiner Mutter in die Berge zu fahren, sondern in der Stadt zu bleiben und den Abend bei seinem Bruder im Heim zu verbringen, hellte seine Stimmung hingegen etwas auf. Ihm fielen die Bewertungsbögen ein, deren Bearbeitung er nun schon Wochen vor sich her schob. Sie waren die Grundlage für das Mitarbeitergespräch mit Martin und Priska. Er hatte im Moment sowieso nichts Besseres zu tun, gestand Charkow sich ein, und begann die Bögen in einem Stapel von Papieren auf seinem Schreibtisch zu suchen. Er brauchte eine Weile, bis er die beiden rosaroten Formulare fand. Er musste nicht nur Bewertungspunkte für einzelne Fähigkeiten geben, sondern diese ausführlich beschreiben. Jeder Bogen bestand aus acht Seiten – er würde viel mehr Zeit brauchen als veranschlagt. »Tschjert*«, schimpfte er leise. Er erinnerte sich an die enttäuschten Gesichter seiner Assistenten vom letzten Jahr und nahm sich vor, sich ausreichend

* Russisch für *Teufel*

Zeit für die Bewertungen zu nehmen und sie ausführlich zu loben. Schließlich hatten sie es verdient. Da ihm Martins Bewertung schwerer fiel, begann er mit Priskas. Die erste Frage lautete: *Wie beurteilen Sie die Auffassungsgabe Ihres/r Mitarbeiters/in?* Am liebsten hätte er einfach *Sehr gut* geschrieben und die volle Punktzahl erteilt, aber er musste sich eingestehen, dass so eine Bewertung nicht die Erwartungen seiner Assistentin traf. Schließlich wollte Priska lesen, was genau er als *sehr gut* empfand. Kurz stöhnte er auf und blickte hilflos auf die graue Hausfassade, die er durch sein Fenster sah, und an der dunkle Rinnsale von Schmelzwasser aus einer lecken Dachrinne hinabflossen. In diesem Augenblick klingelte das Telefon. Erleichtert über die Ablenkung nahm er ab.

»C'est toi, Max?«, fragte die Stimme seines Kollegen aus Frankreich.

»Oui. C'est moi. Alain? En allemand, s'il te plait.«

»Écoute ... Alors, wir haben deine Frau gesucht und etwas Seltsames gefunden.«

Charkow war irritiert. »Habt ihr sie nun gefunden oder nicht?«

»Oui et non«, sagte Alain zögernd. »Elise Meier hat bei uns fast 30 Jahre gelebt. Offiziell ist sie gestorben. Nun lebt sie anscheinend wieder.«

»Im Moment bin ich nicht zum Scherzen aufgelegt«, sagte Charkow, der Alain und seinen Humor zwar in guter Erinnerung hatte, den er jedoch im Moment nicht ertrug.

»Oh, mon cher Max. Vous Suisses êtes toujours trop sérieux«, sagte Alain lachend. »Alors, also, hör zu. Elise Meier ist in einer kleinen Stadt in der Nähe von Marseille im Meldeamt als verstorben registriert. Eine Woche später taucht ein Eintrag auf, der diesen Umstand korrigiert.

Da dort noch alles von Hand gemacht wird, war es möglich, den überarbeiteten Eintrag noch zu sehen.«

»Sie ist also nicht gestorben?«

»Die Korrektur besagt, dass sie wieder in die Schweiz gezogen ist. Ich habe dir die Adresse via E-Mail geschickt.«

Charkow prüfte seinen Posteingang und entdeckte Alains E-Mail. »Das ist seltsam.«

»Quoi?«

»Die ist nicht korrekt, oder?«, fragte Charkow.

»Selbstverständlich. Warum?«

»Die Adresse gehört zu einem Seminarzentrum.«

»Schau gleich heute noch nach. Vielleicht findest du ja eine fantôme ... äh, wie sagt man bei euch?«

»Einen Geist«, antwortete Charkow gereizt.

»Voilà. Also, viel Spaß bei der Geisterjagd«, lachte Alain und wollte schon auflegen.

»Warte, passieren solche Fehleinträge oft?«

»Nein. Offiziell überhaupt nicht. Du weißt ja, wir in Paris haben fast alles im Griff. Aber eben nur fast.«

»Bist du absolut sicher, dass die Korrektur stimmt? Ich meine, bist du sicher, dass die Frau wirklich lebt?«

»Mon cher Max, ich würde ja zu gerne nach Marseille fahren und dort die Friedhöfe für dich besuchen, um nachzuschauen, ob die Frau tot ist. Allerdings wird mein Chef hier in Paris mich nicht gehen lassen wollen. Außer du legst ein gutes Wort für mich ein.«

Charkow hätte Alain von den leeren Gräbern der Zwillinge erzählen können, damit er seine Zweifel verstand, doch er befürchtete, dass Alain ihn mit Fragen überhäufen würde. »Danke für deine Hilfe«, sagte er stattdessen.

»Gern geschehen. Und viel Glück mit deinem Geist.«

Er legte auf und las, welche Informationen ihm Alain

außer der Adresse noch geschickt hatte. Neben der Wohnadresse in Frankreich und dem Geburtsdatum der Frau enthielt die E-Mail noch eine Bilddatei von einem Scan der Seite des Meldebuchs. Dort waren der Name und das Todesdatum eingetragen. Dieser Eintrag war später wieder durchgestrichen worden, mit dem Vermerk, dass es sich bei dem Eintrag um einen Fehler handelte. Ein weiterer Vermerk, der eine Woche später gemacht wurde, lautete: *émigrer*. Das war vor zehn Jahren.

Vor zehn Jahren musste also etwas geschehen sein. Er konnte das Ereignis weder in Verbindung mit dem Sektendrama noch dem Tod der Zwillinge oder den aktuellen Morden bringen. Es lag dazwischen. Warum also dieser seltsame Eintrag?

Er öffnete die Einwohnermeldedatei und suchte nach Elise Meier. Es überraschte ihn, als er ihren Name unter der von Alain angegebenen Adresse fand. Er öffnete die Website des Seminarzentrums. Dort fand er einen Übersichtsplan der gesamten Anlage, die eine beachtliche Größe aufwies. In einem weitläufigen Park befanden sich ein mehrstöckiges Seminargebäude, einige Wohneinheiten, die wohl für Personal oder Besucher als Unterkunft dienten, sowie Wirtschaftsgebäude. Somit bestand tatsächlich die Möglichkeit, dass sich Elise Meier auf diesem Gelände aufhalten konnte. Ihm fiel auf, dass die Frau schon über 90 Jahre alt sein musste, sie also mit 80 in die Schweiz gekommen wäre. Wie realistisch war es, so betagt zurück in das Land zu ziehen, dem man über 30 Jahre lang den Rücken gekehrt hatte?

Er beschloss, mit Priska und Martin am späten Nachmittag zum Seminarzentrum zu fahren, um zu prüfen, ob es sich bei Elise Meier vielleicht doch um einen Geist handelte.

54

Sergej Popow holte sich seinen fünften Tee und die zweite Packung Zigaretten aus der Küche. Er hatte den ganzen Morgen in seinem Haus mit Warten verbracht. Als er an seinen Rechner zurückkam, war endlich eine neue E-Mail in seinem Postfach. Hastig öffnete er sie, aber da war kein Text, sondern nur zwei Anlagen. Die erste enthielt die Adresse eines Seminarzentrums. Die zweite zeigte das Bild einer jungen, hübschen Frau, das an einem Computer erstellt worden sein musste. Unter ihrem Bild stand nur der Satz: *Sie wird heute ab 19 Uhr im Seminarzentrum sein.*

Popow betrachtete das Bild der Frau. Irgendwo hatte er es schon gesehen. Er wusste nicht sofort, wo. Plötzlich fiel es ihm wieder ein. Er rannte hinunter zur Haustüre und holte den Zeitungsstapel einer ganzen Woche. Zuoberst lagen die neuesten Ausgaben. Das Bild stach ihm sofort ins Auge. Schnell überflog er den Artikel. Die Polizei suchte sie als Zeugin. Warum also sollte er glauben, sie sei Iwans Mörderin? Vielleicht wusste sein anonymer Schreiber mehr? Oder sollte er erst den russischen Polizisten anrufen, um Gewissheit zu erhalten? Nein. Wenn es nicht der Polizist war, der ihm half, würde dieser hellhörig werden und unangenehme Fragen stellen. Und er lief Gefahr, um seine Rache gebracht zu werden.

Popow fühlte neue Energie in sich aufsteigen. Er musste einige Telefongespräche führen. Denn er brauchte Männer, die gemeinsam mit ihm an diesem Abend das Seminarzentrum observieren sollten.

›Ich werde mir diese Frau holen. Und wenn sie Iwans

Mörderin ist, wird sie sterben. Doch vorher wird sie leiden‹, schwor er sich.

55

Myriam hatte den ganzen Tag genutzt, sich für diese Nacht gut vorzubereiten. Sie hatte zwei Ringe mit dem Gift präpariert, denn sie wollte nichts dem Zufall überlassen. Als man sie nach der Station in Guatemala weitere drei Jahre an eine Missionsstation im Amazonas-Gebiet abgeschoben hatte, lernte sie von den Einheimischen, das Gift eines Süßwasserkugelfisches zu extrahieren und zu verwenden. Die Einheimischen nahmen sein Gift, um sich zu berauschen. Sie kannten die Dosis, um ein Tier zu töten.

Nun sollte ihr das Gift dazu dienen, den Großmeister für seine Taten zur Rechenschaft zu ziehen. Und mit ihm würde endlich ihre Angst sterben, hoffte sie.

Sie zog die schlichte Nonnentracht an, die ihr den besten Schutz verschaffte. Einer Nonne schenkte man nur kurz Beachtung. Ihre Kopfbedeckung würde ihre auffälligen Haare verstecken.

Als sie auf die Straße trat, war es noch hell. Der eisblaue Himmel über ihr war wolkenlos und die kalte Luft verschaffte ihr schlagartig einen klaren Kopf, was ihr half, sich auf ihr Ziel zu konzentrieren. Sie stieg in die Tram und fuhr zum Hauptbahnhof, wo sie den Zug nahm.

Nach einer halben Stunde stieg sie auf den Bus um, der

sie bis zum Einbruch der Dunkelheit an ihr Ziel bringen würde. Während sich der Bus die engen Serpentinen hinaufquälte, kamen am Horizont die schneebedeckten Gipfel der Alpen in ihr Sichtfeld. Myriam sah sie nicht. Sie war in ihrem Kopf gefangen und dachte über die nächsten Schritte nach. Als Erstes musste sie die Gegend rund um das Seminarzentrum erkunden. Sie konnte Berger nicht trauen und wollte sicher gehen, dass er niemanden geschickt hatte, um sie aufzuhalten. Jetzt, so kurz vor dem Ziel, durfte sie nicht scheitern. Sobald sie das Gelände überprüft hatte, würde sie tiefer in den Park eindringen und nach dem Großmeister suchen. Für diese Nacht, so hatte Berger sie informiert, war eine Messe der Sonnentempler im Freien geplant. Sie sollte an einem Aussichtspunkt stattfinden, der sich exponiert über einer Steilwand am Rande des Parks befand. Am Eingang zum Park würde sie eine Tafel mit einem Plan finden, wo dieser Ort eingezeichnet sei. Berger hatte gesagt, dass sie den Großmeister leicht identifizieren könne. Er würde die Messe leiten und abgesondert von den anderen Templern stehen. Mehr wisse er nicht. Sie sei nun auf sich alleine gestellt.

Myriam hatte erwidert, dass sie das schon ihr ganzes Leben lang gewesen sei.

56

Popow hatte den Rest des Nachmittags damit zugebracht, Pläne des Parks und Kopien des Fahndungsbildes auszudrucken. Er hatte einige Telefongespräche geführt. Um vier Uhr war alles Notwendige für seine Operation organisiert.

Popow parkte den Wagen im Hinterhof des Clubs. Die Männer warteten schon auf ihn, als er das *KGB* betrat. Schnell weihte er sie in sein Vorhaben ein. Für ihre Unterstützung und ihr Schweigen zahlte er ihnen eine Prämie, deren erste Hälfte er sogleich übergab.

Nachdem er sicher sein konnte, dass jeder der Männer seine Befehle verstanden hatte, rüstete er sie mit Funkgeräten und Elektroschockern aus. »Wenn ihr sie habt, ruft mich an. Wir werden sie mit dem schwarzen Minibus von dort oben wegschaffen.«

»Wohin bringen wir sie?«, fragte einer von ihnen. Sein Gesicht wies mongolische Züge auf und die Narben darin rührten von den Kämpfen im Afghanistankrieg.

»In unser Lager hinter dem Güterbahnhof«, antwortete Popow.

Auf dem Gesicht des Mongolen war ein kurzes Lächeln zu sehen. Das Lager war ihr geheimer Treffpunkt für den Drogenumschlag und diente ihnen von Zeit zu Zeit als Folterraum.

»Weitere Fragen?«

Alle schwiegen.

»Falls sie sich wehrt, stellt sie ruhig. Aber ich will sie lebend!«, schärfte er ihnen ein.

Sie verließen den Club. Die Männer stiegen in den Minibus und folgten seinem Jaguar.

Gegenüber dem Eingang zum Park befand sich ein Café. Sie parkten ihre Wagen direkt davor und setzten sich in die hinterste Ecke. Popow breitete den Plan des Seminargeländes auf dem Tisch aus und wies seinen Männern ihre Beobachtungsposten an den Parkeingängen zu. Wortlos quittierten sie seine Befehle und verließen das Café. Eine Viertelstunde später hatte jeder die Ankunft an seinem Standort gegenüber Popow bestätigt. Die Frau würde ihnen nicht mehr entkommen können.

57

»Warum fahren wir zu dritt dorthin?«, murrte Martin.

»Weißt du, wie groß das Gelände ist?«, fragte Charkow. »Oder hast du heute Abend etwas Wichtigeres vor?«

Martin schüttelte nur den Kopf, erhob sich widerwillig aus seinem Bürosessel und zog sich die Jacke über.

Priska stand schon im Türrahmen und wartete auf die beiden. Plötzlich klingelte ihr Smartphone. Das Display verriet, dass es die Zentrale war. »Wir sind eigentlich schon weg.« Sie hörte zu und blickte in Charkows Richtung. »Ist für dich.«

»Die sollen eine Notiz machen«, antwortete er gereizt.

»Es ist die Oberschwester. Sie will dich persönlich sprechen. Jetzt.«

Charkow nahm ihr das Smartphone aus der Hand, hörte Agnes einen Moment lang zu und legte auf. »Wir machen einen kleinen Umweg.«

Als sie in die Hofeinfahrt des Frauenklosters einbogen, waren rund um die Kapelle immer noch die rot-weißen Absperrbänder gespannt.

»Wann gibt der Technische Dienst das Kloster wieder frei?«, fragte Priska.

»Soweit ich weiß, in zwei Tagen«, antwortete Charkow.

»Dieser Ort wird noch lange danach an die Tat erinnern«, meinte Martin nachdenklich.

Niemand erwiderte etwas auf seine Bemerkung, da alle dasselbe dachten. Sie fuhren an den Absperrbändern vorbei, direkt zum Eingang des Klosters.

»Macht es euch etwas aus, hier zu warten?«, fragte Charkow.

Priska und Martin warfen sich einen fragenden Blick zu. Doch keiner wandte etwas ein.

Charkow betrat den Eingangsbereich des Klosters. Auf dem Tisch im Warteraum lag die aktuelle Ausgabe der Tageszeitung mit dem Fahndungsfoto auf der Frontseite.

»Danke, dass Sie sich hierher bemüht haben«, begrüßte ihn Oberschwester Agnes, die schon auf ihn gewartet hatte, und bat ihn Platz zu nehmen. »Nachrichten interessieren mich schon seit Jahren nicht mehr.« Sie deutete auf die Zeitung. »Unser Café im Erdgeschoss hat diese hier für unsere Gäste im Angebot.« Sie machte eine kurze Pause.

»Warum haben Sie mich gerufen?«

»Sie kamen zu mir, um etwas zu erfahren, von dem sie noch nicht wussten, was es sein könnte.« Sie lächelte.

»Manchmal plant unser Herr einen Umweg. Fragen Sie mich nicht, warum er das macht. Er wird seine Gründe haben.« Das Lächeln verschwand und ihr Gesicht wurde ernst. Sie zeigte auf das Fahndungsfoto.

Charkow blickte sie fragend an.

»Erkennen Sie sie nicht wieder?«, fragte die Oberschwester.

Priska und Martin ließen den Motor wegen der Heizung laufen. Martin blickte gelangweilt aus dem Fenster. Priska hätte ihn am liebsten gefragt, warum er sich in der letzten Zeit so seltsam verhielt, aber sie zog es vor, sich der Zeitung zu widmen. Als sie den Inlandsteil aufschlug, war da wieder das Fahndungsfoto der Frau. Und wieder hatte sie das starke Gefühl, diese Frau zu kennen. Ihr Blick schweifte vom Bild weg, hin zum Klostereingang, wo gerade zwei Schwestern die Stufen hinaufstiegen. »Wie bequem ist das eigentlich, den ganzen Tag ein Kopftuch zu tragen?«, fragte sie sich laut.

»Was hast du gesagt?«, fragte Martin.

»Ich stelle mir gerade vor, wie das ist ...« In diesem Moment wusste sie, wer die junge Frau war. »Natürlich!«, rief sie. »Das verflixte Kopftuch!«

Martin wollte noch etwas sagen, da stürmte Priska schon aus dem Wagen hinüber zum Kloster.

Charkow ahnte, wer diese Frau war. Noch einmal betrachtete er verwirrt das Fahndungsbild. In diesem Moment wurde ihm bewusst, warum er an diesem Morgen hier war.

»Das Foto zeigt Schwester Regula. Oder irre ich mich?« Charkow sah sie jetzt vor sich. In der Nonnentracht. Wie sie am Abend von Paul Franks Ermordung mit bleichem Gesicht im Café saß und von Priska befragt wurde. »Natürlich! Sie ist es, nicht wahr?«

Agnes nickte. Ihre Augen waren plötzlich voller Trauer. »Sie suchen sie nicht, weil sie eine Zeugin ist, habe ich recht?«

»Sie lebt!«, rief Charkow. »Wir wissen noch nicht, welche Rolle sie bei unseren Ermittlungen spielt«, wich er Agnes' Frage aus, da er nicht abschätzen konnte, wie stark ihre Bande zu Schwester Regula wirklich waren und wie weit sie gehen würde, um sie zu schützen.

In diesem Moment schlug die Eingangstür auf und Priska betrat den Wartebereich. Sie warf Charkow einen vielsagenden Blick zu.

Er nickte und winkte sie zu sich. »Wir wissen, wer die Frau ist«, sagte er und wandte sich wieder an Schwester Agnes. »Wann ist sie in Ihren Orden eingetreten?«

»Sie war damals schon eine erwachsene Frau.«

»Hat sie Generalvikar Berger hierher gebracht?«

»Sie wurde uns direkt von einer Missionsstation im Amazonasgebiet zugeteilt. Sie hat bis heute mit mir nie über ihre Herkunft reden wollen. Ich vermute, dass Berger etwas weiß.«

»Weil er wissen wollte, wo sie ist?«

»Er hat sich noch nie für jemanden von uns interessiert. Nach ihrer Einlieferung war er schon einmal bei uns und erkundigte sich nach Schwester Regula. Das war damals schon ungewöhnlich.«

»Wissen Sie, wer sie wirklich ist?«

»Nein. Ich kenne nur Schwester Regula. Die Frau, die Sie suchen, kenne ich nicht«, sagte sie leise mit einem Unterton von Verbitterung.

»Wo ist sie jetzt?«

»Sie hat den Orden vor ein paar Tagen verlassen, ohne uns mitzuteilen, wohin.«

»Kennen Sie einen Ort, wo sie sich aufhalten könnte?«

Sie schüttelte den Kopf. »Sie ist kein normaler Mensch. Sie ist ein Engel, der in meine Obhut gegeben wurde. Sie hat in ihrer Jugend Schlimmes durchmachen müssen, denn die Missionen in Zentralamerika stehen für Strenge und fehlende Liebe. Das ist das Einzige, was ich über ihre Herkunft in Erfahrung bringen konnte. Ich weiß weder, wohin sie gehen wird noch was sie getan hat. Eines weiß ich sicher: Sie ist ein außergewöhnlicher Mensch, für den ich mein Leben geben würde. Ich bitte Sie, Schwester Regula zu beschützen. Versprechen Sie mir das?«

Priska wollte etwas sagen, doch Charkow hob die Hand. »Das kann ich nicht«, sagte er in ruhigem Tonfall. »Nicht, weil ich es nicht will, sondern weil ich nicht weiß, wo sie ist. Und eines weiß auch ich sicher: Sie ist in Gefahr, solange wir sie nicht finden.« Er stand auf und zog seinen Mantel wieder an. »Sagen Sie ihr das, falls sie sich bei Ihnen melden sollte.«

Auf dem Weg zurück zum Fahrzeug hoffte Charkow, beim Seminarzentrum nicht nur auf eine Spur von Elise Meier, sondern auch von Schwester Regula zu stoßen.

Während der Fahrt dorthin teilte Priska Martin ihre neuesten Erkenntnisse mit. Charkow informierte die beiden im Anschluss über sein Gespräch mit der Oberschwester.

»Die nehmen einfach Frauen auf, ohne zu fragen, woher sie kommen?«, fragte Priska.

»Das ist so üblich. Trotzdem sollten wir morgen darüber mit dem Generalvikar reden«, sagte Charkow, der nun immer klarer die Zusammenhänge erkannte. »Er kann es gewesen sein, der sie vor den Massentötungen bewahrt hat. Ich will wissen, warum.«

»Du wirst keine Antwort bekommen«, warf Martin überraschend ein. »Du kennst die katholische Kirche nicht.«

»Glaubst du, sie kann sich über das Gesetz stellen?«, regte sich Priska auf.

»Das tut sie andauernd«, erwiderte Martin betrübt.

»Hör mal! Für sie gilt das Gesetz genauso wie für den Rest der Welt.«

»Welcher Priester sitzt wegen Kindsmissbrauch bis heute hinter Gittern? Kein Einziger!«, entgegnete Martin wütend. »Glaubst du wirklich, die lassen sich von deiner Polizeimarke beeindrucken?«

»Was glaubst du, wird geschehen?«, fragte Charkow neugierig, weil dieses Thema Martin persönlich zu berühren schien.

»Was soll wann geschehen?«, fragte Martin gereizt zurück.

»Wenn wir mit Berger reden wollen.«

»Sie werden einen Anwalt vorschieben und alles leugnen.«

»Außer, wir haben Beweise«, warf Priska ein.

»Sie werden einen Weg finden, sich aus der Affäre zu ziehen«, erwiderte Martin knapp und blickte aus dem Fenster, um zu zeigen, dass er keine Lust mehr auf das Thema hatte.

»Wir müssen uns im Seminarzentrum aufteilen«, kehrte Charkow zu ihrem Fall zurück. »Ich will, dass ihr mit mir über das Smartphone in dauerndem Kontakt steht. Wenn ihr die Frau seht, haltet euch im Hintergrund und gebt mir Bescheid. Verliert sie nicht aus den Augen.«

»Und was machen wir, wenn sie *uns* sieht?«, fragte

Priska, die spürbar Angst hatte. »Ich meine, sie ist vielleicht eine Mörderin. Und sie hantiert mit diesem Gift.«

»Ihr habt eure Waffen. Wenn sie euch angreift, wehrt euch. Im Notfall schießt ihr. Dafür haben wir euch ausgebildet«, sagte Charkow entschlossen. »Euer Leben geht vor. Ich will jeden von euch im neuen Jahr wieder im Büro sehen.«

58

Sie sah ihn schon von Weitem im schwachen Schein einer Parkbeleuchtung stehen. Sein vernarbtes Gesicht hatte sie misstrauisch werden lassen. Sie hatte diesen Eingang gewählt, weil er etwas abseits lag und ohne Beleuchtung war. Außerdem hatte man von diesem Bereich einen direkten Blick auf den Aussichtspunkt. Nun war da dieser Kerl, und sie musste warten, bis sich ein guter Moment ergab, um ungesehen an ihm vorbei in den Park zu gelangen. Der Mann rührte sich nicht vom Fleck. Zu ihrer Überraschung hörte sie, wie er in regelmäßigen Abständen über ein Funkgerät Rückmeldungen an jemanden gab. Sie war sich sicher, dass Berger ihr diese Männer geschickt hatte.

Mittlerweile war es dunkel geworden und sie fror. Ein Blick auf ihre Uhr zeigte, dass sie sich bald entscheiden musste.

Der Mann mit den mongolischen Gesichtszügen hörte sie nicht kommen und war überrascht, als sie vor ihm stand. In den Sekunden, bis er begriff, wen er vor sich hatte, schnellte ihre Hand zu seinem Hals und er verspürte einen stechenden Schmerz. Die Dosis, die sie ihm verabreichte, war stärker als bei ihren vorherigen Opfern. Sie hatte sie eigentlich für sich selbst vorgesehen, falls sie von den Sektenmitgliedern überwältigt werden würde.

Der Mongole fasste sich erstaunt an den Hals. Als er merkte, dass es nur ein Kratzer war, lachte er und trat auf sie zu. In der einen Hand den Elektroschocker, in der anderen das Funkgerät.

Der Mongole kam nicht mehr dazu, Popow zu informieren. Myriam konnte ihm seine Verwirrung ansehen, als das Gift zu wirken begann. Sie sah die Angst in seinen Augen. Nach Atem ringend und mit zuckenden Gliedern fiel er rückwärts gegen eine Mauer. Sekunden später brach er mit einem erstickten Laut zusammen.

Ohne dem Sterbenden weitere Beachtung zu schenken, setzte Myriam ihren Weg in den Park fort. Sie hörte noch eine Stimme aus dem Funkgerät, die sie an Popow erinnerte, den Partner von Solowjow. Sie fragte den Mongolen nach seinem Status. Doch der Mongole war schon tot.

Der Park war menschenleer. Gemäß Bergers Angaben musste die Messe jeden Moment beginnen. Von Weitem sah Myriam den Aussichtspunkt, den er ihr angegeben hatte. Zu ihrer Überraschung war dort niemand. Nervös kramte sie den Plan der Anlage hervor. Vielleicht gab es noch weitere Aussichtspunkte? Auf der Karte war nur dieser eine zu finden. Hatte sie von Berger falsche Informationen erhalten? Sie beobachtete aus sicherer Distanz die Umgebung. Die Kamera, die sich von einem Gebäudevorsprung schon vor einigen Minuten in ihre Richtung gedreht hatte und deren Linse sich immer noch auf sie fokussierte, bemerkte sie nicht. Der Vollmond stand hoch am nächtlichen Himmel und tauchte die Winterlandschaft um sie herum in ein unwirklich blaues Licht. Von ihrem Standort überblickte sie das offene Gelände. In den drei Hauptgebäuden des Seminarzentrums waren bis auf die Eingangsbeleuchtung sämtliche Lichter erloschen. Enttäuschung und Wut machten sich in ihr breit. Berger musste sie belogen haben. Sie spürte noch einen kleinen Funken Hoffnung in sich. Aus irgendeinem Grund hatte man sie hierher geführt, sagte sie sich. Und jetzt wollte sie wissen, warum. Plötzlich vernahm sie ein Geräusch. Mit geschärften Sinnen betrachtete sie die Umgebung. Sie konnte keine weiteren Männer von Popow entdecken. Nach einer Weile lief sie zum Aussichtspunkt.

Die Aussichtsplattform war mit einem hüfthohen Geländer begrenzt. Dahinter fiel eine Felswand steil hinab, die in einem Couloir endete, an dessen unterem Ende eine Ansammlung von Felsblöcken erkennbar war.

Als sie in die Tiefe hinabschaute, machte sich eine befremdliche Sehnsucht in ihr breit, sich einfach hinabzustürzen. Schnell trat sie vom Geländer zurück und blickte hinter sich ins Halbdunkel. Im Park herrschte vollkommene Stille.

Plötzlich legte sich eine Hand auf ihre Schulter. Sie drehte sich um und blickte in ihr eigenes Gesicht.

59

Popow hatte vergeblich versucht, den Mongolen zu erreichen. »Durak*!«, schimpfte er. »Wenn Ilja wieder eingeschlafen ist, kriegt er es mit mir zu tun!«

Er stieg aus seinem Wagen und lief zu Iljas Position. Auf dem Weg dorthin versicherte er sich bei den anderen vier Männern, dass alles in Ordnung sei. Sie bestätigten, dass sich noch nichts getan habe. »Scheiße!«, fluchte er. »Die müsste schon längst hier sein.« Sicherheitshalber warf er noch einmal einen Blick auf die Uhr. Die Frau auf dem Fahndungsfoto hätte schon vor einer halben Stunde eintreffen sollen. Entweder hatte man ihn angelogen oder Ilja war eingeschlafen. Er lief zum Eingang bei der Mauer, wo Ilja Position bezogen hatte. Doch da war niemand. »Dieser Idiot! Dem mache ich die Hölle heiß!« Er nahm sein Funkgerät und zischte hinein: »Ilja, du Durak! Wo steckst du?« Noch während er sprach, hörte er seine eigene Stimme aus Iljas Funkgerät in einigen Metern Entfernung. Er fluchte, weil er nichts sah und nicht daran gedacht hatte, eine Taschenlampe aus dem Wagen mitzunehmen. Ihm fiel sein Feuerzeug ein. Im Schein der Flamme konnte er nur einen halben Meter weit sehen. Mehrmals drückte er die Taste an seinem Funkgerät und folgte dem knackenden Geräusch am anderen Ende. Beinahe wäre er über Ilja gestolpert. Als er ihn im Busch liegen sah, gab er ihm mit dem Fuß einen leichten Tritt in die Seite. »Du saudummer Mongole! Du sollst nicht schlafen, sondern den Eingang bewachen!« Als Ilja sich nicht rührte, kniete er sich zu ihm

---

* Russisch für *Idiot/Esel*

hinunter. Im Schein des Feuerzeugs starrten ihm Iljas glasige Augen entgegen. Erschrocken wich er zurück. »Die Schlampe hat ihn kaltgemacht!«, fluchte er und blickte sich um. Er zog eine Waffe und schrie seinen Befehl an die vier anderen Männern in das Funkgerät: »Sofort alle in den Park kommen und am Eingang des Hauptgebäudes sammeln! Sie ist schon drin!«

60

Beim Betreten des Seminargeländes fielen Charkows geschultem Auge die dezent versteckten Videokameras auf, von denen es für ein Seminarzentrum seiner Meinung nach zu viele gab. Er fragte sich, aus welchem Grund dieses Gelände so stark bewacht werden musste. Martin befahl er, zu den beiden kleineren Wirtschaftsgebäuden zu gehen, während Priska sich bei zwei Appartementhäusern, die am Rand des Seminargeländes standen, umsehen sollte. Er selbst hatte sich auf den Weg zum Seminargebäude gemacht.

Als Charkow dort eintraf, waren nur noch der Eingangsbereich und das Logo der Betreibergesellschaft beleuchtet. Er stieg die Marmorstufen zu den Glastüren hinauf. Durch den Kopfhörer seines Smartphones hörte er Martin und Priska atmen. »Alles in Ordnung bei euch?«, fragte er mit gedämpfter Stimme.

»Hier ist es verdammt steil«, flüsterte Priska zurück.

»Und die kahlen Bäume im Vollmond können einem echt Angst machen.«

»Hast du was gefunden?«

»Negativ. Ich suche weiter.«

»Martin, wie sieht es bei dir aus?«

»Die Nebengebäude wirken unbewohnt. Wo soll ich jetzt hin?«

»Keine Hinweise auf Elise Meier?«, fragte er ihn zurück.

»Nichts.«

»Triff dich mit Priska in der Mitte des Parks. Ich stoße später zu euch.«

»Verstanden«, antwortete Martin.

Charkow stand nun vor dem Glaskubus, der den Eingangsbereich bildete und sich entlang der ganzen Front des Hauptgebäudes weiterzog. Die Sensoren klickten, als er davor stand, doch öffnete sich keine der Glastüren. Vergeblich suchte er nach einem Hinweis für die Gegenwart von Elise Meier. Hatte Alain falsche Informationen erhalten? Es hätte ihn nicht gewundert, denn dieser Fall bestand anscheinend zum größten Teil aus gezielter Desinformation. Sein Blick streifte durch den Park. Da war nichts Ungewöhnliches.

»Ich komme jetzt zu euch«, sprach er enttäuscht in sein Mikrofon. »Wir versuchen morgen über die Verwaltung mehr in Erfahrung zu bringen.«

»Es wäre besser, du kommst sofort«, antwortete Martin in gedämpfter Lautstärke.

Charkow erkannte sofort die Angst in Martins Stimme und rannte los.

61

Sie weinte im Schoß ihrer Schwester. Überwältigt über den Umstand, dass sie noch lebte, dass sie nicht für ihren Tod verantwortlich war, sondern sie jetzt hier vor ihr stand, erlöste sie von ihrem großen Leid.

»Maria, Maria …« Immer wieder wiederholte Myriam den Namen ihrer Schwester, während sie vor ihr kniete, die Arme um ihre Hüften geschlungen hielt und den Kopf in ihrem Schoß vergrub. Sie konnte keinen klaren Gedanken mehr fassen. Das Glück beherrschte sie so sehr, dass sie nicht bemerkte, dass Maria ihr Glück nicht teilte.

»Du solltest nicht hier sein«, sagte Maria schon zum zweiten Mal mit kalter Stimme.

Myriam blickte verständnislos zu ihr auf. »Wo sollte ich sonst sein, als hier, bei dir?« Erst jetzt sah sie die zwei Männer in dunklen Anzügen, die hinter ihrer Schwester standen. Der Glatzköpfige blickte ihr starr in die Augen, während der andere, dessen lange weiße Haare zu einem Pferdeschwanz gebunden waren, die Umgebung im Blick hatte. Sie brauchte einen Augenblick, um zu erkennen, dass sie Maria beschützten. Die Absurdität der Situation wurde ihr langsam bewusst. Und nun begann sie sich Fragen zu stellen. Warum war ihre Schwester ausgerechnet hier? Jetzt und hier, an diesem Ort, an dem sie den Großmeister hätte treffen sollen?

»Er hat es dir gesagt, nicht wahr?«, fragte sie Maria mit unsicherem Blick.

»Wovon redest du?«

»Der Generalvikar hat dich hierher geführt. Nicht wahr? Er wusste, dass du lebst. Er hat dich hierher zu mir geführt, damit wir wieder vereint werden.«

Verständnislos blickte Maria sie an. Plötzlich packte sie Myriams Oberarme und stieß sie von sich weg.

»Warum tust du das?« Die Zurückweisung ihrer Schwester versetzte ihr einen Stich und der feine Riss begann sich auf der Oberfläche ihres Glücks zu bilden. Sie sah, wie die beiden Männer einen Schritt auf Maria zugingen. Maria hob ihre Hand und die Männer blieben stehen.

Myriam fasste Maria sanft an den Schultern. »Warum bin nur ich glücklich über unser Wiedersehen?«, fragte sie mit unendlicher Angst vor der Antwort.

»Du musst gehen«, wich Maria ihrer Frage aus. »Ich kann dich nicht schützen, wenn du bleibst.«

Erst jetzt bemerkte sie in Marias Augen eine innere Zerrissenheit. Sie verstand nicht, woher sie kam. Hilflos blickte sie zu Boden. Sie wollte nicht gehen. Sie hatte ihren Engel wiedergefunden. Der sie nun abwies. »Du hast meine Frage nicht beantwortet.«

»Sag nichts mehr. Geh einfach«, forderte Maria sie eindringlich auf.

»Warum beantwortest du meine Frage nicht?«

»Weil du Menschen getötet hast, die an mich glaubten.«

»An dich *glaubten*? Glauben kann man nur an Gott.«

»Gott existiert nicht«, erwiderte Maria. »Er ist nur eine kindliche Fantasie. Ich hingegen existiere.«

»Du stellst dich mit Gott gleich?«

»Wer ist schon dein Gott?«, fragte Maria höhnisch.

»Er ist alles für mich.«

»Dein Gott hat mit uns ein grausames Spiel gespielt«, erwiderte Maria. »Wie kannst du an so etwas glauben?«

»Maria, Gott hat uns wieder zusammengeführt. Wir wissen nicht, warum er uns all dieses Leid aufgebürdet hat. Er zeigt uns in diesem Moment seine Güte.«

»Güte!«, lachte Maria. »War es Güte, dass er unsere Eltern hat sterben lassen? War es Güte, dass er dich mir weggenommen hat?«

»Vater lebt«, sagte Myriam kaum hörbar.

»Du lügst!«

Myriam erkannte, dass sie zu Maria nicht durchdrang. »Nicht Gott hat all diese Menschen damals getötet«, hielt ihr Myriam entgegen. »Es waren die Teufel dieser Sekte!« Sie wollte ihre Schwester wachrütteln. Sie musste aus diesem Albtraum erwachen.

Maria schlug ihr die Arme zur Seite. »Die Sonnentempler haben mich gerettet! Sie sind die Gütigen! Und nicht dein Gott!«, schrie sie.

In Myriams Kopf begann sich alles zu drehen. Eine Lawine von Gedanken und Gefühlen stürzte auf sie ein. Berger hatte nicht gewusst, dass ihre Schwester lebte! Er wusste nur, dass der Großmeister an diesem Ort war. Er hatte nicht gelogen. Sie war nur nicht fähig gewesen, das Offensichtliche zu sehen. Und wieder vergrößerte sich der Riss ein Stück. Wieder brach ihre Welt zusammen, als sie erkannte, welcher Weg für Maria vorbestimmt gewesen war.

»Du bist es? Meine *eigene* Schwester?«, stellte sie mit unendlicher Enttäuschung fest und die Taubheit nahm wieder Besitz von ihr. Zu spät bemerkte sie den Schatten, der seitlich aus dem Dunkel auf sie zukam.

Sie lebten beide, stellte Charkow erstaunt fest. Als die Frau, die der andere Zwilling Maria nannte, begann, ihre Schwester anzuschreien, beschloss er einzuschreiten.

Priska und Martin standen etwas abseits und hielten ihre Waffen im Anschlag, um ihn zu decken, als er langsam auf die Gruppe zuging.

»Myriam, ich will, dass Sie jetzt langsam zu mir kommen«, forderte Charkow sie ruhig auf. »Sie, Maria, und Ihre Bodyguards bleiben, wo sie sind.«

Alles, was von diesem Augenblick an geschah, dauerte nur wenige Sekunden. Für Charkow war es, als ob die Zeit stehen blieb.

Beide Bodyguards zogen ohne Vorwarnung ihre Waffen und zielten auf Charkow. Myriam starrte auf ihre Schwester, die wiederum erschrocken auf die Polizisten blickte. Priska ging in Schießstellung und schrie die Bodyguards an, ihre Waffen fallen zu lassen.

Plötzlich tauchten Schatten am Waldrand auf. Es war Popow mit ein paar Männern, die durch den Schnee auf sie zu rannten. Sie waren aus dem Nichts in Priskas und Martins Rücken aufgetaucht. Popow schrie seinen Männern auf Russisch einen Befehl zu. Sie zogen ihre Waffen und zielten auf die beiden Frauen. Als die Bodyguards Popows Männer bemerkten, drehte sich der Glatzköpfige um und schoss einen von ihnen ohne Vorwarnung nieder.

Priska feuerte als Antwort einen Warnschuss in die Luft. Der Bodyguard mit den weißen Haaren richtete seine Waffe auf Priska und feuerte auf sie. Priska stieß einen Schrei aus, wurde herumgeschleudert, fiel in den Schnee und blieb regungslos liegen.

Martin stand wie angewurzelt da, während der Bodyguard, der auf Priska geschossen hatte, seine Waffe auf Myriam richtete. Charkow schrie Martin an, zu schießen. Doch dieser rührte sich nicht. Er zielte immer noch nervös auf den Glatzköpfigen. Schnell zog Charkow seine Waffe aus dem Halfter. Das bemerkte der Glatzköpfige, richtete blitzartig seine Waffe auf Charkow und wollte abdrücken. In diesem Augenblick fasste sich Martin und streckte den Bodyguard mit einem Schuss in den Kopf nieder. Der Mann mit den weißen Haaren blickte kurz auf seinen toten Kollegen. Mechanisch und ohne eine weitere Regung brachte er seine Waffe wieder in Anschlag, zielte auf Martin, als ihn eine Kugel von Popows Männern niederstreckte.

Martin stürzte sich auf Priska, während Popow mit ausgestrecktem Arm und einer Pistole in seiner Hand auf die beiden Frauen zulief. Nur noch wenige Schritte von ihnen entfernt, schien Popow plötzlich zu erkennen, dass die beiden Zwillinge waren. Verwirrt blieb er stehen. Er wusste nicht, wen er töten sollte.

Charkow nutzte diesen Moment, um sich schützend vor die beiden Frauen zu stellen. »Sergej! Lass die Waffe fallen!«

In dieser Sekunde nahm Charkow in seinen Augenwinkeln eine Bewegung wahr. Sofort fuhr er herum.

Myriam umarmte ihre Schwester und begann mit ihr zu tanzen. Die ganze Situation war so absurd, dass Charkow einen Augenblick lang unfähig war zu entscheiden, was er tun sollte. Zu spät erkannte er, was Myriam vorhatte. Sie war nur noch einen Schritt vom Geländer entfernt. Einen Augenblick blieb sie stehen, sah Maria noch einmal mit Tränen überströmtem Gesicht in die Augen. Zärtlich küsste sie ihre Schwester auf die Wange. Plötzlich stieß sie einen Schrei aus, riss ihre Schwester über das Geländer und stürzte sich mit ihr in die Tiefe.

Das Letzte, was Charkow sah, war Marias entsetzter Gesichtsausdruck, als ihr klar wurde, dass sie jetzt sterben würde. Er rannte zum Geländer, doch es war zu spät.

Popow stand mittlerweile neben ihm und hatte sich als Erster erholt. Er steckte seine Pistole weg und spuckte über das Geländer. »Sie hat es verdient.«

Angewidert von Popows Geste löste Charkow seinen Blick von den beiden toten Frauen. Schnell riss er Popows Arm auf den Rücken, sodass er vor Schmerzen aufschrie, legte ihm Handschellen an und fixierte sie am Geländer. »Du hast das Recht zu schweigen ... den Rest kennst du ja.« Als er sich umsah, waren Popows Männer verschwunden. Nur die drei Leichen lagen im Schnee. Martin kniete neben Priska, drückte seine Jacke auf ihre Wunde und rief einen Rettungswagen.

Charkow rannte zu ihm. Erleichtert stellte er fest, dass Priska bei Bewusstsein war. »Wie geht es dir?«

»Es tut verdammt weh«, stöhnte sie mit bleichem Gesicht.

»Der Rettungswagen ist gleich da«, versuchte Martin sie zu beruhigen. »Halt durch.«

»He, ich bin nur am Arm verletzt. Davon sterbe ich schon nicht.« Trotz der Schmerzen zwang sie sich zu einem Lächeln.

»Gut gemacht«, lobte Charkow Martin.

»Ich habe gezögert. Wenn ich nicht gezögert hätte ...«

»Du hättest ihn nicht gleich töten müssen«, sagte Charkow ohne Vorwurf. Er wusste, dass Martins Handlung noch ein rechtliches Nachspiel haben würde. »Falls dir das etwas bedeutet: Für mich hast du alles richtig gemacht.« Dankbar klopfte er ihm auf die Schulter. »Ohne dich wäre ich vielleicht tot.«

»Wo sind die Frauen?«, fragte Priska, die nur noch Popow beim Aussichtspunkt sah.

»Tot«, antwortete Charkow.

»Wir hätten das verhindern müssen«, sagte Martin.

»Das konnten wir nicht. Und jetzt hör auf, dir Vorwürfe zu machen. Du kümmerst dich jetzt um Priska und fährst mit ihr ins Krankenhaus. Ich kümmere mich um Popow und den Rest.«

Die Sanitäter samt Notarzt waren als Erste am Tatort. Kurz danach trafen zwei Streifenwagen ein. Die Polizisten nahmen sich Popows an und sperrten den Bereich um die Leichen weiträumig ab. Während Martin Priska im Rettungswagen begleitete, wartete Charkow auf den Technischen Dienst. Lange musste er sich nicht gedulden, bis die ersten Fahrzeuge der Spurensicherung beim Seminarzentrum eintrafen. Die Männer begannen, Scheinwerfer rund um den Park aufzustellen. Einer der Polizisten kam auf ihn zu und teilte ihm mit, dass sie auf eine weitere Leiche gestoßen waren.

»Sicher einer von Popows Männern«, vermutete Charkow und begleitete ihn zum Fundort. Er sah die Verletzung am Hals des Toten und war sich sicher, dass Myriam den Mann getötet hatte. Er wies den Polizisten an, auch diesen Tatort weiträumig abzusperren.

Als endlich Francine und Kummer eintrafen, informierte Charkow sie über das, was vorgefallen war und über die beiden Leichen, die aus der Felswand geborgen werden mussten.

»Beide lebten noch?«, fragte Kummer, der es immer noch nicht glauben konnte. »Was haben sie hier oben gemacht?«

»Das wissen wir noch nicht.«

»Und warum seid ihr hier oben?«

»Wir sind der Spur von Eva Freislers Mutter gefolgt.«

Kummer schien nichts von dem zu verstehen, was er hier sah oder hörte und schüttelte nur ungläubig den Kopf.

Charkow klärte ihn über die wichtigsten Ereignisse der letzten Stunden auf. Als er geendet hatte, merkte er, dass seine Hände vor Kälte und dem Adrenalin zitterten.

»Gibt es Anhaltspunkte, dass einer der Zwillinge die Morde begangen hat?«, fragte Kummer, in dessen Stimme wenig Hoffnung lag.

»Ich habe kaum hören können, über was die beiden zu Beginn gesprochen haben«, antwortete Charkow resigniert.

»Was ist mit Popow? Warum ist er hier? Warum wollte er sie umbringen?«

»Popow sagt kein Wort ohne seinen Anwalt.«

»Scheiße!«, fluchte Kummer. »Jetzt müssen wir uns auf Indizien stützen.«

»Die wir erst einmal finden müssen«, präzisierte Francine. »Bis jetzt haben wir ja keine verwertbaren Spuren gefunden.«

»Nehmt alles auseinander, bis ihr was findet«, blaffte Kummer. »Auch dieses Frauenkloster.«

»Sie hat die letzten Tage nicht mehr dort verbracht«, nahm ihm Charkow diese Hoffnung.

»Wo war sie?«

»Das weiß keiner.«

»Also haben wir nichts?«

Charkow nickte langsam.

»Was glaubst du? War nun eine der Zwillingsschwestern die Mörderin oder nicht?«, fragte Kummer resigniert.

Charkow zögerte einen Moment und nickte langsam. »Sie hatten beide ein starkes Motiv.«

»Du glaubst, eine wollte den Tod ihrer Eltern rächen?«

»Vielleicht war es anders. Vielleicht wollte Myriam den Tod an ihrer Schwester rächen«, sagte Charkow nachdenklich.

»Wie kommst du darauf?«, fragte Francine.

»Ich hatte den Eindruck, dass Myriam selbst erstaunt darüber war, dass Maria noch lebte.«

»Und warum hat sie sich und ihre Schwester umgebracht?«

»Irgendetwas ist zwischen den beiden vorgefallen. Ich habe keine Ahnung, was es war«, gestand Charkow.

Kummer blickte die beiden frustriert an. »Wir stehen da wie Idioten.«

»Wir werden schon noch die Antworten auf unsere Fragen finden«, versuchte ihm Charkow Mut zu machen.

»So wie damals«, stellte Kummer zynisch fest. »Da haben wir die Verdächtigen laufen lassen.«

»Diesmal werden wir der Sache auf den Grund gehen«, erwiderte Charkow entschlossen.

»Ich mach mich mal an die Arbeit«, unterbrach Francine den Gedankengang der beiden Männer. Mit einem tiefen Seufzer blickte sie sich um. »Drei Leichen im Park, eine vorne bei der Mauer und die zwei unten beim Coloir. Das wird eine lange Nacht werden.«

EPILOG

Elise Meier war tot. Unbekannte hatten bei einem Beerdigungsinstitut aus dem kleinen Dorf in der Nähe Marseilles ihren Leichnam einäschern lassen und die Urne abgeholt. So weit hatte Alain die Vorgänge für Charkow noch recherchieren können. Niemand wusste, ob dieselben Männer die Korrektur im Meldebuch veranlasst hatten. Die zuständige Beamtin wurde zwei Jahre danach pensioniert und war drei Jahre später gestorben.

»Tu es frustré?«, hatte ihn Alain am Ende ihres Gesprächs gefragt.

»Ich hatte nichts anderes erwartet«, gestand Charkow. »Danke, Alain. Et bonne noël à toi et ta famille.«

»Merci mon ami.«

Maria Freisler hatte den Namen ihrer toten Großmutter als Tarnung angenommen, um unerkannt in einer Wohnung im Hauptgebäude des Seminarzentrums zu leben. Warum sie das getan hatte, konnte Charkow nicht ergründen. Ebenso die Fragen, aus welchen Gründen sie dem Sonnentemplerdrama entkam oder welches Leben sie nach dem Tod ihrer Eltern führte, konnte er nicht beantworten. Ihr Leben war ein schwarzes Loch. Sie schien sich völlig isoliert zu haben. Ihm war es unmöglich gewesen, Menschen aus ihrem Umfeld zu ermitteln. Selbst die Angestellten des Seminarzentrums waren unwissend oder hüllten sich in Schweigen. Seine Vermutung war, dass es bei ihnen eine Verbindung zur Sekte gab. Welche, war nicht ersichtlich.

Popow hatte ihm beim ersten Verhör von einer E-Mail erzählen wollen. Als Popow feststellte, dass sie nicht von Charkow stammte, hüllte er sich in Schweigen und überließ von diesem Zeitpunkt an das Reden seinem Anwalt. Kummer hatte daraufhin den Rechner sofort beschlagnahmen lassen und die Nachricht von *Solowjows Rache* gefunden. Die IT-Forensik hatte die IP-Adresse ermittelt und einen Rechner aus einem Gebäude einer katholischen Kirche als Absender identifiziert.

Als Charkow zum Bischofssitz fuhr, um Generalvikar Berger mit der Aussage von Oberschwester Agnes zu konfrontieren, teilte man ihm mit, dass Berger für unbestimmte Zeit nach Rom abberufen worden war. Charkows Wunsch, mit dem Bischof sprechen zu können, wurde ihm verwehrt. Ein Untersekretär teilte ihm mit, dass jegliche Kommunikation von nun an über ihre Anwälte stattfände. Charkow musste sich eingestehen, dass Martin mit seiner Vermutung richtig gelegen hatte.

Für die Untersuchung der Leichen benötigte Francine fast drei ganze Tage. An Myriams Hand fand sie zwei Ringe, die so präpariert waren, dass sie mit einer tödlichen Dosis Tetrodotoxin ausgestattet werden konnten. An einem der beiden Ringe fand sie DNS-Spuren von Popows getötetem Mann sowie Spuren von Tetrodotoxin, im anderen war noch die volle Dosis enthalten. Somit war mit nahezu absoluter Gewissheit anzunehmen, dass sie die Morde an den anderen Opfern begangen hatte. Welcher Auslöser Myriam zu den Morden getrieben hatte, blieb weiterhin im Dunkel. Die Wahrscheinlichkeit, die Hintergründe in Erfahrung zu bringen, wurde mit jedem Tag geringer.

»Fall abgeschlossen?«, fragte Francine, als sie ihren Obduktionsbericht vier Tage nach den Ereignissen am Seminarzentrum mit ihm besprochen hatte.

Charkow hätte am liebsten Ja gesagt. Doch es gab noch zu viele offene Fragen. »Dieser Fall wird wohl nie abgeschlossen sein«, hatte er resigniert geantwortet.

»Was machst du an Weihnachten?«

Charkow zögerte mit einer Antwort.

»Mach dir eine schöne Zeit mit Gabriela«, empfahl sie ihm. »Du solltest nach all dem hier mal ein paar Tage ausspannen.«

»Wir haben uns getrennt.«

Sie war vor Überraschung einen Moment lang sprachlos. Als sie aufstand, wollte sie etwas sagen. Plötzlich schien sie es sich anders zu überlegen. »Ich gehe jetzt erst einmal schlafen. Drei Tage am Stück arbeiten ist zu viel. Und schließlich ist morgen Weihnachten«, sagte sie mit einem Anflug von Vorfreude. »Da will ich fit sein.«

Als sie gegangen war, blickte Charkow lange aus dem Fenster auf die Hauswand gegenüber. Er versuchte, ein Resümee des Falls zu ziehen, doch es gelang ihm nicht.

Er begann, seine Berichte zu schreiben. Spät am Abend nahm er sich endlich Zeit, die Beurteilungsformulare von Martin und Priska auszufüllen. Die Ereignisse beim Seminarzentrum hatten sein positives Bild von den beiden bestätigt. Vor allem von Martins beherztem Handeln war er positiv überrascht; dennoch achtete er darauf, seine Bewertung nicht zu überschwänglich lobend ausfallen zu lassen.

Morgen war Weihnachten. Charkow hatte seine Teilnahme an der Weihnachtsfeier im Heim immer noch nicht angemeldet. Unschlüssig machte er sich auf den Weg zu

Kummers Büro. Kummer war in Berichte vertieft und bemerkte sein Hereinkommen nicht.

»Was machst du Heiligabend?«, fragte Charkow.

Kummer zuckte unmerklich zusammen. »Hab dich gar nicht reinkommen gehört.« Er zeigte auf die Akte auf seinem Schreibtisch. »Ist ein guter Bericht, den du da geschrieben hast.«

»Aber ein unbefriedigender Schluss«, musste Charkow feststellen.

»Daran können wir nichts ändern. Wir haben die Mörderin, nicht wahr?«

»Nun, sie ist tot.«

»Daran können wir auch nichts ändern.«

»Wir können weiter ermitteln. Wir können die Sache in Cheiry und Granges-sur-Salvan noch einmal aufrollen.«

»Max ...«

»Der Bischof und der Generalvikar können sich nicht ewig hinter ihren Anwälten verstecken.«

»Max ...«

»Und was ist mit den Zwillingen? Wir müssen nach Verbindungen zwischen Maria Freisler und der Sekte suchen! Walter, sie sind immer noch aktiv. Ich bin überzeugt, dass es heute mehr Sektenmitglieder als damals gibt. Die Bundespolizei bestätigte, dass sie sehr wahrscheinlich in den Schlüsselpositionen unserer Gesellschaft sitzen und ...«

»Max! Bitte!«, unterbrach ihn Kummer barsch. »Ich wollte es dir eigentlich erst nach den Feiertagen sagen.«

»Was sagen?«

Kummer öffnete die Schublade, nahm einen Brief hervor und reichte ihn Charkow wortlos. Es war ein Schreiben des Oberstaatsanwalts.

Nachdem Charkow es überflogen hatte, musste er sich

setzen. »Ist das wirklich ihr Ernst? Sie wollen die Ermittlungen einstellen?«

Kummer nickte.

»Was wirst du dagegen unternehmen?«

»Nichts.«

»Nichts?« Charkow sprang von seinem Stuhl auf.

»Beruhige dich, Max.«

»Ich soll mich beruhigen? Warum wollen die, dass wir die Ermittlungen einstellen? Wir haben verdammt noch mal so viele offene Fragen!«

»Ihrer Meinung nach haben wir den Fall gelöst. Wir haben bewiesen, dass Myriam Freisler die Mörderin war«, erklärte Kummer beherrscht.

»Mensch, Walter! Die wollen, dass wir stillhalten! Und du machst mit?«

Kummer schlug wütend auf den Tisch. »Wenn sich hier einer aufregen darf, bin ich das! Mich haben sie jetzt schon zwei Mal für dumm verkauft! Und du weißt so gut wie ich, dass wir keine Chance haben, in dieser Sache weiter zu ermitteln! Gerade du solltest wissen, dass mich diese Entscheidung am härtesten trifft!«

Charkow setzte sich wieder. Frustriert betrachtete er nochmals das Schreiben in seiner Hand. »Das hier ist eine verdammte Schweinerei.«

Kummer erwiderte nichts. Es gab nichts mehr zu sagen.

»Entschuldige, Walter. Natürlich trifft dich diese Entscheidung am härtesten von uns beiden. Ich bin ein Idiot und hätte das nicht sagen sollen.«

Sie saßen sich eine Weile stumm gegenüber, um sich wieder zu beruhigen. Kummer brach als Erster das Schweigen: »Sie haben Leute in der Behörde. Da bin ich mir sicher.«

»Die hatten sie auch damals.«

»Sicher. Und wie damals können wir es nicht beweisen, weil sie sich hinter ihrer Anonymität verstecken.«

»Irgendwann kommt alles ans Tageslicht«, wandte Charkow ein.

»Vielleicht erleben wir das ja noch«, sagte Kummer ohne viel Hoffnung in der Stimme.

Beide blickten schweigend aus dem Fenster.

»Wie geht es Priska?«, wechselte Kummer das Thema.

»Sie hat darauf bestanden, heute wieder nach Hause zu können, um ihrer Mutter bei den Weihnachtsvorbereitungen zu helfen.«

»Mit einem Arm in der Schlinge?« Kummer musste lachen.

»Sie ist eben dickköpfig.«

»Das muss sie von dir gelernt haben«, stellte Kummer fest.

»Ich hatte Angst um die beiden da draußen im Park«, gestand Charkow. »Es war eine gefährliche Situation.«

»Die sie beide gemeistert haben«, winkte Kummer ab. »Max, du hast zwei gute Assistenten. Sie sind zwar jung, aber lernen schnell. Und du kannst dich auf sie verlassen.«

»Da muss ich dir recht geben.« Charkow stand auf. »Und? Was machst du nun über die Weihnachtstage?«

Kummer dachte einen Augenblick lang nach, holte tief Luft, klappte die Akten zu, stand ebenfalls auf und zog sein Jackett über. »Ich mach jetzt Feierabend. Meine Kinder sitzen zu Hause und fragen sich, ob ihre Mutter an Heiligabend da sein wird.«

»Sie ist demnach immer noch in den Bergen?«

Kummer nickte. »Ich fahr jetzt hoch und hole sie.«

»Wie willst du das anstellen?«

»Ich erinnere sie daran, dass ich immer noch an unsere

Ehe glaube«, sagte Kummer ernst. »Dass ich sie immer noch liebe. Und dass sie jetzt verdammt noch mal nach Hause kommen soll, wo ihre Familie sehnsüchtig auf sie wartet.«

Charkow begleitete Kummer schweigend bis zum Ausgang. »Viel Glück«, sagte er, als sie sich die Hände zum Abschied reichten.

»Wird schon schief gehen!«, rief Kummer ihm zu, als er durch die Sicherheitsschleuse verschwand.

Charkow ging zurück in sein Büro. Zu seiner Überraschung wartete dort Martin auf ihn. »Ich dachte, wir wollten die Beurteilungen im neuen Jahr besprechen.«

Martin antwortete nicht gleich, sondern blickte auf seine Hände.

»Wenn du willst, ziehen wir es vor«, bot Charkow an.

»Ich bin nicht wegen der Beurteilung hier«, antwortete Martin sichtlich gequält.

»Weshalb sonst?«

»Ich höre auf.«

Charkow musste sich setzen und brauchte einen Augenblick, um das Gehörte einordnen zu können. »Martin, du bist ein sehr guter Polizist. Ich verstehe, wenn dich die Ereignisse beim Seminarzentrum mitgenommen haben. Willst du nicht noch einmal in Ruhe über deine Entscheidung nachdenken? Wir können im neuen Jahr noch mal darüber reden.«

»Nein, ich habe mich entschieden.«

»Bist du dir sicher?«, fragte Charkow. »Liegt es an mir?«

»Nein, es hat nichts mit dir zu tun«, sagte Martin schnell. »Ich ... ich schaffe das einfach nicht mehr.«

»Das mit Priska war zu viel für dich«, meinte Charkow den Grund für seine Kündigung erkannt zu haben.

»Ja und nein. Seit dem ersten Mord sehe ich jede Nacht die Opfer dieser Verrückten. Solowjow, Frank und die Herder. Das ist zu viel. Ich schlafe schlecht. Meine Frau macht sich Sorgen. Meine kleine Tochter wacht jede Nacht wegen mir auf, weil ich schreiend aus meinen Träumen hochschrecke.«

»Das tut mir leid, Martin. Willst du zu Dr. Goldsachs gehen?«

»Nein. Ich habe schon Hilfe. Eine Freundin meiner Frau ... ich habe um Versetzung gebeten.«

»Wohin gehst du?« Charkow bemühte sich, seine Enttäuschung nicht zu zeigen.

»Erst einmal werde ich Urlaub mit meiner Familie machen. Im März fange ich bei den IT-Forensikern an.«

»Verstehe«, sagte Charkow. »Ich bedaure, aber respektiere deine Entscheidung.«

»Es fällt mir nicht leicht«, gestand Martin.

»Du wirst Priska und mir fehlen. Wann wirst du es ihr sagen?«

»Sie weiß es schon. Ich habe es ihr gestern im Krankenhaus gesagt.«

Charkow griff nach der Mappe, die auf seinem Schreibtisch lag, und zog den Bewertungsbogen hervor. »Ich war ein schlechter Chef und wollte es dieses Jahr besser machen. Möchtest du, dass wir trotzdem deine Bewertung durchgehen?«

»Wenn es dir nichts ausmacht, würde ich jetzt lieber zu meiner Familie nach Hause fahren. Sie warten darauf, dass ich den Weihnachtsbaum schmücke.«

»Sicher.« Charkow schob Martin den Bewertungsbogen über den Tisch.

Martin nahm den Bogen entgegen und überflog ihn

schnell. »Danke.« Er streckte Charkow die Hand zum Abschied hin. »Max, ich danke dir für alles, was du mir beigebracht hast. Und für diese gute Bewertung. Sie wird mir den Start bei der neuen Abteilung erleichtern.«

»Viel Glück. Und wenn du es dir anders überlegst, lass es mich wissen.«

Martin nickte und wandte sich zum Gehen. In der Tür blieb er noch einmal stehen. »Du warst nie ein schlechter Vorgesetzter. Ich habe dich immer als Vorbild gesehen.« Leise schloss er die Tür hinter sich.

Priska hatte vor, sich kurz von zu Hause wegzuschleichen. Ihre Familie und alle Verwandten hatten sich in der kleinen Wohnung ihrer Eltern versammelt und halfen bei den Weihnachtsvorbereitungen in der Küche. Priska wurden das Verständnis und Mitleid ihrer Verwandtschaft zu viel. Sie sagte ihrer Mutter, sie brauche etwas frische Luft.

»Du bist um sechs wieder hier, mein Schatz«, schärfte ihre Mutter ihr ein. »Schließlich ist der Truthahn schon im Ofen und wir können mit dem Essen nicht auf dich warten, hörst du?«

Priska lachte und drückte ihrer Mutter einen flüchtigen Kuss auf die Wange, die sie daraufhin liebevoll aus der Küche scheuchte. Ihr Blick fiel auf den Verband ihrer Tochter. »Du musst wirklich besser auf dich achtgeben, mein Kind«, mahnte sie und wischte sich schnell ein paar Tränen aus den Augenwinkeln.

»Mama, mach dir keine Sorgen«, sagte Priska und drückte sie mit ihrem gesunden Arm an sich. »Ich passe schon auf mich auf. Es ist nur ein Kratzer.« Dabei konnte sie es sich nicht verkneifen, ihrer älteren Schwester Cinzia gegenüber die Augen zu verdrehen.

»Mama hat recht mit dem, was sie sagt«, bemerkte Cinzia ernst.

»Oh bitte, spiel jetzt nicht die ältere Schwester«, erwiderte Priska gespielt beleidigt.

Ihr Vater stand plötzlich in der Küche und befreite sie aus der Situation. »Du willst noch weg?«

Priska nickte dankbar.

»Komm, ich begleite dich. Ich muss den Abfall nach unten bringen.«

Als sie das Treppenhaus hinabstiegen, hatte ihr Vater wieder einen seiner starken Hustenanfälle.

»Dein Asthma ist schlimmer geworden«, stellte Priska besorgt fest.

Er winkte ab. »Es geht schon.«

»Nimmst du regelmäßig deine Medikamente?«

»Alles halb so schlimm, mein Kind. Es geht mir gut. Ist halt die ganze Aufregung, weißt du«, beruhigte er sie. »Wohin willst du denn jetzt noch? Deine Geschwister sind alle gekommen. Sie freuen sich so sehr, dass du noch lebst. Sie haben sich alle solche Sorgen wegen dir gemacht.«

»Ich weiß, Papa. Aber ich muss noch mal weg«, wich sie seiner Frage aus.

Er blickte sie mit einer Mischung aus Misstrauen und Verständnis von der Seite an. »Du bist erwachsen. Du wirst schon wissen, was du tust.«

»Ich weiß dein Vertrauen zu schätzen. Danke, Papa.«

»Komm nicht zu spät zum Essen, hörst du?«

Priska versprach es und sprang in die nächste Tram, die vorbeifuhr. An der Kaserne stieg sie aus und lief durch die Sicherheitsschleuse zum Lift. Sie fuhr in die Etage, in der Dr. Goldsachs auf sie wartete. Sie hatte Priska versprochen, eine Ausnahme zu machen und am Weihnachtstag eine Sitzung mit ihr abzuhalten.

Leona Martinez war endlich im vierten Stock angelangt, wo noch ein letztes Zimmer gereinigt werden musste. Man hatte ihr gesagt, der Gast sei abgereist. Sie war gewohnt, in Hotelzimmern immer wieder Dinge von Gästen zu finden, die vergessen worden waren. Als sie die 41 im vierten Stock betrat und dort eine gefüllte Reisetasche mit teuren Frauenkleidern fand, war sie sehr erstaunt. Im Badezimmer fand sie ein komplettes Schminkset sowie ein sündhaft teures Parfüm, das alles zusammengerechnet so viel kostete, wie sie mit einer Woche Putzen verdiente. Die Verlockung, diese Dinge mit nach Hause zu nehmen, war für jemanden in ihrer Lage groß. Doch sie lebte illegal in der Schweiz und war auf diesen Job angewiesen. Außerdem war sie keine Diebin, sondern die Tochter eines Militärgenerals aus Kolumbien, die mit ihrer Familie vor der Verfolgung durch die Guerillas geflüchtet war. Sie packte alles zusammen, lief hinunter zur Rezeption, wo sie die Tasche dem Hotelbesitzer übergab.

»Das war in 41.«

Er warf einen gelangweilten Blick auf die Tasche. Kurz sah er auf den Bildschirm seines Laptops. »Die Frau in 41 hat bis vorgestern im Voraus bezahlt und sollte nicht mehr auf dem Zimmer sein«, stellte er kopfschüttelnd fest. »Hast du sie in der letzten Zeit mal gesehen?«

Leona Martinez schüttelte den Kopf.

»Sie wird wohl überstürzt abgereist sein«, meinte er lakonisch. Er öffnete die Tasche, zog die Kleider hervor, hielt sie hoch und als er das Label sah, pfiff er kurz durch seine Schneidezähne. »Gut und gern ein paar Hunderter wert.« Er bemerkte das Parfum und das Schminkset. »Die Kleider behalt ich. Du kannst die Sachen aus dem Bad haben«, bot er ihr an.

»Und wenn Frau wiederkommen?«

»Und wenn Frau wiederkommen?«, äffte er sie nach. »Frau kommen nix wieder. Du können Parfüm haben oder nicht.«

Leona Martinez schüttelte den Kopf. Sie fand es nicht richtig, die Frau aus der 41 zu bestehlen. Sie war ihr einmal begegnet, als sie ohne anzuklopfen in ihr Zimmer kam. Die Frau reagierte nicht böse wie viele andere Gäste. Sie war nicht nur schön und freundlich zu ihr gewesen, sondern sie hatte anscheinend auch geweint. Leona hatte die Frau nach dem Grund ihrer Tränen gefragt, aber sie hatte ihr geantwortet, sie solle sich nicht um sie sorgen und sie gebeten, das Zimmer später zu putzen. Von diesem Tag an hatte sie die Frau nicht wiedergesehen.

Der Hotelbesitzer zuckte mit den Achseln, als Leona ablehnte. Schnell warf er einen weiteren Blick in die Tasche und entdeckte zuunterst einige Papiere. Er kramte sie umständlich hervor. Auf den Blättern standen nichts als Namen. Keine weiteren Erklärungen, kein Briefkopf oder sonst ein Hinweis, woher die Papiere stammten. Er dachte keine Sekunde lang darüber nach, warf sie in den Mülleimer unter der Theke, verstaute die Tasche in seinem Schrank und schickte Leona Martinez wieder auf die 41. »Mach es endlich sauber. Du wirst nicht fürs Rumstehen bezahlt.«

Der Tag neigte sich dem Ende zu und Charkow saß unschlüssig in seinem Büro. Er warf einen Blick auf die Uhr. Er musste noch Geschenke kaufen und hatte keine Ahnung, wann die Läden schlossen, fiel ihm ein. Er ging ins Büro von Priska und Martin, wo er zu den Geschäften auf der anderen Seite des Flusses blicken konnte. Als er sah, dass sie immer noch geöffnet waren, beschloss er, für heute Schluss zu machen. Er wollte für Nikolaj gutes Zeichenpapier und neue Buntstifte kaufen. Darüber freute er sich immer am meisten.

Als er über die Brücke lief, fühlte er wieder die Vorfreude darüber, Heiligabend bei Nikolaj im Heim zu verbringen. Der Gedanke daran munterte ihn auf. Das Weihnachtsessen im Heim war immer ein großes Fest und Nikolaj war nicht so beunruhigt, weil er in seiner vertrauten Umgebung bleiben konnte. Die Betreuerinnen freuten sich, wenn Gäste mit ihnen und den Heimbewohnern gemeinsam feierten. Charkow verschwendete kaum einen Gedanken an seine Mutter, die dieses Fest seit langer Zeit zum ersten Mal alleine feiern würde. In diesem Punkt gab er Gabriela recht. Es war eine gute Lektion für seine Mutter.

Charkow betrat ein kleines Geschäft im Niederdorf, das schon seit über 120 Jahren Zeichenutensilien verkaufte. In den Regalen fand er teures Büttenpapier, von dem er mehrere Bögen kaufte. Bei den Buntstiften vertraute er immer auf eine Schweizer Traditionsmarke. Das Geschäft hatte ›Chinesische Wochen‹. Als er die kunstvoll verpackten Tuschepinsel mit Bambusstiel sah, kaufte er gleich ein ganzes Set in unterschiedlichen Farbtönen. Obwohl Nikolaj die Verpackungen immer ignorierte und seine Geschenke ohne Hemmungen aufriss, weil er sich so sehr auf deren Inhalt freute, ließ er trotzdem alles in besonders schönem Geschenkpapier verpacken.

»Oh, noch ein weiterer Nachzügler«, sagte eine vertraute Stimme hinter ihm.

»Francine! Was machst du hier?«

»Na, dasselbe wie du«, lachte sie. »Die sind sicher für Nikolaj.« Sie zeigte auf die Geschenke, die die Verkäuferin gerade einpackte.

»Hast du schon was für deine Mutter?«

»Ich bleibe dieses Jahr hier und feiere im Heim bei Nikolaj.«

»Eine Premiere! Dass ich das noch erleben darf«, sagte sie in ihrer unverwechselbar humorvollen Art, begleitet von einem verständnisvollen Lächeln. »Kannst du mir was empfehlen?«

Er blickte sie erstaunt an. »Was soll ich dir empfehlen?«

»Samuel ist ein begnadeter Zeichner.« Sie überlegte einen Augenblick und fügte etwas bescheidener hinzu. »Naja, im Moment ist er eher ein hoch motivierter Zeichner, weil ein Mädchen in seiner Klasse eines seiner Bilder toll fand.«

»Und er fand das Mädchen toll«, ergänzte Charkow.

Francine nickte. »Ich befürchte, die eine Leidenschaft wird sich wieder legen, wenn sich die andere legt. Trotzdem will ich seinem Glück nicht im Weg stehen.«

Er half ihr bei der Wahl des Zeichenmaterials und begleitete sie zur Kasse.

»Weißt du was?«, sagte sie, als sie bezahlt hatten. »Warum kommt ihr beiden nicht morgen zu uns?«

»Zu wem?«, fragte er überrascht.

»Mein Bruder feiert Heiligabend und seine Frau Hanuka. Die ganze Familie ist dort. Da fallen du und Nikolaj gar nicht mehr auf. Außerdem kann Samuel noch etwas von Nikolaj lernen.«

Charkow wusste nicht, was er antworten sollte. Ihr Vorschlag brachte seine Pläne durcheinander.

»Na komm schon. Die Verwandten meiner Schwägerin

nerven mich schon die ganze Zeit mit der Frage, warum ich keinen Freund habe. Wenn du mitkommst, könnte ich ein wenig mit dir angeben.«

Jetzt war er es, der lachen musste. Der Gedanke, Francine zu begleiten, gefiel ihm, und er sagte zu.

»Na siehst du? Das war ganz einfach«, lachte sie, nahm seinen Arm und begleitete ihn aus dem Geschäft.

Irgendwo auf dem Weihnachtsmarkt genehmigten sie sich viel zu süßen Glühwein und aßen gemeinsam Crêpes. Charkow erzählte Francine von Gabriela, von Martin, den Zwillingen, der Oberschwester Agnes und von Walter, der jetzt irgendwo in den Bergen war, um seiner Frau zu zeigen, wie sehr er sie liebte.

Priska griff in die Kartonbox mit den Taschentüchern. »Davor hatte ich immer am meisten Angst«, lachte sie verlegen und wischte sich die Tränen aus den Augen.

»Ich weiß«, sagte Gabriela. »Man fühlt sich wie in einem schlechten Film, wenn man nach Abschluss einer Sitzung bei der Psychologin zu den Kleenex greift.« Sie ließ ihr einen Augenblick Zeit, sich wieder zu fangen, bevor sie fortfuhr: »Sie haben mehrere Traumata hinter sich. Die schrecklichen Morde, ihre Verletzung bei der Schießerei. Das geht nicht einfach spurlos an einem vorbei.«

»Das weiß ich«, sagte Priska. »Kann ich diese Dinge jemals vergessen?«

»Nein. Sie können nur lernen, sie anzunehmen. Sie sind jetzt ein Teil Ihres Lebens und somit Ihrer Erfahrungen. Wehren Sie sich also nicht dagegen, sondern lassen Sie diese Erfahrungen einen Teil von sich selbst werden.«

Priska schnäuzte sich noch einmal die Nase. Ihr Blick fiel auf die Uhr. »Oh, die Zeit ist schon lange um.«

Gabriela machte eine gleichgültige Handbewegung. »Zeit spielt heute keine Rolle. Ich habe nichts mehr vor.«

Priska stand auf. »Sie müssen sicher noch Heiligabend vorbereiten. Bei meinen Eltern platzt die Wohnung vor lauter Familie und Verwandten aus allen Nähten.«

Gabriela sagte nichts und begleitete sie zum Ausgang.

Priska blieb noch einmal stehen. »Wissen Sie, Max, also mein Chef, vielleicht kennen Sie ihn, der hatte mir immer gesagt, dass ich in mir eine Mauer aufbauen soll, wenn mich eine Situation überfordert. Sie sagen nun, ich solle es zulassen.«

»Machen Sie beides. Genau in dieser Reihenfolge«, riet ihr Gabriela.

»Manchmal habe ich das Gefühl, Charkow kommt irgendwie mit solchen Situationen viel besser klar als wir anderen«, stellte Priska fest.

Gabriela hielt einen Moment inne und schien mit den Gedanken woanders.

Sie blickte Priska an und sagte: »Er braucht die Mauer nicht. Denn er ist viel stärker, als wir alle annehmen.«

ENDE

Der Roman beruht auf den Tatsachen des Sonnentempler-Dramas, das zwischen 1994 und 1997 in der Schweiz, Frankreich und Kanada stattgefunden hat.

Bis heute wurde niemand für die Morde an den Mitgliedern der Sonnentempler zur Rechenschaft gezogen.

DANKSAGUNG

An dieser Stelle möchte ich all jenen danken, die mich bei der Arbeit an diesem Roman mit Recherchen, Übersetzungen, Gesprächen und in kritischen Auseinandersetzungen unterstützt haben:

Meiner Frau

sowie

Sabina Altermatt (Autorin); Prof. Dr. Achim Albrecht (Jurist), Prof. Dr. Bär (Rechtsmedizin Universität Zürich); Chantal Billaud (Stv. Geschäftsleiterin der Schweizerischen Kriminalprävention); Anna Terentieva; Monika Grosser; Abt Martin Werlen, Pater Jean-Sébastien Charrière und Pater Hieronymus Krapf vom Kloster Einsiedeln, Lotti, S.M. (Sektenopfer), Pfarrerin J. S. Freikirche ICM Sektion Zürich.

Weitere Krimis finden Sie auf den folgenden Seiten und im Internet: www.gmeiner-verlag.de

SONDERKOMMANDO

Shlomo Venezia
en collaboration avec Béatrice Prasquier

SONDERKOMMANDO

Dans l'enfer des chambres à gaz

Préface de Simone Veil

ÉDITIONS FRANCE LOISIRS

Ouvrage publié sous la direction
de Jean Mouttapa

Édition du Club France Loisirs,
avec l'autorisation des Éditions Albin Michel

Éditions France Loisirs,
123, boulevard de Grenelle, Paris
www.franceloisirs.com

ISBN 978-2-298-00616-2

Je voudrais dédier ce livre à mes deux familles : celle d'avant la guerre et celle d'après. Mes premières pensées vont vers ma très chère mère de quarante-quatre ans et vers mes deux petites sœurs, Marica, quatorze ans, et Marta, onze ans. Je pense souvent avec tristesse à la vie difficile qu'a menée ma mère, veuve très jeune avec cinq enfants. Avec beaucoup de sacrifices à la limite du supportable, elle nous a élevés dans des principes sains, comme être honnête et respecter les gens. Ces sacrifices et ces souffrances ont été effacés, éliminés en même temps que mes deux petites sœurs à peine descendues des wagons à bestiaux sur la *Judenrampe* de Auschwitz-Birkenau, le 11 avril 1944.

Mon autre famille a vu le jour après la grande tragédie. Ma femme Marika et mes trois fils, Mario, Alessandro et Alberto, savent beaucoup de choses mieux que moi et ont comme base essentielle l'honnêteté et le respect des autres. La ténacité de ma femme a permis qu'ils grandissent et deviennent des hommes dont je suis fier. Marika a aussi toujours pris grand soin de moi, allégeant les infirmités qui viennent de mon emprisonnement dans les camps. Elle mérite plus que mon affection silencieuse. Merci pour tout ce que tu as fait jusqu'à maintenant, et ce que tu continues à faire avec nos cinq petits-enfants, Alessandra, Daniel, Michela, Gabriel et Nicole, et nos belles-filles, Miriam, Angela et Sabrina.

Votre mari, père et grand-père,
Shlomo Venezia

« L'entière vérité est bien plus tragique et épouvantable. »

Zalmen Lewental [1]

1. Le manuscrit en yiddish de Zalmen Lewental a été retrouvé en octobre 1962, enterré dans la cour du Crématoire. Il a été rédigé peu de temps avant le déclenchement de la révolte du Sonderkommando, pour laisser un témoignage et une trace sur l'extermination des Juifs dans les chambres à gaz. Lewental serait mort en novembre 1944, quelques semaines seulement avant la Libération. Tiré de « Des voix sous la cendre. Manuscrits des Sonderkommandos d'Auschwitz-Birkenau », sous la direction de Georges Bensoussan, *Revue d'histoire de la Shoah*, nº 171, janvier-avril 2001.

PRÉFACE

par Simone Veil

Shlomo Venezia est arrivé à Auschwitz-Birkenau le 11 avril 1944 ; j'y suis moi-même arrivée, venant de Drancy, quatre jours plus tard. Jusqu'au 9 septembre 1943, nous avions vécu – lui en Grèce, moi à Nice – sous occupation italienne, avec le sentiment d'être, au moins provisoirement, à l'abri de la déportation. Mais après la capitulation de l'Italie, l'étau nazi s'est immédiatement resserré, aussi bien sur ceux qui vivaient dans les Alpes-Maritimes que dans l'archipel grec.

Quand je parle de la Shoah, j'évoque souvent la déportation et l'extermination des Juifs de Grèce, car ce qui s'est passé dans ce pays illustre parfaitement l'acharnement des nazis à mettre en œuvre la « Solution finale », pourchassant les Juifs jusque dans les îles les plus petites et les plus reculées de l'archipel. C'est donc avec un intérêt tout particulier que j'ai lu le récit de Shlomo Venezia, juif, citoyen italien, parlant non seulement le grec mais aussi le ladino, le dialecte des Juifs de Salonique où il vivait. Son nom, Venezia, renvoie au temps où ses ancêtres, dans les années d'errance qui ont suivi l'expulsion des Juifs d'Espagne en 1492, avaient pris le chemin de l'Italie avant de rejoindre Salonique, la « Jérusalem des Balkans », ville dont quatre-vingt-dix pour cent de la communauté juive a été exterminée.

Je lis de très nombreux récits d'anciens déportés qui me replongent chaque fois dans la vie du camp. Mais celui de Shlomo Venezia est particulièrement bouleversant puisqu'il est le seul témoignage complet que nous ayons d'un survivant des Sonderkommandos. Nous savons désormais avec précision comment ils ont été condamnés à accomplir leur abominable tâche, la pire de toutes : celle d'aider les déportés sélectionnés pour la mort à se déshabiller et à entrer dans les chambres à gaz, puis d'emporter tous ces cadavres, corps entremêlés qui s'étaient débattus, vers les fours crématoires. Complices malgré eux des bourreaux, les membres du Sonderkommando ont été quasiment tous assassinés, comme ceux qu'ils avaient conduits vers les chambres à gaz.

La force de ce témoignage tient à l'honnêteté irréprochable de son auteur, qui ne raconte que ce que lui-même a vu, sans rien omettre : ni le pire, comme la barbarie du responsable du Crématoire, ni les exécutions sommaires ou le fonctionnement ininterrompu des chambres à gaz et des fours crématoires ; il parle aussi de ce qui pourrait paraître atténuer l'horreur de la situation, comme la relative clémence d'un officier SS hollandais ou les conditions de survie moins atroces que celles des autres déportés dont bénéficiaient les membres du Sonderkommando, serviteurs indispensables de la machine de mort. Ce qui rend également son témoignage exceptionnel, c'est qu'il a fallu attendre ce dialogue avec Béatrice Prasquier pour que Shlomo Venezia ose évoquer les aspects les plus macabres de son « travail » au Sonderkommando, apportant des détails insoutenables qui donnent toute la mesure de l'abomination du crime.

Avec ses mots simples, Shlomo Venezia redonne vie aux visages émaciés, aux regards exténués, résignés et souvent terrorisés, de ces hommes, de ces femmes et de ces enfants qu'il croise une seule et dernière fois. Il y a ceux qui ignorent leur destin ; ceux qui, venant des ghettos, craignent qu'il n'y ait guère d'espoir de survie ; et enfin ceux qui ont été sélectionnés dans le camp et qui savent que la mort les attend – mais celle-ci est alors, pour nombre d'entre eux, une délivrance.

Une lueur d'humanité surgit parfois, éclairant l'horreur dans laquelle Shlomo Venezia essaie de survivre malgré tout. Il y a sa rencontre au seuil de la chambre à gaz avec son oncle, Léon Venezia, devenu trop faible pour travailler, et sa tentative de lui donner à manger avant qu'il ne meure. Il peut ainsi lui prodiguer un ultime geste de tendresse et dire ensuite un *kaddish* en sa mémoire. Il y a aussi cet harmonica dont il joue parfois. Il y a enfin ces gestes de solidarité, qui l'aident à rester un être humain, comme ce fut souvent le cas pour la plupart des déportés.

Shlomo Venezia ne cherche pas à passer sous silence les épisodes qui pourraient donner prise à la critique, si certains osaient la formuler. C'est tout à son honneur d'avoir le courage de parler du sentiment d'être complice des nazis, de l'égoïsme qu'il lui a fallu parfois pour survivre, mais aussi de son désir de vengeance à la libération des camps. Face à ceux qui pourraient suggérer qu'ayant été dans un kommando où il était mieux nourri et mieux habillé, il a peut-être moins souffert que les autres déportés, Shlomo Venezia demande : que vaut un peu plus de pain, de repos, de vêtements quand on a, tous les jours, les mains dans la mort ? Parce qu'il a aussi connu les conditions de vie « normales » dans les camps dont il parle avec une précision et une vérité exceptionnelles, Shlomo Venezia déclare sans hésiter qu'il aurait préféré mourir à petit feu plutôt que d'avoir à travailler au Crématoire.

Alors, comment survivre dans cet enfer, en ayant pour seul horizon le moment où l'on va soi-même être tué ? À cette question, chaque déporté a sa réponse. Pour beaucoup, comme Shlomo Venezia, il ne fallait plus penser : « Les dix ou vingt premiers jours, j'étais constamment choqué par l'énormité du crime, puis on s'arrête de penser. » Chaque jour il aurait préféré mourir, et pourtant chaque jour il luttait pour survivre.

Que Shlomo Venezia soit encore là aujourd'hui représente une double victoire sur le processus d'extermination des Juifs ; car, en chacun des membres du Sonderkommando, les nazis ont voulu tuer le *Juif* et le *témoin*, commettre le crime et en effacer la trace. Mais Shlomo Venezia a survécu et raconté, après s'être tu pendant longtemps, comme beaucoup d'anciens déportés. Si lui, comme moi et bien d'autres, nous n'avons parlé que tardivement, c'est parce que personne ne voulait nous écouter. Nous revenions d'un monde où l'on avait voulu nous bannir de l'humanité : nous voulions le dire, mais nous nous sommes heurtés à l'incrédulité, l'indifférence voire l'hostilité des autres. Ce n'est que des années après la déportation que nous avons trouvé le courage de parler, parce que, enfin, nous avons été écoutés.

Voilà pourquoi ce témoignage, comme ceux de tous

les déportés, doit être compris par chacun comme un appel à la réflexion et à la vigilance. Au-delà de ce qu'il nous apprend sur les Sonderkommandos, Shlomo Venezia nous rappelle ce qu'a été l'horreur absolue, le « crime contre l'humanité » : la Shoah. La voix de Shlomo Venezia, comme celle de tous les déportés, s'éteindra un jour, mais il restera ce dialogue entre lui et Béatrice Prasquier, entre un témoin qui a vu, un des derniers, et une jeune femme, représentante de la nouvelle génération, qui a su l'écouter ; parce qu'elle-même, depuis des années, consacre une large part de son existence à lutter contre l'oubli. Qu'elle en soit remerciée, et plus particulièrement pour avoir eu le courage d'accompagner Shlomo Venezia dans ce retour bouleversant sur son passé.

C'est désormais à cette jeune génération qu'il appartient de ne pas oublier et de faire en sorte que la voix de Shlomo Venezia résonne à jamais.

Simone Veil
Présidente de la Fondation
pour la Mémoire de la Shoah

AVERTISSEMENT

par Béatrice Prasquier

Ce témoignage a été rédigé à partir d'une série d'entretiens que j'ai eus avec Shlomo Venezia à Rome, aidée par l'historien Marcello Pezzetti, entre le 13 avril et le 21 mai 2006. Les entretiens, menés en italien, ont été traduits et transcrits au plus près de la version originale et revus par Shlomo Venezia lui-même afin de ne pas altérer l'authenticité de son récit.

Pour avoir été au cœur de cette machine à broyer les vies humaines, Shlomo Venezia fait partie des rares survivants à pouvoir porter le témoignage des victimes « absolues », celles noyées dans la multitude des visages oubliés qui n'ont pas été sauvés par le hasard et l'exception.

Son témoignage va au-delà de l'acte de mémoire ; c'est un document historique qui apporte la lumière sur le point le plus sombre de notre histoire.

CHAPITRE I

La vie en Grèce avant la déportation

Je m'appelle Shlomo Venezia, je suis né à Salonique, en Grèce, le 29 décembre 1923. Ma famille a dû quitter l'Espagne au moment de l'expulsion, mais avant de s'installer en Grèce, mes ancêtres sont passés par l'Italie. C'est pour cela que je m'appelle « Venezia ». Les Juifs qui venaient d'Espagne n'avaient pas à l'époque de noms de famille ; ils s'appelaient par exemple Isaac fils de Salomon. En arrivant en Italie, ils se sont choisi des noms de famille qui correspondaient au nom de la ville où ils s'installaient. C'est pourquoi de nombreuses familles juives portent des noms de villes. Dans notre cas, c'est ce qui nous a permis de garder la citoyenneté italienne.

Nous étions une famille de cinq enfants, deux garçons et trois filles. Mon frère aîné, Maurice, avait deux ans et demi de plus que moi, ensuite venait Rachel qui avait un an et deux mois de plus que moi. Puis les deux dernières, Marica, née en 1930 et, après elle, Marta qui est née en 1933. Les premières années, ma famille habitait une petite maison. Elle n'était pas grande, mais c'était toujours mieux que les baraques en bois dans lesquelles habitaient la plupart des Juifs pauvres de Salonique. Au fur et à mesure que la famille s'est agrandie, la maison est devenue trop petite. Je devais avoir cinq ans quand on l'a vendue pour bâtir à côté, sur un terrain qui appartenait à mon grand-père, une maison plus grande, construite sur deux étages. Mon père était un peu égocentrique et il a fait écrire son nom en briques rouges sur le chemin qui menait à la porte de la maison. Le deuxième étage était loué à des familles grecques. L'argent du loyer aidait mon père à payer les impôts. Malheureusement, les choses ont changé avec sa mort, survenue très tôt. On devait être en 1934 ou 1935, et mon père laissait derrière lui cinq orphelins.

Vous étiez donc très jeune. Comment avez-vous vécu cette disparition ?

J'avais onze ans, j'étais à l'école quand une cousine de mon père est venue me chercher pour m'emmener le voir à l'hôpital. Il avait été opéré pour une maladie du foie, mais il n'y avait plus rien à faire. D'ailleurs, je n'ai même pas eu le temps de le voir ; il est mort avant que j'arrive. D'un seul coup, nous nous sommes retrouvés presque seuls, sans ressources. Mon père gérait un petit salon de barbier que lui avait construit son père. Je ne pouvais évidemment pas le remplacer à sa mort, car j'étais encore trop jeune. Son assistant a repris alors l'affaire en échange d'un petit pourcentage qu'il versait à ma mère chaque semaine. Mais c'était insuffisant pour nourrir une famille de cinq enfants. Ce n'est que grâce à l'aide des quatre frères de ma mère que nous avons pu avoir un peu à manger tous les jours. J'allais chez eux tous les jeudis pour qu'ils me donnent un sac de légumes avec des aubergines, des oignons et d'autres choses qu'ils cultivaient et mettaient de côté pour leur sœur. Cette aide était indispensable mais insuffisante, au point qu'un an après la mort de mon père, j'ai dû abandonner l'école pour trouver du travail et ainsi soutenir financièrement ma famille. J'avais à peine douze ans.

Et votre frère aîné, que faisait-il ?

Il a été envoyé par le consulat italien faire ses études à Milan. En tant qu'ancien combattant de la Première Guerre mondiale et citoyen italien, mon père avait droit à certains avantages. Et nous, ça nous permettait d'avoir une bouche en moins à nourrir. Après la promulgation des lois raciales de 1938 en Italie, mon frère a été exclu de l'institut technique Marchioni de Milan et renvoyé en Grèce. Lui non plus n'a donc pas fini ses études.

Ces années où le régime fasciste a révélé son vrai visage, mon père ne les a pas connues. Lui se sentait si fier d'être italien en Grèce qu'il n'a pas hésité à porter la chemise noire du nouveau régime et à défiler fièrement quand l'occasion se présentait. Pour lui, Mussolini était socialiste, et il ne comprenait pas la véritable nature du fascisme. Nous étions trop loin pour voir les dérives de ce régime. En tant qu'ancien combattant, il participait à toutes les manifestations et les parades organisées par les Italiens. C'était son seul divertissement. Ça lui donnait une impression de prestige auprès des autres Juifs de Salonique. Ils n'étaient pas nombreux, parmi les Juifs venus d'Italie, à avoir gardé la nationalité italienne. La plupart agissaient comme mon père, ils voyaient les réalités de loin, sans réellement comprendre la situation en métropole.

Ressentiez-vous une différence, à Salonique, entre Juifs italiens et Juifs grecs ?

Nous devions être, au plus, trois cents personnes d'origine italienne sur les soixante-cinq mille Juifs de la ville. Mais nous étions les seuls à pouvoir envoyer les enfants à l'école italienne. Par rapport aux autres qui allaient en général à l'école juive, ça nous donnait des avantages : on avait tout gratuitement, on nous donnait les livres, on mangeait à la cantine, on nous distribuait de l'huile de foie de morue... On portait de très beaux uniformes, avec des avions pour les garçons et des hirondelles pour les filles.

À cette époque, les fascistes essayaient de mettre en avant la prospérité italienne. C'était de la propagande auprès des autres pays, mais on en profitait. Ainsi, le samedi à l'école, il y avait le « samedi fasciste » auquel tous les élèves devaient prendre part. Participer à ces défilés me rendait fier, je me sentais différent des autres, et ça me plaisait. J'ai même été deux fois en camp de vacances en Italie, avec les Balilla [1], alors qu'à l'époque pratiquement personne ne voyageait. Et puis nous avions d'autres avantages, car l'ambassade d'Italie nous aidait beaucoup. Par exemple, certains jours de fête, le consulat distribuait des chaussures et des livres aux Italiens qui avaient peu de moyens. Pour nous, ces petites choses faisaient une belle différence. Il faut dire que la

1. Mouvement de jeunesse fasciste.

communauté juive de Salonique était répartie en trois catégories : une infime partie était très riche, une petite frange se débrouillait à peu près, mais la très grande majorité des gens sortaient le matin pour aller travailler sans savoir s'ils réussiraient à rapporter assez d'argent le soir pour nourrir leur famille. Chez moi, c'est difficile à admettre, mais je ne pouvais pas dire : « J'ai faim, je vais manger », car on manquait de tout. Rien à voir avec les enfants d'aujourd'hui qu'il faut forcer à finir leur assiette. Là-bas, tout était limité, chacun devait s'arranger pour trouver de quoi manger. Je me souviens que nous avions des voisins encore plus pauvres que nous. Ma mère essayait toujours de les aider, alors que nous-mêmes étions dans le besoin. C'est dire l'extrême pauvreté qui nous entourait. Ces choses-là ont forgé mon caractère. Je suis persuadé que le manque que l'on ressent en permanence rend les personnes plus fortes.

Comment se déroulait la vie juive à Salonique ?

Il devait y avoir cinq ou six quartiers juifs en ville, tous très pauvres. Ils portaient généralement le numéro du tram qui les desservait. Mais le principal s'appelait Baron-Hirsch, du nom d'un riche donateur qui avait aidé la communauté juive de Salonique. Plus de quatre-vingt-dix pour cent de la population habitant dans le quartier était juive. Nous, nous habitions juste en dehors de ce quartier, mais je restais quasiment tout le temps avec des Juifs. Chez nous, tout était casher. Pas parce que ma famille était religieuse ou vraiment pratiquante, mais parce que tous les magasins dans le quartier étaient casher. En particulier la viande, qu'on achetait les rares fois où l'on pouvait se le permettre. On en mangeait le vendredi avec des haricots, c'était le plat riche des pauvres. Pour manger non casher, il fallait vraiment le vouloir et chercher assez loin hors du quartier. À l'école, en revanche, la nourriture n'était pas casher, mais ça ne me posait pas de problème. Pour nous, le principal était de manger pour ne pas mourir de faim.

Autour de nous, beaucoup de Juifs étaient religieux. Mais probablement pas comme dans les petits villages de Pologne où tout le monde était, de fait, très pratiquant. Quand j'ai fait ma bar-mitzva, je ne savais pas lire l'hébreu, alors j'ai tout appris par cœur. Mon père n'était déjà plus là, c'est mon grand-père qui m'a emmené à la synagogue. À partir de ce jour-là, chaque fois que j'allais dormir chez lui, il me réveillait aux aurores pour que j'aille avec lui faire la prière du matin. Comme tous les jeunes de treize ans, qui préfèrent dormir tranquillement, je me retournais dans mon lit en grognant pour essayer d'y échapper.

Quelles étaient les relations entre les Juifs et les non-Juifs ?

Il n'y avait pas particulièrement de problèmes. Même si la plupart de mes amis étaient juifs, je fréquentais aussi des chrétiens. Il pouvait tout de même y avoir des bagarres, quand certains jeunes des alentours venaient dans le quartier juif pour nous provoquer et en découdre avec les Juifs. Mais il s'agissait surtout de batailles entre gamins. Je ne sais pas si on peut parler d'antisémitisme à ce propos. Je me souviens d'un épisode qui a failli mal tourner pour moi ; je devais avoir douze ou treize ans. À l'époque, on sortait souvent le samedi soir pour regarder et rencontrer des filles d'autres quartiers. Mais les garçons devenaient vite jaloux et cherchaient à nous chasser de leur territoire. Une fois, je me suis retrouvé avec quatre ou cinq amis face à une bande d'un autre quartier. Mes amis ont fait demi-tour en courant, mais moi, inconscient du danger, j'ai continué à marcher. Quand j'ai vu à quel point ils étaient en colère, je me suis mis à faire semblant de boiter. En passant, ils m'ont dit : « On te laisse tranquille parce que tu boites, mais autrement... » J'ai fait encore une dizaine de pas comme ça et je me suis enfui à toutes jambes. Ce sont des choses que font tous les enfants.

Mais vous ne ressentiez pas d'hostilité particulière à l'égard des Juifs...

Le seul moment où l'on sentait une tension désagréable était la Pâque orthodoxe. Dans les cinémas, on pouvait voir alors des petits films qui nourrissaient l'antisémitisme en disant que les Juifs tuaient des enfants chrétiens et utilisaient leur sang pour faire le pain azyme. Ces moments étaient les plus difficiles, mais je ne me souviens pas que ça ait dégénéré violemment. On sentait en revanche la difficulté d'être juif quand le gouvernement changeait et qu'un gouvernement fasciste prenait le pouvoir. Alors, les Juifs avaient plus facilement des problèmes. Même quand les autres garçons venaient chercher la bagarre, les Juifs étaient toujours désignés comme les responsables. Mais autrement, on était tellement éloignés des affaires du monde que peu d'entre nous savaient ce qui se passait en Allemagne pendant ce temps-là. Jusqu'au bout, d'ailleurs, personne n'aurait pu l'imaginer. Vous comprenez, on n'avait pas de téléphone, pas de radio sauf dans les deux taxis de la ville. L'un des deux chauffeurs était juif et quand on passait à côté de sa voiture, on entendait quelqu'un parler d'une manière bizarre ; c'était la radio. Ça nous intriguait, on voulait savoir comment elle était faite, cette radio. Mais moi, en tout cas, j'étais trop jeune pour m'intéresser à ce qui se disait.

À douze ans, donc, il a fallu que vous vous débrouilliez tout seul et que vous abandonniez l'école pour travailler...

Oui, je n'avais plus d'appui extérieur pour m'encourager et m'aider dans les études. Ma mère, pourtant née en Grèce, ne parlait même pas le grec parce que ses parents, comme beaucoup de Juifs, ne voulaient pas que leurs filles puissent fréquenter des non-Juifs. Ma langue à la maison a toujours été le ladino, le dialecte judéo-espagnol. Mais avec mes amis, dans la rue, j'ai toujours parlé grec. Je le parlais parfaitement, sans l'accent et les intonations particulières des Juifs de Salonique. Tout ce que je savais, je l'avais appris dans la rue. Je n'ai pas été à l'école juive, à peine ai-je été à l'école italienne. Je n'avais plus mon père pour m'enseigner les choses de la vie et ma mère se contentait de quelques recommandations pratiques. Dans les familles pauvres, la préoccupation n'était pas l'éducation, mais uniquement trouver de quoi manger. On grandissait comme ça, avec l'air.

À douze ans, j'ai donc enchaîné les petits boulots. Je prenais tout ce que je trouvais, pour ramener un peu d'argent à la maison et aider ma mère. Par exemple, j'ai travaillé quelques mois dans une petite usine qui fabriquait des miroirs. J'étais encore petit, mais ils m'ont mis à la presse ; je fixais le miroir sur le manche. Ensuite, j'ai travaillé dans l'usine du père d'un ami, un Italien non juif. Il produisait des thermosiphons. J'ai aussi travaillé dans une fabrique de lits qui se trouvait près de chez moi. Je faisais des petites choses, porter ceci, chercher cela... pas grand-chose, mais pour ma mère, cet argent faisait la différence.

Mon frère était encore en Italie et ni ma mère ni mes sœurs ne travaillaient. Ma mère s'était mariée très jeune et n'avait rien reçu de la vie à part nous, ses enfants. Elle s'est entièrement consacrée à sa famille et faisait tout ce qu'elle pouvait pour nous. Je me souviens que son unique divertissement, quand nous étions encore petits, était de sortir le dimanche soir. Mes parents nous emmenaient dans un petit endroit qui vendait des bières et des fromages. Ils se mettaient à une table, commandaient une ou deux bières et le serveur apportait un peu de fromage. On ne les laissait pas en paix, à force de demander constamment un petit bout. Ma mère, à la fin, restait sans rien pour elle. J'ai gardé ces souvenirs, même s'ils me rendent triste. J'ai si souvent pensé à ce que j'aurais pu faire pour aider ma mère. Je l'aimais tant et je sais qu'elle avait une tendresse toute particulière pour moi. Elle s'appelait Doudoun Angel Venezia. Je sais tous les sacrifices qu'elle a faits pour nous, je me suis efforcé de l'aider autant que je pouvais, pourtant j'aurais aimé faire plus.

Mais j'étais encore jeune et, moi aussi, je voulais profiter de la vie. Par exemple, j'essayais de mettre de côté quelques pièces pour pouvoir louer une bicyclette. J'adorais ça. Finalement, je me suis débrouillé seul. Puisque je ne pouvais pas acheter de vélo, je me suis arrangé pour construire moi-même une trottinette. J'ai utilisé un long bout de bois et un autre pour servir de guidon, deux roues que j'avais trouvées, et je me suis ingénié à inventer un système pour faire tourner le guidon. J'y suis arrivé, mais avant de pouvoir rouler, je devais faire à pied deux cents ou trois cents mètres pour trouver une route praticable. Cette trottinette m'a valu ma première grosse déception d'enfant. Le premier jour où je suis sorti l'essayer, j'étais fier et très heureux. Je la portais à l'épaule, et je suis passé à côté d'une charrette arrêtée. La route était très boueuse et le cheval n'arrivait pas à tirer la charrette. Quand il m'a vu passer, l'homme qui la conduisait a pris ma trottinette sans rien me demander, et s'en est servi pour frapper durement le cheval qui a pris peur et s'est dégagé de la boue qui le retenait. Ma trottinette est restée par terre, complètement cassée. Je ne pouvais rien faire d'autre que me mettre à pleurer. Il l'a prise, l'a cassée, le cheval est sorti de la fange et moi je suis resté dedans. Vous pouvez imaginer la déception d'un enfant qui avait mis toute son énergie à construire ce jouet. C'était une leçon de la vie.

Les choses ont-elles changé quand votre frère est revenu d'Italie ?

Il est revenu en 1938, après la promulgation des lois excluant les Juifs de l'école en Italie. La situation n'a pas particulièrement changé à la maison. Je lui en voulais un peu, car au lieu de penser à la famille, il ne pensait qu'à lui-même et à aller s'amuser... Je crois qu'il en voulait à ma mère de l'avoir envoyé si loin. Lui et moi, nous n'étions pas très proches : il avait sa bande, et moi la mienne. Avec ma sœur, bien qu'elle soit mon aînée, c'est moi qui jouais le rôle du grand frère protecteur. Je me souviens même qu'un jour, je lui ai déchiré un chemisier qu'elle s'était cousu elle-même, parce que je l'avais trouvé trop décolleté...

La guerre se profilait à l'horizon. Comment réagissait votre entourage, et comment s'est passé pour vous le début du conflit ?

On ne se rendait pas bien compte. Les responsables de la communauté se réunissaient pour en parler. Ils étaient inquiets et regardaient dans la Torah pour tenter d'interpréter les événements. Mais pour nous c'était lointain. On avait entendu certaines choses à propos de l'Allemagne. Tout ce que je savais, c'était que le régime allemand en voulait aux Juifs. On avait tellement faim et tant de problèmes avec notre propre vie qu'on n'avait pas le temps de se poser des questions sur l'avenir. C'est pour cela que, plus tard, les Allemands n'ont eu aucune difficulté à déporter les Juifs de Grèce. Ils leur ont fait croire facilement qu'ils allaient leur donner des habitations en fonction de la taille de chaque famille et que les hommes iraient travailler pendant que les femmes resteraient à la maison. Nous étions naïfs et ignorants des événements politiques. Et puis, je suppose que les gens ont pensé que les Allemands étaient des gens précis et honnêtes. Quand on achetait quelque chose « made in Germany », ça marchait bien, c'était précis. Les gens ont cru à ce qu'on leur promettait. Eux qui n'avaient pas de quoi manger, on leur parlait d'une habitation en échange de leur travail, ça ne paraissait pas si dramatique...

Pour nous, la guerre a réellement commencé avec l'invasion de l'Albanie par l'Italie, en octobre 1940 [1]. Avant même d'entrer en Grèce, l'Italie a bombardé la ville de Salonique. Les bombes mettaient le feu aux maisons et apeuraient la population. Quand l'Italie a déclaré la guerre, la police grecque est immédiatement venue arrêter les hommes de nationalité italienne. Je n'étais pas encore majeur, donc ils m'ont laissé, mais ils ont pris mon frère Maurice. Un policier que je connaissais m'a dit que pour le moment je pouvais rester, mais qu'il fallait que je fasse attention à ne pas avoir dans les poches des objets qui pourraient poser problème. Je n'ai pas compris tout de suite ce qu'il voulait dire, mais en réalité, si on trouvait quelqu'un avec un miroir dans la poche, on pouvait l'accuser d'avoir fait des signaux aux avions.

Ils ont donc pris mon frère, mais pas seulement lui, ils ont aussi pris tous les Italiens, juifs et non-juifs, pour les emmener dans un grand immeuble dans le centre-ville. Ce n'était pas une prison, mais ils ne pouvaient pas en sortir. Le problème, c'est que c'est justement cette zone que les Italiens ont bombardée. Par chance, ils n'ont pas été tués. On les a alors transférés près d'Athènes et ils n'ont été libérés qu'à l'arrivée des Italiens. Mon cousin Dario Gabbai, qui était lui aussi parmi eux, avec son frère et son père, m'a raconté qu'un Juif assez riche

---

1. Voir la note historique sur la situation de la Grèce et de l'Italie durant la guerre pour plus de détails, p. 251.

avait payé pour que les Juifs italiens puissent rester dans un hôtel sous surveillance. Au moins, ils pouvaient manger mieux qu'à la maison.

Moi, pendant ce temps, je montais tous les jours sur le toit d'une maison occupée par des soldats de l'armée grecque. Je savais qu'un camion venait chaque jour à la même heure pour distribuer de la nourriture aux soldats. J'avais sympathisé avec eux et comme ils ne soupçonnaient pas que j'avais la nationalité italienne, ils me donnaient à manger à moi aussi. Je ne faisais rien, mais au moins, je pouvais manger. Les choses ont duré ainsi pendant trois mois : l'Italie avançait puis était repoussée par l'armée grecque, elle entrait et on la repoussait. Finalement, les Allemands sont entrés en Grèce par le Nord pour aider leur allié italien. Pour notre malheur. Salonique, la principale ville du nord de la Grèce, a été occupée immédiatement par les Allemands. Si, au lieu de bombarder les villes, les Italiens avaient bombardé les ponts et les endroits stratégiques, ils seraient entrés facilement, car la Grèce n'avait pas d'armée forte. Mais au lieu de cela, ce sont les Allemands qui ont envahi la Grèce sans rencontrer la moindre difficulté.

Le jour où les troupes allemandes sont entrées dans Salonique, nous étions dans un refuge situé sous de grands bâtiments, près du port et du hangar à marchandises. La maison se trouvait tout près de la gare et le quartier risquait d'être bombardé, alors nous nous sommes rapprochés de l'endroit où habitaient mes oncles. Moi, comme d'habitude, je cherchais toujours quelque chose à manger. J'ai vu que les gens revenaient du port chargés de provisions. Ils se servaient pour ne rien laisser aux Allemands. Alors j'y suis allé et j'ai pris un baril d'huile que j'ai fait rouler jusqu'à l'endroit où était réfugiée ma famille. En chemin, un restaurateur m'a abordé et m'a demandé si je le vendais. J'ai pensé que je pouvais bien le vendre et retourner aussi vite en prendre un autre. On a négocié et il m'a tout de suite donné une belle liasse de billets. Je lui ai laissé l'huile et je suis revenu au port, mais il n'y avait déjà plus rien. Je suis rentré voir ma mère et lui ai tout raconté. « Qu'as-tu fait ? s'est-elle exclamée. Avec cette huile, on aurait pu faire quelque chose, alors que l'argent ne vaut plus rien. » Je suis retourné avec elle chez le restaurateur. Elle l'a supplié et il a finalement accepté de me rendre la moitié de l'huile que je lui avais vendue.

Une autre fois, j'ai eu plus de chance. J'ai trouvé un four à galettes et j'ai réussi à en récupérer plusieurs, parce que je connaissais les bons chemins à l'intérieur de l'entrepôt. Tout le monde a voulu me les acheter, alors j'ai commencé à les vendre, puis je suis retourné à l'endroit où je les avais trouvées. Entre-temps, des gens avaient fermé l'accès, mais j'ai vu un petit trou par lequel j'ai pu me glisser. J'ai pris tout ce que je pouvais prendre et je suis ainsi rentré à la maison avec les galettes et l'argent.

Avec l'arrivée des Allemands, les choses n'ont fait qu'empirer et cela devenait sans cesse plus difficile de trouver à manger. En tant qu'Italiens, nous recevions plus d'aide que les autres Juifs. Les soldats italiens n'étaient pas nombreux, car la ville était occupée par les Allemands, mais j'ai tissé des liens d'amitié avec certains d'entre eux. Cela m'a permis de trouver plus facilement de quoi manger. Par ailleurs, le consulat italien a continué à nous aider en distribuant une fois par semaine des aliments en conserve, des pâtes et du parmesan. Nous étions six à la maison et ça faisait beaucoup de choses à ramener. Je prenais un chariot pour me rendre sur le lieu de distribution. Sur le chemin du retour, au lieu de passer par la route normale en bon état, je préférais prendre un raccourci, par un chemin moins praticable mais plus rapide. Une fois, un policier grec m'a arrêté et m'a dit :

– Toi là-bas ! Où as-tu pris toutes ces choses ?

– Je les ai reçues. Je suis italien ; j'y ai droit.

– Non, je ne te crois pas, suis-moi au poste de police.

– Pourquoi ? Je n'ai rien volé, ça me revient de droit ! S'il vous plaît, laissez-moi rentrer chez moi !

J'ai compris que la seule chose qu'il voulait était d'avoir une part du gâteau. Alors je lui ai dit de m'accompagner et qu'en échange, je lui donnerais du parmesan. Il a tout de suite accepté et m'a escorté jusque chez moi. Cette mésaventure m'a évité de tomber sur un autre policier qui m'aurait inévitablement demandé la même chose. Je l'ai retrouvé toutes les semaines, et le scénario s'est renouvelé à chaque fois. De toute manière, si j'avais dû faire le grand tour, je me serais fait arrêter par d'autres. Au moins, lui m'a protégé.

Mais comme ces aides ne suffisaient pas, j'ai commencé à trafiquer et à échanger des choses sur le marché noir. Généralement, je passais mes journées avec les autres, à attendre à la gare que les trains militaires passent. Les soldats italiens et allemands descendaient un moment à la gare de Salonique et nous achetaient ou nous vendaient ce qu'ils pouvaient, comme des cigarettes ou des médicaments contre la malaria qu'on allait revendre dans les campagnes contre des pommes de terre ou de la farine pour faire le pain. Il fallait prendre le train et aller loin pour trouver des choses à échanger. Pour ne pas payer le train, je m'accrochais à l'arrière du wagon, même quand il faisait froid. C'était dur, mais j'étais jeune et en bonne santé.

Une fois, alors qu'on attendait, adossés à un mur, un policier grec est arrivé et nous a tous embarqués au commissariat. Nous étions tous juifs. Il nous a fait entrer un par un dans son bureau pour nous interroger. Moi, j'étais le dernier et j'ai vite compris que le policier obligeait chacun à ouvrir la main pour le frapper jusqu'au sang avec une baguette en fer. Quand ça a été mon tour d'entrer dans le bureau, je lui ai dit :

– Moi, tu ne peux pas me toucher, je suis italien !

– Ça m'est complètement égal que tu sois italien, ouvre la main ! m'a-t-il ordonné.

Mais mon frère, qui n'était pas avec moi au moment de l'arrestation, avait appris que j'étais au commissariat, et il était allé prévenir un soldat italien que nous connaissions bien. Ce soldat est entré dans le bureau en furie, a attrapé le policier par le col en hurlant :

– Il est italien, gare à toi si tu touches un seul de ses cheveux !

Le fait d'être juif était donc moins important que celui d'avoir la nationalité italienne ?

Oui, nous avons été protégés tant que les Italiens étaient en Grèce. Or, j'avais beau être juif, à cette époque, j'étais encore et avant tout italien. Et cela me protégeait, même contre les Allemands. Car ils ont tout de suite commencé à persécuter les Juifs. Quand ils avaient besoin de monde pour travailler, ils bouclaient le quartier et attrapaient quiconque essayait de s'enfuir. Ensuite, ils faisaient le tri pour ne garder que les Juifs. Ils regroupaient sur la place Elefteria (place de la Liberté) une quarantaine d'hommes juifs qui avaient entre dix-huit et quarante-cinq ans. Pour les humilier, ils leur faisaient faire ce qu'ils appelaient ironiquement de la « gymnastique ». La population grecque assistait au spectacle et s'amusait de voir ainsi les Juifs obligés de faire ces mouvements ridicules. Souvent, après ces moments humiliants, les hommes étaient envoyés pour les travaux forcés dans des endroits infestés par la malaria. Ils travaillaient là-bas pendant un mois ou deux et revenaient amaigris et malades, plus morts que vivants.

Moi, il m'est arrivé de me trouver dans le quartier au moment de ce genre de rafles. C'était avant que le quartier Baron-Hirsch soit fermé. Je connaissais assez bien les ruelles pour pouvoir m'échapper. Même si j'étais italien et qu'en théorie j'étais protégé, il valait mieux ne pas tomber entre leurs mains.

Et puis, un jour, après la visite à Salonique d'un haut gradé de la SS, l'ordre a été donné de fermer le quartier Baron-Hirsch en posant des barbelés tout autour. La fermeture définitive du quartier est survenue vers la fin 1942, ou début 1943. Les premières déportations ont commencé trois mois plus tard [1].

Je me souviens d'ailleurs qu'un Allemand qui travaillait dans le bureau de la Gestapo a essayé d'avertir

1. Voir la note historique sur l'histoire de la Grèce et de l'Italie pour plus de précisions sur la déportation des Juifs de Grèce, p. 251.

les Juifs. Il avait sympathisé avec des responsables de la communauté et leur transmettait des informations. Cet Allemand a disparu du jour au lendemain. Je suppose qu'il a été dénoncé par des agents du contre-espionnage...

Quelle était la situation dans le ghetto ?

On n'employait pas le mot de ghetto, on disait juste « Baron-Hirsch ». Mais ça ressemblait à un ghetto, avec une porte de sortie qui donnait sur la gare et une porte d'entrée surveillée de l'autre côté du quartier. Le quartier est vite devenu un lieu de passage avant les déportations.

Ceux qui habitaient déjà là-bas ont été encerclés et enfermés. Moi, je l'ai dit, j'habitais juste en dehors du quartier, et j'étais encore protégé par ma nationalité italienne. Je ne portais pas l'étoile jaune qu'ils avaient imposée aux Juifs avant de boucler le quartier. Et sur le document du consulat où était écrit que j'étais citoyen italien, le fait que j'étais juif n'était pas mentionné. J'y figurais sous le prénom de « Salomone » et non « Shlomo ». J'ai ainsi pu rester du côté grec et aider mes amis qui se sont retrouvés enfermés dans le quartier. Ils n'avaient rien à manger, alors ils me donnaient rendez-vous dans un coin isolé et me jetaient de l'argent par-dessus la clôture, pour que j'aille acheter la nourriture dont ils avaient besoin. Mais je n'ai fait cela qu'avec les gens que je connaissais. Ça n'a duré qu'une semaine à peine, car ils ont très vite été déportés et remplacés par d'autres Juifs que je ne connaissais pas.

Je n'ai pas eu la chance de voir mes oncles ou mes

cousins avant leur déportation. Je n'ai même pas su quand ils étaient partis. Ma grand-mère paternelle a elle aussi été déportée, alors que, comme mon père, elle avait la nationalité italienne. Mais elle habitait à l'intérieur du quartier, et malgré tous nos efforts et les démarches de Maurice pour la faire sortir, il a été impossible de la sauver. Baron-Hirsch était devenu un camp de transit ; le temps de tout préparer pour la prochaine déportation, ils remplissaient à nouveau les trains. Mais la souffrance commençait déjà là-bas.

En dix jours, ceux qui habitaient le quartier Baron-Hirsch ont été déportés, puis ils ont élargi le cercle des rafles en arrêtant des Juifs d'autres quartiers pour les loger dans Baron-Hirsch, à la place des disparus. Les gens dormaient là-bas à peine une nuit ou deux, avant d'être déportés, le matin très tôt. J'ai lu sur les panneaux du musée d'Auschwitz que durant ces dix premiers jours, plus de dix mille personnes avaient été déportées vers Auschwitz [1].

La population grecque a-t-elle assisté à ces rafles ?

Non, car les déportations étaient organisées très tôt le matin. Il n'y avait encore personne dans les rues. L'horaire était choisi exprès, afin que tout se fasse sans trop de témoins, discrètement. Moi-même, je n'ai rien vu.

1. Entre mars 1943 et août 1944, vingt-deux convois ont été déportés de Grèce vers Auschwitz (plus de cinquante-cinq mille personnes), dont dix-neuf convois provenant de Salonique, deux d'Athènes et un de Rhodes. Un convoi de Juifs de Salonique est également arrivé dans le camp d'extermination de Treblinka, au printemps 1943.

Quand les Allemands ont eu fini de déporter tous les Juifs grecs, ils ont voulu s'occuper des familles juives italiennes. Le consul, Guelfo Zamboni, est intervenu une fois encore pour nous aider. Je sais qu'après la guerre, il a reçu la médaille de « Juste parmi les Nations » de Yad Vashem pour avoir sauvé beaucoup de Juifs, et pas uniquement italiens[1] ; il a également procuré de faux papiers à des Juifs grecs pour qu'ils soient protégés au même titre que les italiens. Cette fois-ci, il a fait venir les responsables des familles juives italiennes. Mon frère s'est rendu là-bas à la place de mon père. Le consul a annoncé que les Allemands avaient l'intention de nous déporter, mais que l'Italie n'allait pas les laisser faire. Il nous a donné le choix entre être transférés à Athènes, qui était encore sous administration italienne, ou bien être envoyés en Sicile par bateau. Comme, parmi les Juifs italiens qui se trouvaient là, certains avaient des affaires, des entreprises ou des usines en Grèce, ils ont préféré rester à proximité pour les surveiller. Ils ont donc décidé, au nom de tous, d'aller à Athènes. Malheureusement, ce choix a été celui de notre mort, à nous aussi.

Comment s'est organisé le transfert vers Athènes ?

C'était au mois de juillet. On a quitté la maison, emporté des matelas et tout ce que ma sœur avait préparé pour son mariage. Son fiancé n'étant pas italien, il avait été déporté dès 1943 avec toute sa famille.

1. Guelfo Zamboni a ainsi sauvé près de deux cent quatre-vingts personnes en leur fournissant des faux documents. Yad Vashem, en Israël, lui a remis en 1992 le titre et la médaille de « Juste parmi les Nations ».

Les Italiens avaient organisé pour nous un départ en train en direction d'Athènes, sous la protection des militaires italiens qui avaient l'ordre de ne pas laisser monter les Allemands à bord. Apparemment, ce transport était la cause de conflit entre les deux alliés, mais les Italiens jugeaient qu'il s'agissait d'une affaire italienne. Nous avons mis deux jours pour arriver, car les Allemands ont cherché de plusieurs manières à entraver notre route entre Salonique et Athènes. Ils ont utilisé divers stratagèmes, comme obliger le train à s'arrêter continuellement pour laisser passer d'autres convois prioritaires, ou nous laisser des heures entières sur des voies de garage. Déjà à cette époque, les Allemands ne s'entendaient plus très bien avec les Italiens. Ils prétendaient pouvoir tout contrôler, et notamment tout ce qui concernait les Juifs. Les soldats italiens ont donné une arme à mon frère pour qu'il puisse nous défendre en cas de problème. Sur le chemin, le train est passé dans les zones infestées par le paludisme où travaillaient les derniers Juifs réquisitionnés pour le travail forcé. Le conducteur du train, en accord avec les militaires italiens, a ralenti pour permettre à certains de s'agripper au train pour s'enfuir avec nous. Un jeune garçon est ainsi monté dans notre wagon et est resté à Athènes sous protection italienne.

Quand nous sommes finalement arrivés à Athènes, ils nous ont installés dans une école. Ceux qui avaient les moyens de louer un appartement l'ont fait. Nous sommes restés à une vingtaine de familles dans cette école. Le problème de la nourriture a vite réapparu. Puisqu'on ne travaillait pas, il fallait trouver un moyen pour ramener de quoi manger, car le consulat italien ne nous distribuait qu'un repas par jour et leur aide a inévitablement pris fin le 8 septembre 1943, avec la capitulation de l'Italie et la rupture de l'alliance avec l'Allemagne.

Comme il n'y avait pas de marché noir à Athènes, il fallait faire autrement. Les personnes âgées qui se trouvaient avec nous dans l'école ne pouvaient pas vendre eux-mêmes leurs affaires, alors ils me les confiaient pour que j'aille les vendre au marché aux puces. Ils avaient en général de très beaux habits traditionnels, cousus avec des fils d'or, qui se portaient les jours de fête. C'étaient des vêtements très coûteux, mais il fallait les vendre même pour deux sous. On avait tellement besoin de manger... Je prenais ce que ces personnes me donnaient, elles me disaient combien elles souhaitaient en tirer, nous nous mettions d'accord et si j'arrivais à vendre plus cher, je gardais la différence pour nourrir ma famille. J'ai très vite compris que le mieux, pour vendre ce genre de vêtements, était d'aller dans les maisons closes. L'argent leur sortait des oreilles, car les femmes ne manquaient pas de travail. Et elles ne regardaient pas à la dépense, pourvu que le vêtement leur plaise ; on leur disait vingt, elles payaient vingt sans discuter. Pour d'autres choses, en revanche, il fallait aller au marché. C'est là que j'ai vendu la plupart des objets que ma sœur avait préparés pour sa dot.

Comment les choses se sont-elles déroulées après le 8 septembre 1943 ?

Le bruit a immédiatement couru que l'Italie avait demandé l'armistice. À Athènes, d'après ce que je savais, il y avait plusieurs milliers de soldats italiens, dans les casernes et ailleurs. J'avais eu l'occasion de faire la connaissance de plusieurs d'entre eux. Mais les Allemands ont tout pris en charge et de nombreux soldats ont refusé de retourner dormir dans leur caserne, de peur d'être faits prisonniers par les Allemands. À l'époque, j'étais déjà en contact avec les résistants grecs et je connaissais plusieurs familles dans la ville. Alors j'ai essayé de placer des soldats dans des familles pour qu'ils n'aient pas à rentrer à la caserne. J'en ai aidé ainsi sept ou huit. J'ai appris par la suite que l'un d'entre eux avait même épousé la fille de la famille dans laquelle je l'avais aidé à se cacher. Entre-temps, j'ai voulu moi aussi mettre ma famille à l'abri. Puisque nous avions perdu la protection italienne, il ne faisait pas de doute que nous allions, tôt ou tard, être déportés à notre tour.

Les Allemands ont commencé par régler le problème des soldats italiens. Ils leur ont dit que s'ils voulaient continuer la guerre au côté des forces allemandes, ils devaient s'inscrire dans un bureau. Si, au contraire, ils souhaitaient rentrer chez eux, ils devaient se rendre dans un autre bureau. La majeure partie d'entre eux ont refusé de continuer la guerre au côté des Allemands et ils sont effectivement allés s'inscrire dans le bureau indiqué. Au bout de quelques jours, ils ont été informés que pour rentrer chez eux, ils devaient se rendre tel jour à tel endroit. C'était un piège, car ils ont été chargés dans des wagons, presque comme ceux qui servaient à la déportation des Juifs. J'ai su par la suite qu'ils avaient été envoyés dans les usines en Allemagne, pour les travaux forcés.

Comment avez-vous fait, dans ce contexte, pour entrer en contact avec la Résistance ?

Dans le quartier, mon frère et moi avons fini par connaître et fréquenter beaucoup de monde. Quand nous nous sommes rendu compte que les choses n'allaient pas s'arranger pour nous et qu'on serait certainement bientôt déportés, nous avons pensé à rejoindre la Résistance. Nous voulions mettre notre mère et nos sœurs à l'abri en les envoyant dans les montagnes. Le problème, c'est que les résistants grecs savaient que nous étions italiens et ils ne nous faisaient pas beaucoup confiance. Ils nous ont dit qu'ils n'avaient plus besoin de personne dans le maquis et que, pour être utile, il fallait rester en ville afin d'aider à organiser les sabotages et transmettre les informations clandestinement.

Nous nous sommes donc mis à faire des petites actions de sabotage. Ça se passait généralement le soir, car durant la journée, on ne pouvait rien faire, il y avait trop de dénonciateurs, d'espions, de militaires grecs collaborant avec les Allemands. Donc on y allait la nuit, par petits groupes. On se répartissait en fonction des quartiers. On glissait sous les portes des tracts disant qu'on allait repasser le lendemain et demandant aux gens de nous donner quelque chose pour nous aider. Dans l'ensemble, les gens nous ont aidés, même si c'était dangereux pour eux aussi. C'est comme ça que nous sommes devenus *Andartis*[1].

1. Résistant en grec. Le mouvement grec de Résistance s'appelait l'EAM (Front national de libération).

Finalement, les résistants ont trouvé un endroit dans les montagnes pour cacher ma mère et mes sœurs. Mon frère et moi devions rester dans une famille en ville. Mais la femme qui devait nous cacher a été dénoncée avant notre arrivée. Ma mère est restée un moment cachée avec mes sœurs dans le village, mais comme elle ne parlait pas grec, elle a préféré retourner à l'école pour rester près de nous.

Les Allemands n'ont-ils pas cherché à regrouper les Juifs immédiatement après leur entrée à Athènes ?

Non, les premiers mois, nous n'avons rien senti de particulier. On entendait parler des défaites militaires de l'Allemagne et les gens étaient convaincus qu'ils ne prendraient pas la peine, dans cette situation où ils avaient d'autres urgences, de déporter les Juifs d'Athènes. En janvier ou février 1944, ils ont imposé à tous les hommes juifs de venir signer un registre tous les vendredis, dans un bureau de la synagogue. J'y allais avec mon frère, une petite valise à la main, prêts à fuir à la moindre alerte. Mais un vendredi, c'était vers la fin du mois de mars 1944, nous avons fait l'erreur d'y aller tôt le matin. Ce jour-là, au lieu de nous laisser ressortir, ils nous ont fait entrer dans la grande salle de la synagogue et les responsables de la synagogue nous ont demandé de rester là, avec les autres personnes venues signer. Nous devions, en principe, attendre un officier allemand qui allait arriver. En réalité, c'était un prétexte inventé par les Allemands pour nous faire entrer sans histoires. Au fur et à mesure que les gens venaient signer, ils étaient envoyés dans la synagogue. Vers midi, voyant que les gens continuaient d'arriver, on a compris qu'on était pris au piège. Les fenêtres étaient très hautes et pour voir ce qui se passait dehors, je suis monté sur les épaules d'autres garçons. Dehors, j'ai vu plusieurs camions SS et des soldats allemands munis de mitraillettes et accompagnés de chiens. J'ai prévenu tout le monde que nous étions encerclés et que si on ne trouvait pas un moyen de sortir de là au plus vite, ils allaient nous emmener. La plupart des gens qui se trouvaient là étaient des Juifs d'Athènes et des environs. Contrairement à nous, Juifs de Salonique, ils n'avaient pas assisté aux déportations et ne savaient pas de quoi les Allemands étaient capables. Ils ont donc préféré ne rien faire, certains qu'on serait tués si on tentait de sortir avant l'arrivée de l'officier. Vers quatorze heures, l'officier n'était toujours pas arrivé. En revanche, dehors, tout était déjà prêt. Ils nous ont ordonné de sortir. Nous nous sommes retrouvés face aux camions et aux soldats armés qui nous encerclaient. Ils nous ont hurlé : « *Los ! Los !* » et nous avons dû monter dans les camions. Je ne me souviens pas s'il y avait des gens autour qui aient assisté à la scène, mais il y en eut certainement quelques-uns, bien qu'ils n'aient pas pu trop s'approcher.

Les camions nous ont conduits à la grande prison de Haïdari. On devait être près de cent cinquante personnes. Il n'y avait pas de place pour nous dans le bâtiment principal. Ils nous ont parqués dans le local à douches qui se trouvait dans la cour de la prison. Il n'y avait rien, pas de lits, pas de paillasses, seulement du ciment par terre et les douches au-dessus de nos têtes. Serrés, les uns sur les autres, on avait à peine assez d'espace pour s'allonger. C'était très pénible et difficile.

Dans la cour, on entendait régulièrement des coups de feu – des exécutions sommaires de prisonniers politiques. Le local se trouvait près des barbelés et nous étions gardés par des soldats qui portaient un uniforme que je ne connaissais pas, mais qui ressemblait à l'uniforme italien. Moi, stupide comme j'étais, je me suis adressé à l'un des soldats qui montait la garde et je lui ai dit : « Je suis italien ! Vous pensez que je pourrais m'enfuir ? » Bien sûr, il a tout de suite pointé son fusil sur moi, alors je me suis reculé et lui ai dit en levant les mains : « Laissez tomber, je n'ai rien dit ! » C'était un fasciste grec des milices qui collaboraient avec les Allemands. Dans un sens, il m'a sauvé la vie, car s'il m'avait dit que je pouvais m'enfuir, j'aurais été tué à coup sûr, puisqu'il y avait des soldats allemands dans tous les coins, postés sur des miradors tous les vingt mètres.

Pensiez-vous vraiment pouvoir vous évader ?

Oui, tout le temps, car je savais comment ça s'était passé à Salonique. Si, dans la synagogue, ils nous avaient écoutés quand nous avons voulu leur expliquer ce que les Allemands avaient fait à Salonique, les travaux forcés, le ghetto et les déportations, peut-être qu'on aurait pu forcer la sortie, au lieu d'attendre qu'il ne soit trop tard. On aurait pu, on aurait dû essayer de s'enfuir. Certains auraient sûrement été tués, mais de toute façon, c'est vers leur mort qu'ils allaient. Les gens gardaient l'espoir qu'en faisant ce qu'on leur disait, ils seraient épargnés. C'était l'inverse.

Qui se trouvait avec vous ?

Mon frère et mes cousins, Dario et Yakob Gabbai. Yakob était marié, il avait douze ans de plus que son frère Dario qui devait avoir lui-même vingt et un ou vingt-deux ans.

En plus de la petite valise, j'avais sur moi cinq pièces en or que ma mère m'avait confiées. Elle en avait donné également cinq à mon frère, mais Maurice avait immédiatement dépensé cet argent. Ma mère avait pris ces dix pièces parmi les bijoux que ses frères et ses parents lui avaient confiés avant d'être déportés. Elle avait toujours refusé catégoriquement de prendre quoi que ce soit dans cette enveloppe, car elle était persuadée que ses frères reviendraient et auraient besoin de cet argent pour refaire leur vie. D'autres auraient pu utiliser cet argent pour s'enfuir, mais ma mère était trop honnête et nous répétait sans cesse : « Gare à celui qui touche à cet argent ! » Voyant que la situation devenait grave, elle s'était résignée à prendre quelques pièces d'or pour nous les donner, au cas où notre vie aurait été en danger. Mais j'ai bien failli perdre à Haïdari les cinq pièces que j'avais gardées précieusement…

En effet, le lendemain de notre arrivée dans la prison, des Allemands sont arrivés et, à force de cris et de coups, ils nous ont fait sortir dans la cour pour nous mettre en rangs cinq par cinq. Après avoir récupéré ce qui les intéressait dans la salle vide, ils se sont installés et nous ont fait entrer par cinq en nous ordonnant de nous déshabiller entièrement pour qu'ils nous fouillent, et donc volent tout ce qu'ils pouvaient. Ceux qui ne donnaient pas immédiatement les objets de valeur qu'ils avaient sur eux étaient durement frappés.

Moi, j'avais l'habitude de me placer toujours parmi les derniers dans ces situations, pour avoir le temps de voir ce qui se passait. Tout d'un coup, alors que la moitié des gens étaient passés, j'ai entendu des hurlements provenant de l'intérieur. Les Allemands étaient en train de tabasser un jeune garçon sur qui ils avaient trouvé une pièce d'or cachée dans sa chaussure.

Moi, en plus des cinq pièces d'or, j'avais aussi une montre Doxa que j'avais achetée d'occasion à un Allemand, en échange de cigarettes. Sous la marque, il y avait une inscription : « Shimshi ». C'était le nom d'un Juif de Salonique à qui l'Allemand avait volé la montre. Pour moi, c'était ma première montre et je ne voulais pas la laisser aux mains des Allemands. Alors, je l'ai posée par terre et je l'ai écrasée, pour avoir au moins la satisfaction de ne pas la leur donner.

Quant aux pièces d'or, j'ai décidé d'en donner une à mon frère, une à Dario et une à Yakob, et d'en garder deux pour moi. J'ai mis une première pièce dans ma bouche et l'ai avalée. Ils ont fait la même chose. Sauf que pour moi, la deuxième pièce n'est pas passée et j'ai bien failli m'étouffer. Je n'avais ni pain ni eau, mais il était hors de question que je meure comme ça, ici, étouffé. Alors j'ai fait de la salive, autant que j'ai pu, et finalement la pièce est passée. Devant nous, des imbéciles ont fait courir le bruit que les Allemands avaient un appareil à rayons X. Mon frère a été pris de panique. Moi, je me suis dit que de toute façon c'était trop tard et qu'on ne pouvait plus rien faire pour que les pièces ressortent immédiatement. Alors, « advienne que pourra », me suis-je dit.

Quand ça a été notre tour d'entrer, les Allemands nous ont à peine fouillés. Probablement qu'ils avaient récupéré suffisamment de choses et qu'ils étaient pressés d'en finir. Quand on est revenus dans la salle de douches, notre petite valise avait disparu, mais on avait pu garder le principal. Le lendemain, chacun de nous est allé aux toilettes pour faire ce que j'ai appelé « l'œuf en or ». Mon cousin Dario y est allé le premier ; rien. Son frère Yakob ; rien. Mon frère a dit qu'il ne voulait pas regarder. Le deuxième jour, Dario a « fait l'œuf en or », mon cousin Yakob et moi aussi. Mon frère ; toujours rien. Il est venu nous voir quatre jours après pour nous dire qu'enfin lui aussi avait pondu « l'œuf en or ».

Combien de temps êtes-vous restés dans cette prison de Haïdari ?

Sept ou huit jours. Au début, j'étais furieux de m'être laissé prendre sans avoir tenté de m'enfuir. Puis, au fur et à mesure, il a fallu s'en remettre. Avec mon frère et mes cousins, on repensait à ce qu'on aurait pu faire, ce qu'on aurait dû faire.

Il y avait parmi nous beaucoup de gens qui venaient d'autres régions de la Grèce, de petits villages qui ne comptaient pas plus d'une dizaine de Juifs. Ils avaient été pris et envoyés à Athènes, comme plus tard certains Juifs de Corfou et de Rhodes. En effet, une fois que Salonique a été vidée, tous les Juifs arrêtés devaient passer par Athènes. C'était devenu le lieu de transit.

Vous rappelez-vous quel jour vous avez été déporté ?

C'était fin mars ou même le 1er avril. On a été emprisonnés le jour de la fête nationale grecque, le 25 mars, et nous sommes restés une semaine en prison. Je sais que le train est arrivé à Auschwitz le 11 avril, et il me semble que le voyage a duré onze jours, ça devait donc être le 1er avril [1].

Ce jour-là, les Allemands nous ont fait sortir dans la cour. Elle était remplie de monde. Ils nous ont dit de chercher à retrouver des personnes de notre famille et de rester groupés avec nos proches, afin qu'en arrivant à destination, ils puissent nous attribuer une maison en fonction de la taille de la famille. En cherchant un peu, j'ai pu retrouver ma mère et mes trois sœurs. Mes cousins ont également retrouvé leurs parents, leur jeune frère Samy et la femme de Yakob. Le fait d'être ensemble nous rassurait. On essayait de se convaincre que les Allemands disaient la vérité et qu'on recevrait cette maison. Il faudrait certainement travailler dur, mais au moins on pourrait rester ensemble. C'était le principal.

Ma mère m'a alors raconté que le jour où nous avons été enfermés, mon frère et moi, les Allemands ont encerclé l'école et pris tous ceux qui se trouvaient à l'intérieur. Ma petite sœur Marica avait été confiée à une dame non juive qui habitait près de l'école ; elle faisait le ménage en échange de nourriture et d'un toit. Mais quand elle

1. Shlomo Venezia été déporté dans le premier convoi au départ d'Athènes, arrivé à Auschwitz-Birkenau le 11 avril 1944, avec deux mille cinq cents Juifs.

a su que les Allemands allaient déporter sa famille, elle a couru rejoindre ma mère. Je me suis souvent dit que si elle n'avait pas su ce qui était en train de se passer, elle serait certainement restée avec cette famille et aurait pu être sauvée. Mais les choses ne se sont pas déroulées ainsi et, malheureusement, elle aussi a été déportée.

Les Allemands ont été malins de nous regrouper avec nos familles. Quand on est seul, l'idée de s'évader est plus tentante. Mais comment accepter d'abandonner ses parents ou ses enfants... ? Pourtant, quelques-uns ont réussi à s'enfuir, presque par hasard. Sur le chemin entre la prison et la gare de marchandises, les camions qui nous transportaient se suivaient à la file. Un garde allemand était assis près du conducteur et surveillait les passagers du camion qui le précédait. Un de ces camions est tombé en panne, et donc, de fait, celui qui le précédait est resté sans personne pour surveiller l'arrière. Cinq ou six jeunes garçons ont sauté et se sont évadés, mais les Allemands ont vite repris la situation en main.

Nous sommes finalement arrivés sur le quai d'embarquement où nous attendaient des wagons à bestiaux. Ils nous ont poussés brutalement à l'intérieur des wagons. Dedans, il n'y avait rien, juste les planches au sol, un grand bidon vide au milieu, un autre plus petit avec de l'eau. Dans un angle, j'ai vu trois caisses de raisins secs et de carottes. L'espace était très limité et dès que tout le monde est entré dans le wagon, on a vu qu'il serait impossible de s'allonger et qu'il faudrait, au mieux, rester assis tout le voyage. Moi, je me suis placé immédiatement dans un angle, près de la fenêtre.

Les ouvriers commençaient à arriver pour travailler, c'est pourquoi les Allemands ont voulu se dépêcher pour ne pas trop attirer l'attention. En regardant par la fenêtre, j'ai vu un officier SS en train de s'énerver contre des personnes qui semblaient être de la Croix-Rouge. J'ai pensé qu'ils étaient là parce qu'ils voulaient nous libérer. En réalité, ils voulaient simplement nous distribuer des vivres pour le voyage. À mon avis, ils connaissaient notre destination finale, car ils ne se seraient pas dérangés pour un petit trajet, même dans ces conditions. Finalement, ils se sont mis d'accord et l'officier SS a accepté que les camions de la Croix-Rouge suivent le train jusqu'à ce qu'il s'arrête en dehors de la ville. De la fenêtre, je pouvais voir les camions nous suivre à distance. Le train s'est arrêté en rase campagne, pour que les employés de la Croix-Rouge puissent nous distribuer des paquets avec des vivres et des couvertures.

Comment étaient les fenêtres du wagon ? Y avait-il des barbelés ?

Il y avait quatre petites fenêtres. Dans mon wagon, les fenêtres n'avaient pas de barbelés, mais j'ai vu que d'autres en avaient. Il s'agissait certainement du premier convoi partant d'Athènes et tous les wagons n'étaient pas encore « adaptés ». Arrivés à Vienne, des barbelés ont finalement été posés aussi sur notre wagon. On s'est sentis encore plus oppressés, étouffés, humiliés. Jusque-là, j'avais la tête dehors pendant presque tout le voyage pour avoir de l'air frais et voir ce qui se passait. C'est aussi ce qui m'a permis, au début, de récupérer un plus grand nombre de paquets. Les gens de la Croix-Rouge cherchaient à en donner un maximum, et l'important était de pouvoir les attraper. Moi, je prenais les paquets et les couvertures, et je les jetais par-derrière à mon frère et à mon cousin qui faisaient de la place dans le wagon. Au bout de quelques minutes, l'officier a hurlé : « *Fertig !* » « Fini ! » et ordonné aux agents de la Croix-Rouge de s'en aller. Dès qu'ils se sont éloignés, les soldats ont fait le tour des wagons pour savoir combien de paquets chacun avait reçus. J'ai pu voir l'Allemand demander à quelqu'un, dans le wagon devant nous, combien il en avait. Le jeune homme a répondu qu'il en avait reçu huit, alors l'Allemand lui a ordonné d'en rendre quatre. De toute façon, ils ne seraient pas entrés pour vérifier dans les wagons, ça aurait pris trop de temps, il fallait juste rester crédible. Alors, quand l'Allemand s'est arrêté devant moi et m'a demandé combien j'en avais, j'ai répondu moi aussi que j'en avais huit. Comme prévu, il m'a ordonné d'en jeter quatre. En réalité, j'avais attrapé trente-huit paquets et de nombreuses couvertures. Dans chaque paquet, il y avait des galettes de blé, du lait en poudre, du chocolat, des cigarettes et d'autres choses utiles pour tenir durant tout le voyage. On a bien sûr partagé avec les autres personnes qui se trouvaient dans le wagon. Au moins, on a eu assez à manger pour survivre pendant les onze jours qu'a duré le voyage en train.

Combien étiez-vous dans le wagon ?

On devait être entre soixante-dix et quatre-vingts personnes. Parmi les personnes déportées dans le wagon, j'en connaissais certaines qui avaient été évacuées de Salonique en même temps que ma famille.

D'Athènes, le train devait passer par Salonique, qui était un carrefour ferroviaire important dans le Nord. Le train s'est arrêté à proximité de la gare pour le ravitaillement en charbon. Je me suis approché de la lucarne pour voir si, par hasard, je ne voyais personne de connu. Les soldats allemands étaient postés tous les dix mètres le long du train. Le hasard a voulu que le cheminot qui vérifiait les rails soit un garçon que je connaissais. Il s'appelait Gyorgos Kaloudis, il avait cinq ou six ans de plus que moi et avait été mon voisin quand nous étions enfants. Son père était un communiste notoire qui travaillait dans les chemins de fer. Il avait été arrêté par les Allemands dès qu'ils étaient entrés dans Salonique. Gyorgos avait remplacé son père dans les chemins de fer. Son travail consistait à s'assurer que les freins ne bloquaient pas les roues et à les réajuster avec un long marteau. Quand il m'a vu, il a paru très surpris et s'est approché discrètement, en faisant semblant de travailler sur mon wagon. Sans se faire remarquer par les Allemands, il m'a dit en grec : « Comment ça ? Toi aussi tu es ici ! Essaie à tout prix de t'enfuir, parce que là où ils vous emmènent, ils tuent tout le monde ! » Il m'a également dit que nous allions en Pologne. Je n'ai pas pu lui poser d'autres questions, car les Allemands nous surveillaient.

Quand le train est reparti, j'ai tout de suite raconté à mon frère et à mes cousins ce que Gyorgos venait de me dire. On avait mis deux jours pour aller d'Athènes à Salonique et il fallait compter encore deux jours avant de quitter le territoire grec. Jusque-là, on avait bêtement cru que les résistants grecs allaient attaquer le train en rase campagne pour nous libérer et empêcher les déportations. Ils nous avaient promis de le faire, à l'époque où nous étions avec eux. Mais le commentaire de Gyorgos m'a fait comprendre que ça ne servait à rien d'attendre et qu'il fallait tenter de fuir par nous-mêmes. Mais cela signifiait laisser derrière notre famille... Tant qu'on se trouvait en territoire grec, l'évasion était moins risquée, car on n'aurait pas eu trop de difficultés à trouver refuge parmi les paysans. Ils nous auraient aidés comme résistants, sans savoir que nous étions juifs. Une fois en territoire yougoslave, les choses allaient devenir plus difficiles. Alors on a décidé de tenter de s'évader le soir même.

On était assez minces pour passer par la fenêtre et nous laisser glisser le long du train en marche. C'était très risqué, car les Allemands montaient la garde dans des tourelles construites au-dessus de certains wagons. J'avais noté qu'un wagon sur trois était occupé par des SS. Mais nous étions déterminés. Mon frère devait sauter en premier, puis moi. Nous aurions avancé pour rejoindre mes cousins qui devaient sauter après nous. Mon frère n'a pas eu le temps de mettre une jambe dehors. Déjà, tous les gens dans le wagon s'étaient réveillés et ont commencé à crier, à pleurer. Ils étaient sûrs que nous allions mourir et qu'eux-mêmes seraient tués pour nous avoir laissés nous enfuir. Le père de Dario, Milton, répétait sans cesse : « Ils savent combien nous sommes, quand le train arrivera à destination et qu'ils verront que vous manquez, ils nous tueront tous. » En fait, ça n'a rien changé : ils sont tous morts. Mais qui aurait pu le savoir ? En les voyant pleurer, en voyant ma mère et mes sœurs terrorisées et affolées, on s'est convaincus que ce n'était pas juste de les laisser seuls et de chercher à nous sauver. S'ils ne s'en étaient pas rendu compte, on aurait peut-être réussi à s'évader et à se sauver. D'ailleurs, on a réessayé une fois encore, le lendemain. Mais Milton ne dormait pas et nous surveillait pour éviter que nous tentions de fuir. Nous avons été à nouveau retenus. Finalement, on a quitté le territoire grec. On a traversé la Yougoslavie, puis l'Autriche. À Vienne, avec les barbelés, on a définitivement perdu tout espoir de liberté.

Avez-vous pu parler avec votre mère durant le trajet ?

Non, je ne pouvais même pas m'approcher d'elle, car nous n'avions pas la place de bouger. Pour préserver un peu d'intimité, on avait étendu une couverture pour séparer les hommes des femmes. Une deuxième couverture a été utilisée pour isoler le bidon qui servait à faire ses besoins. On pouvait à peine se déplacer. De toute façon, on ne parlait pas beaucoup. Tout le monde était plongé dans ses pensées et accablé par son malheur. Il n'y avait rien à échanger avec les autres, car nous étions tous dans la même situation. On était là, détruits, et c'est tout. L'idée de la fuite, d'avoir manqué cette chance peut-être unique... Tout le monde sentait qu'il n'allait rien nous arriver de bon. Mais je pense que c'est normal de vouloir garder un peu d'espoir. C'est pour ça que je n'ai dit qu'à mes proches ce que j'avais entendu de la bouche de mon ami d'enfance.

Au fond de vous, croyiez-vous plutôt Gyorgos, ou les Allemands qui disaient qu'ils vous envoyaient à l'Est pour travailler ?

Les deux. D'un côté, je voulais me convaincre que Gyorgos ne faisait que colporter des rumeurs et qu'il était absurde que les Allemands fassent tout cela juste pour nous tuer à l'arrivée. Personne ne pouvait y croire, mais l'histoire a montré qu'il avait raison. À cette époque, les Allemands avaient déjà entrepris la construction de la rampe qui devait mener les trains jusqu'à l'intérieur du camp. On était en avril 1944, et ils ne se souciaient plus tellement du fait que les cheminots non allemands puissent voir l'intérieur du camp. Je suppose que c'est comme ça que Gyorgos a entendu parler de ce qui se passait à Auschwitz.

Le train a-t-il fait d'autres arrêts ?

Oui, il s'était déjà arrêté alors qu'on était encore en territoire grec, pour qu'on puisse vider le bidon dans lequel on faisait nos besoins. Au bout de deux jours, en effet, le bidon débordait déjà, mais nous avons dû attendre cet arrêt pour qu'ils nous autorisent à le vider. Et ce fut la seule fois, d'ailleurs. Les soldats se sont placés à une quinzaine de mètres pour s'assurer que personne ne tenterait de s'enfuir. Quand les portes du wagon se sont ouvertes, je suis descendu avec trois autres garçons en portant le bidon, plein d'excréments. On a voulu le vider devant le train, mais le soldat nous a dit d'aller un peu plus loin. Sortir de ce wagon dans lequel on était enfermés depuis plusieurs jours, respirer l'air frais et voir la lumière du jour dans ce grand espace nous a fait un drôle d'effet. C'était d'autant plus dur de rentrer à nouveau dans le wagon. La porte du wagon est restée ouverte un quart d'heure, mais ce n'était absolument pas suffisant pour rafraîchir l'air. Il fallait retourner dans cette puanteur, ce mélange si pesant de détritus, d'excréments et de sueur humaine.

Puis le train a traversé la Yougoslavie et l'Autriche. À un moment où le train s'est à nouveau arrêté pour le ravitaillement en charbon, j'ai vu passer un homme en uniforme qui ne portait pas d'arme. Je ne savais pas s'il s'agissait d'un militaire autrichien ou d'un cheminot. Il m'a fait un signe et m'a dit : « *Komm raus !* » « Sors ! » Je me suis méfié, je ne savais pas s'il voulait m'aider ou me dénoncer. Il aurait eu une médaille pour m'avoir arrêté alors que je tentais de m'enfuir. Je n'ai rien fait et le train a continué sa route.

Vous souvenez-vous d'avoir aperçu d'autres personnes en dehors du train, en passant dans les villages ?

Oui, de temps en temps. À Brno, le train s'est arrêté à nouveau. Je me souviens de l'endroit, car j'avais trouvé le nom de cette ville très étonnant. On suppliait les Allemands pour qu'ils nous donnent un peu d'eau. Au lieu de ça, un ivrogne s'est arrêté devant mon wagon et nous a fait des signes très explicites de la main, pour nous dire qu'on allait tous être tués, pendus. Il était complètement saoul, mais le voir nous faire ces gestes m'a mis tellement en colère que je lui ai craché à la figure dès qu'il s'est approché de mon wagon. Un soldat allemand a fini par le chasser brutalement. En y repensant bien, je ne sais pas s'il se réjouissait ou s'il pensait simplement nous avertir... De Brno, on a mis encore deux jours avant d'arriver sur la *Judenrampe*[1] d'Auschwitz.

Y a-t-il eu des morts dans votre wagon ?

Non, dans mon wagon, personne n'est mort. Mais ce n'était certainement pas le cas dans tous les wagons, car dans le système allemand, si les gens pouvaient mourir en chemin, ça les arrangeait car ils arrivaient déjà morts. Voyager dans ces conditions pendant onze jours... Dans mon wagon, on a eu assez à manger les premiers jours grâce aux paquets de la Croix-Rouge, mais les réserves touchaient à leur fin et personne ne savait quand on allait arriver. Les gens commençaient à s'inquiéter sérieusement et à s'agiter. Nous, les plus jeunes, on essayait de les calmer pour éviter qu'un mouvement de panique général ne rende encore plus difficiles les derniers jours en train.

1. Première rampe d'arrivée et de sélection pour les convois de Juifs déportés entre mars 1942 et mai 1944, avant la construction de la grande rampe allant jusqu'à l'intérieur du camp. La *Judenrampe* se trouve sur la route entre le camp d'Auschwitz I et Birkenau. Voir la note historique pour plus d'informations, p. 217.

CHAPITRE II

Le premier mois à Auschwitz-Birkenau

Le train n'avait jamais sifflé en s'arrêtant durant le trajet. Donc, quand j'ai entendu ce sifflement si particulier et senti le train freiner brusquement, j'ai immédiatement compris que le convoi était enfin arrivé à destination. Les portes se sont ouvertes sur la *Judenrampe*, juste en face des entrepôts de pommes de terre. Mon premier sentiment a été le soulagement. Je ne savais pas combien de temps il aurait encore été possible de survivre dans ce train, sans plus rien à manger, sans espace, sans air ni commodités.

Dès que le train s'est arrêté, des SS ont ouvert les portes du wagon et se sont mis à hurler : « *Alle runter ! Alle runter !* » « Tout le monde descend ! » Nous avons vu des hommes en uniforme pointant leurs mitraillettes et des bergers allemands aboyant sur nous. Tout le monde était assommé, engourdi par le voyage, et soudain des hurlements féroces, un boucan infernal pour nous déstabiliser, nous empêcher de comprendre ce qui se passait. Je me trouvais près de la porte, alors j'ai été parmi les premiers à sortir. J'ai voulu attendre près de la portière pour aider ma mère à descendre. Il fallait sauter, car le wagon était haut et le terrain en pente. Elle n'était pas si âgée, mais je savais que le voyage l'avait durement éprouvée et je voulais la soutenir. Alors que je l'attendais, un Allemand est arrivé par-derrière et m'a donné deux gros coups de bâton sur la nuque. J'ai eu l'impression qu'il m'avait ouvert le crâne, tant les coups étaient violents. J'ai mis mes deux mains sur ma tête pour me protéger instinctivement. En le voyant s'apprêter à me frapper encore, je me suis précipité pour rejoindre les autres dans la file. Ils frappaient les gens dès leur arrivée ; pour se défouler, par cruauté et aussi pour qu'on perde nos repères et qu'on obéisse par peur, sans faire d'histoires. C'est ce que j'ai fait, et quand je me suis retourné pour essayer d'apercevoir ma mère, elle n'était plus là. Je ne l'ai plus jamais revue. Ni elle ni mes deux petites sœurs, Marta et Marica…

Comment s'est passée la sélection ?

Dès la descente du train, les Allemands, avec leurs fouets et à force de coups, ont formé deux files, envoyant les femmes avec les enfants d'un côté, et tous les hommes sans distinction de l'autre. Avec un geste de la main, ils nous indiquaient : « *Männer hier und Frauen hier !* » « Les hommes par ici et les femmes là-bas ! » On avançait comme des automates, répondant aux cris et aux ordres.

À quelle distance vous trouviez-vous des femmes, vous pouviez encore les voir ?

Au début, oui, mais très vite la foule est devenue si dense, et en même temps si structurée, que je me suis retrouvé, en très peu de temps, entouré uniquement d'hommes. De tous les hommes qui se trouvaient dans ce train, nous ne sommes restés que trois cent vingt après la sélection [1].

Tout s'est passé relativement vite. Comme je l'ai dit, on n'avait pas le temps de penser. Dans ces situations, on se sent déboussolé, hors du monde. Les Allemands nous encerclaient avec des mitraillettes et des chiens. Personne ne pouvait sortir du rang. J'ai entendu dire que certains avaient reçu la bénédiction de leur père ou de leur mère. J'en suis heureux pour eux. Malheureusement, tout le monde n'a pas eu cette chance.

Et vous, avez-vous réussi à rester au moins avec vos cousins ?

Oui, nous sommes restés ensemble. Leur père et les autres, je ne les ai plus revus.

Ils nous ont mis tout de suite en file, devant un officier allemand. Un autre officier est arrivé peu après. Je ne sais pas s'il s'agissait du fameux Dr Mengele, c'est possible, mais je n'en suis pas sûr. L'officier nous regardait à peine et faisait un geste avec son pouce indiquant « *Links, rechts !* » « Gauche, droite ! » et selon la direction qu'il nous indiquait, on devait aller d'un côté ou de l'autre.

---

1. Les archives du musée d'Auschwitz-Birkenau indiquent qu'après la sélection, sur les deux mille cinq cents Juifs déportés en même temps que Shlomo, trois cent vingt hommes sont entrés dans le camp avec les numéros d'immatriculation allant de 182440 à 182759, et trois cent vingt-huit femmes, enregistrées avec les numéros allant de 76856 à 77183. Tous les autres ont été immédiatement envoyés à la mort dans les chambres à gaz.

Avez-vous noté une différence entre les personnes qui allaient à droite et celles qui allaient à gauche ?

Non, je n'ai rien remarqué : il y avait des jeunes et des vieux des deux côtés. La seule chose significative était le déséquilibre évident entre le nombre de personnes des deux côtés. Je me suis retrouvé du côté où il y avait le moins de monde. Au final, nous n'étions que trois cent vingt hommes. Tous les autres sont partis, sans le savoir, du côté de la mort immédiate dans les chambres à gaz de Birkenau. Mon frère et mes cousins se sont aussi retrouvés du bon côté avec moi. Notre groupe a été envoyé à pied jusqu'à Auschwitz I.

Selon vous, combien de temps a duré tout le processus, depuis l'arrivée jusqu'à la fin de la sélection ?

Je pense que ça a duré environ deux heures. Pourquoi ? Parce qu'il faisait encore jour quand nous sommes arrivés sur la *Judenrampe*, et que les prisonniers ne travaillaient déjà plus quand mon groupe est arrivé à Auschwitz. On a parcouru à pied les trois kilomètres qui séparent la *Judenrampe* du camp d'Auschwitz I, alors que les autres sont partis, sans s'en douter, en direction des chambres à gaz de Birkenau.

Je me souviens qu'avant de passer sous la porte principale d'Auschwitz I, avec l'inscription « *Arbeit macht frei* » « Le travail rend libre », j'ai remarqué un panneau posé près des barbelés sur lequel était écrit : « *Vorsicht Hochspannung Lebensgefahr* », c'est-à-dire : « Attention au courant, danger de mort ».

Une fois dedans, tout de suite à gauche se trouvait le block 24 qui, comme on l'a su après, servait de bordel aux soldats et à quelques privilégiés non juifs. On voyait aux fenêtres de belles femmes en train de rire. D'après ce qu'on m'a dit, elles n'étaient pas juives. J'ai pensé naïvement que s'il y avait un bordel, c'est qu'il s'agissait effectivement d'un endroit où des gens travaillaient.

Étiez-vous encerclés et gardés par des SS quand vous êtes entrés ?

Oui, en tout il devait y avoir une dizaine de soldats ; un tous les dix mètres le long de notre colonne. Ils nous ont accompagnés jusqu'à l'entrée, mais une fois dedans, ils nous ont confiés aux SS qui se trouvaient déjà à l'intérieur du camp. En entrants, on a vu, de loin, des prisonniers qui essayaient de s'approcher de nous pour savoir d'où nous venions et si par hasard nous n'avions pas des nouvelles de leurs familles. Tout d'un coup, j'ai entendu une voix appeler : « Shlomo, Shlomo ! » En regardant dans la direction des prisonniers, j'ai aperçu le fiancé de ma sœur Rachel, Aaron Mano, qui essayait d'attirer mon attention. Il voulait savoir si Rachel aussi avait été arrêtée. Je lui ai répondu que malheureusement elle avait été déportée avec nous, mais que je ne savais pas ce qui lui était arrivé depuis.

Finalement, les Allemands nous ont ordonné de nous mettre en rangs par cinq dans un petit espace entre deux blocks, en face des cuisines. À cet endroit, deux Allemands avec une caméra nous attendaient. Ils ont dit à l'un des prisonniers qui avait été déporté avec nous de s'approcher pour qu'ils le filment. Je me souviens bien de cet homme, car il portait le même nom de famille que moi, Venezia, Baruch Venezia, mais il n'était pas de ma famille. C'était un homme très grand, le nez busqué et le visage typique des Juifs méridionaux. Il avait les traits tirés et fatigués par le voyage. Sa barbe de plusieurs jours et son air vaincu le rendaient encore plus misérable. J'ai entendu l'un des Allemands dire à l'autre de le filmer, lui, parce qu'il avait le parfait profil juif. Ces images étaient certainement utilisées par la propagande nazie pour être montrées dans les cinémas et donner ainsi une mauvaise image des Juifs. À ce moment, j'ai compris que nous étions dans un endroit où le pire nous attendait. J'ai ressenti surtout de la colère, une rage d'être tombé si bas, d'être traité et humilié d'une telle manière. Je n'aurais jamais cru cela possible. Je ressentais aussi de la peur, bien entendu, on la ressentait continuellement, quoi qu'on fasse, car le pire pouvait arriver à chaque instant.

Que s'est-il passé quand ils vous ont mis en rangs ?

On devait attendre qu'un officier vienne nous donner des instructions. Nous sommes longtemps restés immobiles. Avant l'arrivée de l'officier, un interprète grec de Salonique que je connaissais est venu vers nous pour nous prévenir que l'Allemand allait nous poser certaines questions. Il nous a conseillé de répondre sans réfléchir, et de dire que nous étions en bonne santé, sans poux et prêts à travailler.

Cet homme s'appelait Salvatore Cunio. Il boitait, et un homme comme lui aurait certainement été envoyé à la mort s'il n'avait pas parlé couramment allemand. Et, de fait, j'ai vite compris que dans le camp, connaître des langues étrangères était un avantage parfois vital. Cunio était marié à une Allemande non juive ; il avait été déporté avec son fils, Bubbi (Hans de son vrai nom). Lui aussi a été épargné.

Finalement, quand l'officier est arrivé, il faisait déjà nuit. Il nous a posé les questions convenues, on a répondu comme nous l'avait indiqué l'interprète. Puis l'officier a donné l'ordre : « *Alle nach Birkenau !* » « Tous à Birkenau ! » Alors on a fait demi-tour, en direction de Birkenau. Il faisait sombre et il y avait un brouillard épais, on apercevait seulement quelques lumières au loin. Il devait être vingt-deux heures quand nous sommes arrivés à Birkenau.

On est entrés par la tour centrale, par où, plus tard, ont commencé à passer les trains. Mais au moment de notre arrivée, la voie qui prolongeait les rails jusqu'à l'intérieur du camp, en prévision de la déportation massive des Juifs hongrois, était encore en construction. Les convois continuaient d'arriver sur la *Judenrampe*, à quelques centaines de mètres de l'entrée de Birkenau. Une fois dans le camp, je ne sais pas si nous avons continué tout droit, passant devant les Crématoires II et III [1] pour faire le tour par-derrière, ou bien si nous sommes passés

1. À Auschwitz-Birkenau, le terme « Crématoire » (*Krematorium* en allemand) désigne la structure regroupant à la fois la salle de déshabillage, la chambre à gaz et les fours crématoires. Ces structures étaient au nombre de quatre à Birkenau, en plus du premier Crématoire situé à Auschwitz I. Les Crématoires II et III étaient construits en miroir, de même que les Crématoires IV et V. Ils furent mis en service entre le printemps et l'été 1943. Voir la note historique pour plus d'informations, p. 227.

par la *Lagerstrasse*[1]. À travers le brouillard, je ne pouvais distinguer que des petites lumières à droite et à gauche de la route, éclairant les baraques. À l'époque, je ne savais pas encore ce que les bâtiments abritaient, alors je n'ai pas fait particulièrement attention.

Nous sommes finalement entrés dans la *Zentralsauna*[2], une grande structure en briques qui servait à la désinfection des hommes et des vêtements. La première chose qu'il fallait faire était de se déshabiller entièrement. Le problème des fameux « œufs en or » s'est à nouveau posé. Mon frère, mes cousins et moi avons donc avalé les pièces pour la seconde fois.

Au fond de la première salle, nous avons vu deux médecins officiers SS portant des blouses blanches. Ils nous regardaient passer, nus, devant eux. De temps en temps, ils faisaient signe à l'un d'entre nous de rester sur le côté. Ils ont ainsi « mis de côté » entre quinze et dix-huit personnes. Parmi eux se trouvait un cousin de mon père. Il avait toujours eu l'air malade et fragile. J'ai voulu savoir où ils allaient être emmenés, alors j'ai posé la question à un Grec de Salonique qui travaillait dans la *Zentralsauna*. Il m'a dit, certainement pour ne pas m'inquiéter, que ces personnes avaient besoin de soins

---

1. Route principale traversant le camp dans sa longueur (voir le plan dans le cahier central).

2. Tous les prisonniers entrant dans le camp devaient passer par les procédures de désinfection et d'immatriculation. Jusqu'à fin 1943, celles-ci avaient lieu dans deux édifices situés à l'intérieur du secteur BIa (pour les femmes) et BIb (pour les hommes) de Birkenau. À partir de décembre 1943, le nouvel édifice de la *Zentralsauna* sert de lieu principal pour la désinfection et l'enregistrement des prisonniers, aussi bien hommes que femmes.

spéciaux, et qu'ils allaient être « traités ». Je n'ai pas posé davantage de questions, même si je ne comprenais pas bien ce qu'il avait voulu dire. En réalité, c'était une seconde petite sélection que nous avions subie, sans le savoir. Mais la sélection était superficielle, il suffisait d'avoir les fesses un peu creuses pour être condamné à mort.

Ceux qui n'étaient pas mis de côté ont continué, passant dans la salle suivante. Dans cette salle, des « coiffeurs » étaient alignés pour nous raser la tête, le torse et tout le corps. N'ayant pas les outils adéquats, ni de mousse, ils nous arrachaient la peau jusqu'au sang. La salle suivante était celle de la douche. C'était une grande pièce avec des tuyaux et des pommeaux de douche audessus de notre tête. Un Allemand plutôt jeune gérait les robinets d'eau chaude et d'eau froide. Pour s'amuser à nos dépens, il alternait brusquement eau bouillante et eau glacée. Dès que l'eau devenait trop chaude, on s'éloignait pour ne pas se brûler, il hurlait alors comme un animal, nous donnait des coups et nous forçait à retourner sous l'eau bouillante.

Tout se déroulait de manière très organisée, comme une chaîne de travail dont nous étions les produits. Au fur et à mesure qu'on avançait, d'autres prenaient notre place. Toujours entièrement nu et mouillé, j'ai suivi la chaîne jusqu'à la salle du tatouage. Il y avait une longue table, sur laquelle avaient pris place plusieurs prisonniers chargés de nous tatouer notre numéro de matricule sur le bras. Ils utilisaient pour cela une sorte de stylo avec une pointe qui transperçait la peau et faisait entrer l'encre sous l'épiderme. Il fallait faire ces petits points jusqu'à ce que le numéro apparaisse sur le bras. C'était extrêmement douloureux. Quand enfin l'homme qui me tatouait m'a lâché le bras, j'ai immédiatement frotté mon avant-bras avec ma main pour atténuer la douleur. Quand j'ai regardé pour voir ce qu'il m'avait fait, je ne pouvais plus rien distinguer sous le mélange de sang et d'encre. J'ai pris peur en pensant que j'avais effacé le numéro. Avec un peu de salive, j'ai nettoyé mon bras et j'ai vu réapparaître le numéro qui avait été correctement « injecté » : 182727, mon matricule.

Après cela, il fallait attendre les vêtements qui devaient nous être distribués. Les nouveaux prisonniers ne recevaient plus depuis longtemps les uniformes rayés. À la place, on recevait des vêtements désinfectés, laissés par les prisonniers arrivés avant nous. La distribution se faisait sans que personne se préoccupe de nous donner des vêtements à notre taille. On recevait une veste, un pantalon, un slip, des chaussettes et des chaussures. Les vêtements étaient souvent usés et troués. Beaucoup n'arrivaient pas à enfiler leur pantalon, d'autres avaient reçu un pantalon beaucoup trop large pour eux. Il était hors de question d'aller demander une autre taille à ceux qui nous avaient distribué les affaires. Ils auraient pu nous frapper pour cela, même s'ils étaient eux-mêmes prisonniers. Alors, entre nous, on essayait de s'arranger, d'échanger les vêtements. Mais il fallait avoir de la chance, surtout avec les chaussures, pour qu'elles ne soient pas trouées en dessous. Moi, j'ai pu m'arranger, même si je m'en suis sorti avec des choses un peu grandes.

Comme j'étais parmi les premiers à être prêt et qu'ils étaient encore nombreux derrière moi, je suis allé voir un des prisonniers qui nous rasaient. J'ai proposé de lui donner un coup de main en échange d'un bout de pain. Le prisonnier qui était le responsable de cette équipe de travail a accepté et m'a donné une petite tondeuse à cheveux. Je savais m'en servir, puisque mon père avait un petit salon de barbier à côté du café à la turque de mon grand-père. Après la mort de mon père, pour gagner un peu d'argent, j'avais pris l'habitude d'aller tous les dimanches dans le quartier pauvre de Baron-Hirsch et de proposer mes services aux personnes qui n'avaient pas les moyens de payer un vrai coiffeur. C'est à cause de ce genre d'exemple que je dis souvent que les gens qui ont souffert dans leur enfance et ont dû apprendre à se débrouiller seuls ont eu plus de chance que les gens privilégiés pour survivre et s'adapter dans le camp. Pour survivre dans le camp, il fallait connaître des choses utiles, pas la philosophie. Ce jour-là, ça m'a permis de gagner un précieux morceau de pain.

Vous n'avez pas cherché à savoir ce qui était arrivé à votre mère et à vos sœurs ?

Si, bien sûr. Je n'arrêtais pas de penser à ma mère. J'ai entendu quelqu'un parler le ladino, notre dialecte judéo-espagnol, alors je me suis approché pour lui demander s'il savait où elles avaient pu être envoyées. Il m'a répondu gentiment de ne pas m'inquiéter, que je le saurais le lendemain, et qu'en attendant il valait mieux ne pas trop se poser de questions. Mais cette réponse ne m'a pas satisfait, alors je me suis approché d'un prisonnier qui parlait yiddish et je lui ai demandé en allemand : « *Wo sind meine Mutter und meine Schwestern ?* » « Où sont ma mère et mes sœurs ? » Il ne m'a pas répondu et s'est contenté de me prendre par le bras pour m'amener jusqu'à la fenêtre. Là, il m'a montré du doigt la cheminée du Crématoire. J'ai regardé, incrédule, ce qu'il me montrait et j'ai compris qu'il me disait en yiddish : « Tous ceux qui ne sont pas venus avec vous sont déjà en train de se libérer de cet endroit. » Je l'ai regardé, sceptique, sans réellement le croire. On ne s'est rien dit de plus. Je ne peux pas dire que ça m'ait fait un grand effet. C'était tellement inconcevable qu'ils aient pu nous conduire jusqu'ici pour nous brûler à l'arrivée ; j'ai simplement pensé qu'il avait voulu me faire peur, comme on le fait avec les nouveaux venus. Alors, j'ai décidé d'attendre le lendemain et de voir par moi-même. Mais, en fait, il n'avait que trop raison.

Comment avez-vous retrouvé votre frère et vos cousins ?

Une fois que j'ai reçu mes vêtements, j'ai entendu quelqu'un appeler : « Shlomo ? où es-tu ? » C'était mon frère qui m'appelait ; j'ai reconnu sa voix, mais je n'arrivais pas à le voir. En réalité, il se trouvait tout près de moi, mais ni l'un ni l'autre ne nous sommes reconnus. On n'avait plus de cheveux et on avait des vêtements qui ne nous allaient pas. Ça a été un moment bien triste, peut-être même l'un des plus tristes. Voir dans quel état on était réduits... Mais je n'ai pas pleuré. Même quand j'ai su pour ma mère... Le robinet des larmes s'était bloqué et je ne pleurais plus, malgré la tristesse et la douleur.

Quand, finalement, les Allemands nous ont fait sortir de la *Sauna*, ils nous ont conduits dans une baraque qui se trouvait en face. Elle était complètement vide ; il n'y avait ni lit ni quoi que ce soit par terre. Ils nous ont tous mis dedans jusqu'au lendemain, car à cette heure-là il était interdit d'aller et venir dans le camp. Nous sommes restés là, sans pouvoir dormir ni s'allonger ; comme des animaux. Plusieurs garçons religieux se sont mis à prier dans un coin. Ils n'avaient bien sûr pas pu garder leurs livres, mais ils connaissaient les prières par cœur. Le lendemain matin, à neuf heures, des gardes allemands sont venus nous chercher pour nous emmener dans le secteur BIIa, celui de la quarantaine du camp des hommes [1].

Ils nous ont indiqué une baraque, à peu près au milieu de la quarantaine, et nous ont dit d'y entrer. Le *Blockältester*, un Polonais non juif qui s'est révélé particulièrement violent, nous attendait. Il nous a ordonné de nous mettre par cinq sur chaque « couchette ». Je me suis mis avec mon frère, mes deux cousins et un ami de Salonique. Vers onze heures trente, la soupe a été distribuée. C'était la première fois que nous recevions à manger depuis les paquets de la Croix-Rouge. Mais pour recevoir de la soupe, il fallait avoir une gamelle, et ce maudit homme n'a pas jugé utile de nous indiquer un endroit où en trouver. Que pouvions-nous faire ? Celui qui n'avait pas de gamelle ne recevait pas de soupe et était rembarré brutalement. Personne ne se préoccupait

1. Le camp de la quarantaine des hommes (*Quarantänelager für Männer*) est l'unique secteur du camp constitué d'une seule file de baraques. Les nazis ont institué la « quarantaine » pour tous les prisonniers intégrés dans le camp, afin d'éviter l'introduction de maladies infectieuses. Dans le cas où de telles épidémies étaient signalées, les médecins SS résolvaient le problème en envoyant à la chambre à gaz tous les prisonniers de la baraque contaminée.

du fait que nous n'avions pas mangé depuis plusieurs jours.

Ce n'est que le soir qu'on a enfin pu avaler quelque chose. Ils nous ont distribué une tranche de pain noir avec un bout de margarine (parfois, au lieu de la margarine, on recevait un bout de ce qu'ils appelaient *Blutwurst*, une sorte de saucisse). J'ai tout avalé d'un seul coup, sans prendre le temps de mastiquer, tellement j'avais faim.

Le lendemain matin, ils nous ont distribué du thé. Enfin, je ne suis pas sûr qu'on puisse appeler cette eau noire infecte de l'eau, du thé, du tilleul ou je ne sais quoi, mais au moins c'était chaud. De toute façon, comme nous n'avions toujours pas de gamelles, nous n'en avons pas reçu cette fois-là. Finalement, quelqu'un m'a indiqué un endroit, derrière la quarantaine, où je pouvais trouver des gamelles. Elles étaient dans un tel état ! Sales, rouillées, jetées par terre. Mais c'était sans importance, la seule chose qui comptait était de pouvoir se nourrir un minimum pour survivre jusqu'au lendemain. Il fallait trouver un moyen pour garder toujours la gamelle sur soi ; on faisait un trou dans le bois pour l'accrocher avec une ficelle à la ceinture, comme on pouvait. C'était essentiel de l'avoir sur soi, pour ne pas risquer de se la faire voler.

Que faisiez-vous pendant la journée ?

Rien de particulier. Dans la quarantaine, les prisonniers avaient le droit de se déplacer à l'intérieur du secteur. On pouvait même parler avec les autres prisonniers, pas comme dans le Sonderkommando où l'on avait l'interdiction formelle de parler à qui que ce soit. Les prisonniers en quarantaine ne travaillaient pratiquement pas. En théorie, on pouvait aller parler à qui on voulait. Sauf que la barrière des langues et le manque d'envie d'aller raconter notre souffrance à des gens qui vivaient la même chose nous poussaient à nous replier sur nous-mêmes et nous réfugier dans le silence.

Comment se passait l'appel ?

Il avait lieu tous les jours, matin et soir. On nous réveillait le matin très tôt pour faire l'appel. Tout le monde dehors, sous les cris et les coups pour nous faire sortir le plus rapidement possible. Les derniers étaient systématiquement punis et recevaient des coups supplémentaires. Mais il y avait forcément toujours des derniers, puisqu'on ne pouvait pas sortir tous en même temps. Donc tout le monde se précipitait pour sortir parmi les premiers et éviter quelques coups. L'appel pouvait durer plusieurs heures pendant lesquelles il fallait se tenir debout, immobile. Après quoi, comme nous étions encore dans la quarantaine et pas dans des kommandos de travail, on était chargés d'enlever les mauvaises herbes, de faire un peu de nettoyage, mais rien de spécial. On voyait les prisonniers dans les autres secteurs du camp partir travailler.

Comment étaient les baraques, dans la quarantaine ?

Les baraques avaient deux entrées ; une devant, l'entrée principale, et l'autre du côté arrière. Quand on entrait, il y avait deux petites chambres à droite et à gauche, puis les « couchettes ». Au milieu se trouvait le poêle, mais il ne nous a pas beaucoup servi, dans la mesure où je ne l'ai jamais vu allumé durant les trois semaines passées à la quarantaine. Et même s'il avait été allumé, nous n'avions aucun combustible à mettre dedans pour le faire fonctionner. Le *Blockältester* avait son propre système pour se réchauffer et se préoccupait très peu de savoir si nous avions froid.

Et les « couchettes » ?

Je ne sais pas si on peut vraiment appeler ça des « couchettes »... on était répartis sur trois niveaux, avec au moins cinq personnes sur chaque « couchette ». Personnellement, je n'ai pas eu trop de problèmes à garder ma place fixe dans la quarantaine.

Au début, on ne savait pas quelles places étaient les meilleures. Je me suis vite rendu compte que les places du haut étaient trop proches des fenêtres. Or les fenêtres à Birkenau étaient souvent cassées, ce qui, en hiver, laissait passer un vent glacial. Mais les couchettes du bas n'étaient pas idéales non plus. On recevait sur la tête beaucoup de choses assez peu ragoûtantes, quand les prisonniers ne pouvaient pas se lever pour aller aux latrines. Quand il y avait une dispute à propos des places, le kapo intervenait violemment pour régler le problème.

Celui qui était responsable de ma baraque était une véritable ordure. Il était polonais. En ce qui me concerne, à part dans le Sonderkommando où tous les prisonniers, ou presque, étaient juifs et donc le kapo aussi, je n'ai jamais vu de kapos juifs ni à Auschwitz ni dans les autres camps où j'ai été par la suite. C'est possible qu'il y en ait eu, mais moi je n'ai jamais vu que des Allemands, des Polonais et même des Français, mais aucun n'était juif.

Le kapo coordonnait généralement les équipes de travail. Parfois on appelait aussi kapo le *Blockältester*, c'est-à-dire le responsable de l'ordre dans la baraque. S'il n'était pas capable de faire avancer le travail, il frappait, et s'il ne frappait pas ou pas assez fort, les Allemands tuaient le kapo et en désignaient un autre. Mais certains kapos appréciaient de pouvoir tuer eux-mêmes les prisonniers sous leurs ordres. Les SS choisissaient souvent des criminels allemands, qui se prenaient tout d'un coup pour les maîtres du monde. Ils auraient dû être enfermés dans une cellule, mais au lieu de ça, ils étaient en position de force vis-à-vis de nous. Ainsi, les Allemands n'avaient pas besoin d'avoir des gardes partout. Ils se reposaient sur ces hommes violents pour maintenir la discipline dans le camp. S'ils n'étaient pas assez violents, ils risquaient de perdre leurs avantages, c'est pour cela que nous avions tous peur d'eux.

Vous souvenez-vous de certains noms ?

Non, malheureusement j'ai oublié, car je ne prêtais pas attention à leurs noms. Si j'avais su qu'un jour je sortirais de cet enfer, j'aurais noté tous les noms, les dates, les détails. Mais là-bas, on ne savait même pas quel jour on était.

Celui que j'ai eu dans la quarantaine était en fait le *Blockältester*. C'était un homme particulièrement brutal. Il avait sa chambre à l'entrée de la baraque. En face, une autre petite pièce servait soit de débarras, soit de chambre pour le *Pipel*. Le *Pipel* était un jeune garçon, généralement âgé d'une douzaine d'années, que le *Blockältester* gardait toujours auprès de lui. C'était le garçon à tout faire du *Blockältester* et il devait obéir à tous ses ordres et répondre à tous ses désirs. Il cirait ses chaussures, nettoyait la baraque, faisait son lit et devait aussi répondre à ses désirs malsains quand le kapo l'exigeait. Le jeune garçon savait que s'il était renvoyé, il allait à une mort certaine, alors il n'avait pas d'autre choix que d'obéir. En échange, il avait un peu plus à manger que les autres. Le *Blockältester* n'avait qu'à donner un peu moins à un prisonnier pour donner plus à ceux qui étaient dans ses bonnes grâces.

J'ai failli avoir des ennuis avec lui, une fois. C'était à propos de nos fameux « œufs en or ». Ça n'avait pas été facile de les récupérer après la *Zentralsauna*, car dans la quarantaine, les baraques des latrines étaient en réalité un long banc de pierre troué. Il aurait été impossible de récupérer quoi que ce soit dedans. Alors il a fallu trouver un endroit protégé des regards. Nous faisions nos besoins à tour de rôle, pendant que les autres montaient la garde. Un jour, le kapo m'a fait venir et a exigé que je lui donne mes pièces d'or, « *die goldene Geld* » comme il les appelait. J'ai fait comme si je n'avais pas compris de quoi il parlait. Mais il a insisté : « *Fünf goldene Geld !* » « Les cinq pièces d'or ! » S'il connaissait le nombre exact de pièces, c'est que quelqu'un avait dû le lui dire ; il ne l'avait pas inventé seul. J'ai même su par la suite qui nous avait trahis. En attendant, le kapo m'a dit que j'avais vingt-quatre heures pour lui apporter les pièces. Je suis allé voir mon frère et mes cousins, et je leur ai raconté ce qui s'était passé. Ils étaient d'avis que je les lui donne, jugeant inutile de prendre le risque de me faire tuer en plus de perdre l'argent. Je suis donc allé le voir, mais en prétendant que je n'en avais plus que trois sur les cinq. Il m'a répondu, très énervé : « *Nein ! Fünf !* » Ma vie était entre ses mains, je n'avais pas le choix, alors je suis allé récupérer les deux dernières pièces, en échange de quoi il m'a tout de même promis une double ration de soupe et de pain pendant une semaine. Il a eu ce qu'il voulait et, effectivement, les deux premiers jours, il m'a bien donné une double ration. Mais le troisième jour...

Avec cet argent, il s'était arrangé pour qu'on lui fasse parvenir du saucisson et de la vodka. Il s'est organisé un petit festin qui l'a rendu bien saoul. Un soir, alors que nous étions déjà tous couchés, il s'est mis à hurler : « *Auf die Tür !* » ; il voulait qu'on ouvre la porte de sa pièce. Il a choisi quelqu'un au hasard, lui a donné des coups de pied sans raison et lui a ordonné d'aller ouvrir la porte. Le pauvre garçon y est allé sans savoir ce qui l'attendait. Mais, au moment où il a attrapé la poignée, il a reçu une grosse décharge électrique. Le *Blockältester* s'est mis à rire, puisque c'était son divertissement préféré de nous faire souffrir, surtout quand il était saoul. Il a choisi un autre prisonnier pour continuer à s'amuser. Le pauvre homme, sachant ce qui l'attendait, mais n'ayant pas le choix, s'est levé. Il a attrapé la poignée et a ouvert la porte normalement, sans que rien ne se passe. Le Polonais s'est énervé en voyant que son jeu ne fonctionnait plus. Il lui a ordonné de rouvrir la porte. Il rouvre, referme, toujours rien. Le *Blockältester* a mis un moment avant de se rendre compte que les sabots de bois que portait le prisonnier l'isolaient de la terre. Il lui a alors ordonné d'enlever ses sabots et d'ouvrir à nouveau la porte. De fait, en touchant la poignée, il a reçu à son tour la décharge électrique, ce qui a de nouveau grandement amusé notre bourreau. Alors qu'il s'apprêtait à choisir une nouvelle victime, la porte de la baraque s'est ouverte sur un SS qui est entré, furieux. L'horaire pour garder la lumière allumée dans les baraques avait été dépassé et il venait voir pourquoi l'ordre n'était pas respecté. Il s'est immédiatement mis à hurler. L'autre a tenté de s'expliquer en disant que c'était son anniversaire. Il a invité l'Allemand à partager le festin que lui avaient payé mes pièces d'or. L'Allemand s'est approché, a ouvert la porte et reçu lui aussi la décharge électrique. Furieux, il s'est mis à frapper de toutes ses forces le *Blockältester*. Comment se permettait-il de faire une mauvaise blague à un Allemand ? ! Il l'a roué de coups. Le lendemain, ce kapo, ce *Blockältester*, avait disparu, on ne l'a plus revu. L'inconvénient pour moi était d'avoir perdu les trois jours de double ration qu'il me devait. Voilà comment s'est terminée l'histoire des « œufs en or ».

J'ai vécu un autre épisode marquant, lors de mon passage à la quarantaine. C'était seulement quelques jours après notre arrivée. Un kapo est venu nous voir et nous a dit que si on voulait faire un travail supplémentaire, il nous donnerait une double ration de soupe. On a tous voulu y aller, car la faim était plus forte que tout. Je me suis trouvé parmi les dix personnes choisies pour accomplir le travail en question. En revanche, ni mon frère ni mes cousins n'ont fait partie du groupe. Il nous a fait prendre une charrette, comme celle qu'on utilise pour transporter le foin. Sauf que pour tirer sa charrette, nous étions à la place des chevaux. On est allés jusqu'à une baraque qui se trouvait au bout de la quarantaine. Elle portait le nom de *Leichenkeller* : chambre des cadavres. Quand on a ouvert la porte, une odeur atroce nous a pris à la gorge, c'était la puanteur de cadavres en décomposition.

Je n'étais jamais passé devant cette baraque auparavant et c'est ainsi que j'ai appris qu'elle servait à entreposer les cadavres des détenus morts dans la quarantaine. Un petit groupe de prisonniers passait tous les matins dans les baraques pour récupérer les cadavres des prisonniers morts durant la nuit. Ils étaient entreposés dans cette baraque, avant d'être portés au Crématoire pour y être brûlés. Les cadavres pouvaient rester là, à pourrir, pendant quinze ou vingt jours. Ceux qui étaient au fond étaient déjà dans un état de décomposition avancé à cause de la chaleur.

Si j'avais su que notre travail « supplémentaire » consistait à sortir ces cadavres pour les conduire jusqu'aux Crématoires, j'aurais préféré mourir de faim plutôt que de le faire. Mais quand j'ai compris, c'était déjà trop tard. Il devait y avoir cent ou cent vingt corps dans la salle. Il a fallu faire trois allers-retours pour les transporter sur la charrette.

En arrivant devant le portail du Crématoire III, le kapo devait sonner pour que les hommes du Sonderkommando viennent récupérer la charrette de cadavres. À part eux, aucun prisonnier ne pouvait entrer et ressortir vivant du Crématoire. Ils ont donc vidé eux-mêmes la charrette avant de nous la rendre.

Avez-vous pu apercevoir quelque chose ? la cour intérieure, le bâtiment ?

Non, ce jour-là, je n'ai rien vu du Crématoire. Ils ont à peine ouvert le portail. On ne voyait que l'homme qui ouvrait le portail et prenait la charrette avec trois autres prisonniers de l'intérieur. J'avais entendu dire que ceux qui travaillaient au Crématoire avaient la possibilité d'avoir des cuillères supplémentaires ou d'autres choses utiles dans le camp. Donc, en retournant là-bas la deuxième fois, j'ai demandé discrètement à l'homme qui avait ouvert le portail s'il n'avait pas une cuillère à me donner. Il m'a répondu : « *Nicht jetzt, später !* » « Pas tout de suite, plus tard ! » La troisième fois que je suis venu, il m'a effectivement donné deux cuillères. J'en ai donné une à mon frère, mais on les partageait avec mes cousins. C'était très utile pour bien gratter le fond de la gamelle et ne pas perdre une calorie vitale de la nourriture qui nous était distribuée. Manger avec une cuillère donnait l'impression d'avoir plus à manger.

Heureusement, nous n'avons pas eu à refaire ce travail terrible. Le lendemain, au moment de la soupe, le kapo nous a servi comme promis une double ration.

Que saviez-vous de l'endroit où les cadavres étaient portés ?

Je savais que c'était le Crématoire. À ce moment-là, je savais déjà ce que cela voulait dire. En étant dans la quarantaine, on voyait constamment la fumée sortir de la cheminée et il était impossible d'échapper à l'odeur âcre de chair brûlée qui se diffusait à travers tout le camp. J'ai su très tôt que c'était l'endroit où les morts étaient brûlés, mais ce n'est qu'en travaillant dans le Crématoire que j'ai su que c'était également le lieu où les gens étaient gazés en masse à leur arrivée.

Comment avez-vous été sélectionné pour entrer dans le Sonderkommando ?

Nous avons passé trois semaines ainsi dans la quarantaine, quand, un jour, nous avons vu arriver des officiers allemands. On ne voyait pas souvent les Allemands dans la quarantaine ; en général, c'étaient les kapos qui se chargeaient de maintenir l'ordre. Ces officiers sont venus devant notre baraque et ont ordonné que le kapo nous rassemble en rangs, comme pour l'appel. Chacun de nous a dû dire quel métier il savait faire. Même si nous n'en avions pas, tout le monde savait qu'il fallait mentir. Quand est venu mon tour, j'ai dit que j'étais coiffeur. Léon Cohen, un ami grec qui était tout le temps avec nous, a dit qu'il était dentiste, alors qu'en réalité il travaillait dans une banque. Il pensait qu'on l'aurait mis dans un cabinet dentaire pour faire le nettoyage et qu'au moins il resterait au chaud. Moi, j'ai pensé que je rejoindrais les prisonniers qui travaillaient dans la *Zentralsauna*. J'avais vu que ce n'était pas trop difficile et qu'on était au chaud. Mais, en réalité, ça ne s'est pas du tout passé comme on le pensait. L'Allemand a choisi quatre-vingts personnes, parmi lesquelles moi, mon frère et mes cousins.

Le lendemain matin, vers neuf heures, on est partis en rangs vers le secteur BIId (*Lager d*[1]). C'était le secteur

1. Voir note historique, p. 217.

des hommes à Birkenau. La première impression que j'ai eue en entrant dans le *Lager d* a été très violente. Notre groupe est d'abord passé par la baraque des SS, qui se trouve à l'entrée de chaque secteur pour noter qui entre et qui sort du camp. Passé la baraque, sur la droite, j'ai tout de suite aperçu le bassin rempli d'eau. Mes yeux se sont alors levés vers la potence dressée dans un coin du bassin. Cette vision m'a beaucoup marqué, je me suis dit : « Quel bel accueil ils nous réservent ! »

Le *Lager d* était composé de deux rangées de baraques. Les deux premières, plus grandes que les autres, servaient pour les cuisines. Au milieu de toutes ces baraques se trouvait celle du Sonderkommando [1]. En entrant, j'ai vu un prisonnier, seul, qui avait l'air de nous attendre. Je ne sais pas pourquoi il est venu vers moi, mais toujours est-il qu'il m'a demandé amicalement : « *Retst yiddish ?* » « Tu parles yiddish ? » Je n'avais jamais entendu le yiddish en Grèce, mais depuis que j'étais dans le camp, j'avais dû m'adapter et grâce au peu d'allemand que j'avais appris en faisant du marché noir avec les soldats, j'arrivais à parler « yiddish, yaddish, yoddish ». Enfin, on arrivait à se comprendre ! Il m'a demandé d'où je venais, et si j'avais faim. Entre la prison à Athènes, le voyage de onze jours, les trois semaines de quarantaine, cela faisait bien un mois et demi que je me serrais la ceinture à n'en plus respirer. Bien sûr que j'avais faim ! J'avais toujours connu la faim, mais là c'était devenu une obsession, une

1. La baraque du Sonderkommando est la baraque 11 du camp des hommes (BIId). Avec la baraque 13 (celle de la *Strafkompanie*, la compagnie punitive) dont la sépare celle des latrines, la baraque du Sonderkommando est isolée des autres.

maladie. Alors il est allé me chercher à manger et est revenu avec un gros morceau de pain blanc et de la confiture. Le morceau était assez grand pour que je le partage avec mon frère et mes cousins. Pour nous, c'était comme manger du caviar ; un luxe inimaginable dans cet enfer. Il m'a demandé si je savais quel travail il faudrait faire. J'ai répondu que peu m'importait. Pour moi, le principal était de pouvoir manger pour survivre. Il m'a répondu que ce ne serait pas un problème, qu'il y aurait assez à manger. Je suis resté un peu perplexe : comment est-il possible que dans un tel endroit il y ait « assez » à manger ? Il m'a expliqué qu'en plus de la nourriture qu'on recevait normalement, on aurait d'autres choses. Mais il ne m'a dit ni quoi ni comment. Puis il m'a demandé si je connaissais le nom du Kommando dans lequel nous étions affectés. Comme je n'en avais aucune idée, il m'a dit que nous étions dans le « Sonderkommando ».

– Qu'est-ce que ça veut dire, Sonderkommando ?

– Commando spécial.

– Spécial ? Pourquoi ?

– Parce qu'on doit travailler dans le Crématoire... là où les gens sont brûlés.

Pour moi, un travail en valait un autre, je m'étais déjà habitué à la vie dans le camp. Mais à aucun moment il ne m'a dit que les cadavres à brûler étaient ceux de personnes arrivées encore vivantes dans le Crématoire...

Il m'a aussi dit que toutes les personnes qui font partie de ce Sonderkommando sont régulièrement « sélectionnées » et « transférées » dans un autre endroit. Cela se passait environ tous les trois mois. Sur le moment, je n'ai pas compris que les mots « sélection » et « transfert » étaient des euphémismes qui signifiaient en réalité « élimination ». Mais je n'ai pas mis longtemps à comprendre que nous avions été intégrés au Sonderkommando pour remplacer d'anciens prisonniers qui avaient été « sélectionnés » et tués [1].

Cet homme s'appelait Avraham Dragon. En fait, je n'ai su son nom qu'en le revoyant soixante ans plus tard, en Israël. Je lui ai raconté cette histoire, avec le vague espoir qu'il puisse être cette personne qui m'avait si humainement accueilli et que je n'avais plus jamais revue. Il m'a souri, ému, en disant qu'il n'avait pas non plus oublié le jeune Grec affamé qui avait atterri dans le Sonderkommando.

---

1. Le 20 février 1944, deux cents membres du Sonderkommando ont été envoyés au camp de Lublin-Majdanek pour y être éliminés.

CHAPITRE III

Sonderkommando

La baraque du Sonderkommando était semblable à toutes les autres, sauf qu'elle était entourée de barbelés et d'un mur en briques qui nous isolaient des autres baraques du camp des hommes. On ne pouvait pas communiquer avec les autres prisonniers. Mais nous n'y sommes pas restés longtemps, car au bout d'une semaine à peu près, nous avons été transférés dans le dortoir à l'intérieur même du Crématoire. Ce n'est que vers la fin, quand les Crématoires ont été démantelés, que les hommes du Sonderkommando sont revenus dormir dans la baraque du camp des hommes.

Le premier jour, ils nous ont envoyés dans le Crématoire, mais nous sommes restés dans la cour, sans entrer dans le bâtiment. À cette époque, on l'appelait le Crématoire I, car on ne connaissait pas l'existence du premier Crématoire qui se trouve à Auschwitz I[1]. Il y avait trois marches qui menaient à l'intérieur du bâtiment, mais au lieu d'entrer, le kapo nous a fait faire le tour. Un homme

1. Pour plus d'informations, se référer à la note historique, p. 217.

du Sonderkommando est venu nous dire ce qu'on devait faire : enlever les herbes et nettoyer un peu le terrain. Ce qu'on faisait n'était pas très utile, mais je suppose que les Allemands voulaient nous garder sous la main en attendant de nous faire travailler dans le Crématoire. Le lendemain, nous sommes revenus faire la même chose.

Ma curiosité naturelle m'a poussé à m'approcher du bâtiment pour tenter de voir par la fenêtre ce qui se passait dedans. On nous l'avait formellement interdit, mais, pas à pas, je me suis approché de la fenêtre. Elle donnait sur la salle où les cadavres étaient entreposés, c'est-à-dire, comme je l'ai appris plus tard, juste au-dessus de la chambre à gaz. Quand je me suis trouvé assez près pour jeter un œil, je suis resté complètement paralysé par ce que je venais de voir. Des corps jetés en tas, les uns sur les autres, se trouvaient amassés là. Il s'agissait de cadavres de personnes encore jeunes. Je suis revenu vers mes compagnons et je leur ai raconté ce que j'avais vu. À leur tour, ils sont allés voir discrètement, sans que le kapo s'en aperçoive. Ils revenaient le visage défait, incrédules. On n'osait pas penser à ce qui avait pu se passer. Ce n'est que plus tard que j'ai compris que ces cadavres étaient le « surplus » d'un convoi précédent. Ils n'avaient pas pu être brûlés avant l'arrivée du nouveau convoi et étaient entreposés là pour laisser la place dans la chambre à gaz.

Vers quatorze heures, le kapo nous a fait descendre dans la salle de déshabillage. Des vêtements de toutes sortes jonchaient le sol. On nous a ordonné de faire des petits paquets, en utilisant les vestes ou les chemises pour enrouler les vêtements. Puis il fallait remonter ces paquets et les déposer dehors, devant l'escalier. Je suppose qu'un camion est ensuite venu récupérer les paquets pour les emmener dans les baraques du Kanada[1].

Vers dix-sept heures, le kapo a de nouveau ordonné le rassemblement. Il nous paraissait évident qu'à cette heure-ci, « rassemblement » signifiait la fin de cette pénible journée de travail. Mais ce n'était malheureusement pas le cas. Nous sommes ressortis du Crématoire, mais au lieu de tourner à droite pour revenir vers la baraque, ils nous ont fait passer à gauche, à travers la petite forêt de bouleaux. En Grèce, je n'avais jamais vu de tels arbres, mais à Birkenau, il n'y a que ça tout autour du camp. En marchant sur ce sentier, on n'entendait rien d'autre que le bruit du vent sifflant à travers les feuilles argentées. Tout à coup, des murmures provenant de derrière nous ont commencé à nous parvenir. Au début, les bruits étaient très légers et lointains. Nous sommes arrivés devant une petite maison qui s'appelait, comme je l'ai appris plus tard, le Bunker 2, ou encore « la maison blanche ». C'est à ce moment-là que les murmures de voix humaines se sont faits plus intenses.

Pouvez-vous décrire le Bunker 2 tel que vous l'avez vu ?

C'était une petite ferme qui avait certainement appartenu à des paysans du coin, avec le toit recouvert de chaume. On nous a ordonné de nous placer face à un côté de la maisonnette, près de la route qui passait devant. D'où nous étions, on ne pouvait, en théorie, rien voir, ni à gauche ni à droite. Le soir tombait, les

1. Secteur à l'intérieur du camp de Birkenau dans lequel les objets appartenant aux Juifs déportés étaient triés et stockés ; appelé par les nazis *Effektenlager* Kanada II.

« Auschwitz I. Ancien corps de ferme transformé en chambre à gaz », David Olère, 1945
Lavis et encre de Chine sur papier
Yad Vashem, Jérusalem, Israël

murmures étaient devenus des bruits distincts de gens venant dans notre direction. Moi, toujours un peu curieux, je me suis approché pour essayer de voir ce qui se passait. J'ai vu des familles entières attendant devant la chaumière : des hommes jeunes, des femmes, des enfants. Il devait y avoir deux cents ou trois cents personnes en tout. Je ne sais pas d'où ils venaient, mais je suppose qu'ils avaient été déportés d'un ghetto polonais. Par la suite, quand j'ai compris le fonctionnement du système de mise à mort, j'ai pu en déduire que ces gens avaient été envoyés au Bunker 2 parce que les autres Crématoires étaient pleins. C'est aussi pour cela qu'ils ont eu besoin de main-d'œuvre supplémentaire pour faire le sale boulot.

Les gens se sont-ils déshabillés devant la porte ou dans une baraque ?

À cette époque, les baraques de déshabillage devant le Bunker 2 avaient été démantelées. En tous les cas, moi, je ne les ai pas vues et les gens étaient forcés de se déshabiller sur place, devant la porte. Les enfants pleuraient. La peur et l'angoisse étaient palpables ; les gens étaient réellement désemparés. Les Allemands leur avaient probablement dit qu'ils iraient à la douche et qu'ensuite ils recevraient à manger. Même s'ils avaient compris la vérité, il n'y avait plus grand-chose à faire, les Allemands auraient exécuté sur place quiconque aurait tenté quoi que ce soit. Ils n'avaient plus aucun respect pour la personne humaine, mais ils savaient qu'en laissant les familles ensemble, ils évitaient les actes désespérés.

Finalement, ils ont été forcés d'entrer dans la maisonnette. La porte s'est refermée. Une fois tout le monde dedans, un petit camion, portant le symbole de la Croix-Rouge sur les côtés, est arrivé. Un Allemand plutôt grand en est sorti. Il s'est approché d'une petite ouverture en hauteur sur l'un des murs de la maisonnette. Pour l'atteindre, il a été obligé de monter sur un escabeau. Il a pris une boîte, l'a ouverte et en a jeté le contenu par la petite ouverture. Puis il a refermé l'ouverture et est reparti. Les cris et les pleurs, qui n'avaient pas cessé, ont redoublé après quelques instants. Ça a duré dix ou douze minutes, puis plus un bruit.

Quant à nous, on nous a ordonné de nous diriger derrière la maison. J'avais remarqué, en arrivant, une lueur étrange provenant de cette direction. En m'approchant, j'ai compris que la lumière était celle du feu brûlant dans les fosses, à une vingtaine de mètres de là.

Vous souvenez-vous de ce que vous avez pensé en voyant tout cela ?

C'est difficile de se rendre compte aujourd'hui, mais on ne pensait à rien, on ne pouvait pas échanger le moindre mot entre nous. Pas parce que c'était interdit, mais parce qu'on était terrorisés. Nous sommes devenus des automates, obéissant aux ordres en essayant de ne pas penser, pour pouvoir survivre encore quelques heures. Birkenau était un véritable enfer, personne ne peut comprendre ni entrer dans la logique de ce camp. C'est pour cela que je veux raconter, raconter tant que je le pourrai, mais en me fiant uniquement à mes souvenirs, à ce que je suis certain d'avoir vu et rien de plus.

Les Allemands nous ont donc envoyés de l'autre côté

de la maison, là où se trouvaient les fosses. Ils nous ont ordonné d'extraire les corps de la chambre à gaz et de les déposer devant les fosses. Moi, je ne suis pas entré dans la chambre à gaz, je suis resté là à faire les allers-retours entre le Bunker et les fosses. D'autres hommes du Sonderkommando, plus expérimentés que nous, étaient chargés de disposer les corps dans les fosses en faisant en sorte que le feu ne s'éteigne pas. Si les corps étaient trop serrés, l'air ne pouvait pas passer et le feu risquait de s'éteindre ou de diminuer d'intensité. Cela aurait rendu furieux les kapos et les Allemands qui nous surveillaient. Les fosses étaient en pente, de sorte qu'en brûlant, les corps dégageaient de la graisse humaine qui coulait tout le long de la fosse jusqu'à un angle, où une sorte de cuve avait été formée pour la recueillir. Quand le feu menaçait de s'éteindre, les hommes devaient prendre un peu de cette graisse dans la cuve, et en jeter sur le feu pour raviver les flammes. Je n'ai vu cela que dans les fosses du Bunker 2.

Après deux heures de ce travail particulièrement pénible, on a entendu le grondement d'une motocyclette approchant. Les anciens ont murmuré avec terreur : « *Malahamoves* ! » C'est là que nous avons fait la macabre connaissance de l'« Ange de la mort ». C'est par ce mot en yiddish que les détenus qualifiaient le terrible SS Moll[1]. Il suffisait d'un regard de sa part pour qu'on

1. Le SS-Hauptscharführer Otto Moll est entré à Birkenau comme responsable des Bunkers 1 et 2. Après un passage comme Lagerführer dans les sous-camps Fürstengrube et Gleiwitz I, il est rappelé à Birkenau en mai 1944, où il reste jusqu'en septembre en tant que responsable de tous les Crématoires. Le 13 décembre 1945, Moll est condamné à mort à l'issue du procès de Dachau. Il est pendu dans la prison de Landsberg le 28 mai 1946.

se mette à trembler. On n'a pas mis longtemps à découvrir sa cruauté et son plaisir sadique à nous maltraiter. Il n'avait pas encore posé les pieds par terre qu'il hurlait déjà comme une bête furieuse : « *Arbeit !* » « Au travail, chiens de Juifs ! » Le rythme s'est nettement accéléré à son arrivée. Quand il s'est rendu compte que nous étions deux pour porter un corps, il s'est mis à s'énerver et à hurler : « *Nein ! Nur eine Person für einen Toten !* » « Une personne, un mort ! » Porter un cadavre à deux n'était déjà pas facile sur cette terre boueuse où nos pieds s'enfonçaient. Mais seul ! Je ne sais pas comment j'ai fait pour tenir, je me sentais à bout.

À un moment donné, j'ai vu l'un des hommes qui tenait un cadavre s'arrêter et rester ainsi immobile. Il devait avoir quelques années de plus que moi, à peine vingt-cinq ans. Tous ceux qui passaient à côté de lui, entre le Bunker et les fosses, lui enjoignaient de se bouger avant que Moll ne le remarque. Mais il ne répondait à personne et restait ainsi immobile, fixant l'infini. Quand Moll l'a vu, il s'est approché de lui en hurlant : « *Du verfluchter Jude !* » « Toi, maudit Juif ! Pourquoi ne travailles-tu pas, espèce de chien juif ? Bouge-toi ! » Et il s'est mis à le fouetter avec force. Mais l'homme est resté immobile, comme si plus rien ne pouvait l'atteindre ; il n'a même pas essayé de se protéger pour éviter les coups. À mon avis, il avait complètement perdu la raison, son esprit n'était déjà plus de ce monde. Il ne semblait plus sentir ni la douleur ni la peur. L'Allemand, furieux de cette offense et de ce manque de réactivité à ses coups, a sorti un pistolet de sa ceinture. Nous, on continuait à aller et venir. On l'a vu tirer un coup en visant l'homme à une distance de quelques mètres. Mais, comme si la balle ne l'avait pas atteint, l'homme est resté debout, immobile. Comment pouvait-il ne pas être tombé mort après ce coup fatal ? On ne savait plus quoi penser. L'Allemand, encore plus nerveux, a tiré un deuxième coup avec le même pistolet. Mais toujours rien ; les balles, le bruit, la peur, rien ne semblait l'atteindre. On a pensé qu'il s'agissait d'un miracle, mais d'un miracle qui ne pourrait pas durer éternellement. Je me trouvais par hasard à côté de Moll quand je l'ai vu ranger son pistolet et en prendre un autre de plus gros calibre. Il a tiré un coup et le pauvre homme est tombé, mort. J'ai eu la malchance de me trouver près du corps à ce moment-là. Je revenais de la fosse, les mains vides, pour prendre un autre cadavre. Moll m'a fait un signe : « *Du ! Komm her !* » « Viens là ! » Il m'a ordonné de porter le cadavre avec un autre détenu et de l'emmener devant les fosses. On avait à peine fait quelques mètres qu'il s'est mis à hurler, comme s'il venait de penser à quelque chose : « *Halt ! ! ! Ausziehen !* » Il a dit que les vêtements appartenaient au IIIe Reich et ne pouvaient pas être brûlés avec le mort, car ils serviraient à d'autres prisonniers. Il nous a ordonné de le déshabiller. Déshabiller un mort encore chaud, un homme qu'on connaissait... Mais je n'avais bien sûr pas le choix, à moins de subir moi aussi le même sort que le pauvre homme. On ne savait plus quoi penser, on était hors du monde, déjà en enfer. Quand son corps a été jeté dans la fosse, on a vu le sursaut du brasier, comme quand on jette un morceau de bois dans une cheminée, le feu reprend de plus belle, subitement, comme pour mieux avaler le corps. Jusque-là, je m'étais en quelque sorte interdit de penser à tout ce qui se passait, il fallait faire ce qu'on nous ordonnait comme des automates, sans réfléchir. Mais en voyant le corps brûler, j'ai pensé que les morts avaient peut-être plus de chance que les vivants ; ils n'étaient plus obligés de subir cet enfer sur terre, de voir la cruauté des hommes.

Le travail a duré ainsi jusqu'au lendemain matin. On a travaillé pratiquement sans s'arrêter pendant vingt-quatre heures, avant qu'ils nous autorisent à rejoindre nos baraques. Mais, malgré la fatigue intense, je n'ai pas réussi à dormir. Les images n'ont cessé de me hanter et l'idée de devoir retourner là-bas me rendait nerveux. Dans l'après-midi, un kapo est venu nous dire que ceux qui avaient travaillé la nuit précédente au Bunker 2 n'avaient pas à y retourner cette nuit-là. Maigre soulagement...

Le répit n'a pas duré. Dès le lendemain, nous avons dû repartir travailler. J'ai été envoyé avec un petit groupe d'une quinzaine de personnes au Crématoire III. Comme j'avais dit que j'étais coiffeur, l'*Unterkapo* qui nous a accueillis dans le Crématoire m'a mis entre les mains une paire de ciseaux très longs, comme ceux qu'utilisent les tailleurs pour couper du tissu. Puis ils nous ont dirigés vers la pièce dans laquelle on était censés travailler. Les anciens nous ont très succinctement expliqué ce qu'il fallait faire.

Le contact avec les morts a été immédiat. Les déportés d'un convoi précédent venaient d'être gazés et les hommes du Sonderkommando étaient déjà en train d'extraire les cadavres de la chambre à gaz. Ils étaient déposés dans une espèce d'atrium, avant d'être montés vers les fours crématoires. C'est à cet endroit que je devais couper les cheveux des morts. Nous étions trois ou quatre à faire cela. Deux « dentistes » passaient ensuite pour extraire les dents en or des victimes, qu'ils gardaient dans une petite cassette spéciale dont personne ne pouvait s'approcher. L'un d'eux était mon ami Léon Cohen, qui avait prétendu être dentiste. On lui a donné une pince de dentiste et un petit miroir pour voir l'intérieur de la bouche. Je me souviens que quand il a compris ce qu'il était censé faire, il s'est presque évanoui. Au début, sur les premiers cadavres, il allait assez vite, il ouvrait la bouche et enlevait les dents en or. Mais au fur et à mesure, ça devenait plus difficile, car les cadavres avaient eu le temps de durcir et il fallait forcer pour ouvrir les mâchoires.

Qu'avez-vous vu de la chambre à gaz quand vous êtes arrivé ?

Je n'étais pas parmi ceux qui devaient sortir les cadavres de la chambre à gaz, mais par la suite il m'est arrivé souvent de le faire. Ceux qui étaient affectés à cette tâche ont commencé en tirant les cadavres par les mains, mais en quelques minutes leurs mains étaient sales et glissantes. Pour éviter de toucher le corps directement, ils ont pensé utiliser un bout de tissu mais, bien entendu, le tissu devenait à son tour sale et mouillé au bout de quelques instants. Alors il a fallu s'arranger. Certains ont essayé de traîner les corps en utilisant une ceinture, mais en réalité ça rendait le travail plus fastidieux encore, puisqu'il fallait ouvrir et refermer la ceinture. Finalement, le plus simple était d'utiliser une canne pour tirer les corps sous la nuque. On voit bien cela dans un des

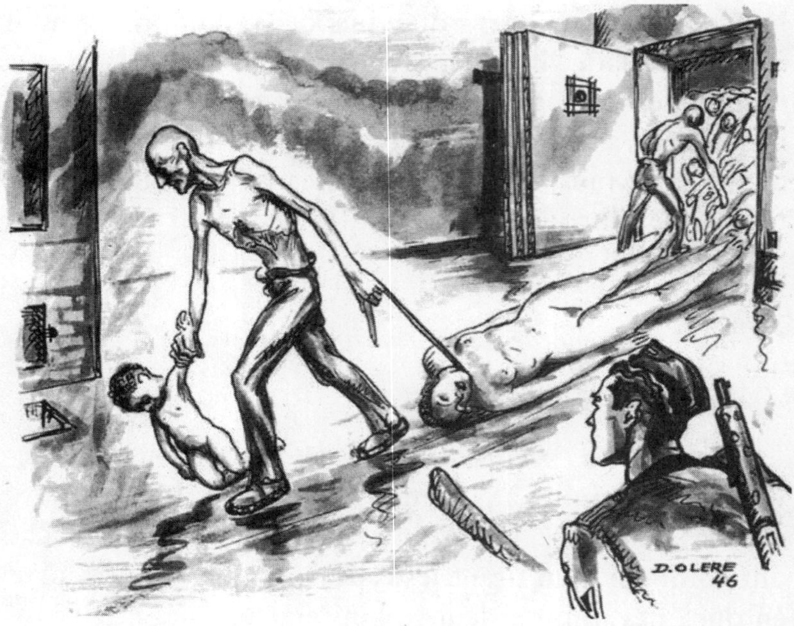

« Après le gazage », David Olère, 1946
Lavis et encre de Chine sur papier
Musée des Combattants des Ghettos, Galilée, Israël

dessins de David Olère [1]. On ne manquait pas de cannes, avec toutes les personnes âgées qui étaient envoyées à la mort. Au moins, ça évitait d'avoir à tirer les cadavres par les mains. Et cela importait énormément pour nous. Pas tant parce qu'il s'agissait de cadavres, ça encore..., mais leur mort était tout sauf une mort douce. C'était une mort immonde, sale. Une mort forcée, difficile et différente pour tous.

Je ne l'avais jamais raconté jusqu'à maintenant ; c'est tellement pesant et triste que j'ai du mal à parler de ces visions de la chambre à gaz. On pouvait trouver des gens avec des yeux sortis des orbites à cause de l'effort fourni par l'organisme. D'autres saignaient de partout, ou étaient salis par leurs propres excréments, ou bien ceux des autres. Sous l'effet de la peur et du gaz sur l'organisme, les victimes évacuaient souvent tout ce qu'elles avaient dans le corps. Certains corps étaient tout rouges, d'autres très pâles, chacun réagissait différemment. Mais tous avaient souffert dans la mort. On pense souvent que le gaz était jeté, et voilà, les gens mouraient. Mais de quelle mort !... On les retrouvait agrippés les uns aux autres, chacun avait cherché désespérément un peu d'air. Le gaz jeté par terre dégageait de l'acide par le bas, donc

1. David Olère, peintre juif français d'origine polonaise, a été déporté de France en mars 1943. Arrivé à Auschwitz-Birkenau, il est intégré dans le Sonderkommando du Crématoire III. Il est, comme Shlomo, l'un des rares survivants de ces Kommandos spéciaux. Ses dessins réalisés peu de temps après la Libération sont un témoignage visuel exceptionnel du processus d'extermination dans les chambres à gaz. Certains de ces dessins sont reproduits ici avec l'aimable autorisation de son fils Alexandre Oler, pour illustrer les propos de Shlomo Venezia.

« Blocks II à V à Auschwitz II-Birkenau », David Olère, 1945
Lavis et encre de Chine sur papier
Musée des Combattants des Ghettos, Galilée, Israël

tout le monde voulait trouver de l'air, même si pour cela il fallait grimper les uns sur les autres jusqu'à ce que le dernier meure. Selon moi, je ne peux pas en être sûr mais je pense que de nombreuses personnes mouraient avant même que le gaz ne soit jeté. Ils étaient tellement serrés les uns contre les autres que les plus petits, les plus faibles, étaient immanquablement étouffés. À un certain moment, sous cette pression, cette angoisse, on devient égoïste et on ne cherche plus qu'une chose : se sauver. C'était ça, l'effet du gaz. L'image qu'on voyait en ouvrant la porte était atroce, on ne peut même pas se faire une idée de ce que ça pouvait être.

Les premiers jours, malgré la faim qui me tenaillait, j'avais du mal à toucher le morceau de pain qu'on recevait. L'odeur persistait sur les mains, je me sentais souillé par cette mort. Avec le temps, peu à peu, il a fallu s'habituer à tout. C'est devenu comme une routine à laquelle il ne fallait plus penser.

Pouvez-vous décrire en détail le processus à l'arrivée d'un nouveau convoi ?

À chaque fois qu'un nouveau convoi arrivait, les gens entraient par le grand portail du Crématoire et étaient dirigés vers l'escalier souterrain qui menait à la salle de déshabillage. Ils étaient si nombreux qu'on voyait la queue s'étirer comme un long serpent. Quand les premiers entraient, les derniers étaient encore à une centaine de mètres derrière. Après la sélection sur la rampe, les femmes, les enfants et les vieillards étaient envoyés en premier, puis arrivaient les hommes. Dans la salle de déshabillage, il y avait des portemanteaux avec des

« Dans la salle de déshabillage », David Olère, 1946
Lavis et encre de Chine sur papier
Musée des Combattants des Ghettos, Galilée, Israël

numéros tout le long du mur, ainsi que des petites planches de bois sur lesquelles les gens pouvaient s'asseoir pour se déshabiller. Pour mieux les tromper, les Allemands disaient aux gens de faire bien attention aux numéros, afin qu'ils puissent retrouver plus facilement leurs affaires en sortant de la douche. Après un certain temps, ils ont aussi rajouté aux instructions celle de lacer les chaussures par paire. En réalité, c'était pour faciliter le tri quand les affaires arrivaient au *Kanadakommando*. Ces instructions étaient généralement données par le SS de garde, mais il arrivait qu'un homme du Sonderkommando parlant la langue des déportés leur transmette directement les instructions. Pour tranquilliser les gens et s'assurer qu'ils aillent plus vite et sans faire d'histoires, les Allemands leur promettaient aussi un repas juste après la « désinfection ». Beaucoup de femmes se dépêchaient pour arriver les premières et en finir au plus vite avec tout ça. D'autant que les enfants, terrorisés, restaient serrés auprès de leurs mères. Pour eux, plus encore que pour les autres, tout devait être étrange, inquiétant, sombre, froid.

Une fois déshabillées, les femmes entraient dans la chambre à gaz et attendaient, pensant être dans une salle de douches, avec des pommeaux au-dessus de leur tête. Elles ne pouvaient pas savoir où elles se trouvaient en réalité. Il est arrivé qu'une femme, prise de doute en ne voyant pas arriver l'eau, aille voir un des deux Allemands qui se trouvaient devant la porte. Elle recevait immédiatement des coups violents, la contraignant à retourner à sa place ; l'envie lui passait de poser des questions.

Puis les hommes étaient finalement, eux aussi, poussés dans la chambre à gaz. Les Allemands ont pensé qu'en

« Dans la chambre à gaz », David Olère, 1950
Lavis et encre de Chine sur papier
Collection privée

faisant entrer en dernier une trentaine d'hommes forts, quand la salle était déjà pleine, ils pourraient, avec leur force, pousser les autres. En effet, poussés par les coups qui les massacraient comme des animaux, ils n'avaient pas d'autre solution que de pousser fort pour entrer et éviter les coups. C'est pour cela que, selon moi, beaucoup mouraient ou agonisaient avant même l'introduction du gaz. L'Allemand qui était chargé de contrôler tout ce processus prenait souvent plaisir à faire souffrir un peu plus ces gens, déjà sur le point de mourir. En attendant l'arrivée du SS qui devait introduire le gaz, il s'amusait à allumer puis éteindre la lumière pour les effrayer un peu plus. Quand il éteignait la lumière, on entendait un bruit différent s'échapper de la chambre à gaz ; les gens paraissaient suffoquer d'angoisse, ils comprenaient qu'ils allaient mourir. Puis il rallumait la lumière et on entendait une sorte de soupir de soulagement, comme si les gens croyaient que l'opération avait été annulée.

Puis, finalement, l'Allemand apportant le gaz arrivait. Il prenait deux prisonniers du Sonderkommando avec lui pour soulever la trappe à l'extérieur, au-dessus de la chambre à gaz, puis il introduisait le Zyklon B par cette ouverture. Le couvercle était en ciment très lourd. L'Allemand n'aurait jamais pris la peine de le soulever lui-même, nous devions être deux pour cela. Parfois moi, parfois d'autres. Je ne l'avais jamais dit jusque-là, car ça me fait mal d'avoir à admettre que nous devions soulever et reposer le couvercle, une fois le gaz jeté. Mais c'est ainsi.

Le SS portait-il un masque à gaz ?

Non, je n'ai jamais vu d'Allemand en porter, ni pour verser le gaz ni pour rouvrir la porte. Je sais que beaucoup prétendent qu'ils en portaient. C'était peut-être le cas dans d'autres Crématoires, mais en tout cas, pas dans le mien. C'était inutile, car l'opération était très rapide. Il fallait ouvrir, jeter et refermer. Mais l'Allemand se contentait de jeter le gaz, ce n'était même pas lui qui ouvrait ni refermait.

Une fois que le gaz était versé, cela durait entre dix et douze minutes, puis finalement on n'entendait plus un bruit, plus une âme vivante. Un Allemand venait vérifier que tout le monde était bien mort en regardant à travers un judas placé sur la porte épaisse (de l'intérieur, il était protégé par des barres en fer pour éviter que les victimes ne tentent de briser le verre). Quand il était sûr que tout le monde était bien mort, il ouvrait la porte et repartait aussitôt, après avoir mis la ventilation en marche. Pendant vingt minutes, on entendait un vrombissement énorme, comme une machine aspirant l'air. Puis, finalement, on pouvait entrer et commencer à extraire les cadavres de la chambre à gaz. Une terrible odeur âcre envahissait la pièce. On ne pouvait pas distinguer ce qui relevait de l'odeur spécifique du gaz et ce qui provenait de l'odeur des personnes et des déjections humaines.

Et vous, que deviez-vous faire précisément ?

On m'a donné des ciseaux et je devais couper les cheveux des femmes. On ne coupait que les cheveux les plus longs, sans toucher aux hommes. Ce qui servait surtout, c'étaient les longues tresses, faciles à couper et à transporter. Il fallait utiliser ses deux mains pour couper avec ces grosses paires de ciseaux. Puis on ramassait les cheveux et on les jetait dans un grand sac. Régulièrement, un camion venait récupérer les sacs de cheveux mis de côté, pour les envoyer dans un local en ville où ils étaient stockés.

Une fois qu'on avait fini de couper les cheveux et de retirer les dents en or, deux personnes venaient prendre les corps pour les mettre sur le monte-charge qui les envoyait au rez-de-chaussée du bâtiment, vers les fours crématoires. Tout le reste, la salle de déshabillage et la chambre à gaz, se trouvait en sous-sol. Selon que les personnes étaient grandes, petites, grosses ou minces, on pouvait placer entre sept et dix personnes sur le monte-charge. À l'étage supérieur, deux personnes récupéraient les corps et renvoyaient l'ascenseur. Le monte-charge n'avait pas de porte, un mur bloquait un côté, mais en arrivant en haut, les cadavres étaient déchargés par l'autre côté. Les corps étaient ensuite tirés et disposés devant les fours, deux par deux.

Devant chaque moufle, trois hommes étaient employés à enfourner les cadavres. Les corps étaient disposés tête-bêche sur une espèce de brancard. Deux hommes, placés de chaque côté du brancard, le soulevaient à l'aide d'un long bout de bois passé dessous. Le troisième homme, face au four, tenait les manches qui lui servaient à enfourner le brancard. Il devait faire glisser les corps et retirer le brancard rapidement, avant que le fer ne devienne trop chaud. Les hommes du Sonderkommando avaient pris l'habitude de verser de l'eau sur le

« Nos cheveux, nos dents et nos cendres », David Olère, 1946
Lavis et encre de Chine sur papier
Yad Vashem, Jérusalem, Israël

brancard avant de disposer les corps, sinon ils restaient collés au fer bouillant. Dans ces cas-là, le travail devenait très difficile, car il fallait retirer les corps avec une fourche et des morceaux de peau restaient accrochés. Quand cela arrivait, tout le processus était ralenti et les Allemands pouvaient nous accuser de sabotage. Donc il fallait faire vite et être habile.

Dans les dessins de David Olère, on voit un couloir d'eau devant les fours...

Il servait surtout pour transporter plus facilement les corps entre le monte-charge et les fours. On jetait de l'eau dans cette rigole et les corps glissaient sans trop d'efforts. Pas comme dans le Bunker 2, où nos pieds et les corps s'empêtraient dans la boue. Pour sortir les corps de la chambre à gaz, on n'avait pas besoin de rajouter de l'eau par terre, car le sol était déjà suffisamment humide de tout. Je dis vraiment de tout : le sang, les excréments, l'urine, le vomi, tout... on glissait parfois dedans.

J'ai dit qu'en général, je coupais les cheveux, mais il m'est arrivé parfois de travailler dans la chambre à gaz, pour soulager un peu un ami qui était à bout de forces. Mon travail était un peu moins pénible et j'acceptais d'échanger un moment, le temps qu'il récupère ou prenne un peu d'air frais. Le pire était surtout au début, quand il fallait tirer les premiers corps, car nous n'avions pas d'appui. Les corps étaient tellement imbriqués, amassés les uns contre les autres ; les jambes là, la tête ici. Les cadavres s'amoncelaient sur plus d'un mètre, un mètre et demi de hauteur.

« Dans la salle des fours », David Olère, 1945
Lavis et encre de Chine sur papier
Musée des Combattants des Ghettos, Galilée, Israël

Une fois que la salle était vidée, il fallait la nettoyer entièrement, car les murs et le sol étaient souillés, et il était impossible de faire entrer de nouvelles personnes sans qu'elles s'affolent en voyant les traces de sang et de tout le reste sur les murs et par terre. Il fallait d'abord nettoyer le sol, attendre qu'il sèche et repeindre les murs à la chaux. Le ventilateur continuait de nettoyer l'air. Tout était ainsi prêt pour l'arrivée d'un nouveau groupe. Même si les gens, en entrant, voyaient le sol mouillé, ça ne leur paraissait pas suspect, car on leur avait dit qu'ils allaient à la douche pour la désinfection.

On effaçait donc bien toutes les traces dans la chambre à gaz. Et dans les fours, que se passait-il avec les cendres, une fois les corps brûlés ?

Les cendres aussi devaient être éliminées pour ne laisser aucune trace. D'autant que certains os, comme ceux du bassin, brûlaient mal, que ce soit dans les fours ou dans les fosses, d'ailleurs. C'est pour cela que les os les plus épais devaient être retirés et broyés séparément, avant d'être mélangés aux cendres. L'opération se passait dans la cour du Crématoire, derrière le bâtiment. Dans le Crématoire III, par exemple, l'endroit pour broyer les cendres se trouvait dans le coin à proximité de l'hôpital et du camp des Tziganes. Les cendres, une fois broyées, étaient transportées sur un petit chariot. Un camion venait les récupérer régulièrement pour qu'elles soient jetées dans la rivière. Il m'est arrivé quelquefois d'échanger ma place avec l'un des hommes chargés de broyer les cendres. Cela me permettait de prendre un peu l'air et de sortir de l'atmosphère oppressante et fétide du Crématoire.

Ce processus gazage-crémation ne s'arrêtait-il jamais ?

Nous, on travaillait en deux tours, un de jour et un de nuit, mais le travail ne devait jamais s'arrêter. C'était une chaîne continue, ininterrompue. Une fois seulement, nous avons été contraints d'arrêter le travail pendant deux jours à cause d'un problème dans la cheminée. À force de trop chauffer, des briques avaient fondu, ce qui avait obstrué la sortie d'air. Pour les Allemands, perdre deux jours de travail était un drame. Un jeune Juif polonais, couvert de sacs pour se protéger de la suie et de la chaleur, a ouvert latéralement le four pour pouvoir extraire les briques qui posaient problème. J'ai remarqué les briques luisantes, incrustées de graisse humaine. À cause de ces deux jours d'interruption, la reprise du travail sur les trois cents derniers cadavres a été particulièrement pénible. Avec la chaleur, ils se sont décomposés. Mais ils n'ont pas durci, comme cela arrive chez les personnes qui meurent de mort naturelle : les corps gazés fondaient. J'ai essayé de tirer un corps, mais la peau s'est effritée et m'est restée dans la main. C'était terrible.

Le travail reprenait donc immédiatement à l'arrivée d'un nouveau groupe. Et que faisiez-vous pendant que les gens étaient dans la salle de déshabillage ?

En général, je me reposais en attendant de devoir commencer mon « travail ». Mais parfois aussi, je me trouvais dans la salle pour aider à ce que tout se fasse le plus calmement possible. Nous ne pouvions pas être nombreux, mais juste quelques-uns. Je ne pense pas qu'on puisse dire ou appeler « collaboration » le fait de vouloir alléger un tant soit peu la souffrance de ces gens qui allaient mourir. J'aidais par exemple les personnes âgées à se déshabiller et j'essayais d'éviter aux gens de prendre des coups.

Une fois, j'ai vu une mère avec ses deux filles, qui devaient avoir une douzaine d'années. Elles ne se déshabillaient pas, elles restaient là, à regarder les autres, pétrifiées. Elles venaient de Belgique, certainement d'une famille aisée, élégante. Pour éviter qu'elles ne reçoivent des coups, je leur ai parlé en français, enfin, à ma manière. « Madame, lui ai-je dit, faisez vite parce qu'il vient, l'Allemand, il va tuer vous de coups[1]. » J'ai compris qu'elle avait honte de se déshabiller en public. Alors je lui ai dit : « Tout le monde il va pas vous voir ! Ne vous inquiète pas » et je me suis mis devant elles, de dos, pour leur laisser un peu d'intimité. Du coin de l'œil, j'ai vu qu'elles s'étaient enfin décidées à se déshabiller. Si l'Allemand les avait vues, elles auraient très certainement reçu des coups. Je leur ai au moins évité ça. Elles sont parties avec tout le monde.

Les gens essayaient-ils de vous poser des questions ?

Non, pas dans mon souvenir. Ils étaient complètement abasourdis par le voyage et focalisés sur ce qu'il fallait faire dans l'instant. Certains restaient immobiles, cherchant à comprendre ce qui allait se passer. Le désha-

1. En français dans le texte.

billage durait au moins une heure ou une heure et demie. Parfois même jusqu'à deux heures. Ça dépendait des gens ; plus il y avait de personnes âgées, plus ça prenait de temps. Les premiers à entrer dans la chambre à gaz pouvaient y rester à attendre pendant plus d'une heure. Certaines femmes se dépêchaient pour en finir vite. Elles pensaient que les douches seraient plus propres pour les premiers, mais finalement, toutes nues à attendre, elles souffraient presque plus que les autres.

Les choses se passaient-elles de la même manière quand un groupe de prisonniers sélectionnés à l'intérieur du camp était envoyé à la mort ?

Ces prisonniers étaient assez rarement envoyés dans notre Crématoire. Quand, malgré tout, un tel groupe arrivait, c'est ce qu'il y avait de pire. Ils savaient déjà qu'ils étaient envoyés à la chambre à gaz, à une mort certaine. Généralement, ils avaient passé du temps dans une baraque isolée, jusqu'à ce que les Allemands jugent qu'ils étaient assez nombreux pour être envoyés à la chambre à gaz sans gâcher de Zyklon B. La pièce était très grande et plus elle était remplie, moins les Allemands avaient besoin de gaz pour tuer leurs victimes.

En général, ces gens-là étaient tellement affaiblis, malades et résignés qu'ils ne faisaient pas trop d'histoires. Dans le jargon du camp, on appelait ces prisonniers, réduits à l'extrême limite de leurs forces et qui n'avaient plus que la peau sur les os, des « musulmans ». Je pense que le mot vient de la position qu'ils prenaient en tombant d'épuisement pendant les appels interminables ; ils faisaient tout pour ne pas tomber par terre, et rassemblaient leurs dernières forces pour tenir debout, mais quand ils finissaient par perdre leurs dernières forces, leurs genoux pliaient sous le poids du corps, la tête trop lourde tombait en avant. Ils se retrouvaient par terre, dans la position des musulmans en prière. Quand le kapo ne les achevait pas sur place, il relevait leur numéro pour la sélection suivante.

Et que se passait-il quand ces prisonniers arrivaient dans le Crématoire ?

Ils devaient se déshabiller sans faire d'histoires. Quand ils n'étaient pas trop nombreux, les Allemands les faisaient passer directement par la porte de service qui mène tout droit à l'atrium. Je me souviens qu'une fois, une petite rébellion spontanée a éclaté parmi eux. Les gens ont refusé de descendre les quelques marches et se sont bloqués à l'entrée, plus personne ne pouvait descendre. Mais ils n'ont pas eu le temps de faire grand-chose. Moll, qui ne se trouvait pas loin, est arrivé à ce moment-là et s'est mis à hurler. Quand il a vu que ça ne suffisait pas, il a pris un énorme pilon qu'on utilisait en général pour écraser les cendres. De toutes ses forces, il a abattu le pilon sur la tête de ceux qui se trouvaient le plus proches de lui. Il leur a certainement ouvert le crâne, avec sa force. Les autres, effrayés, n'ont pas eu d'autre choix que d'avancer, même s'ils savaient parfaitement où ils allaient.

« Des femmes nues à la décharge », David Olère, 1946
Lavis et encre de Chine sur papier
Musée des Combattants des Ghettos, Galilée, Israël

Et les personnes trop faibles, qui étaient envoyées au Crématoire en camion, subissaient-elles le même sort ?

Ceux qui arrivaient en camion étaient le plus souvent les personnes restées dans les wagons. Quand un train arrivait, les personnes qui ne pouvaient plus marcher, les malades, les handicapés, les vieillards étaient chargés dans des camions et déposés dans la cour du Crématoire. Mais, généralement, ils étaient plutôt envoyés aux Crématoires IV ou V, pas souvent chez nous au Crématoire III ni au II. Quand il n'y avait plus de place là-bas, alors seulement, ils étaient envoyés dans notre Crématoire. Ils n'étaient souvent pas plus d'une trentaine. Les camions les déchargeaient sur une plate-forme, comme s'il s'était agi de sable qu'on déverse. Les pauvres victimes tombaient les unes sur les autres. Ces personnes qui en temps normal pouvaient à peine tenir debout... La douleur de la chute et l'humiliation devaient être atroces. Nous devions les aider à se relever, à se déshabiller et les emmener à l'intérieur du bâtiment, à l'endroit où un SS les attendait pour les exécuter froidement, un à un.

Pour nous, c'était de loin la tâche la plus pénible à accomplir... Il ne pouvait rien y avoir de plus dur que d'emmener des gens à la mort et les tenir pendant qu'ils étaient exécutés. Une fois, j'ai dû aider une vieille femme à se déshabiller. Comme toutes les personnes âgées, elle tenait à ses affaires. Et puis, face à un homme qu'elle ne connaissait pas, la pauvre était complètement bouleversée. À chaque fois que j'essayais de lui enlever ses bas, elle les remontait ; je baissais un côté, elle remontait l'autre. Mais ça commençait à devenir dangereux, car si l'Allemand attendait trop longtemps, je pouvais le payer de ma vie. Je ne savais plus quoi faire... j'ai commencé à devenir nerveux. C'est une des choses qui me reste comme... j'étais à bout de nerfs, je l'ai prise avec force pour lui enlever ses bas. Je les aurais même déchirés pourvu qu'elle les lâche. La pauvre, elle protégeait ce qu'elle pouvait. Mais elle a fini comme les autres.

Où se trouvait le SS, dans ces cas-là ?

En montant les trois marches, on se trouvait dans la salle des fours. On devait les longer par l'arrière, du côté où on ressortait les cendres. L'Allemand se plaçait généralement au bout, légèrement caché derrière l'angle du dernier four. On passait devant lui, comme pour monter les escaliers qui menaient au grenier. Les victimes le voyaient à peine et dès que nous l'avions dépassé, il tirait à bout portant derrière la nuque. Au bout d'un certain temps, ils ont changé de méthode pour utiliser plutôt un fusil à air comprimé, car la balle de pistolet était trop grosse et l'impact, de trop près, faisait éclater le crâne de la victime. Ça dérangeait l'Allemand d'être ainsi éclaboussé. La personne qui accompagnait la victime devait connaître la technique : il fallait tenir les victimes à bout de bras par l'oreille, l'Allemand tirait, et avant que la personne ne tombe par terre, nous devions être assez habiles pour leur faire baisser la tête parce que autrement le sang giclait comme une fontaine. Si par malheur un peu de sang touchait le SS, il s'en prenait à nous et n'hésitait pas à nous punir ou même à nous tuer sur-le-champ. C'est ce qui a failli se passer avec mon frère. À cette époque, il se trouvait déjà avec moi au Crématoire

III. Il n'a pas été capable de baisser la tête de la victime assez vite et le sang a giclé sur l'Allemand. Par hasard, je ne me trouvais pas loin et je suis intervenu en disant en allemand : « *Das ist mein Bruder !* » « C'est mon frère ! » Ça aurait pu me valoir des problèmes à moi aussi, mais au lieu de cela, l'Allemand s'est calmé et nous a laissés partir. À partir de ce moment, mon frère s'est toujours défilé, évitant autant que possible d'avoir à faire ce travail particulièrement pénible. Pour moi, le plus dur était de devoir laisser retomber le mort. Sentir le poids de la personne, dans cette chute qu'on accompagne malgré soi. Ça me faisait mal d'entendre le corps tomber par terre, même si je savais qu'il était déjà mort, et je faisais tout pour adoucir la chute.

Voilà, les hommes du Sonderkommando étaient aussi forcés de faire ce genre de choses. On ne peut pas le nier, dire que ça n'a pas existé ou que ce n'est pas vrai. Pourtant, dans ce cas, je reconnais que je me sens un peu complice, même si je ne les ai pas tués. On n'avait pas le choix, pas d'autre possibilité dans cet enfer ! Si j'avais refusé de le faire, l'Allemand m'aurait sauté dessus et m'aurait tué immédiatement, pour faire un exemple. Heureusement, ces groupes n'étaient pas souvent envoyés dans notre Crématoire. Deux ou trois fois tout au plus.

Des hommes du Sonderkommando m'ont raconté comment ça se passait au Crématoire V. Il semble que là-bas, les camions déchargeaient directement les victimes vivantes dans les fosses qui brûlaient à ciel ouvert. Je ne l'ai pas vu personnellement, donc je ne peux pas le confirmer, mais ça me semble parfaitement possible qu'ils ne se soient même pas souciés de tuer les gens avant de les jeter dans le feu. Chez nous, les choses duraient plus longtemps, car l'Allemand devait les tuer un par un.

Êtes-vous allé aux Crématoires IV et V, et avez-vous pu constater par vous-même les différences avec les Crématoires II et III ?

Oui, j'y suis allé quatre ou cinq fois, pour voir mon frère qui a travaillé là-bas les premiers mois. Par la suite, j'ai réussi à le faire venir dans mon Crématoire, car le travail y était mieux organisé, donc un peu moins pénible. Surtout, chez nous, il n'y avait pas de fosses communes, les corps étaient brûlés dans les fours. Mais là-bas, les fours étaient souvent en panne ou insuffisants, alors il fallait brûler les corps dans des fosses à ciel ouvert. Quand ils avaient besoin de main-d'œuvre supplémentaire, ils demandaient à mon kapo, Lemke, de venir avec quelques personnes pour les aider. Il m'est arrivé d'y aller plusieurs fois, mais c'était toujours un prétexte pour essayer de voir mon frère.

Je me souviens que sur la route, en revenant du Crématoire IV, l'Allemand ordonnait de temps en temps à mon cousin Yakob Gabbai de chanter. « *Greco ! Singen !* » lui disait-il. Yakob avait une belle voix de baryton et il se mettait alors à chanter des chants patriotiques grecs que les Allemands ne pouvaient pas comprendre. On entendait résonner dans tout le camp un chant dont les paroles signifiaient : « Le drapeau grec, mon Dieu comme je l'aime, ma mère, je n'abandonnerai jamais la patrie aux étrangers, je préfère mourir. » C'est comme si les vainqueurs grecs étaient subitement entrés dans le camp.

Je n'ai pas pénétré dans les Crématoires IV et V, donc je ne peux dire que ce que j'ai vu de l'extérieur. Je m'étonne souvent, en y repensant. J'étais si curieux, comment se fait-il que je n'aie pas cherché à entrer pour voir comment c'était dedans ? Si j'avais pu penser une seconde que j'allais survivre, j'aurais tout noté pour pouvoir raconter... mais bon, là-bas, je n'ai vu que les fosses. C'étaient des espèces de grandes piscines, les corps étaient amenés devant et placés dedans par des hommes du Sonderkommando qui savaient comment le faire. Si je me souviens bien, il y avait deux fosses qui se trouvaient devant l'entrée, sur le côté du Crématoire. Je sais que les historiens disent que les fosses étaient plus nombreuses, mais moi, au moment où je me trouvais là-bas, je n'en ai vu fonctionner que deux. Elles ressemblaient aux fosses que j'ai vu fonctionner près du Bunker 2, à la différence que dans le Crématoire V, les fosses complétaient les fours.

Les Crématoires IV et V étaient plus petits que les Crématoires II et III, les fours fonctionnaient moins bien, avec une capacité inférieure. Les fosses permettaient d'accélérer le rythme d'élimination des cadavres, car c'est long de brûler sept cents corps dans des fours si petits. Surtout que les fours ne fonctionnaient pas correctement. Chez nous, il pouvait y avoir jusqu'à mille huit cents personnes.

En moyenne, tout le processus d'élimination d'un convoi devait durer soixante-douze heures. Les tuer était rapide, le plus long était de brûler les cadavres. C'était bien cela, le principal problème des Allemands : faire disparaître les corps. Les fosses permettaient d'aller un peu plus vite.

Quand vous êtes allé aux Crématoires IV et V, avez-vous été obligé d'aider vous aussi ?

En théorie, oui, j'aurais dû aider. Les kapos pouvaient nous dire par exemple de porter les cadavres d'un endroit jusqu'à la fosse. Mais ceux qui nous donnaient les ordres là-bas n'étaient pas ceux de mon Crématoire. Alors on ne prenait pas trop de risques en faisant de l'obstruction, c'est-à-dire en faisant les choses lentement et pas comme il aurait fallu. Nous n'étions pas le personnel fixe, mais seulement une aide, un surplus. On n'avait pas à craindre de ne pas faire les choses à temps et d'être désignés comme les coupables.

Je me souviens d'un épisode terrible auquel j'ai assisté en étant là-bas. Moll, le fameux *Malahamoves,* s'en est pris à deux jeunes frères grecs, Alberto et Raul Jachon. Il leur a ordonné d'apporter une bassine dans laquelle il a versé du liquide inflammable. Puis, ce maudit Moll leur a ordonné d'enlever leurs chaussures et de mettre leurs pieds dans la bassine. Il a jeté une allumette et le feu a pris subitement. Évidemment, ils ont sauté hors de la bassine pour se protéger, ce qui a bien sûr rendu Moll fou furieux. Pour continuer à « s'amuser », il leur a ordonné d'escalader la barrière de barbelés en leur faisant croire que s'ils passaient de l'autre côté, ils seraient libres. Il n'y avait pas, à ce moment-là, de courant sur les barbelés. Ils ont pu monter assez haut. Mais, bien entendu, Moll n'avait aucune intention de tenir sa promesse et il leur a tiré dessus pour les abattre comme des chiens.

Votre frère travaillait donc dans ce Crématoire ?

Oui, mais en réalité, je n'ai pu le voir qu'une seule fois au Crématoire IV. Bien que j'y sois allé à plusieurs reprises dans le seul but de savoir comment il allait, je n'ai pas eu de chance, je ne l'ai pas trouvé. Quand je l'ai enfin vu, je savais déjà que le travail était plus terrible et pénible dans son Crématoire que dans le mien. Au moins, nous, on n'avait pas à transporter les corps dans les fosses. Plus encore que d'être avec lui, je voulais m'assurer qu'il ne resterait pas dans cet endroit. Alors, j'ai tout fait pour qu'il me rejoigne. Par ailleurs, je voulais qu'on puisse passer nos derniers moments ensemble. J'étais persuadé qu'après le troisième mois, il y aurait une sélection et que les hommes du Sonderkommando seraient éliminés. Je ne m'attendais pas à vivre au-delà de ces trois mois, alors, quand j'ai vu que la fin approchait, je suis allé voir le kapo de mon Crématoire, Lemke. C'était un Juif polonais, un homme pas mauvais, on le respectait. Les kapos dans les Crématoires n'étaient pas comme les autres kapos du camp. Ils étaient tous juifs et ne frappaient pas, ils n'utilisaient pas de violence sadique à notre égard et, en général, ce sont eux qui ont organisé la révolte d'octobre avec quelques autres.

Lemke était un homme plutôt réservé, il ne parlait pas beaucoup et ne faisait pas facilement confiance. Il se contentait de nous dire : « *Hevre !* » « Les gars, au travail ! » Le seul risque, quand on ne lui obéissait pas, était qu'il nous désigne à la prochaine sélection. Mais moi, j'ai réussi à établir un lien avec lui, je ne dirais pas d'amitié, mais de confiance. C'est ce qui m'a permis d'aller le voir pour lui demander, à ma manière, avec mon allemand approximatif, s'il était possible de faire transférer mon frère. Il m'a demandé si mon frère était quelqu'un de fort et de bon caractère. J'ai répondu que oui ; il était très musclé, physiquement, même plus fort que moi, et je lui ai aussi raconté qu'on faisait souvent des duos, moi à l'harmonica et lui à la danse. Sur le moment, je n'ai pas vraiment compris pourquoi il m'avait posé ces questions. Mais l'important était qu'il ait accepté. Par la suite, j'ai compris qu'il pensait déjà à la révolte et voulait avoir avec lui des hommes forts de physique comme de caractère.

Pour faire venir mon frère du Crématoire IV au Crématoire III, il fallait échanger un *Stück*, c'est-à-dire un « morceau », puisque nous n'étions pas considérés comme autre chose que des pièces. Lemke s'est mis d'accord avec le kapo du Crématoire IV. Un jour, alors que quatre hommes de chez nous étaient partis avec une marmite récupérer la soupe dans le *Lager d*, l'un d'entre eux, un Grec assez âgé, a pris la place de mon frère venu au même moment du Crématoire IV. C'est ainsi qu'il m'a rejoint au Crématoire III. Pour les Allemands et les kapos, c'était la même chose, un « morceau » d'un côté ou de l'autre... l'important était que le nombre soit juste. Ils ne regardaient même pas les numéros d'immatriculation, nous n'étions que des *Stücke*.

Vous dites que les kapos du Sonderkommando n'utilisaient pas la violence. Qu'en était-il des SS dans le Crématoire ?

Les SS n'étaient pas nombreux dans le Crématoire. En général, il y avait deux SS affectés à chaque Crématoire ; un le jour et l'autre la nuit. Ils étaient plus nombreux au moment de l'arrivée d'un convoi, mais il n'y avait que deux gardes fixes. La plupart du temps, ils restaient dans leur petite chambre et n'en sortaient qu'à l'arrivée des convois, et de temps en temps pour surveiller. Mais, en principe, ils n'avaient pas besoin de venir contrôler souvent, puisque les kapos s'en chargeaient. Si tout n'était pas fini en trois jours, c'est que nous n'avions pas assez travaillé. Mais le kapo intervenait généralement avant.

Le Sonderkommando était un cas particulier. Dans l'ensemble, les SS qui nous surveillaient nous laissaient tranquilles. Ils ne s'en prenaient pas à nous, car notre travail était trop important à leurs yeux et ils ne cherchaient pas à nous déstabiliser. À part Moll, bien sûr, qui était le responsable de tous les Crématoires. Ce maudit « Ange de la mort » était le pire de tous. Dès qu'il arrivait dans un Crématoire, c'était la fin du monde, même le garde allemand avait peur qu'on lui reproche tout et n'importe quoi. Il utilisait tous les prétextes pour hurler, terroriser et punir. Il y a eu d'autres cas : dans mon Crématoire, je me rappelle un des gardes qui était une véritable brute. Il était très grand, le visage large, mais je ne me souviens pas de son nom. Il ressemblait à l'un des SS dessinés par David Olère. Cet homme prenait plaisir à tuer lui-même les victimes.

Dans les faits, tuer les victimes d'un coup de revolver ne posait de problème à aucun Allemand, à part un seul SS que j'ai connu. Il n'était même pas allemand, d'ailleurs, c'était un Hollandais que j'ai toujours trouvé plus humain que les autres. Je lui ai parlé, une fois, et il m'a raconté qu'il s'était engagé volontairement dans la SS,

« Portrait du SS Georges, l'un des plus cruels bourreaux du camp », David Olère, 1947
Lavis et encre de Chine sur papier
Collection privée

car il croyait en la rigueur et l'efficacité des Allemands. Quand il a compris comment les choses se passaient réellement, il était déjà trop tard pour lui. Il devait impérativement rester et ne rien dire, sinon il risquait d'être envoyé sur le front russe ou éliminé directement. Mais il évitait autant que possible d'avoir à tuer lui-même les gens. Quand il se trouvait dans ces situations, il préférait appeler un autre SS pour ne pas avoir à tuer lui-même. Pour éviter que les autres Allemands ne se rendent compte de son malaise, il devait faire semblant et prétendre être aussi dur qu'eux. Alors, pour donner l'impression qu'il frappait souvent, il avait élaboré tout un système pour éviter de faire mal aux victimes. Il utilisait une canne de bambou, fissurée au milieu. Quand il frappait, la douleur était minime, mais le bruit des deux extrémités en se touchant donnait l'impression d'un fort claquement de fouet. C'est le seul SS à se comporter comme cela que j'aie jamais connu. Les autres étaient tous des animaux mauvais, sans aucune humanité. Quand il fallait tuer, ils tuaient sans scrupules. Ils créaient un grand chaos pour effrayer les gens et les désorienter dès leur arrivée. Les familles déchirées, les enfants terrorisés, frappés, personne ne savait plus comment réagir autrement qu'en entrant dans le rang, et c'est ainsi qu'ils réussissaient à faire de nous ce qu'ils voulaient.

Le Hollandais était plus humain, j'ai même eu une conversation avec lui quand il est entré par hasard dans la salle de la cheminée dans laquelle je me trouvais seul. J'avais récupéré, parmi les vêtements laissés, un très bel harmonica de la marque Höhner. Il se trouve que je savais en jouer, car j'avais eu la chance d'en avoir eu un quand j'étais enfant. De temps en temps, quand je pouvais faire une pause et laisser les autres continuer sans moi un moment, je montais dans cette petite pièce carrée et je sortais l'harmonica pour me détendre, ou je m'appuyais simplement au rebord de la fenêtre pour prendre l'air. Cette salle était en quelque sorte mon refuge. Elle était petite, avec une fenêtre et au centre l'énorme conduit en briques, carré, de la cheminée qui traversait la pièce. Un jour, alors que je me trouvais là, à jouer doucement de l'harmonica, la porte s'est ouverte brusquement sur ce SS hollandais. Je me suis immédiatement levé en retirant ma casquette, il est entré dans la pièce et avec un geste encourageant m'a dit : « *Spiel !* » « Joue ! » J'ai hésité un moment, mais il a insisté. Alors j'ai joué le premier air qui m'est venu en tête. Ça lui a beaucoup plu et il m'a dit qu'il voulait lui aussi apprendre à en jouer. Je ne savais pas lire les notes, je lui ai dit que je ne jouais qu'à l'oreille. Alors il m'a fait signe de lui passer l'instrument pour qu'il essaie à son tour. Le plus surprenant, c'est qu'il a pris l'harmonica et l'a mis à sa bouche sans prendre le soin de le nettoyer avant, comme tout le monde le fait naturellement. Il a essayé de jouer, mais n'a pu sortir que des sons inaudibles. Il me l'a rendu avec un geste dépité et nous avons engagé la conversation.

N'a-t-il jamais eu à mener de sélections à l'intérieur du Sonderkommando ?

Non, il n'était qu'un garde. Et puis, il se trouve que quand je suis entré dans le Sonderkommando, le travail était tel que mon groupe n'a subi aucune sélection. Au contraire, ils n'ont cessé d'augmenter le nombre de personnes travaillant dans les Crématoires. Ce sont les anciens qui nous ont raconté comment se passaient les sélections. Ce n'était pas comme dans les autres parties du camp. Chez nous, l'Allemand allait voir le kapo et lui disait combien de personnes devaient être « transférées ». On savait que « transférer » signifiait « éliminer ». Le kapo décidait qui envoyer et en général il prenait les derniers arrivés. Je dois dire aussi que les Juifs polonais avaient tendance à s'aider mutuellement, alors que nous, sépharades, étions en général dans des positions plus instables. C'est pour cela que j'ai essayé de gagner la confiance de mon kapo, Lemke.

On s'attendait toujours à ce qu'une sélection ait lieu et que la fin arrive. Par exemple, quand ils nous envoyaient à la *Sauna* pour la douche. Ce n'était pas tant pour la désinfection, car au Sonderkommando on pouvait changer de vêtements assez régulièrement pour éviter les risques d'épidémies par les poux. Mais leur but était de nous habituer à ces « sorties » en petit groupe. Ainsi, dans le cas où ils auraient voulu nous éliminer, il leur aurait été plus aisé de prétendre nous emmener à la *Sauna*.

Et quand vous alliez à la Sauna, *vous ne vous demandiez pas si cette fois était la dernière ?*

Non, il n'y avait rien à penser. Au contraire, c'était même une libération pour nous. Certains me demandent s'il ne valait pas mieux en finir. Peut-être, sûrement même. Mais je n'y pensais pas, il fallait aller de l'avant, jour après jour, sans se poser de questions : continuer la vie, même si elle était terrible. À ma connaissance, personne ne s'est suicidé dans le Sonderkommando. Je sais que certains ont dit qu'ils voulaient vivre à tout prix. Moi, je pense que j'aurais préféré mourir. Mais à chaque fois, une phrase de ma mère me revenait en tête : « Tant qu'on respire, il y a de la vie. » Nous étions trop proches de la mort, mais on avançait, jour après jour. Je pense qu'il fallait une force particulière pour supporter tout cela, une force morale et physique.

Il y avait malgré tout un homme, dans le Sonderkommando, qui était très maigre et certainement malade. Je pense qu'il s'agissait d'un intellectuel polonais, quelqu'un de respecté, car tout le monde le laissait tranquille. Lemke le protégeait et les gardes ne disaient rien. Je ne l'ai jamais vu travailler. Il n'avait même pas besoin de descendre à l'appel. Jusqu'au jour où Moll est arrivé et a exigé que tout le monde descende. Pour lui, c'était la fin. Mais c'est une longue histoire qu'il faut reprendre au début...

Cela s'est passé peu de temps après mon arrivée dans le Sonderkommando. Des prisonniers du camp travaillaient encore au prolongement de la voie ferrée. Ceux qui se trouvaient tout au bout de la rampe, c'est-à-dire à proximité du Crématoire, étaient des Juifs de Rhodes qui parlaient ladino, comme nous. Ils avaient entendu dire que des Grecs travaillaient dans le Crématoire et que, chez nous, on ne manquait de rien. L'Allemand leur permettait de chanter en travaillant, alors ils ont inventé une mélodie sur laquelle, en ladino, ils nous demandaient de leur envoyer de la nourriture et des vêtements. Après quelques hésitations, on a fini par préparer un petit paquet, contenant un pain rond roulé dans des chemises, qu'on leur a lancé par la fenêtre. Le premier paquet est passé et le garde allemand qui surveillait les prisonniers les a laissés le prendre. Mais juste au moment où on a lancé le deuxième, la motocyclette de Moll est apparue. Il a débarqué dans le Crématoire, hors de lui, exigeant de savoir qui avait lancé le paquet. Comme il n'avait pas le temps de régler le problème sur-le-champ, il a promis de revenir le lendemain pour punir les coupables.

Et, de fait, il est revenu le lendemain matin. Le rassemblement devant le Crématoire a été immédiatement ordonné, mais à l'appel, il manquait deux personnes : celui que j'appelle « l'intellectuel » et... moi. Par hasard, ce matin-là, je me trouvais hors du bâtiment, dans le coin éloigné où on allait broyer les cendres. À l'écart des autres, perdu dans mes pensées, je n'ai pas entendu les kapos annoncer le rassemblement. Un kapo m'a trouvé et m'a ordonné de me dépêcher. Je me suis mis à courir immédiatement en entendant hurler *Malahamoves.* J'étais terrorisé à l'idée de ce qu'il allait me faire. Je n'arrêtais pas de repenser à cet homme qu'il avait tué devant moi, au Bunker 2. J'avais une chique de cigarette à la bouche et le *Mütze* (béret) qu'il fallait obligatoirement retirer devant les Allemands. J'ai couru et n'ai aperçu Moll qu'à la dernière seconde, en tournant pour aller sur la place de l'appel. J'ai craché le bout de cigarette, mais j'en ai presque oublié de retirer ma casquette. Il s'est bien sûr mis à hurler. Puis il m'a donné un coup tout en me faisant un croche-pied pour que je tombe. Il fallait se relever immédiatement, sinon la punition était plus dure encore. Il m'a frappé une deuxième fois, je suis retombé et me suis relevé. Puis il m'a dit de rentrer dans le rang. J'étais persuadé qu'il allait en profiter pour me tirer dans le dos. Je ne sais pas si j'ai volé, couru, en tous les cas, je me suis mis dans le rang en un temps record.

Celui qui avait lancé les paquets s'est désigné. Tout le monde savait que si personne ne disait rien, la punition serait collective et tout aussi douloureuse. Il a été puni de vingt-cinq coups de fouet. Dans le système sadique des Allemands, c'était un déporté qui était obligé d'administrer les coups de fouet sur le dos de son camarade. Les Allemands vérifiaient qu'ils étaient assez forts, et s'ils ne l'étaient pas, les deux étaient punis. Moi, je peux dire que j'ai eu de la chance, avec seulement deux coups, je ne m'en suis pas trop mal sorti.

Quant à « l'intellectuel », il a été obligé de descendre, malgré les explications du kapo. Je ne l'avais jamais vraiment vu auparavant. Il était pâle, maigre et malade. Il devait avoir, à mon avis, plus de quarante-cinq ans. Avant de descendre, il s'était arrangé pour cacher une couverture sous ses vêtements et paraître ainsi moins maigre qu'il ne l'était. Moll, furieux de l'avoir attendu, s'en est pris à lui, ordonnant qu'il soit fouetté. Il a désigné pour cela un Russe, en lui montrant avec quelle force il devait fouetter cet homme. Au début, protégé par la couverture, il n'a pas trop souffert sous la morsure des coups. Mais au lieu de feindre la souffrance, il s'est laissé faire. Moll avait suffisamment l'habitude de ce genre de punition pour savoir comment les prisonniers étaient censés réagir. Il n'a pas été dupe longtemps et a ordonné au prisonnier de baisser son pantalon. Quand il a vu la couverture, sa colère a redoublé et il a littéralement massacré le pauvre homme avec tous les coups qu'il lui a donnés.

Y a-t-il eu des tentatives d'évasion de membres du Sonderkommando ?

À ma connaissance, ce n'est arrivé qu'une fois durant la période où je me trouvais dans le Sonderkommando. Je sais qu'en dehors du Sonderkommando, c'est arrivé plus souvent et que certains se sont sauvés. Mais quand ils ont raconté, personne ne les a crus. Les gouvernements, Churchill et les autres, n'en avaient rien à faire des Juifs, ils voulaient simplement gagner la guerre. S'ils avaient voulu sauver les Juifs, ils auraient pu le faire plus tôt. En tout cas, en ce qui concerne les hommes de mon Crématoire qui ont tenté de s'évader, je sais que ce n'était pas prémédité. Ils ont tenté le tout pour le tout quand l'occasion s'est présentée.

Il s'agissait de deux Grecs : Hugo Venezia (qui était le fils du Baruch dont j'ai déjà parlé) et Alex Errera. On ne parle jamais de leur histoire, mais Errera, Alekos comme les Grecs l'appelaient, était un véritable héros. Avant d'être déporté, il avait été capitaine de la marine grecque et était un homme très respecté parmi nous. Un jour, les Allemands leur ont ordonné d'accompagner le camion venu récupérer les cendres pour les jeter dans la rivière Soła. Ils devaient les disperser dans l'eau en posant une bâche par terre et récupérer les dernières cendres avec une pelle pour s'assurer qu'il ne reste absolument aucune trace.

Ce jour-là, j'ai su qu'il s'était passé quelque chose en entendant sonner l'alerte. Dans le camp, il y avait en général plusieurs types de sirènes, mais celle qui sonnait en continu signifiait une situation grave. Pour les Allemands, l'évasion d'un membre du Sonderkommando était très grave, ils ne pouvaient absolument pas se permettre de laisser s'évader un homme qui avait vu l'intérieur des chambres à gaz. Ils ont immédiatement augmenté le nombre de gardes autour du Crématoire et ordonné des appels interminables dans tout le camp. J'ai su que pour certains, ces appels avaient duré toute la nuit, mais pas chez nous, car les Allemands ne voulaient pas que notre travail soit interrompu trop longtemps.

On a su ce qui s'était passé avec le retour de Hugo Venezia. Il nous a raconté que le SS qui les accompagnait s'était installé devant, à côté du chauffeur, et qu'ils étaient restés seuls derrière avec le chargement de cendres. Avant d'arriver à la rivière, Errera avait élaboré un plan et prévenu Hugo de ce qu'il aurait à faire. Errera devait assommer le garde qui serait venu leur ouvrir la porte, pendant que Hugo irait, par surprise, attaquer le chauffeur avant de se jeter à l'eau. Quand le camion s'est arrêté, ils ont attendu que le SS s'approche pour leur dire de descendre, et pendant qu'il ouvrait, Errera l'a assommé d'un grand coup sur la tête avec la pelle. En entendant le bruit, le chauffeur qui lisait un journal a regardé par le rétroviseur et est sorti du camion avec son pistolet à la main. Hugo Venezia nous a raconté qu'il n'a rien pu faire, il est resté paralysé, tétanisé par la peur face au chauffeur qui pointait son pistolet. C'était un jeune homme d'à peine dix-huit ans, alors qu'Errera avait de l'expérience et certainement aussi plus de force de caractère. Sans attendre, il s'est immédiatement jeté dans la rivière et s'est mis à nager vers l'autre rive. Le chauffeur lui a tiré dessus, mais le pistolet d'ordonnance ne pouvait plus l'atteindre. Alors, s'emparant du fusil du garde resté à terre, l'Allemand a tiré à nouveau avec les fameuses balles « dum-dum », faites pour imploser à l'intérieur du corps et causer un maximum de dégâts. Errera a été touché à la cuisse, mais il a continué jusqu'à rejoindre l'autre rive. L'alarme a été donnée, et la chasse à l'homme qui s'est immédiatement organisée a duré toute la nuit et le jour suivant. Mais la blessure devait être grave, Errera avait dû perdre beaucoup de sang et il n'a pas survécu à son évasion. Son corps a été retrouvé et ramené au Crématoire II. Entre-temps, Hugo, ramené par le chauffeur, nous a raconté tout ce qu'il avait vu. Dès le lendemain, les Allemands sont venus le chercher et personne ne l'a plus jamais revu. Quant à Errera, il a été rapporté pour subir une autopsie. Puis son corps, totalement démembré et défiguré, a été exposé sur une table dans la cour du Crématoire. Ils nous ont obligés à passer chacun devant la table pour regarder le visage déformé et méconnaissable de notre ancien compagnon. Les Allemands étaient extrêmement nerveux et quiconque détournait les yeux recevait des coups de bâton. Puis nous l'avons porté dans la salle des fours et avons récité un *kaddish* avant de brûler son corps. Cette histoire, personne n'en parle jamais, car personne n'a vraiment fait d'étude sur le sort des Grecs à Birkenau.

CHAPITRE IV

Sonderkommando (suite)

À partir du moment où l'on a commencé à travailler dans le Crématoire, les Allemands nous ont fait dormir dedans. Il y avait un endroit aménagé, sous le toit, au-dessus de la salle des fours. Le toit était mansardé, mais c'était assez haut ; jusqu'au lit, on pouvait rester debout tout droit. Chacun avait son lit, contrairement aux autres baraques du camp où les prisonniers devaient se serrer à cinq sur les couchettes sales. Les deux rangées de lits étaient séparées par une étagère qui faisait toute la longueur. Cette étagère contenait près de deux cents urnes alignées, toutes identiques. J'ai voulu savoir ce qu'il y avait dans ces urnes, alors j'en ai pris une et je l'ai ouverte. Elle était remplie de cendre grise très fine avec, au-dessus, une petite médaille portant un numéro. Ce devait être le numéro d'immatriculation d'un prisonnier. J'ai su par la suite que les Allemands gardaient ces urnes pour les familles de prisonniers. Ce n'était certainement pas fait pour les Juifs, mais pour les chrétiens morts dans le camp, de faim, de maladie ou je ne sais quoi. Les Allemands annonçaient à la famille que le prisonnier était mort de maladie et qu'il était possible de récupérer ses cendres contre un paiement de deux cents marks. Il est certain que les cendres qui étaient dans les urnes étaient les cendres mélangées de plusieurs personnes et ne contenaient peut-être même pas une trace de la personne désignée.

Vous souvenez-vous d'autres membres du Sonderkommando qui étaient avec vous ? Avez-vous vu des Juifs français, par exemple ?

Je me souviens de quelques personnes, surtout des Grecs qui se trouvaient avec moi. Mais la majorité des membres du Sonderkommando étaient des Polonais. Certains venaient aussi d'autres pays d'Europe de l'Est, mais tous entre eux pouvaient parler yiddish, sauf nous, les Grecs, qui parlions ladino entre nous.

Des Français, je n'en ai pas vu, sinon j'aurais parlé un peu avec eux. David Olère, par exemple, je ne savais pas qu'il avait été déporté de France ; pour moi, c'était un Polonais qui parlait yiddish. Je ne l'ai jamais entendu parler français, mais de toute façon, je le répète, on ne parlait pas souvent entre nous. La plupart du temps, je ne connaissais même pas le nom des autres. Si on avait besoin de quelque chose, on disait juste : « *Du !* » « Toi ! » Moi encore, je parlais un peu l'allemand, mais certains Grecs, qui ne parlaient pas yiddish, ne connaissaient même pas un mot d'allemand. En général, on se faisait des signes avec les mains, avec les pieds, comme on pouvait.

◄ Shlomo (21 ans) à Athènes en 1944, quelques semaines avant sa déportation. (D.R.)

rtrait de Shlomo à Auschwitz,
nt le foulard bleu et blanc des
ns déportés (mars 2003). (D.R.)

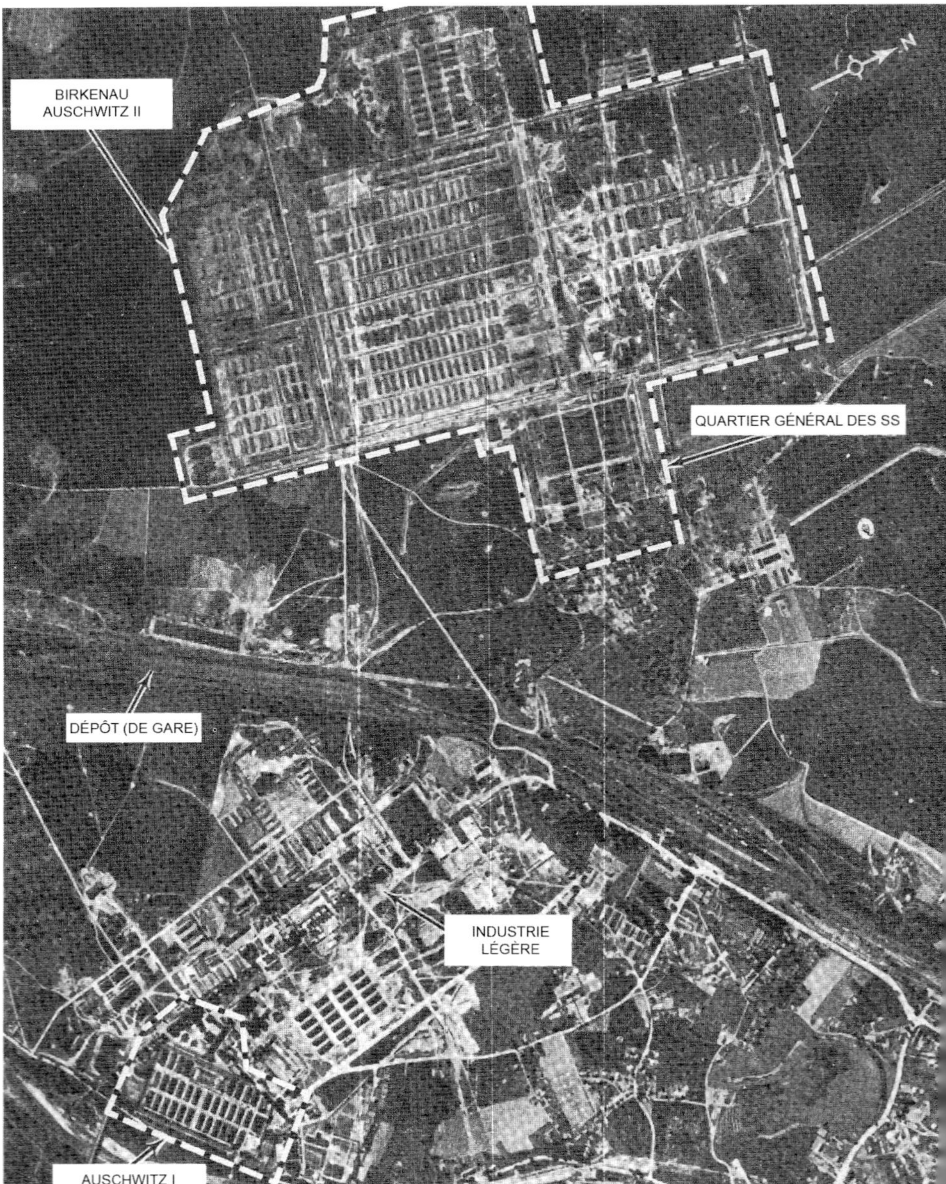

▲ Vue aérienne d'une partie du complexe d'Auschwitz avec Auschwitz I et Auschwi
Birkenau. La voie ferrée située entre les deux camps, la *Judenrampe*, a servi de ra
d'arrivée et de sélection des convois de Juifs jusqu'en mai 1944, date à laquelle
est remplacée par la *Bahnrampe* qui conduit les victimes jusqu'à l'intérieur du ca
proximité des Crématoires II et III. (Mémorial de la Shoah / CDJC.)

Photo aérienne prise
l'aviation anglaise
reconnaissance au-
sus de Birkenau, le
août 1944. En haut
l'image, la fumée
ève des fosses com-
nes du Crématoire V.
e Aerial Reconnais-
ce Archives.)

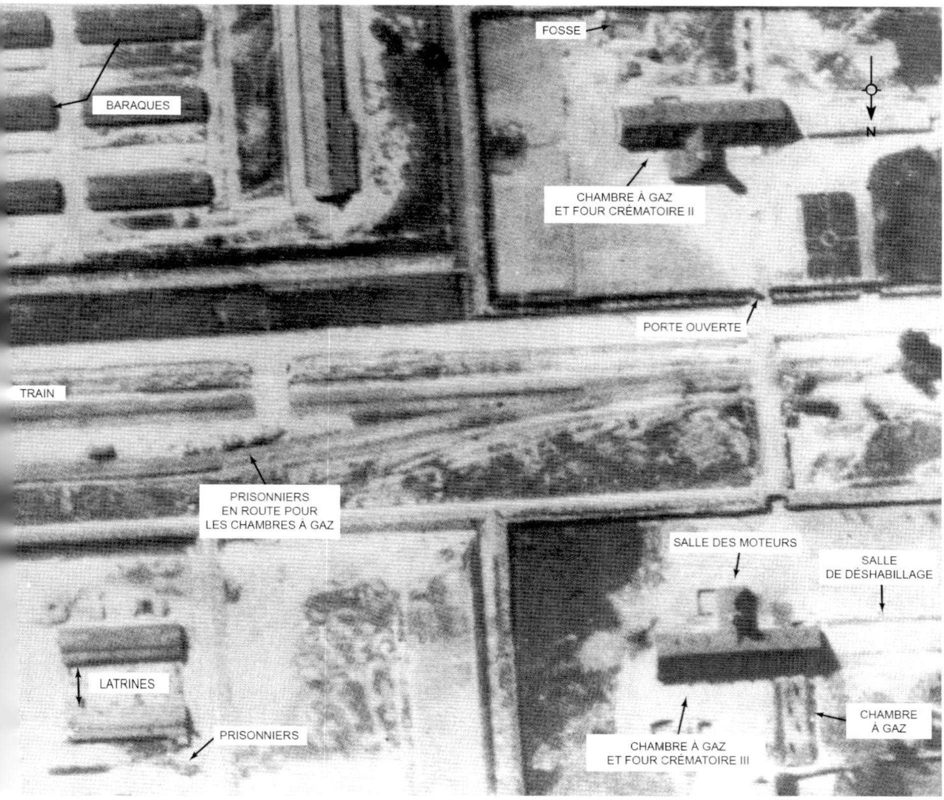

e des Crématoires II et III de Birkenau annotée par Jean-Claude Pressac. Détail.
orial de la Shoah / CDJC.)

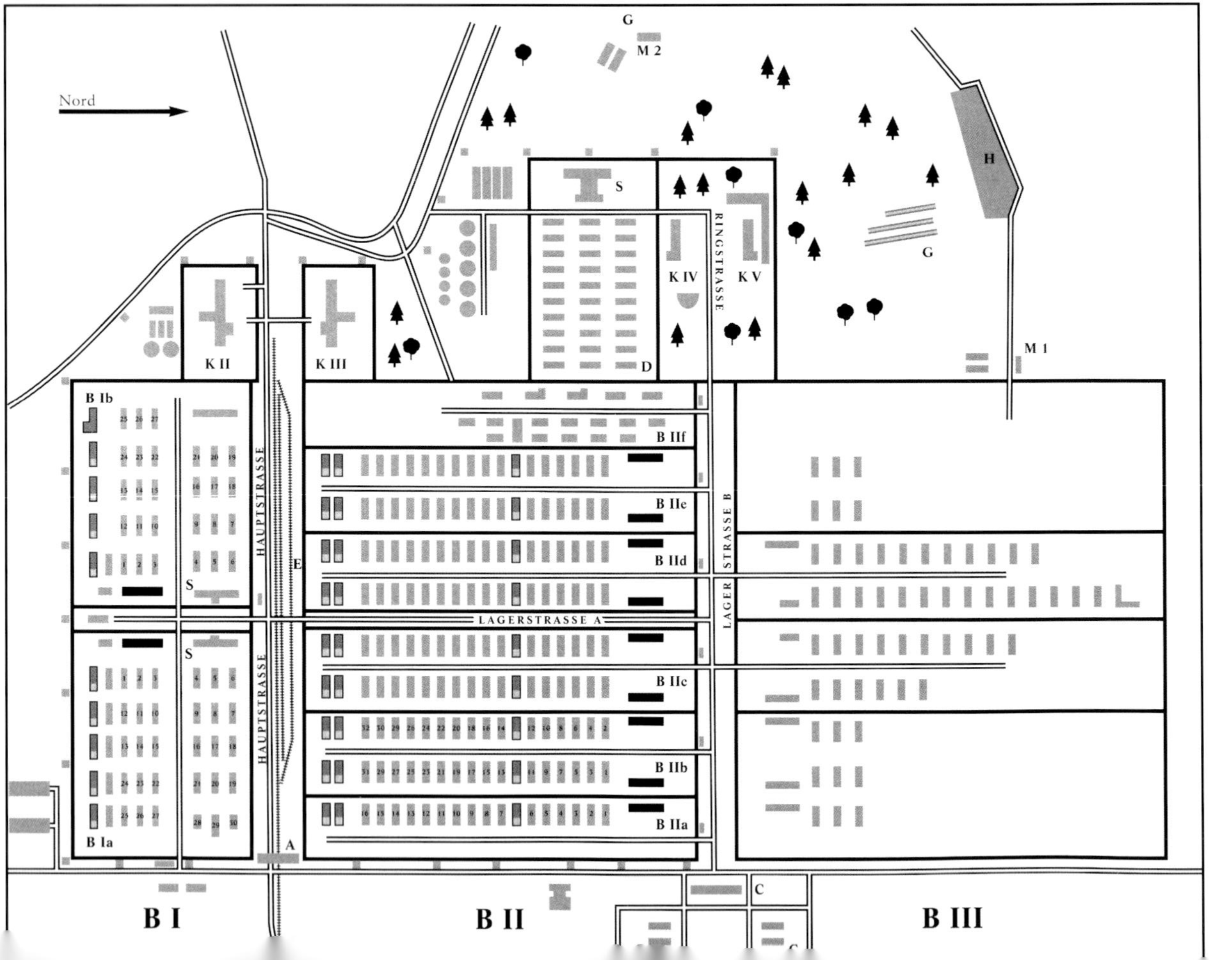

Nord
G
M 2
H
G
M 1
S
RINGSTRASSE
K IV
K V
D
K II
K III
B Ib
B Ia
S
S
HAUPTSTRASSE
HAUPTSTRASSE
E
A
LAGERSTRASSE A
LAGER STRASSE B
B IIf
B IIe
B IId
B IIc
B IIb
B IIa
C
B I
B II
B III

'e cliché ainsi que celui de la couverture font partie d'une série de cinq photographies destines prises par un membre non identifié de la résistance d'Auschwitz qu'on elle Alex. Pris de l'intérieur du Crématoire V en août 1944, il montre (ici en détail) femmes nues qui entrent dans la chambre à gaz du Crématoire V après le désha-ge en plein air. (CDJC / PMO, Pantswowe Museum Oswiecim.)

lan d'Auschwitz-Birkenau.
titut Yad Vashem / Fondation pour la Mémoire de la Shoah.)

service de garde principal avec mirador
premier secteur du camp
deuxième secteur du camp
troisième secteur du camp en construction (Mexique)
camp des femmes
au début, camp des hommes ; à partir de 1943, camp des femmes
camp de quarantaine
camp familial pour les Juifs de Terezin
camp pour les Juifs de Hongrie

BIId camp des hommes
BIIe camp des Tziganes (*Zigeunerlager*)
BIIf hôpital des détenus
C *Kommandantur* et baraquements des SS
D magasin des objets pillés sur les détenus assassinés (Kanada)
E rampe où l'on déchargeait les convois et procédait aux sélections
G bûchers où l'on brûlait les cadavres
H fosses communes des prisonniers de guerre soviétiques

KII chambre à gaz et Crématoire II
KIII chambre à gaz et Crématoire III
KIV chambre à gaz et Crématoire IV
KV chambre à gaz et Crématoire V
M1 première chambre à gaz provisoire (maison rouge)
M2 deuxième chambre à gaz provisoire (maison blanche)
S douches et immatriculation (*Sauna*)
▯ latrines et lavabos

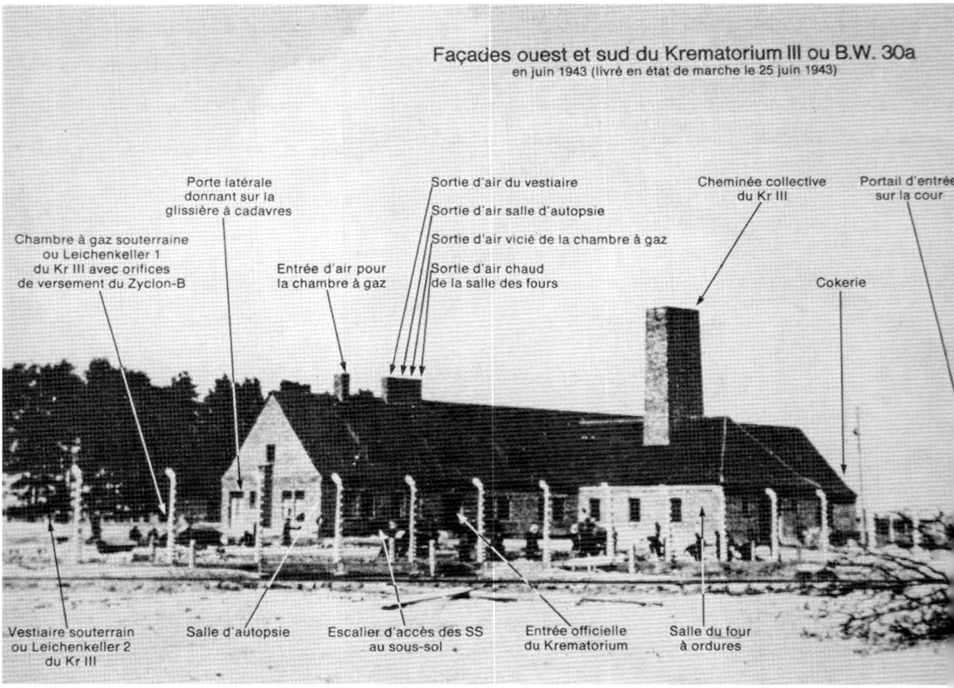

▲ Photo du Crématoire III annotée par Jean-Claude Pressac. (CNRS éditions, 1
APMO 20995/507.)

▲ Visualisation du Crématoire II. En sous-sol sur la partie gauche, la salle de déshabi
Sur la partie droite, toujours en sous-sol, la chambre à gaz. (Fondation Klarsfeld.)

▲ Photo tirée de *L'Album d'Auschwitz*, prise par un SS, à l'arrivée d'un convoi de Juifs de Hongrie. Derrière les personnes envoyées vers le Crématoire II, la façade de la salle des fours du Crématoire III est parfaitement visible. (Institut Yad Vashem / Fondation pour la Mémoire de la Shoah.)

◄ Vue générale des fours du Crématoire II quelques semaines avant sa mise en fonction.
(Musée d'État d'Auschwitz-Birkenau.)

◄ Ruines du Crématoire II à la Libération. Au premier plan, les troncs d'arbres ont été entassés à la fin de l'été 1944 pour camoufler le lieu. (Mémorial de la Shoah / CDJC.)

◀ Shlomo témoignant devant les ruines
Crématoire II à Birkenau. À ses côtés, l'histori
spécialiste d'Auschwitz, Marcello Pezzetti (m
2004). (Sara Berger.)

◀ Shlomo et Avraham Dragon (ancien du Son
kommando). Israël, juillet 2004. (Marcello Pezze

◀ Shlomo et Lemke Piliszko (Chaim) (mem
du Sonderkommando et ancien kapo du Cré
toire II). Israël, juillet 2004. (Marcello Pezzett

◀ De gauche à droite : Avraham Dragon,
frère Shlomo Dragon, Eliezer Eisensch
Yakob Gabbai, Josef Sackar (derrière) et S
Hazan à Birkenau. (Marcello Pezzetti.)

◀ Shlomo avec son frère Maurice Venezia e
cousin Dario Gabbai. (Marcello Pezzetti.)

Y avait-il des non-Juifs avec vous ?

Non, tous les hommes travaillant dans le Sonderkommando étaient juifs. Les seules exceptions, à ma connaissance, étaient quelques prisonniers de guerre soviétiques envoyés dans notre Crématoire. Mais ils ne travaillaient pas, en tout cas, je ne les ai jamais vus travailler. Ils se contentaient de récupérer ce qu'ils pouvaient dans les vêtements des victimes. Dans le Crématoire II, il y avait aussi un prisonnier allemand non juif. Il s'appelait Karl, c'était un prisonnier criminel de droit commun. Tout le monde était persuadé qu'il avait été envoyé là pour servir d'espion aux Allemands. Il était toujours élégant et se comportait comme une ordure. Les hommes cherchaient à l'éviter autant que possible. J'aurai l'occasion de reparler de lui quand on abordera la révolte du Sonderkommando.

Quant aux quelques Russes dont je viens de parler, ils avaient d'abord été internés dans le camp d'Auschwitz I. Mais quand ils étaient trop nombreux ensemble, ils organisaient sans arrêt des plans d'évasion. Alors, pour éviter cela, les Allemands les ont séparés et répartis dans plusieurs secteurs du camp. Dans mon Crématoire, ils devaient être six ou huit, tous des militaires. Je me souviens de deux d'entre eux en particulier, l'un s'appelait Micha et l'autre Ivan. Si je me souviens bien, il y en avait un troisième qui s'appelait Sacha. Ivan était le plus jeune, il avait un visage rond d'enfant. En communiquant avec les mains et les pieds, j'ai appris qu'ils avaient été faits prisonniers en tentant de sauter en parachute au-delà de la ligne du front.

Dans les Crématoires, je ne les ai jamais vus travailler. Le kapo ne leur demandait rien et les laissait tranquilles, car ils n'étaient pas là, comme nous Juifs, pour travailler. Il y avait une grande animosité entre les Russes et les Polonais, a fortiori avec les Juifs polonais. Mais avec nous, Juifs de Grèce, ils n'avaient aucun problème. Ils ne faisaient qu'une chose : boire de la vodka, manger du saucisson et fumer des cigarettes. Un jour, un des Russes m'a invité à partager son festin. Il m'a dit : « *Grecki, idi ciouda !* » « Le Grec, viens ici ! » J'ai hésité à m'approcher, car je n'avais pas compris et j'étais sûr qu'il m'avait insulté, comme les Russes avaient l'habitude de le faire avec tout le monde. Quand je me suis approché, ils m'ont tendu un verre de vodka. Pour moi, c'était la première fois, j'ai goûté, mais ils m'ont forcé à boire cul sec. J'ai bien failli m'étouffer. Un Russe m'a tendu un bout de pain et m'a dit de respirer fort dedans. C'est comme ça que la sensation de brûlure est passée.

Ils n'avaient aucun mal à se procurer autant de vodka et de nourriture qu'ils voulaient. Quand les groupes arrivaient et finissaient de se déshabiller, les Russes se joignaient aux prisonniers chargés de faire des paquets avec les vêtements (comme nous le premier jour dans le Crématoire). Mais au lieu de faire effectivement les paquets à envoyer au Kanada, ils n'avaient qu'un objectif : fouiller pour trouver les objets de valeur cachés dans les vêtements. Tout le monde le faisait, certains ne cherchaient qu'à manger, d'autres seulement des objets de valeur. C'est ainsi qu'on pouvait récupérer de nombreuses choses et ne pas avoir trop faim. On en profitait aussi pour changer nos vêtements quand ils étaient usés. Il suffisait de les jeter dans la pile des vêtements envoyés au Kanada et de se servir, discrètement, dans le tas laissé par les victimes. Il fallait faire attention à ne pas se faire prendre, mais en général ça passait facilement. Les Russes, eux, ne faisaient que cela. Et puis ils avaient leur système pour échanger ces objets et récupérer de la vodka ou de la nourriture provenant de l'extérieur du camp. Ces choses-là entraient dans le camp grâce aux *Vorarbeiter* (contremaîtres) polonais de la ville d'Oświęcim. Ils prenaient des risques, mais y gagnaient beaucoup au change. Par exemple, un vieux journal s'échangeait contre une bague en or. En général, ces échanges très risqués passaient par plusieurs mains et avaient lieu discrètement, au moment où les hommes allaient chercher la soupe. Le kapo envoyait quatre personnes chercher la soupe (alors que deux suffisaient) parce que c'était le seul moment où les hommes du Sonderkommando pouvaient avoir un contact avec les autres prisonniers et donc avec l'extérieur. Pourtant, ce n'était pas facile, car pour l'éviter, les Allemands faisaient toujours passer les hommes du Sonderkommando en priorité. Nous n'avions jamais à attendre, dans ces cas-là. Mais malgré tout, ils ont réussi à établir des contacts.

Ainsi, il pouvait y avoir malgré tout des rapports entre les hommes du Sonderkommando et d'autres prisonniers ?

Oui, les hommes qui étaient désignés par le kapo pour aller chercher la soupe arrivaient à établir ces contacts. C'est d'ailleurs comme ça qu'une partie de la révolte a pu être organisée. Le camp des femmes était un autre moyen. Pour cela, il fallait corrompre le garde allemand pour qu'il accepte de conduire des prisonniers dans le camp des femmes et ferme les yeux. Lemke organisait parfois des petits festins en échangeant des bijoux qu'on lui donnait quand on les trouvait, pour inviter les gardes allemands et s'assurer une certaine bienveillance de leur part. Mais il est évident qu'aller dans le camp des femmes ne servait pas uniquement à organiser la révolte. Même si c'était rare, je suppose que certains sont allés voir leurs fiancées. Et une fois qu'ils étaient dedans, s'ils faisaient quelque chose avec des femmes, ça je ne le sais pas, je n'y étais pas, donc je ne peux pas le dire.

Selon vous, ils le faisaient ?

Oui, je pense que certains l'ont fait. Moi, franchement, je n'aurais pas pu. Je ne sais même pas comment ils pouvaient en avoir envie. Après la Libération, j'ai entendu des rumeurs absurdes sur ce qui se serait passé dans le Sonderkommando avec des mortes. Mais ce ne sont que des mensonges, des rumeurs malsaines de personnes voulant jeter le trouble et le discrédit sur les hommes du Sonderkommando. Je n'ai jamais rien entendu de tel pendant les huit mois que j'y ai passés.

En revanche, je me souviens qu'un jour, parmi les cadavres sortis de la chambre à gaz, les hommes ont trouvé le corps d'une femme incroyablement belle. Elle avait la beauté parfaite des statues anciennes. Ceux qui auraient dû la mettre dans le four n'arrivaient pas à se résoudre à faire disparaître une image si pure. Ils ont gardé son corps auprès d'eux le plus longtemps possible, puis ils ont bien été obligés de la brûler, elle aussi. Je pense que c'est le seul cas où j'ai vraiment « regardé ». Autrement, tout se faisait machinalement, il n'y avait rien à voir. Même dans la salle de déshabillage, on ne faisait plus attention ; on n'avait pas le droit de s'attendrir.

Parfois, malgré tout, on était touchés et blessés, comme le jour où j'ai vu arriver cette femme et son fils qui avaient tenté de se cacher dans la cour du Crématoire... Ils faisaient partie d'un convoi arrivé de Łódź. En tout, il devait y avoir mille sept cents personnes envoyées dans notre Crématoire. Tout s'est déroulé comme d'habitude. Les gens sont entrés dans la chambre à gaz, l'Allemand a jeté le gaz, puis notre travail macabre a commencé. On a travaillé normalement toute la journée, puis l'équipe de nuit a pris la relève. Le lendemain matin, vers huit ou neuf heures, un des hommes, surpris, est venu nous avertir qu'une femme accompagnée d'un petit garçon d'une douzaine d'années se trouvaient dans la cour du Crématoire. Personne ne comprenait comment ils avaient fait pour se retrouver là, mais à les regarder plus attentivement, il paraissait clair qu'ils faisaient partie du groupe envoyé à la mort la veille. Nous nous sommes regardés, étonnés. Puis je suis allé à sa rencontre pour essayer de comprendre. Je ne sais pas si elle avait escaladé la palissade ou bien si elle était passée entre les troncs d'arbres et la clôture de barbelés. Je ne sais pas bien comment elle avait fait, car tout était fermé, et elle avait certainement dû escalader. Le fait est qu'elle est restée cachée avec son fils. Les hautes herbes de ce mois d'été leur ont permis de se dissimuler à la vue des gardes. Mais ils se sont retrouvés face aux barbelés et sans moyen de s'évader. Quand la mère a compris que c'était sans issue, elle s'est dirigée vers le Crématoire avec l'espoir de se sauver ainsi. Elle n'arrêtait pas de pleurer et de répéter qu'elle avait travaillé longtemps dans le ghetto comme couturière pour les soldats allemands et qu'elle pourrait continuer à être utile.

L'Allemand de garde s'est aperçu qu'il y avait un problème et est sorti dans la cour pour voir ce qui se passait. La femme s'est mise à le supplier, répétant ce qu'elle nous avait dit. Pour la calmer, l'Allemand lui a dit : « Vous avez raison, madame, on va voir ce qu'on peut faire, suivez-moi. » Mais tout le monde savait : il allait les tuer à peine entrés. Je ne me souviens pas s'il leur a dit de se déshabiller pour passer d'abord à la désinfection, mais il n'a pas perdu beaucoup de temps et les a tués d'une balle dans la nuque, tous les deux. Par la suite, les Allemands ont fait couper les hautes herbes entre la palissade et les barbelés, afin d'éviter ce genre d'« incident ».

Croyez-vous que cette femme, arrivant du dernier ghetto de Pologne, savait où elle était envoyée ?

J'ignore ce qu'elle savait exactement, mais c'est un fait que les déportés qui étaient passés par les ghettos en savaient beaucoup plus que les autres. Ils ne se faisaient plus d'illusions, ils étaient épuisés, psychologiquement à bout après toutes ces années dans le ghetto. Quand ils arrivaient, ils se laissaient guider vers la « désinfection » sans vraiment comprendre, ni même chercher à comprendre ce qui se passait.

Ce qui est sûr, c'est qu'il y avait des différences très nettes entre ceux qui arrivaient des ghettos et les autres. Ceux qui arrivaient de Hollande ou de Hongrie, par exemple, avaient encore quelques objets de valeur sur eux et quelques forces, mais les déportés venus des ghettos n'avaient plus que des poux et rien d'autre. On voyait que la plupart d'entre eux avaient perdu jusqu'à l'envie de vivre. Ils n'étaient pas nombreux, ceux qui avaient encore de la force et de l'espoir. À les voir ainsi résignés, je me demandais souvent si, nous aussi, nous aurions pu faire quelque chose ; refuser, ne pas obéir aux ordres. Mais le choix n'existait pas, ceux qui refusaient étaient tués avant les autres d'une balle dans la nuque, et c'était réglé.

Avez-vous vu des gens refuser d'entrer dans le Sonderkommando ?

Oui. Un jour, trois jeunes Juifs religieux hongrois ont été mis de côté pour rejoindre le Sonderkommando. Ils portaient encore leurs caftans, leurs chapeaux, les papillotes. Ils ont refusé de se plier aux ordres des Allemands. Je ne les ai pas vus entrer, mais je sais qu'on les a fait se déshabiller et qu'ils sont montés par les trois marches, comme ceux qui étaient exécutés d'un coup de revolver. C'est comme ça qu'ils sont morts. Je suppose que d'autres ont immédiatement été pris pour les remplacer. Le choix ne manquait pas.

Y avait-il des religieux parmi vous ?

Certains faisaient les prières tous les jours. Je sais qu'ailleurs dans le camp, c'était impossible ou beaucoup trop dangereux, mais chez nous il y avait peu de risques, car les Allemands ne montaient jamais là où les hommes du Sonderkommando dormaient. On pouvait facilement récupérer des livres de prières, bien que ces gens-là n'en aient pas eu besoin car ils les connaissaient par cœur.

Moi, je n'avais jamais été religieux, pas même croyant. Je me suis toujours contenté de respecter les Dix Commandements. À Birkenau, je ne me posais pas la question ; n'étant pas religieux, je laissais Dieu hors de tout ça. Mais eux, je ne comprends pas pourquoi ils continuaient à l'invoquer : « Adonaï, Adonaï »... Que pensaient-ils ? Qu'Adonaï allait les sauver ? Ça n'existait pas ! On était des vivants en train de passer la frontière avec la mort.

On parle souvent de la solidarité entre détenus. Comment l'avez-vous vécue ?

La solidarité n'existait que quand on avait assez pour soi ; autrement, pour survivre, il fallait être égoïste. Dans le Crématoire, on pouvait se permettre la solidarité, parce qu'on avait assez pour survivre soi-même. Je ne parle pas du fait d'aider un camarade et de prendre sa place un moment, le temps qu'il récupère. Je parle du fait d'avoir assez à manger. Pour ceux qui n'avaient pas assez à manger, la solidarité devenait impossible. Alors, même quand il fallait prendre à quelqu'un pour survivre soi-même, beaucoup le faisaient. Nous, on avait assez à manger et on pouvait se permettre d'essayer de faire passer de la nourriture aux autres, même s'il fallait pour cela prendre certains risques. Par exemple, durant la semaine, les hommes qui allaient chercher la soupe pour le Sonderkommando la laissaient souvent en route aux prisonniers qui travaillaient à l'allongement de la voie ferrée. On laissait notre marmite encore pleine pour prendre la leur, déjà vide. Ça ne nous manquait pas, car tout le monde dans le Sonderkommando avait du pain et des conserves en quantité suffisante. Même si les déportés arrivaient au Crématoire sans leur valise et n'ayant plus grand-chose en poche, ils étaient tellement nombreux qu'on arrivait tout de même à trouver assez de choses à mettre de côté. Ailleurs, c'était impossible. Être solidaire était un luxe que peu pouvaient se payer ; une bouchée donnée à l'autre était une bouchée en moins pour soi...

Comment les autres prisonniers, dans le camp, considéraient-ils les membres du Sonderkommando ?

Je n'ai eu aucun contact avec les autres prisonniers dans le camp, donc je ne sais pas vraiment. Je ne suis jamais allé chercher la soupe et n'ai jamais été dans le camp des femmes. La question ne se posait pas quand nous étions dans le camp. En revanche, j'ai su plus tard que certains étaient jaloux de ce que nous pouvions avoir de plus. D'autres pensaient que nous avions une part de responsabilité dans ce qui se passait dans le Crématoire. Mais c'est totalement faux : seuls les Allemands tuaient. Nous étions contraints, alors que les collaborateurs en général sont volontaires. Il est important d'écrire que nous n'avions pas le choix. Ceux qui refusaient étaient tout de suite tués d'une balle dans la nuque. Pour les Allemands, ce n'était pas grave ; ils en tuaient dix, cinquante autres arrivaient. Pour nous, il fallait survivre, avoir à manger... il n'y avait pas d'issue possible. Pour personne. Et puis, on ne pouvait plus raisonner avec notre cerveau et penser à ce qui se passait... on était devenus des automates.

Il m'arrive souvent, aujourd'hui, de me poser la question : qu'aurais-je fait s'ils m'avaient obligé à tuer moi-même ? Qu'aurais-je fait ? Je ne sais pas. Est-ce que j'aurais refusé, tout en sachant qu'ils m'auraient tué sur-le-champ ?

Vous êtes-vous jamais posé cette question, alors que vous vous trouviez encore dans le camp ?

Non, dans le camp, jamais. Là-bas, on n'avait même pas la possibilité de se poser ces questions. C'est seulement après la Libération que ces questions sont venues me hanter. Nous devions aider les personnes âgées à se déshabiller, mais s'ils nous avaient ordonné de les tuer ? Les Allemands étaient capables de toutes les perversions pour nous humilier. Par exemple, pour s'amuser, l'Allemand ordonnait à un père de fouetter son fils. Si le père refusait, c'était l'inverse : il ordonnait au fils de frapper son père. Le père disait lui-même à son fils d'obéir, et si les deux refusaient, ils étaient fouettés l'un et l'autre, souvent à mort. Les choses étaient faites ainsi, de manière sadique. Il fallait avoir de la chance pour éviter ce genre de situations. Et quand on ne pouvait pas l'éviter, alors la décision était terrible, on n'était plus maître de quoi que ce soit.

On n'avait pas d'autre choix que s'habituer. Très vite, même. Les premiers jours, je n'arrivais pas à avaler mon pain quand je pensais à tous ces cadavres que mes mains avaient touchés. Mais que faire ? Il fallait bien manger... Au bout d'une ou deux semaines, on finissait par s'y habituer. On s'habituait à tout. Comme je m'étais habitué à l'odeur nauséabonde. Au bout d'un moment, on ne sentait plus rien. On était entré dans la roue qui tourne. Mais on ne s'en rendait même pas compte, car tout simplement, on ne pensait plus à rien ! Les dix ou vingt premiers jours, j'étais constamment sous le choc de l'énormité du crime, puis on s'arrête de penser. Le premier jour, je n'ai pas réussi à fermer l'œil de la nuit. Je pensais à cette situation terrible, à la manière dont je m'étais laissé prendre pour me retrouver là. Aujourd'hui encore, ces questions continuent de me hanter.

Mon frère, contrairement à moi, n'a jamais voulu témoigner dans les écoles. Il me dit souvent : « Rends-toi compte, il m'arrive moi-même de penser qu'il ne s'agissait que d'un mauvais rêve, que cela n'a pas pu exister. Alors, imagine les autres ! » Moi, je crois que c'est justement pour cette raison, parce que c'est à tel point inimaginable, que ceux qui peuvent raconter doivent le faire. Nous, dans le Sonderkommando, avions peut-être des conditions de survie quotidienne meilleures ; nous avions moins froid, plus à manger, moins de violence, mais nous avons vu le pire, nous étions dedans toute la journée, au cœur de l'enfer.

Et si vous aviez eu la possibilité de changer de place avec quelqu'un d'autre dans le camp ?

Immédiatement, tout de suite ! Sans même me dire que je n'aurais peut-être pas eu alors assez à manger. Je l'aurais fait tout de suite, sans hésiter une seconde, au risque de souffrir d'une mort lente. Et pourtant, je connais le poids de la faim et la douleur atroce qu'elle inflige, mais peu importe. Même pendant la « marche de la mort » et après, dans les camps vers lesquels j'ai été évacué et où j'ai souffert comme les autres prisonniers, je me sentais soulagé d'avoir quitté le Crématoire.

N'avez-vous jamais pensé sérieusement à vous évader ?

Non, c'était impossible, surtout pour un membre du Sonderkommando. Tout le monde était repris, et puis où aurais-je pu aller ? Je ne parlais pas polonais et les risques que des paysans me dénoncent étaient trop importants. Les seuls à avoir tenté l'évasion, pendant que j'étais à Birkenau, l'ont fait sans préméditation, quand une opportunité exceptionnelle s'est présentée. Je parle bien sûr d'Errera, mais il a été repris et tué.

Vous arrivait-il de parler du futur ou d'y penser ?

Non, mon seul horizon était le moment où j'allais être tué. Certains disent qu'ils ont résisté parce qu'ils gardaient l'espoir de se libérer un jour. Mais moi, je ne pensais pas que je pourrais jamais me libérer de cet enfer. Je ne pense pas qu'aucun homme dans le Sonderkommando ait gardé un espoir aussi naïf. Il n'y avait aucun moyen de s'en sortir. Seul un miracle... Mais plus personne ne croyait aux miracles. On continuait, jour après jour, sachant que la fin approchait.

Parfois, malgré tout, un mince espoir filtrait, comme quand on a appris l'attentat contre Hitler. Les Allemands étaient fous furieux ce jour-là, mais pour nous, ça éveillait vaguement une lueur d'espoir. Ou quand on apprenait qu'un proche était encore vivant. Comme le jour où j'ai vu, ou cru voir, ma sœur...

Ce jour-là, je me trouvais par hasard dans le Crématoire II. Il m'arrivait d'y aller de temps en temps, quand ce n'était pas mon tour de travailler, pour aller rejoindre des amis de Grèce. Le Crématoire II donnait sur le camp des femmes. Ce jour-là, j'étais accoudé à la fenêtre, absorbé par mes pensées, quand j'ai cru apercevoir la silhouette de ma sœur me faire face, devant les barbelés du camp des femmes. Avec le recul, je ne sais pas si je l'ai reconnue ou si j'ai voulu la reconnaître. J'avais accepté l'idée que je ne reverrais plus jamais ma mère et mes deux petites sœurs. Mais je gardais l'espoir que ma sœur aînée Rachel ait été envoyée travailler. Je pensais souvent à elle, comme d'ailleurs ce jour-là, en regardant par la fenêtre vers le camp des femmes. C'était la fin de la journée, le soleil avait fait place à une lumière grise, la brume typique de Birkenau effaçait les contours, quand soudain j'ai aperçu cette silhouette. J'étais trop loin pour distinguer nettement, mais il m'a semblé reconnaître ma sœur. J'ai appelé : « Rachel ! ! » L'écho portait ma voix et elle a répondu en ladino : « Oui ! Qui es-tu ? – Shlomo ! – Shlomo ! Comment vas-tu ? quel plaisir de t'entendre ! » On ne pouvait pas beaucoup parler, alors je lui ai dit de revenir au même endroit et à la même heure le lendemain, que j'aurais un paquet pour elle. De fait, le lendemain, à la même heure, la même silhouette s'est approchée. J'avais préparé un balluchon à lui lancer, avec des choses à manger et des objets qui pourraient lui servir dans le camp. De nouveau, nous avons convenu de nous retrouver le lendemain. Et ainsi de suite pendant cinq ou six jours. Mais, un soir, elle n'est pas revenue, j'ai pensé qu'elle avait été transférée ou, pire, sélectionnée. Je n'ai plus eu de nouvelles.

Quand j'ai finalement revu ma sœur, douze ans après la Libération, elle habitait avec son mari Aaron, en Israël. Je suis allé la voir à Haïfa. Dans le taxi qui nous emmenait chez elle, je me suis mis à pleurer. En douze ans, depuis ma déportation, je n'avais jamais pleuré... une fois seulement, de rage. Mais, subitement, l'émotion de revoir ma sœur avait fait ressortir tout le venin que j'avais accumulé en moi toutes ces années. Et je n'arrêtais pas de parler et de pleurer. Ma sœur, elle, ne disait rien. J'avais gardé en moi toute cette douleur... ma mère... tout ce que j'avais vu ! Quand je me suis un peu repris, je lui ai reparlé de cette histoire des paquets lancés. Elle ne savait pas de quoi je parlais. Elle m'a dit qu'elle n'était pas restée dans le camp des femmes de Birkenau. Et moi qui avais pris tant de risques pour une femme que je ne connaissais pas et qui avait prétendu être Rachel ! J'avais bien remarqué que la voix était un peu différente, mais tout était différent, là-bas... et puis je ne pouvais pas distinguer, je ne voyais qu'une silhouette. Je suis néanmoins heureux d'avoir pu aider cette femme, elle en avait certainement autant besoin que ma sœur.

Est-il arrivé à un membre du Sonderkommando, autour de vous, de reconnaître quelqu'un de sa famille dans la chambre à gaz ?

Oui, ça m'est arrivé à moi... ! Cela s'est passé peu de temps avant le déclenchement de la révolte, c'étaient donc les derniers gazages dans le Crématoire. J'étais par hasard dans la salle de déshabillage, à l'arrivée d'un groupe de prisonniers sélectionnés à l'hôpital du camp. Il devait y avoir deux cents ou trois cents personnes ; tous savaient pourquoi ils étaient là. Tout d'un coup, j'ai entendu quelqu'un appeler : « Shlomo ! » J'étais surpris et je me suis retourné pour voir qui pouvait me connaître. Puis la voix a répété : « Shlomo ! tu ne me reconnais pas ? » En regardant l'homme qui avait parlé, j'ai fini par reconnaître le cousin de mon père, Léon Venezia. Sa voix avait changé et il n'avait plus que la peau sur les os. Il avait été déporté dans le même convoi que moi, mais n'avait pas été sélectionné pour le Sonderkommando. Il m'a raconté qu'il avait travaillé dans les canalisations d'eau. Il avait reçu un coup au genou. Son genou avait enflé et il avait été amené à l'hôpital. Mais l'hôpital n'était pas un lieu de guérison, quiconque ne guérissait pas naturellement en quelques jours risquait d'être sélectionné pour la chambre à gaz. C'est malheureusement ce qui lui était arrivé ; sans soins, son genou avait encore enflé et ils l'avaient pris, au moment de la sélection. Il m'a supplié d'aller parler au SS-*Unterscharführer* qui était de garde, pour tenter de le convaincre de le prendre dans le Sonderkommando. J'ai essayé de lui expliquer que ça ne servirait à rien, puisque nous étions tous dans la même situation. Mais il a insisté, alors, pour le calmer, je suis tout de même allé voir l'Allemand. Il m'a répondu d'un geste de la main : « *Ah ! Das ist Scheißegal !* » « J'en ai rien à foutre ! » Je suis retourné vers Léon et, pour lui changer les idées, je lui ai demandé s'il avait faim. Je savais qu'il n'avait certainement pas mangé grand-chose depuis longtemps. Il m'a dit oui, bien sûr. J'ai couru prendre un bout de pain et des conserves de sardines sous mon lit, et je suis redescendu rapidement pour ne pas prendre le risque qu'il soit déjà... Je lui ai tout donné. Il n'a même pas pris le temps de mastiquer, il a tout avalé comme si c'était de l'eau, tellement il était affamé. Puis, son tour est venu d'entrer dans la chambre à gaz. Il était parmi les derniers et l'Allemand s'est mis à crier. Je l'ai pris par le bras tandis qu'il continuait à me poser toutes ces questions qui m'ont beaucoup bouleversé : « Combien de temps ça dure avant de mourir ? Est-ce qu'on souffre beaucoup ? » Je ne savais pas quoi lui répondre, alors j'ai menti et je lui ai dit que ça ne durait pas longtemps, qu'on ne souffrait pas. En réalité, passer entre dix et douze minutes à chercher de l'air, c'est très long, mais je lui ai raconté des mensonges pour le tranquilliser, le rassurer. L'Allemand a commencé à crier, alors nous nous sommes serrés dans les bras et il est entré. Il est entré le dernier, l'Allemand a fermé la porte derrière lui. Mes compagnons m'ont soutenu et m'ont éloigné pour que je n'aie pas à le voir au moment où on ouvrirait la porte de la chambre à gaz. C'était déjà assez dur de le voir comme ça. Quand ils l'ont monté devant les fours, les hommes nous ont appelés, mon frère et moi, pour réciter un *kaddish* avant de brûler son corps.

Il y a aussi un autre épisode que je dois raconter. Un jour, alors que je témoignais dans une école, une petite fille m'a demandé si quelqu'un était sorti vivant de la chambre à gaz. Ses camarades se sont moqués d'elle, comme si elle n'avait rien compris. Comment survivre dans ces conditions à ce gaz mortel étudié pour tuer tout le monde ? C'est impossible. Malgré tout, aussi absurde que sa question paraisse, elle était pertinente, car cela est effectivement arrivé.

Peu de personnes ont vu et peuvent raconter cet épisode, et pourtant il est véridique. Un jour, alors que tout le monde avait commencé à travailler normalement après l'arrivée d'un convoi, l'un des hommes chargés de retirer les corps de la chambre à gaz a entendu un bruit étrange. Ce n'était pas si surprenant d'entendre des bruits bizarres, car parfois l'organisme des victimes continuait à dégager du gaz. Mais cette fois-ci, il prétendait que le bruit était différent. On s'est arrêtés pour prêter l'oreille, mais personne n'a rien entendu. On s'est dit qu'il avait sûrement entendu des voix. Quelques minutes plus tard, il s'est arrêté à nouveau pour nous dire que cette fois-ci, il était certain d'avoir entendu un râle. En faisant bien attention, nous avons, nous aussi, effectivement entendu ce bruit. C'était une sorte de vagissement. Au début, les bruits étaient espacés, puis ça s'est rapproché jusqu'à devenir un pleur continu que nous avons tous identifié comme un pleur de nouveau-né. L'homme qui l'avait entendu le premier est allé voir d'où provenait précisément le bruit. Enjambant les corps, il a trouvé la source de ces petits cris. Il s'agissait d'une petite fille d'à peine deux mois, encore accrochée au sein de sa mère qu'elle tentait vainement de téter. Elle pleurait de ne plus sentir le lait couler. Il a pris le bébé et l'a sorti de la chambre à gaz. Nous savions qu'il serait impossible de la garder auprès de nous. Impossible de la cacher ni de la faire accepter par les Allemands. En effet, dès que le garde a vu le bébé, il n'a pas eu l'air mécontent d'avoir un petit bébé à tuer. Il a tiré un coup et cette petite fille qui avait miraculeusement survécu au gaz est morte. Personne ne pouvait survivre. Tout le monde devait mourir, nous y compris : ce n'était qu'une question de temps.

Il y a quelques années, j'ai eu l'occasion de demander au chef de service du plus grand hôpital pédiatrique de Rome comment il pouvait expliquer ce phénomène. Il m'a dit qu'il n'était pas impossible que l'enfant, qui était en train de téter, ait été isolé par la force de la succion sur le sein de sa mère, ce qui aurait limité l'absorption du gaz mortel.

Vous souvenez-vous d'autres personnes, d'autres visages croisés avant la mort ?

Oui, je me souviens par exemple de cet homme d'une quarantaine d'années, arrivé dans un convoi de déportés de Belgique. Il se trouvait dans la salle d'autopsie, assis sur la grande dalle de pierre. Je l'ai vu par hasard, en passant devant la pièce dont la porte était restée entrouverte. J'ai immédiatement vu que tout un côté de son visage et de son cou étaient ouverts, déchirés, en sang. Dès qu'il m'a vu, il m'a dit en français : « Je veux mourir. » « Qu'est-ce que vous avez fait ? » lui ai-je demandé en désignant son visage. Il m'a expliqué qu'il avait tenté de se suicider avec une lame de rasoir, dans le train. On voyait la carotide, mais il n'avait pas touché les bonnes veines et le coup n'avait pas été mortel. Les Allemands l'avaient mis là-bas en attendant de s'occuper de son cas. Je suppose qu'ils l'ont exécuté peu de temps après. Je ne l'ai plus revu.

Parlez-vous de la salle d'autopsie du Crématoire II ?

Non. C'est vrai, la salle d'autopsie se trouvait dans le Crématoire II. Dans le III qui était identique, mais construit en miroir, la salle d'autopsie servait en réalité à fondre l'or. Il y avait une table et généralement deux Juifs tchèques spécialistes de la fonte de l'or qui faisaient des lingots à partir des bijoux et des dents en or retrouvés sur les victimes. C'est dans cette salle que j'ai vu l'homme.

Je ne suis jamais entré dans la vraie salle d'autopsie, au Crématoire II, parce que je n'ai jamais eu de raison particulière d'entrer dans cette pièce. Une fois, cependant, alors que je me trouvais dans le Crématoire II, le corps d'un officier russe a été amené pour être analysé par le Dr Nyiszli, le médecin juif hongrois, assistant de Mengele. De nombreux officiers SS étaient présents pour assister à l'autopsie. Je suppose que Mengele était parmi eux, mais je n'aurais pas su le reconnaître. Quand ils ont eu fini, il a fallu prendre le cadavre pour le porter aux fours. Le pauvre homme, encore tout ouvert, avait les boyaux à l'air. Plus rien ne nous impressionnait, mais voir ainsi son intestin se dérouler par terre et traîner sur sept ou huit mètres est resté une image marquante.

Je me souviens aussi de l'arrivée d'un convoi inhabituel d'Italiens. Je suppose qu'ils étaient italiens, mais je les ai seulement vus arriver sur la rampe, ils n'ont pas été envoyés dans mon Crématoire. Heureusement d'ailleurs, car j'aurais mal vécu de voir des Italiens ou des Grecs envoyés pour être gazés dans mon Crématoire. J'ai déduit qu'ils étaient italiens du fait que le convoi était accompagné de soldats portant le fez, le pompon et le mousquet caractéristiques de l'uniforme militaire italien. À l'arrivée du train, les Allemands n'ont pas immédiatement ouvert les portes pour faire sortir les déportés. Ils sont restés dans le train, tandis que les Allemands réunissaient les soldats italiens, vingt ou vingt-cinq en rangs par deux. Ils les ont fait passer par la Lagerstrasse. Je ne sais pas exactement ce qui leur est arrivé, mais je suppose qu'ils ont rejoint les prisonniers de guerre, à moins qu'ils n'aient été exécutés. Je n'ai plus jamais entendu parler d'eux. Ce n'est qu'après leur départ que les déportés juifs ont été débarqués du train et envoyés à la mort dans l'un des autres Crématoires.

Avez-vous vu des Tziganes dans votre Crématoire ?

Non plus ; ils n'ont pas été envoyés dans mon Crématoire. Je pense qu'au moment de la liquidation du camp des Tziganes, ils ont été envoyés dans le Crématoire IV pour y être gazés[1]. Tout s'est fait durant la nuit. Bien

1. Les premiers Tziganes déportés à Auschwitz-Birkenau arrivent dans le camp début décembre 1942, avant même la publication du décret de Himmler prévoyant la déportation des Tziganes vers Auschwitz-Birkenau (16 décembre 1942). À partir de février 1943, ils sont systématiquement insérés dans le camp sans subir de sélection et maintenus dans le secteur BIIe (*Zigeunerlager* : camp pour familles tziganes). Le 22 mars 1943, une première *Aktion* mène à la mort mille sept cents Tziganes suspectés d'avoir le typhus. Cinq cents autres sont gazés en mai. Entre mai et août 1944, de nombreux Tziganes sont transférés dans des camps à l'intérieur du Reich. Ceux qui restent (2 897 personnes) sont éliminés dans les chambres à gaz de Birkenau dans la nuit du 2 au 3 août 1944, lors de la liquidation du *Zigeunerlager*.

que mon Crématoire fût très proche de leur camp, je n'ai rien vu ni entendu quand ce secteur a été liquidé.

D'ailleurs, je n'ai jamais vu de non-Juifs gazés. Je sais que les Tziganes ont été envoyés à la chambre à gaz, mais je ne les ai pas vus. Les seuls non-Juifs que j'ai vus dans le Crématoire étaient les Russes qui se trouvaient avec nous dans le Sonderkommando, mais ils ne travaillaient même pas. Une fois aussi, j'ai rencontré une jeune Polonaise non juive à l'intérieur du Crématoire. C'était une résistante arrêtée pour avoir fait sauter un train, ou avoir tenté de le faire, je ne sais pas. Elle a été prise vivante et conduite au Crématoire. Les Allemands l'ont laissée dans la salle de la cheminée en attendant de voir comment s'occuper d'elle. Je suis entré par hasard et je l'ai vue près de la fenêtre. Quand elle m'a aperçu, elle s'est mise à hurler en polonais : « *Zyd !* » « Juif ! » avec un air terrifié. J'ai bien compris qu'elle ne devait pas beaucoup aimer les Juifs... Alors je n'ai pas insisté et j'ai refermé la porte pour la laisser tranquille. J'aurais voulu l'aider, mais elle n'avait pas l'air d'accord. Je ne sais pas ce qui lui est arrivé par la suite, mais il est probable qu'elle ait été exécutée d'une balle dans la nuque.

Quelles étaient les relations avec les prisonniers polonais non juifs ?

À Birkenau, je ne les ai pas vraiment croisés, à part le kapo terrible dans la quarantaine. En revanche, je sais que la préparation de la révolte du Sonderkommando s'est faite en coordination avec la Résistance polonaise dans le camp et à l'extérieur. Mais le bruit courait chez nous que les résistants de l'extérieur faisaient traîner les choses le plus longtemps possible et en profitaient pour demander continuellement plus d'argent afin d'acheter des armes. Ce qui est sûr, c'est qu'ils ne cessaient de repousser le déclenchement de la révolte. Pour nous, chaque jour perdu correspondait à des centaines de victimes supplémentaires et aussi à l'approche de notre fin certaine. Pour eux, chaque jour passé correspondait à de l'argent pour s'armer et plus d'espoir d'être sauvés par l'avancée des troupes soviétiques. Mais si on avait dû attendre les Russes, la révolte n'aurait pas eu lieu avant le mois de décembre : ce n'est qu'à ce moment-là qu'on a commencé à entendre les tirs d'artillerie qui se rapprochaient.

CHAPITRE V

La révolte du Sonderkommando et le démantèlement des Crématoires

L'idée de la révolte existait déjà bien avant que je n'arrive dans le camp. Elle a pu survivre aux diverses sélections grâce à certains kapos, comme Lemke ou Kaminski, qui étaient là depuis longtemps et avaient pris en charge l'organisation de la révolte. Kaminski était le chef des kapos des Crématoires, mais il était aussi le principal cerveau de la révolte et un homme que tout le monde respectait. Lui et quelques autres sont parvenus à établir des contacts avec l'extérieur et à coordonner un petit groupe de personnes impliquées dans l'organisation de la révolte. Les contacts avaient lieu, comme je l'ai déjà dit, soit au moment de récupérer la soupe, soit dans le camp des femmes auquel certains hommes du Sonderkommando pouvaient avoir exceptionnellement accès. Ils devaient transmettre de l'argent qui passait entre plusieurs mains avant d'arriver aux résistants, à l'extérieur du camp. L'un des hommes qui établissait ces contacts s'appelait Alter. C'était un Juif polonais très grand et assez prétentieux avec qui je me suis battu, une fois, à propos d'une casquette qu'il ne voulait pas restituer à mon ami. Je n'ai su qu'après pourquoi il se rendait si souvent dans le camp des femmes et à la cuisine. Il allait, en réalité, récupérer de la poudre d'explosif que lui procuraient des détenues juives travaillant dans l'usine près du camp [1].

Moi, j'étais trop jeune et arrivé depuis trop peu de temps pour être mis au courant des préparatifs. Je n'ai été informé, comme tous les autres hommes du Sonderkommando, qu'au dernier moment. Je ne me doutais de rien. Il fallait que tout reste secret pour éviter que l'un d'entre nous, plus faible, n'aille rapporter aux Allemands ce qu'il savait, dans l'espoir de sauver sa peau. Tout se faisait très discrètement et les kapos ne se fiaient qu'aux personnes d'expérience. Ce n'est que deux jours avant le déclenchement de la révolte qu'il est devenu évident que quelque chose se préparait. Mais personne n'osait en parler ouvertement. C'était dans l'air, mais pas confirmé.

La veille du jour prévu pour le déclenchement de la révolte (il me semble que c'était un vendredi, mais je sais que d'autres disent un samedi), nous avons été individuellement avertis par notre kapo. La plus grande partie de la révolte devait avoir lieu au Crématoire II. Tous les jours, vers dix-huit heures, des gardes SS passaient devant le portail du Crématoire II pour prendre position dans les miradors fermés et y passer la nuit. Ils marchaient librement, sans se presser, avec leurs mitraillettes à l'épaule, et parfois on les entendait même rigoler entre eux. Le plan prévoyait qu'au moment où ils passeraient,

1. Róza Robota, qui travaillait au Kanada, et Ella Gärtner, qui travaillait à la Weichsel-Union, ont été pendues par les nazis pour avoir fait passer de la poudre d'explosif aux membres du Sonderkommando.

des hommes ouvriraient le portail et se jetteraient sur eux pour les tuer et récupérer leurs armes. Cet instant donnerait le signal de la révolte dans tous les autres Crématoires.

Tout avait été programmé en détail. Finalement, il avait été décidé de ne pas tenir compte des résistants à l'extérieur du camp, car ils refusaient de convenir d'une date. Selon moi, la révolte a été déclenchée à ce moment par le Sonderkommando parce qu'il paraissait évident que les derniers convois de Hongrie étaient en train d'arriver et que, très bientôt, il n'y aurait plus personne à gazer. Alors ce serait notre tour. Il fallait tenter le tout pour le tout. Même si l'espoir était vain, nous étions tous convaincus qu'il valait mieux agir et être tués, plutôt que de mourir sans avoir rien tenté.

Lemke nous a dit de nous préparer, mais il n'a pas employé le mot « révolte ». Il a simplement dit : « Prépare-toi, nous allons faire quelque chose pour tenter de sortir de cet endroit. »

Alors, j'ai mis de côté une veste et un pantalon qui me serviraient au moment de la fuite. En général, on devait faire un trou dans le dos et sur le côté du pantalon pour coudre à sa place un morceau de tissu rayé avec notre numéro. Cette fois-là je n'ai pas fait le trou, j'ai simplement cousu le tissu rayé, de manière à pouvoir le déchirer facilement et passer inaperçu, une fois hors du camp. J'ai caché ces vêtements dans la pièce qui servait à entreposer le charbon.

Vous aviez donc espoir que le plan fonctionne ?

Oui, bien sûr, tout le monde y croyait. Notre espoir n'était pas tant de survivre que de faire quelque chose, de se soulever, pour ne pas continuer ainsi. Il était évident que certains d'entre nous allaient y laisser leur peau. Mais, qu'on meure ou pas, ce qu'il fallait, c'était se révolter. Personne ne se posait la question de savoir si ça allait vraiment marcher ou pas, l'important était de faire quelque chose !

La révolte devait être déclenchée à dix-huit heures. Ce jour-là, vers quatorze heures, un convoi de déportés est arrivé sur la rampe. Ils étaient très nombreux. Normalement, à peine une demi-heure après l'arrivée d'un convoi, les gardes du train étaient remplacés par des SS du camp qui ouvraient les wagons et amenaient les prisonniers vers la *Sauna* ou les Crématoires. Mais cette fois-ci, rien n'a bougé, personne n'est venu. On ne comprenait pas pourquoi ce convoi restait là, sans que personne s'en occupe. Plus tard, nous avons su qu'au même moment, un officier SS et deux sous-officiers étaient allés au Crématoire IV et avaient appelé deux cents hommes du Sonderkommando par leur numéro, en leur ordonnant de descendre. Les hommes qui se préparaient à la révolte ont pensé que les Allemands avaient des soupçons et voulaient les éliminer avant qu'elle n'éclate. Personne n'a accepté de descendre.

Tout cela, nous ne l'avons su qu'après, par l'un des hommes qui se trouvaient là : Isaac Venezia (encore un Venezia, mais il n'était pas non plus de ma famille), qui a réussi à passer jusqu'à notre Crématoire. Moi, je ne l'ai pas vu, mais mon frère m'a raconté ce qu'il avait entendu de sa propre bouche. Il a dit que les hommes du Crématoire IV avaient mis le feu aux matelas et ainsi déclenché la révolte avant l'heure, persuadés qu'ils avaient été trahis par quelqu'un. Il semble qu'ils aient eu le temps de tuer trois Allemands avant l'arrivée des renforts. Ils ont mis le feu au Crématoire et ont tenté de s'enfuir. Mais ils ont quasiment tous été tués sur-le-champ.

De notre Crématoire, on apercevait une fumée étrange s'élever du Crématoire IV. Mais nous étions trop loin et sans moyen de communication pour comprendre ce qui s'y passait. Un Allemand a sonné l'alarme et en très peu de temps nous nous sommes retrouvés bloqués à l'intérieur du Crématoire. La situation était sensiblement la même dans le Crématoire II, sauf que, de là-bas, beaucoup d'hommes ont tenté de s'enfuir. Malheureusement, ils ne sont pas allés bien loin.

Moi, je n'ai pas vu tout de suite ce qui se passait. Lemke m'avait dit de descendre au sous-sol avec l'un des Russes et d'attendre le garde allemand. C'était dans le programme, mais il ne m'avait pas dit précisément ce que j'avais à faire. Nous sommes descendus. Le Russe a allumé une cigarette et soudain il a sorti de sous ses vêtements un poignard et une hache, et me les a montrés en me faisant signe de choisir. J'ai tout de suite compris ce qui devait se passer et j'ai saisi la hache. Ça me paraissait plus facile de frapper avec une hache. Je n'avais jamais fait cela, mais il fallait le faire, alors j'ai pensé que la hache offrait plus de distance avec la victime que le poignard. Tenant cette hache en main, tremblant de peur, je devais attendre que l'Allemand descende. Le garde, ce jour-là, était celui qui prenait plaisir à tuer les gens. Notre kapo devait lui dire qu'au sous-sol une conduite d'eau s'était bloquée et qu'il fallait qu'il descende voir. Mais il n'est jamais descendu, car il avait dû être averti de ce qui se passait au Crématoire IV et devait nous soupçonner de lui tendre un piège.

On a attendu ainsi pendant plus de deux heures, les armes à la main. Finalement, un de nos camarades est descendu en sifflant. C'était le signal convenu pour qu'on ne le confonde pas avec le garde. Il nous a prévenus que le plan avait avorté et nous a dit de remonter avec les autres. Tout était en ébullition : les Allemands avaient déjà occupé la cour.

Que saviez-vous de ce qui se passait au même instant dans le Crématoire IV ?

Rien ; on n'a su que le lendemain ce qui s'était passé, car les SS encerclaient notre Crématoire et empêchaient quiconque de sortir. Ils portaient des uniformes militaires et des mitraillettes lourdes, comme s'ils allaient en guerre. Lemke nous a sauvé la vie en nous ordonnant de ne pas bouger. Dans le Crématoire II, ceux qui ont tenté de s'enfuir ont tous été tués. S'il n'avait pas été aussi ferme, certains auraient probablement tenté à leur tour de forcer les portes. Mais nous sommes restés.

Le SS qui était de garde dans notre Crématoire, et qui s'était vite enfui quand il avait compris qu'il risquait d'être tué, est revenu, appuyé par les renforts. Il a fait venir le Russe qui s'occupait généralement de l'entretien de sa bicyclette. En vue de la révolte, celui-ci avait crevé les pneus de la bicyclette pour retarder l'Allemand, dans le cas où il aurait voulu informer la *Kommandantur*. Quand il s'en est rendu compte, l'Allemand, fou de rage, a frappé le Russe à mort, sous nos yeux. Moi, je me sentais au moins soulagé d'une chose : j'avais eu le temps, en remontant du sous-sol, de faire le tour du Crématoire pour récupérer les vêtements que j'avais cachés dans la salle du charbon. J'ai immédiatement déchiré le numéro cousu, car s'ils l'avaient découvert non troué et avec mon numéro dessus, ils auraient compris que j'avais eu l'intention de m'enfuir.

Nous sommes restés toute la nuit sans bouger. Ils ne sont pas entrés.

Le lendemain, les Allemands ont exigé que trente personnes sortent pour continuer le travail qui n'était pas fini dans le Crématoire II. Je me suis décidé à faire partie de ce groupe de trente personnes, car j'avais perdu tout espoir de survivre autrement. Les soldats encerclaient toujours le Crématoire, et ce n'était qu'une question de temps avant qu'ils ne donnent l'assaut si nous ne sortions pas nous-mêmes. Contrairement à ce à quoi je m'attendais, ils ne nous ont pas tués sur place. Nous avons été envoyés au Crématoire II. Là-bas, deux ou trois prisonniers qui n'avaient pas tenté de s'enfuir étaient encore en vie et nous ont raconté ce qui s'était passé. À ce moment-là, on ne savait pas encore que les autres, ceux qui avaient tenté de s'enfuir, avaient déjà tous été repris et tués. Ils nous ont raconté ce qu'ils avaient fait de ce Karl, le kapo criminel de droit commun allemand qui avait, semble-t-il, dénoncé et révélé le projet de révolte. Ils l'ont frappé et l'ont jeté au four tout habillé, comme il était.

On s'est remis à travailler pour brûler les corps qui

étaient restés dans la chambre à gaz. Le soir, la relève aurait dû arriver pour nous remplacer. Mais nous avons travaillé trente-six heures d'affilée sans que personne s'en préoccupe. Finalement, ils nous ont permis de monter nous reposer. C'est à ce moment que les corps des prisonniers évadés ont été disposés dans la cour du Crématoire, avant d'être portés aux fours pour y être brûlés. Mais ce sont d'autres détenus qui l'ont fait. Ils n'ont pas voulu que ce soient les hommes du Sonderkommando qui brûlent les cadavres de leurs propres camarades, craignant que cela n'entraîne un second mouvement de révolte. Par la suite, les derniers hommes qui avaient refusé de quitter le Crématoire III en même temps que moi ont finalement été transférés au II où ils sont venus nous rejoindre.

Le Crématoire III n'a plus été utilisé à partir de ce moment-là et a commencé à être démantelé peu de temps après la révolte. Le Crématoire IV était déjà hors d'usage, car les hommes du Sonderkommando étaient parvenus à le faire exploser au moment de la révolte. Nous étions début octobre, et seul le II continuait à fonctionner. Mais plus au même rythme qu'avant ; les convois n'arrivaient plus aussi régulièrement.

Vous n'avez donc pas subi de véritables représailles ?

On était persuadés que ça allait venir, que les Allemands nous utilisaient parce qu'ils avaient encore besoin de nous, mais que ça n'allait pas tarder. Je ne sais pas combien d'hommes étaient encore vivants dans les Crématoires IV et V, mais ils ne devaient pas être très nombreux. Nous étions pratiquement les seuls encore en vie.

Les Allemands ont fait la liste des vivants et des morts, et ont conclu qu'il manquait deux personnes. Ils ont fait venir Kaminski, l'*Oberkapo* des Crématoires, pour savoir qui étaient les personnes manquantes et où elles étaient. Il s'agissait d'Ivan, un Russe, et de Karl, l'Allemand. Kaminski a dû expliquer ce qui s'était passé avec Karl et dire qu'il avait été brûlé. Ils n'ont pas voulu le croire. Alors, pour leur prouver que c'était vrai, il a fallu trier les cendres, fouiller dedans jusqu'à retrouver les boutons en métal que Karl portait toujours sur sa veste. On a su par la suite que les Allemands étaient venus chercher Kaminski vers quatre heures du matin pour l'emmener. On ne l'a plus revu.

Il manquait toujours Ivan, et tant qu'on ne le retrouvait pas, l'alarme continuait de sonner en permanence. Ivan a finalement été retrouvé dans un petit village, au bout de deux semaines. Il a été ramené vivant et tué au Crématoire. Tous les autres Russes ont été transférés ailleurs. Nous étions seuls dans le Crématoire et les Allemands se sont mis à nous surveiller étroitement. Nous n'avions plus aucune marge de liberté à l'intérieur du Crématoire. Ils ont même fait venir des militaires allemands en renfort pour nous surveiller. Ces soldats entraient dans la cour du Crématoire pour la première fois. Parmi eux, j'ai remarqué un SS qui semblait curieux de voir ce qu'il y avait dedans. Il a hésité, car il n'en avait probablement pas le droit. Il est tout de même descendu, mais est remonté aussitôt. Je suppose qu'il n'est pas allé plus loin que la salle de déshabillage. Il n'a pas vu de cadavres. Il voulait savoir, mais il n'a rien vu.

À part vous surveiller plus étroitement, ne vous ont-ils pas fait subir d'autre punition ?

Quelques jours après, un officier et deux soldats sont venus dans notre Crématoire. Ils ont sonné le rassemblement et nous ont fait entrer par cinq dans la salle des fours. En attendant devant la porte, nous étions tous persuadés qu'ils allaient nous tuer. On n'entendait pas ce qui se passait à l'intérieur et on ne voyait personne sortir. Moi, je me suis placé parmi les derniers de la queue. Comme toujours, d'ailleurs, car dans ces cas-là je préfère avoir le temps de comprendre ce qui se passe pour me préparer le mieux possible. Je fumais les dernières cigarettes que j'avais, par anxiété et désespoir. On avait convenu avec ceux qui devaient passer avant que s'ils voyaient qu'ils allaient être tués, ils se mettraient à crier pour nous avertir. On aurait réagi, par désespoir, sans la moindre chance de se sauver, mais juste pour ne pas se faire tuer comme des moutons.

Quand il a fallu entrer à notre tour, ils nous ont ordonné de former quatre groupes de cinq prisonniers et de nous placer devant les fours. Deux SS se tenaient debout dans les deux angles de la pièce qui nous faisaient face. L'officier était au milieu et donnait ses ordres. Il nous a ordonné de nous déshabiller. Je me suis dit : « Ça y est, c'est la fin ! » Puis il nous a ordonné de poser nos affaires en boule à deux mètres devant nous. Nous sommes restés ainsi immobiles, nus, en sueur, attendant de voir ce qu'il allait faire. Deux Allemands sont entrés dans la salle et ont fouillé tous les vêtements. Puis, quand ils ont constaté que nous n'avions ni couteaux, ni revolvers, ni quoi que ce soit dans le genre, ils nous ont ordonné de nous rhabiller. Et il a fallu reprendre le travail.

Vous avez dit que les convois n'arrivaient pratiquement plus. Que faisiez-vous alors ?

Vers la fin octobre, l'ordre est arrivé de commencer à démanteler les Crématoires. On a continué à travailler occasionnellement dans le Crématoire II, quand un convoi arrivait malgré tout. C'est ce Crématoire qui est resté le plus longtemps en activité, pour brûler les derniers cadavres. Mais on a surtout travaillé à démanteler les autres Crématoires. Ça a pris beaucoup de temps, car les Allemands nous ont ordonné de tout retirer pièce par pièce. Les structures étaient très solides et avaient été conçues pour durer longtemps. Ils auraient pu tout aussi bien utiliser de la dynamite, mais ils voulaient démonter méthodiquement tout l'intérieur de la structure : les fours, les portes de la chambre à gaz, et tout le reste. Et cela devait être fait par des hommes du Sonderkommando, car nous étions les seuls à pouvoir voir l'intérieur des chambres à gaz. En revanche, au moment de démonter la structure extérieure, d'autres prisonniers, dont des femmes de Birkenau et des prisonniers d'Auschwitz I, ont été affectés à cette tâche.

De temps en temps, j'arrivais à m'infiltrer dans le groupe de ceux qui travaillaient dehors au démantèlement de la structure extérieure. Ça me permettait de prendre un peu l'air et d'essayer d'avoir des nouvelles de personnes que je connaissais. Un jour, alors que j'étais dehors avec un groupe en train de démonter une tourelle de garde, je me suis enfoncé un clou rouillé dans la main. Au début, la douleur était supportable. Mais la plaie s'est rapidement infectée. La douleur est remontée tout le long du bras, jusque sous l'aisselle où des ganglions enflés me faisaient atrocement mal. J'avais de la fièvre, mais les hommes du Sonderkommando ne pouvaient pas aller à l'hôpital comme les autres. Un médecin juif qui faisait partie du Sonderkommando m'a dit qu'il fallait ouvrir pour évacuer le pus.

Il a donc pris un bistouri et m'a installé sur une chaise. Trois ou quatre hommes me tenaient fermement, car il n'y avait, bien sûr, pas d'anesthésie. Alors que le médecin s'apprêtait à opérer, nous avons entendu des bruits de tirs provenant de la cour du Crématoire. Ceux qui le pouvaient se sont approchés de la fenêtre et ont vu une camionnette transportant cinq ou six Russes qui avaient été ramenés d'Auschwitz vers notre Crématoire. Pensant qu'ils allaient être tués, les Russes se sont jetés sur les soldats en sortant du camion. Face aux Allemands, ils ne faisaient pas le poids et ont été massacrés comme des chiens. Je me souviens avoir pensé : « Moi qui suis malade, on va me guérir, alors que ces hommes en bonne santé sont abattus comme des animaux. »

Le médecin a continué, il a ouvert mon bras et j'ai vu des étoiles ! Beaucoup de pus est sorti. On n'avait pas de bande pour panser la plaie, mais on avait trouvé du papier-toilette parmi les différentes choses qui arrivaient avec les victimes. Ça m'a servi de bande, avec un peu d'eau de Cologne en guise d'alcool pour désinfecter la plaie. Je me suis remis en quelques jours, car j'étais encore assez fort. Évidemment, je ne pouvais absolument pas dire que j'étais malade. Heureusement, le travail n'était plus aussi éreintant, j'ai pu ainsi éviter d'utiliser ma main et de montrer que j'avais un problème.

Avez-vous eu des nouvelles de personnes que vous connaissiez ?

Oui, parmi les prisonniers qui sont venus travailler au démantèlement des Crématoires, j'ai retrouvé mon beau-frère qui encadrait un groupe de prisonniers d'Auschwitz. C'était un bon menuisier et, étant dans le camp depuis longtemps, il avait réussi à se faire une place qui lui assurait quelques avantages. Il aurait pu ne pas venir faire ce travail, mais lui aussi a voulu comprendre ce qui se passait dans ces structures et essayer d'avoir de nos nouvelles. Il avait déjà réussi à retrouver ma sœur et même à la mettre en sécurité dans un kommando de couturières. Quand je l'ai vu, je lui ai demandé de transmettre à ma sœur un sachet que j'avais trouvé avec plusieurs dents en or...

Je les avais trouvées en fouillant dans la cour du Crématoire. On savait que les hommes du Sonderkommando avaient l'habitude de cacher divers objets de valeur en les enterrant. De notre côté, nous n'avions déjà plus grand-chose, car les convois n'arrivaient plus et on ne pouvait plus mettre de côté assez de nourriture. Alors, je me suis mis d'accord avec un autre Grec de Salonique, Shaul Hazan, pour qu'il devienne mon *Shutaf*, c'est-à-dire mon « partenaire » dans nos recherches. Tout ce qu'on trouvait était automatiquement divisé entre nous. Pendant que l'un cherchait, l'autre faisait le guet. C'est ainsi qu'il a trouvé, en fouillant le sol, un sac rempli de dents en or. Nous l'avons immédiatement caché dans un autre endroit. De temps en temps, on allait récupérer une dent pour l'échanger contre un bout de pain.

Mes recherches aussi ont été récompensées. Je me suis souvenu que le garde allemand du Crématoire II avait toujours un chien auprès de lui. Un jour, le chien s'est approché d'un peu trop près des barbelés électrifiés et il est mort. Pour l'Allemand, la mort de ce chien a été une véritable tragédie, car la vie d'un chien valait à ses yeux bien plus que la vie de mille Juifs. Ce jour-là, il s'est vengé sur nous, et ne nous a pas laissé un moment de répit. Il a finalement ordonné à des Russes d'empailler le chien. La viande du chien n'est pas partie entièrement à la poubelle, car je sais que certains prisonniers en ont mangé. Même mon frère y a goûté.

L'Allemand avait fait construire une très belle niche pour son chien dans la cour du Crématoire II. Elle ressemblait à une petite maison en briques, avec un petit tapis devant l'entrée. Elle aussi devait disparaître, puisqu'on démantelait tout le Crématoire. J'ai ressenti une satisfaction toute particulière à détruire cette niche. Avec une pioche, je me suis acharné dessus. J'avais envie de tuer tout le monde, de tout casser, tout ce que je pouvais détruire de ce lieu me rendait heureux, je voulais en finir avec tout ça. Détruire le plus possible... On ne savait pas ce qu'ils pouvaient encore nous faire, alors plus on détruisait, mieux on se sentait. Ce chien avait eu droit à plus de respect et de confort que nous. J'étais heureux de détruire sa niche. Le sol à l'intérieur de la niche était recouvert de briques. Je les ai cassées une à une, jusqu'au moment où j'ai aperçu un objet brillant caché dessous. En retirant les briques, j'ai trouvé un magnifique porte-cigarette en or. Sur le côté, un mécanisme transformait le porte-cigarette en briquet. Je l'ai ouvert et j'ai trouvé à l'intérieur un billet de mille dollars plié. Je n'avais jamais vu cela ! Je suis immédiatement allé montrer ma découverte à mon *Shutaf* et nous l'avons recachée ailleurs dans la cour.

Le jour où j'ai vu mon beau-frère, j'ai décidé de lui donner ma part du butin pour aider ma sœur. Je suis allé trouver Shaul pour le prévenir. Il a voulu m'en dissuader. Il avait peur que quelqu'un nous voie et trouve notre cachette. J'ai insisté et il a bien été obligé d'accepter. Malheureusement, il a eu raison, car quelqu'un nous avait vus et quand, plus tard, il est retourné prendre sa part à lui, il n'y avait plus rien.

J'ai donné ma part de dents en or à ma sœur. Je tenais à l'aider pour qu'elle ait suffisamment à manger et donc assez de forces pour ne pas tomber malade. Le porte-cigarette, je l'avais déjà échangé contre deux pains ronds, un morceau de saucisse et c'est tout. C'est dire le prix d'un peu de nourriture dans le camp... Au moins, ça nous a permis de survivre quelques jours de plus.

À cette époque, les hommes qui restaient du Sonderkommando ont dû revenir dormir dans le camp des hommes, dès que les travaux de démantèlement ont touché la toiture du Crématoire. On est donc retournés dans la baraque isolée du camp des hommes, là où nous avions passé les premières nuits en tant que Sonderkommando. Nous étions à peine soixante-dix dans la baraque, on ne manquait donc pas de place pour garder des affaires. Nous avions toujours l'interdiction formelle d'entrer en contact avec les autres prisonniers. En général, le SS nous ramenait jusqu'à l'entrée du secteur du camp des hommes et chargeait l'un de nous de s'assurer que personne ne sortirait de la baraque. Si, malgré tout, quelqu'un sortait, l'homme chargé de la surveillance était lui aussi sévèrement puni.

Le soir du 17 janvier, exceptionnellement, le garde SS nous a accompagnés jusqu'à la baraque et nous a dit que nous avions l'interdiction absolue de sortir. Il a même ajouté, comme si nous ne le savions pas déjà : « Gare à celui qui essaierait ! » Le fait qu'il éprouve le besoin de répéter quelque chose d'évident pour tous nous a paru suspect. D'autant que ce jour-là, en rentrant vers la baraque, nous avions croisé de nombreuses files de prisonniers sortant du camp comme s'ils allaient travailler, alors que la nuit tombait (il devait être environ dix-huit heures). Sur la route, j'ai réussi à demander discrètement à quelqu'un : « *Was ist ?* » « Que se passe-t-il ? » Il m'a répondu en chuchotant : « *Evakuieren !* » Je n'ai pas eu de mal à comprendre que si tout le monde était évacué, hormis le Sonderkommando à qui l'on ordonnait instamment de ne pas bouger, c'est qu'ils avaient l'intention de nous prendre au piège comme des souris et de nous tuer. Nous sommes entrés dans la baraque, mais à peine l'Allemand s'était-il éloigné que nous sommes ressortis pour nous joindre discrètement aux groupes qui sortaient du camp...

Plusieurs groupes, de quelques milliers de prisonniers chacun, ont été formés, car il était impossible d'envoyer tout le monde au même endroit. Nous avons tout d'abord été envoyés à Auschwitz I, pour y rejoindre d'autres prisonniers également prêts à être évacués. La nuit était déjà bien avancée. J'ai retrouvé mon beau-frère à Auschwitz I, ainsi que d'autres personnes que je connaissais, comme le cousin de mon beau-frère, Joseph Mano, et d'autres encore. Chacun a reçu trois portions de pain avec un petit morceau de margarine pour la route. De crainte qu'on me les vole, j'ai préféré les avaler immédiatement et m'assurer que j'aurais au moins cela dans l'estomac.

C'était le plein hiver ; dehors, tout était gelé ou enneigé. Il faisait un froid bestial. Mais j'étais heureux de savoir que j'allais quitter ce lieu et surtout d'avoir pu échapper à la liquidation programmée du Sonderkommando. De temps en temps, durant la nuit, un Allemand passait entre les prisonniers et hurlait : « *Wer hat im Sonderkommando gearbeitet ?* » « Qui a travaillé dans le Sonderkommando ? » Bien entendu, personne ne répondait. Plus tard, ils ont continué à poser la question régulièrement, tout au long de la route, car ils n'avaient pas d'autre moyen de nous retrouver. Cette nuit-là, celle qui a précédé ce qu'on a appelé « la marche de la mort », je n'ai pas dormi du tout. Il n'y avait pas assez de place pour tout le monde et j'ai passé la nuit serré contre les autres, debout. Et encore, j'ai eu de la chance d'arriver à entrer dans un bâtiment, car certains ont passé la nuit dehors.

Le lendemain matin, nous avons quitté Auschwitz. Dans ma colonne, on devait être cinq ou six mille personnes. On a marché des journées entières, toujours cinq par cinq, dans ce froid glacial. La nuit, on s'arrêtait dans un village ou une étable, et il fallait s'arranger comme on pouvait pour arriver à trouver une place convenable pour se reposer un instant. Les plus débrouillards arrivaient à trouver un endroit à l'intérieur, les autres devaient rester dehors. Beaucoup mouraient de froid pendant la nuit, ou avaient les pieds gelés. S'ils ne pouvaient plus marcher, ils étaient abattus sur place. On traînait les pieds, on avait soif, froid, faim... mais il fallait marcher, marcher et toujours marcher. Ceux qui tombaient d'épuisement restaient derrière et étaient exécutés par les SS qui fermaient la marche. Des prisonniers devaient jeter leurs corps sur les bas-côtés.

Ça a duré ainsi pendant dix ou douze jours.

Avez-vous croisé des civils sur la route ?

Oui, souvent, bien que les Allemands aient évité de nous faire passer par les villes et préféraient les petits chemins sur lesquels on ne voyait que des fermes isolées. Les habitants nous regardaient passer, ils étaient certainement terrorisés eux aussi. J'aurais souhaité rendre un meilleur hommage à cette vieille Polonaise que nous avons croisée le deuxième jour. Elle nous a jeté trois ou quatre gros pains. J'étais parmi les chanceux qui en ont récupéré un. C'était formellement interdit par les Allemands, mais tant qu'elle a pu le faire, elle les a lancés, puis elle s'est éloignée.

Je me suis débrouillé à de nombreuses reprises pour récupérer des choses sur la route, autrement je n'aurais pas pu survivre. Un soir, par exemple, nous nous sommes arrêtés dans une grange. En entrant, j'ai vu une petite lucarne par terre. Je l'ai brisée pour passer dans le trou. Il fallait descendre, mais je ne voyais rien. J'ai dit à mon frère et à Yakob de me tenir par les mains et de me laisser glisser doucement. Ce n'était pas tellement profond, et les autres sont venus me rejoindre. Le paysan avait aménagé une petite cave à même la terre pour stocker ses pommes de terre sous du sable. Dès qu'on les a vues, on s'est jetés dessus pour les dévorer.

Une autre fois, j'ai dormi dans une étable, sur du foin. L'endroit était assez grand et le foin nous tenait un peu plus au chaud. Nous étions absolument morts de fatigue et sans forces, mais les Allemands ne nous laissaient dormir que quelques heures seulement, avant de nous faire repartir aux aurores. Cette fois-là, nous étions quelques-uns à avoir décidé de rester cachés sous le foin. Mais les Allemands ont averti en hurlant qu'ils allaient mettre le feu à la grange en partant. On a couru rejoindre les autres en nous faufilant dans le rang.

Au bout de trois ou quatre jours, nous sommes arrivés dans une petite gare de campagne où nous attendaient des trains ouverts, comme ceux qu'on utilise pour transporter le charbon. Dans le train, nous étions si serrés que personne ne pouvait bouger. Impossible de s'asseoir. La neige nous fouettait le visage au rythme du train. Ça a continué ainsi pendant deux jours, sans s'arrêter, sans manger.

Il paraissait évident à tout le monde que les Allemands allaient bien finir par nous abandonner quelque part, pour ne pas freiner leur propre fuite. Je pense que c'est pour cela que peu de personnes, autour de nous, ont tenté de s'enfuir. En réalité, si : plusieurs personnes ont tenté de prendre la fuite quand l'occasion s'est présentée. Quand le train s'est arrêté, un Allemand a autorisé quelques détenus à descendre, pour faire leurs besoins. Beaucoup en ont profité pour s'enfuir, mais je ne sais pas jusqu'où ils ont pu aller. Moi, je n'ai rien tenté, car j'étais sincèrement convaincu qu'ils nous laisseraient seuls en pleine campagne, pour pouvoir fuir plus facilement, face à l'avancée des troupes soviétiques. Et j'étais sûr qu'ils n'auraient nulle part où nous emmener. Je ne voulais pas prendre le risque de me faire tirer dessus en tentant la fuite et de mourir avant le moment où les Allemands nous auraient laissés libres. Mais ce moment n'est pas arrivé et j'ai passé encore quatre mois dans les camps.

Beaucoup de personnes sont mortes durant la « marche » d'évacuation ?

Oui, énormément de personnes sont mortes. Mais je ne les voyais pas forcément, parce que les gens tombaient de fatigue et restaient à terre jusqu'à ce qu'ils soient exécutés par les derniers SS. Il y en a certains que nous avons essayé d'aider quand ils étaient à bout. Comme ce garçon dont j'ai oublié le prénom. Son frère, Jacquot Maestro, était un gars vif et malin qui nous avait souvent transmis des informations dans le camp. Le garçon a commencé à vomir du sang pendant la marche. Pour ne pas l'abandonner, moi et un autre nous l'avons porté, le temps qu'il récupère. Nous qui venions du Sonderkommando avions un peu plus de forces que les autres, et tant qu'on pouvait, on essayait d'aider nos amis.

En revanche, dans mon wagon, un homme que je ne connaissais pas est mort à côté de moi. C'était un Yougoslave, le pauvre ressemblait déjà presque à un squelette. Il est mort, mais nous étions si serrés que le cadavre est resté debout, appuyé entre mon frère et moi sans que l'on s'en rende compte. L'homme était mort, mais nous étions devenus comme des animaux. Mon premier réflexe a été de fouiller dans ses poches, avec l'idée absurde qu'il aurait peut-être gardé quelque chose de mangeable. Je n'ai trouvé qu'un crucifix en bois et je l'ai gardé en me disant que si, par miracle, j'arrivais à me libérer, je pourrais être accueilli plus facilement par des paysans qui ainsi ne me croiraient pas juif. Puis nous avons réussi à faire un peu de place pour allonger le cadavre par terre et nous permettre de nous asseoir dessus. Le lendemain, quand le train s'est arrêté pour recharger le charbon, j'ai dit à l'Allemand qu'il y avait un mort dans notre wagon. J'ai compris qu'il me répondait de le jeter. Mais quand on l'a soulevé, il nous a dit : « *Nein ! Nicht hier. Später !* » « Non, pas ici, plus tard ! » Quand le train est reparti, on a dû jeter le cadavre pardessus bord, car il commençait à sentir fort.

Le train s'est arrêté à un endroit où les rails avaient été bombardés et nous avons continué à pied encore une journée. Puis nous avons embarqué dans des péniches de marchandises sur le Danube. Le froid était toujours insoutenable, mais au moins nous avions un toit. Pour la première fois depuis si longtemps, ils nous ont distribué de la soupe et nous avons passé la nuit sur la péniche. Le lendemain matin, vers cinq heures, ils nous ont fait sortir et traverser un pont sur lequel un panneau indiquait : « Linz ». C'est comme ça que j'ai su que nous étions en Autriche. En traversant la ville, j'ai aperçu une femme qui sortait la poubelle. Quand je suis passé à proximité, j'ai fait un écart sur le trottoir pour ouvrir rapidement la poubelle. J'ai attrapé une poignée d'épluchures de pommes de terre et l'ai glissée sous ma chemise. D'autres ont voulu faire comme moi, mais un garde les a vus et s'est mis à les frapper avec la crosse de son fusil. J'ai pu garder mes épluchures et les manger :

elles sentaient terriblement mauvais... mais c'était de la nourriture ! Un peu plus loin, nous avons traversé un champ cultivé. Avec nos pieds, on essayait de creuser un peu la terre, dans l'espoir de trouver des traces de la récolte. J'ai eu de la chance, car j'ai pu mettre la main sur une pomme de terre entière. Le soir, nous avons dormi près d'un poulailler. On s'est mis à plusieurs pour essayer d'attraper une poule, mais sans succès. J'aurais été capable de manger une poule toute crue si j'avais pu la prendre ! On a tout de même trouvé des œufs, avalés sur-le-champ. Le lendemain, nous sommes finalement arrivés à Mauthausen.

CHAPITRE VI

Mauthausen, Melk et Ebensee

Je ne sais pas quel jour exactement nous sommes arrivés à Mauthausen, mais je pense qu'on était fin janvier. Notre colonne de prisonniers est entrée dans le camp en passant sous l'énorme porte principale. À droite de la porte, se trouvait un grand édifice qu'il fallait contourner pour accéder à la *Sauna*. Nous étions encore nombreux, malgré les victimes mortes en cours de chemin : cela a pris deux jours pour faire passer tout le monde dans la *Sauna*. Mais avant d'entrer, personne ne savait ce qu'il y avait dans le bâtiment. Les prisonniers devaient entrer par cinq, mais on ne les voyait pas ressortir.

J'ai dormi deux nuits dehors pour être parmi les derniers à entrer dans la *Sauna*. J'étais avec mon frère, mes cousins et d'autres amis d'Auschwitz. Des soldats continuaient de passer régulièrement en demandant : « *Wer hat im Sonderkommando gearbeitet ?* » Pour éviter qu'ils ne nous retrouvent, j'ai proposé à mon frère de changer de nom. Au lieu de « Venezia », je dirais, s'ils me posaient la question, que je m'appelais « Benezia ». Mon frère n'a pas voulu changer de nom et m'a dit qu'il valait peut-être mieux qu'on se sépare, afin d'avoir plus de chances qu'au moins l'un de nous deux survive.

Finalement nous sommes entrés, rassurés de voir qu'il ne s'agissait que de la *Sauna*, pour la désinfection. Elle était plutôt petite. Et comme le premier jour à Birkenau, il a fallu se déshabiller entièrement, des détenus nous ont rasé la tête et tout le corps. Puis ils nous ont attribué un numéro. Mais, contrairement à Auschwitz, le numéro n'était pas tatoué ; Auschwitz est le seul endroit où les prisonniers étaient tatoués. Ils nous ont donné une sorte de bracelet en fer avec une plaque ; sur la mienne était inscrit le numéro 118554. C'était mon matricule à Mauthausen. Quand ils m'ont demandé mon nom, j'ai dit « Benezia », mais ils ont mal compris et inscrit « Benetti ».

En sortant de la douche, il fallait sortir et se mettre en rangs par cinq, nus et mouillés comme nous l'étions, dans la neige et le froid. On a dû attendre d'être cinquante en file avant de pouvoir nous diriger vers la baraque qui se trouvait au fond à gauche. Même si nous avions été habillés, le froid aurait été absolument insoutenable. Alors, nus, sortant de la douche, on ne peut pas imaginer la douleur. Mais celui qui nous accompagnait est resté impassible, il a attendu et nous a forcés à ne pas marcher trop vite jusqu'à la baraque. De l'extérieur, elle était semblable à celles qui se trouvaient à Birkenau, sauf qu'il me semble qu'il fallait monter deux marches avant d'entrer. À l'intérieur, rien, pas de lits. Les seuls points positifs étaient le linoléum par terre et les fenêtres qui n'étaient pas cassées et nous isolaient un peu du froid.

Vous êtes restés nus, même pour dormir ?

Absolument : nus et entassés comme des sardines, car il n'y avait pas assez de place pour tout le monde. Le lendemain matin, vers dix ou onze heures, des officiers SS sont venus chercher à peu près trois cents personnes. Ils nous ont appelés par ordre alphabétique. Je me suis retrouvé dans un groupe avec les deux cousins Gabbai, mais pas avec mon frère. Ils nous ont enfin envoyés dans une autre baraque pour nous donner de quoi nous habiller. Nous avons aussi reçu de la soupe, puis, chargés à nouveau dans des wagons, ils nous ont transférés dans un nouveau camp : Melk.

Le trajet a duré six ou sept heures, pas plus. Les baraques étaient différentes de celles que je connaissais, plus longues. Il fallait monter quelques marches pour y accéder. Des lits superposés étaient disposés en enfilade, mais il n'y en avait pas assez pour tout le monde. Ceux qui ne parvenaient pas à trouver un lit vide avaient des problèmes, car personne n'acceptait de partager sa place. Il fallait arriver à se faire une place dans le système, même si cela signifiait jouer des coudes. Je ne réussissais pas tous les jours à trouver une place, mais en général je ne me débrouillais pas trop mal.

Le travail était organisé en trois rotations de huit heures (à quoi il fallait rajouter deux heures aller et deux heures retour entre le camp et le lieu de travail). Quand on rentrait, il y avait encore autant de personnes qui dormaient et il fallait s'arranger pour trouver de la place. Il fallait être fort pour pousser les autres et prendre leur place. C'est pour cela que je dis que la solidarité n'existait pas. On dormait sur une sorte de paillasse, sans se déshabiller. Si on avait enlevé quoi que ce soit, même nos chaussures, on nous l'aurait volé. Et pour le récupérer, il aurait fallu payer une ration de pain.

En quoi consistait votre travail ?

J'ai travaillé dans le kommando de maçons, sur un chantier qui appartenait à des civils autrichiens. Dans ce camp, le travail consistait à construire des galeries dans la montagne. En arrivant sur la grande place du chantier, les contremaîtres appelaient tant de personnes pour tel type de travail. Avec mon beau-frère, mes cousins et des amis, on a réussi à former un petit groupe d'une cinquantaine de personnes qui se connaissaient. On s'arrangeait pour rester ensemble et faire toujours le même type de travail à chaque fois. Les contremaîtres et autres superviseurs étaient autrichiens, mais il y avait aussi des gardes SS et des kapos. Mon groupe devait creuser les galeries, ce qui avait l'avantage de nous maintenir au chaud et de nous laisser à distance des gardes allemands, qui restaient dehors. Des civils autrichiens entraient de temps en temps pour contrôler. Mais, en général, ils n'avaient pas besoin d'entrer pour savoir si on travaillait assez vite. Il suffisait de voir le rythme auquel les chariots remplis de terre sortaient de la galerie. Il s'agissait de travaux forcés et nous n'avions pas assez à manger ni assez de repos, mais autrement, ce n'était pas trop épuisant.

Et les civils autrichiens, comment se comportaient-ils avec vous, en général ?

Ils ne nous donnaient pas d'ordres, mais juste des instructions sur ce qu'il fallait faire. Ils avaient besoin de main-d'œuvre, mais qu'on travaille plus ou moins vite, ça n'était pas leur problème. Ils se rendaient certainement compte que certains, parmi nous, étaient si faibles qu'ils pouvaient à peine soulever leurs propres bras. Parfois ils haussaient le ton, mais n'utilisaient pas la violence. En tout cas ceux que j'ai vus. Pour les autres, je ne sais pas.

Un jour, pourtant, je n'ai pas eu de chance. Je n'ai pas réussi à me joindre à mon groupe habituel. Quelqu'un avait dû se glisser dans le groupe pour éviter un travail plus pénible. Il a ainsi pris ma place et j'ai été forcé d'aller travailler dans un autre kommando. Je me suis retrouvé dans un groupe qui travaillait en extérieur, hors de la galerie. Il fallait tirer des petits wagons transportant du ciment. En arrivant près de la galerie, nous devions monter avec le wagonnet sur un monte-charge et de nouveau le repousser sur des rails jusqu'à l'endroit où les prisonniers en avaient besoin. Ce travail était extrêmement pénible.

Je me suis retrouvé à tirer le wagonnet avec un Italien, non juif. Je ne lui ai même pas demandé son nom, la seule chose dont je me souvienne c'est qu'il m'a dit qu'il était sicilien. On ne pensait même pas à parler entre nous. Pourquoi gaspiller ses forces ? À un certain moment, j'ai senti que le wagon devenait de plus en plus lourd dans mon dos. Je me suis arrêté de tirer et comme je ne tirais plus, le wagon s'est arrêté. Il faisait semblant de tirer, mais en réalité, il me laissait porter presque seul tout le poids du chargement. Je me suis énervé, car il était hors de question que je fasse tout le travail seul. Si la chaîne était ralentie à cause de nous, l'Allemand ou un kapo serait venu nous donner des coups. On est repartis. Les premiers mètres, le poids était de nouveau équilibré. Mais au bout d'un moment, j'ai senti s'alourdir le poids sur mes épaules, et de fait, quand je me suis arrêté, le wagon s'est arrêté. Alors je me suis vraiment mis en colère et j'ai menacé de l'assommer de coups s'il me laissait encore tout porter, seul. J'avais tellement hâte que cette journée se finisse et je ne voulais pas prendre le risque de recevoir des coups à cause de lui ! Dès le lendemain, j'ai heureusement pu réintégrer mon groupe habituel.

Il faisait particulièrement froid, durant cette période. Le kapo de la baraque voulait qu'on ramène avec nous des choses qui pourraient lui servir de combustible pour qu'il se réchauffe dans sa pièce. En échange de quoi, il nous servait un peu plus de soupe. Parfois, on utilisait le tissu épais dans lequel le ciment était transporté, ou alors on prenait des morceaux de bois. Comme il était interdit de ramener quoi que ce soit dans le camp, on s'arrangeait pour faire des petits bouts et les enrouler autour de notre torse, sous les chemises. Cela nous permettait d'avoir un peu moins froid sur la route, car le vent et le froid s'infiltraient moins facilement avec cette petite protection sous nos vêtements. Mais un jour, en entrant dans le camp, notre groupe a été contrôlé par les gardes à l'entrée. Tout le monde a ouvert sa chemise pour se débarrasser de ces bouts de bois avant que les

Allemands ne les trouvent sur nous. Si on se faisait prendre avec, on pouvait recevoir un tas de coups, comme punition autant que pour servir d'exemple aux autres. Ils avaient fait cela pour pouvoir récupérer le bois et l'utiliser pour leurs propres besoins.

Que mangiez-vous ?

Quand on partait du camp, on recevait une sorte de thé, sans sucre bien entendu, dont la seule qualité était d'être chaud. Vers onze heures trente, un kapo sonnait l'heure de la soupe : une soupe aux choux avec des épluchures de pommes de terre. Celui qui servait la soupe ne mélangeait jamais, donc les premiers ne recevaient que de l'eau. Personne ne voulait passer au début. Mais on n'avait pas forcément le choix.

Il m'est arrivé une fois de me trouver parmi les premiers au moment de servir la soupe. C'est un très mauvais souvenir. J'avais beau être malin et fort, je me suis fait avoir. Le kapo qui servait la soupe était hongrois et je savais qu'il servait plus de soupe à ses compatriotes, alors j'ai fait semblant d'être hongrois moi aussi. En passant, je lui ai dit : « *Magyar !* » « Hongrois ». Mais il n'a pas eu de mal à comprendre à mon accent que je mentais. Au lieu de me donner plus, il ne m'a servi que de l'eau. En regardant ma gamelle qui ne contenait rien de consistant, j'ai senti monter en moi une grande colère. « Comment ai-je fait pour être tombé aussi bas ? » L'idée de devoir attendre encore vingt-quatre heures avant de manger me rendait fou. J'ai regardé à droite et à gauche et j'ai essayé, discrètement, de rejoindre la file pour reprendre une autre portion. Mais alors que j'essayais de passer, les autres prisonniers qui m'ont vu ont commencé à s'agiter et à crier : « Eh ! Ho ! » Un kapo a vu ce qui se passait et s'est mis à courir vers moi. J'ai tenté de rejoindre au plus vite le groupe des prisonniers qui avaient déjà mangé, mais il ne m'a pas lâché. Il avait l'intention de me frapper et est arrivé sur moi en me menaçant. Sur le chemin, il a aperçu une pelle, l'a prise et m'en a donné un grand coup sur le dos. J'essayais de protéger ma tête avec mes mains. Il m'a redonné un deuxième gros coup. S'il l'avait tenue sur le côté, il m'aurait brisé le crâne. J'en suis resté le souffle coupé, de douleur autant que de rage. Je connaissais ce kapo et savais qu'il prenait plaisir à tuer les prisonniers. Souvent, à l'entrée du camp, il annonçait avec fierté aux SS qui comptabilisaient les entrées et les sorties : « 98 + 2 », pour signifier que deux étaient morts au travail, parce qu'il avait tué lui-même ces pauvres garçons qui étaient à bout de forces. C'était un Polonais aryen dont tout le monde avait peur. Quand il a soulevé la pelle pour me frapper une troisième fois, j'ai réussi à éviter le coup de justesse et à m'éloigner de lui à toute vitesse. Si j'étais tombé sur place, il m'aurait certainement achevé.

Ce jour-là, j'ai pleuré. Je n'avais jamais pleuré dans le Sonderkommando, mais toute ma rage est ressortie à ce moment précis. Je ne pleurais pas de douleur ni de tristesse (comme après la guerre, quand j'ai revu ma sœur pour la première fois), mais de colère, d'amertume, de frustration...

Combien de temps êtes-vous resté travailler à Melk ?

Je ne sais pas exactement, mais du jour au lendemain, ils nous ont transférés dans un autre sous-camp de Mauthausen : Ebensee. Ils ont choisi un groupe de deux cents ou trois cents personnes. Par chance, le petit groupe que nous avions formé est resté ensemble.

Le train nous a laissés en contrebas d'une colline. Le camp se trouvait au sommet. Les baraques ressemblaient à celles de Birkenau, avec des lits superposés. Nous étions si nombreux qu'il fallait dormir à deux par « couchette ». On pouvait à peine bouger, tellement le lit était étroit. La plupart du temps, on ne savait même pas à côté de qui on se trouvait. Il y avait déjà de nombreux Français dans la baraque, généralement non juifs, ainsi que des Russes. Je me suis retrouvé dans le lit avec un Russe malade qui toussait toute la nuit. C'est certainement à cause de lui que je suis tombé moi-même gravement malade à la Libération.

Vous ne parliez pas entre vous ?

On se parlait un minimum, mais de toute façon, personne n'avait particulièrement envie de parler. On revenait dans la baraque après une journée de travail épuisante, on avait le cerveau vide et rien à se dire. Il y avait aussi parmi nous quelques intellectuels. Mais nous, la main-d'œuvre, nous avions déjà perdu notre dignité depuis longtemps.

Comme à Melk, le travail consistait à creuser des galeries dans la montagne. Sauf que nous ne creusions pas dans la terre mais dans la pierre, et que les galeries étaient beaucoup plus humides qu'à Melk. On était immédiatement trempés, quoi qu'on fasse. Il n'y avait aucun moyen de se sécher. On revenait au camp et il fallait se coucher avec nos vêtements encore trempés, sans pouvoir les enlever. J'ai eu la chance de ne travailler qu'une dizaine de jours dans ces carrières. Par la suite, les Américains ont bombardé la gare d'Ebensee et la priorité était alors d'employer les prisonniers à la reconstruction des voies ferrées.

Tous les jours, il fallait se rendre à pied jusqu'à la gare, puis prendre un petit train pour aller jusqu'à l'endroit où les rails avaient été bombardés, et de là faire encore un kilomètre pour arriver à la gare bombardée. Sur la route, on passait près d'un champ de colza. Tous les prisonniers essayaient d'en prendre le plus possible. On aurait mangé de l'herbe si on avait pu en trouver... Mais les gardes se sont vite interposés pour nous interdire de nous approcher du champ. Un jour, nous avons croisé une vieille paysanne autrichienne en train de laver du linge dans la mangeoire des animaux. Tous les prisonniers, en passant à sa hauteur, lui demandaient de l'eau. Elle a préparé un seau d'eau qu'elle a placé sur le bord de la route pour que nous puissions en boire au passage. Mais les Allemands nous l'ont interdit. Ils ont frappé avec la crosse de leur fusil la vieille femme qui avait voulu nous aider.

Arrivés sur le lieu du bombardement, nous devions déblayer le terrain. Quand on avait de la chance, on trouvait dans les décombres un bout de cigarette, ou un objet qu'on essayait tant bien que mal de ramener avec nous au camp. Là-bas, une des baraques, près des latrines, était devenue le lieu des échanges, des « affaires ». Ceux qui ne travaillaient pas s'y rendaient facilement. Quant à nous, on pouvait y avoir accès le soir avant le couvre-feu. Quand je le pouvais, j'essayais d'obtenir un morceau de pain supplémentaire en l'échangeant contre un bout de mégot de cigarette. Les Russes étaient très demandeurs pour tout ce qui pouvait se fumer. Une fois, un Russe est venu me voir pour me proposer : « *Olej !* », c'est-à-dire de l'huile, contre mes cigarettes. Je savais que les Russes donnaient n'importe quoi pour pouvoir fumer, mais je me demandais ce que ça pouvait bien être, car avoir de l'huile dans le camp était impensable. Avec les mains, il m'a fait signe de l'attendre. J'étais curieux de voir dans quoi il allait me ramener cette huile, puisqu'on ne pouvait trouver ni bouteilles ni sacs. Finalement, il l'a ramenée dans une lampe à huile, de celles qu'on utilisait pour éclairer les galeries. L'huile qu'il m'a montrée était noire, dégoûtante. Il a essayé de me la vendre en la faisant passer pour de l'huile d'olive pleine de vitamines, alors qu'il s'agissait, de toute évidence, d'huile de moteur. « Bois-la toi-même ! » lui ai-je répondu. Il est possible que certains aient bu cette huile, tout comme certains ont parfois mangé l'espèce de crème blanchâtre qui se trouvait dans le morceau de charbon Cardiff. Ils se sont sûrement détruit l'estomac, de cette manière.

Notre kapo était un Allemand, petit et particulièrement cruel. Un jour, au moment de distribuer la soupe, il s'est mis à frapper tout le monde sans distinction, et sans raison. L'un de mes amis, Joseph Mano (le cousin de mon beau-frère), a reçu des coups très violents, notamment sur le crâne. Il avait quasiment le crâne brisé et personne n'aurait pensé qu'il pourrait survivre à une telle blessure. Mais il a survécu.

Là-bas, on restait le plus souvent en groupe avec les siens, car ça nous rendait un peu plus forts. Seul, on était facilement victime de quelqu'un d'autre. C'est ce qui a bien failli m'arriver, un jour. C'était peu de temps avant la Libération. Les kapos nous distribuaient plus de pain. On devait former des groupes de six personnes et chaque groupe recevait un gros morceau de pain en forme de brique. Quand j'étais avec mon beau-frère ou d'autres personnes que je connaissais bien, ce n'était pas un problème : on partageait le pain très équitablement. Mais une fois, je me suis retrouvé, malgré moi, dans un groupe avec cinq Russes, dont l'homme malade qui partageait ma couchette. J'ai très vite compris qu'ils s'étaient mis d'accord entre eux pour m'arnaquer. Habituellement, on attribuait à chacun un numéro. Un des hommes, les yeux fermés, désignait la part qui irait à chaque numéro. Ce système permettait d'être plus juste et d'éviter les empoignades sur chaque morceau. Mais, cette fois-ci, les Russes ont exigé que ce soit moi qui me retourne. Quand il n'est plus resté que deux morceaux, un pour moi et un pour celui avec qui je partageais ma couchette, j'ai refusé de me retourner et je lui ai dit de choisir le morceau qu'il préférait. Ils ont insisté pour que je me retourne quand même. J'ai refusé et lui ai offert le morceau qui semblait le plus gros. J'avais compris que, à peine retourné, ils auraient pris les deux morceaux de pain. La situation se présentait mal pour moi, car ils étaient tous les cinq contre moi. Ils avaient sûrement décidé de se partager mon morceau. Et, de fait, ils ont profité d'un bref instant d'inattention de ma part pour prendre les deux morceaux. Tout s'est fait très vite. J'ai vu que le Russe qui dormait avec moi avait encore son bout dans les mains. Que pouvais-je faire ? Rester sans manger était insupportable. Alors, d'un geste rapide, je lui ai pris son morceau et l'ai avalé d'une bouchée. En temps normal, on essayait de manger petit bout par petit bout, pour se donner l'illusion de manger plus. Mais là, la situation était critique. Le Russe resté sans pain a commencé à s'énerver et à hurler contre moi. Le kapo est arrivé et il a demandé ce qui se passait. L'autre a répondu en pleurnichant que je lui avais volé son pain. Le kapo, sans chercher à en savoir plus, s'est mis à me frapper violemment. J'ai essayé de me protéger le visage, mais il me frappait partout. Malgré la force de ses coups, je ne ressentais pas la douleur. Ma seule pensée était pour le morceau de pain que j'avais réussi à me mettre dans l'estomac et que plus personne ne pourrait reprendre ! Cette idée suffisait à atténuer la douleur des coups. Finalement, il en a eu assez de frapper et il est passé à autre chose.

Le Russe qui n'avait pas eu de pain est allé réclamer un morceau à ses amis. Mais, bien entendu, ils ne lui ont rien donné. On a continué à dormir tous les deux sur la même couchette, puisque nous n'avions pas le choix. Il ne pouvait rien faire pour se venger : j'étais bien plus fort que lui. Et d'ailleurs, il n'avait qu'à s'en prendre à lui-même.

Vous avez dit que vous receviez plus de pain à la veille de la Libération. D'autres choses ont-elles changé dans l'attitude des personnes ou l'atmosphère générale ?

Les kapos sont soudain devenus moins violents. Le kapo de ma baraque, l'Allemand petit et vicieux qui frappait souvent pour le plaisir et sans motif, a fait attention à ne plus se mettre à dos les Français et les Russes. Il sentait que la fin était proche et craignait qu'on ne veuille se venger dès que nous serions libres. Tout d'un coup, il est devenu plus calme et abordable. Il essayait aussi de donner plus de soupe aux Russes et aux Français.

Un matin, au lieu de partir travailler, le commandant d'Ebensee nous a ordonné de nous regrouper sur la place centrale du camp. On devait être cinq ou six mille, provenant d'une vingtaine de pays différents. Il est monté sur une estrade. À ses côtés, des interprètes traduisaient dans toutes les langues. Il nous a dit quelque chose comme : « Les Russes et les Américains approchent. Mais nous ne laisserons pas l'endroit sans combattre. Votre vie sera en danger au milieu des combats. Je vous recommande donc de vous réfugier dans les galeries, pour éviter de mourir sous les bombardements. » Dans toutes les langues, les prisonniers ont crié qu'ils refusaient.

Il vous a laissé le choix ?

Oui, c'est étrange de se dire qu'il nous a posé la question. Il aurait pu aussi bien nous contraindre à entrer dans les galeries par la force et nous tuer en les dynamitant. Mais nous nous serions rebellés et cela aurait été une véritable boucherie. En entrant, les troupes américaines auraient trouvé les traces de ce massacre ignoble. Et puis, ils n'avaient pas le temps de nous y contraindre. Quand le commandant a compris que nous refusions, il a rassemblé les officiers et ils ont abandonné le camp. Nous n'étions pas libres pour autant, car à leur place sont arrivés des hommes de la Wehrmacht, presque tous des soldats réservistes assez âgés. Ils devaient nous surveiller, pour éviter qu'on aille piller le petit village et peut-être chercher à nous venger. Je pense qu'on aurait pu faire un massacre.

Vous croyez vraiment ?

Oui, nous étions tellement affamés ! Je pense sincèrement que nous étions capables du pire, à ce moment-là. Je raconte tout, et je ne veux rien cacher, ni mentir.

Les gardes ont pris position en attendant les Américains. On entendait de loin les bruits des combats. On a attendu ainsi un jour : rien. Deuxième jour, toujours rien. Nous n'avions plus rien à manger. Mais peu d'hommes ont tenté de s'enfuir, car ce n'était plus qu'une question d'heures et il était idiot de risquer la mort si près de la fin. Il a fallu tout de même attendre encore quatre jours avant de voir entrer les Américains. Entre-temps, j'avais réussi à récupérer dans la cuisine un sac de pommes de terre, sauvé miraculeusement. On s'est organisés, mes compagnons et moi, pour qu'il y ait tout le temps quelqu'un d'assis sur le sac pour le protéger. Ça nous a permis de mieux supporter l'attente des Américains.

Ils sont finalement arrivés un matin, vers onze heures. Des Américains d'origine italienne se trouvaient dans le premier char, mais je ne comprenais pas leur accent sicilien. Par hasard, des fils d'immigrés grecs étaient dans le second blindé. Ils m'ont parlé des milliers de morts qu'ils avaient trouvés dans les autres camps libérés en chemin. Ils étaient à la poursuite des SS et les tuaient dès qu'ils le pouvaient. Ils nous ont laissé ce qu'ils avaient sur eux, chewing-gum et autres choses de ce genre, puis ils sont repartis.

Les jours suivants, des camions sont arrivés pour nous apporter de la nourriture. On recevait des paquets comme ceux de la Croix-Rouge, contenant des tablettes de chocolat, du lait en poudre, les choses de première nécessité, des cigarettes, du sucre et des galettes. Mais, en général, ils avaient à peine le temps de décharger les paquets. Les prisonniers se jetaient dessus pour en récupérer le plus possible. Au lieu de les stocker dans une baraque et d'établir un système de distribution équitable, les Américains se laissaient totalement déborder, et n'osaient pas intervenir contre nous pour remettre de l'ordre. Moi, je voulais que les choses soient organisées de manière plus juste, pour permettre aux plus faibles, ceux qui tenaient à peine debout, d'en profiter également. Au bout de quelques jours, on est parvenus à s'organiser un minimum. Beaucoup sont morts durant ces quelques jours, d'avoir trop mangé ou pas assez.

Et vous, comment avez-vous fait pour vous limiter ?

Le sac de pommes de terre nous a permis de nous adapter plus progressivement. On ne les a pas toutes mangées d'un coup, mais seulement deux ou trois à la fois. Parmi ce que nous amenaient les Américains, on trouvait aussi des conserves de viande de porc que l'on mélangeait avec les patates. Ainsi, l'estomac n'était pas trop agressé et se réhabituait peu à peu à la nourriture. Il faut dire aussi que ceux qui avaient été dans le Sonderkommando, comme moi, étaient arrivés dans le camp avec plus de réserves. Mais mon beau-frère, par exemple, qui est resté à Auschwitz plus de deux ans, était proche de la fin. Il était arrivé à Ebensee déjà en mauvais état. Heureusement, il a survécu. D'après moi, plus de la moitié des gens qui avaient survécu jusqu'à la Libération sont morts dans les semaines qui ont suivi.

Avez-vous cherché à vous venger ?

Oui, surtout sur les kapos, car les Allemands s'étaient enfuis ou avaient été pris par les Américains. Les vingt-quatre heures qui ont suivi la Libération ont donné lieu à une véritable chasse aux kapos. Celui qui m'avait frappé dans la baraque a tenté de s'enfuir, mais il a été arrêté par des prisonniers français. Ils l'ont mis dans un sale état, à force de le frapper. Il respirait à peine. Un des Français s'est dressé au-dessus de lui. Il a brandi un poignard, puis, s'adressant aux autres, il a demandé en français : « Qu'est-ce qu'on fait de lui ? On va le tuer ? – TUER ! » ont crié les autres. Alors, il a posé son genou sur le torse du kapo et lui a enfoncé deux coups de poignard dans la poitrine. Puis ils l'ont pris et l'ont jeté dans le bassin d'eau qui se trouvait non loin de là. Avant de jeter le corps dans l'eau, l'un d'entre eux a voulu lui prendre ses chaussures. Mais celui qui paraissait être le chef a interdit de toucher à quoi que ce soit du mort, et ils l'ont jeté tel quel dans le bassin.

Le jour de l'arrivée des Américains, alors qu'une grande agitation régnait dans le camp, j'ai vu passer devant moi le Polonais aryen qui m'avait donné des coups dans la mine. Il avait été transféré en même temps que moi à Ebensee et avait continué là-bas à terroriser tout le monde. Ce jour-là, il portait des vêtements civils et un sac en bandoulière, comme s'il avait l'intention de s'en aller discrètement. Quand je l'ai vu, le sang m'est monté à la tête. J'ai revu la scène où il avait failli me tuer. J'ai attrapé un gros bâton par terre et avec le peu de forces qui me restaient, je lui ai assené un gros coup sur la tête. Il a tenté de se protéger la tête avec les mains, comme je l'avais fait devant lui. Des Russes qui assistaient à la scène se sont approchés. Je me suis contenté de leur dire : « Kapo » en désignant l'homme. Sans réfléchir, ils se sont jetés sur lui pour lui prendre son sac et le frapper. Ils lui ont donné tellement de coups qu'ils l'ont quasiment tué. Il n'a pas vu la liberté et pour moi cela a été une grande satisfaction, car il ne méritait pas mieux.

Après l'arrivée des Américains, combien de temps êtes-vous resté encore à Ebensee ?

Nous avons été libérés le 6 mai 1945 et je suis resté jusqu'à la fin du mois de juin. Presque deux mois, car on ne savait pas où aller. Les Français qui sont venus avec la Croix-Rouge se sont bien organisés pour ramener les déportés français les plus malades en urgence. Les autres ont été rapatriés en France par camions. Ce sont les premiers à avoir organisé quelque chose. Les Italiens, rien. Les Grecs, il n'en a même pas été question.

Et personne n'est descendu dans le village, comme vous l'aviez prédit ?

Si, bien sûr. Mais pas pour se venger, juste pour trouver de quoi manger. Quand on s'est sentis un peu mieux, je suis descendu avec quelques amis. On n'est pas allés directement dans le village, mais dans les environs, là où se trouvaient les fermes un peu isolées. En passant devant une de ces jolies fermes, on a aperçu des poules en liberté. L'idée est venue d'en prendre une pour faire un bon bouillon qui nous aurait aidés à reprendre des forces. Mais dès que nous sommes entrés dans la cour, le coq a commencé à s'agiter. On avait la tête tellement vide qu'on avait oublié que les poules ne se laissent pas attraper comme des chiens qu'on siffle pour les attirer. Les poules s'enfuyaient et le coq devenait sans cesse plus agressif. Finalement, j'ai vu qu'une poule était restée dans le poulailler pour pondre ou couver son œuf, alors je l'ai attrapée assez vivement par le cou. Le coq a voulu m'attaquer. Un vieil Autrichien a ouvert la porte de la maison et est sorti en criant : « *Was ist los ?* » « Que se passe-t-il ? » Je lui ai répondu : « *Nicht ist !* » Il ne savait pas quoi faire, mais il avait surtout peur de nous, alors il nous a laissés partir avec sa poule. On l'a tuée et plumée près de la rivière. En rentrant, nous sommes passés par le petit village d'Ebensee. On a vite remarqué que les habitants étaient terrifiés. Il suffisait de demander ce qu'on voulait pour qu'ils nous le donnent sans discuter. Ils nous craignaient comme des bêtes sauvages. On s'est contentés de demander des haricots et du sel.

En rentrant dans le camp, on a pu trouver un couteau pour retirer les entrailles de la poule et une casserole pour la cuire. Elle est restée ainsi pendant des heures, mais sans cuire correctement. La fumée était terrible et c'est là que je me suis senti mal pour la première fois. J'ai commencé à tousser et à avoir un peu de fièvre. Je ne me sentais pas encore trop malade, juste faible. Par la suite, ma santé s'est dégradée rapidement.

Mais les premiers jours, j'étais encore vif. Trois jours après l'arrivée des premiers chars, j'ai vu entrer dans le camp une jeep américaine. Le chauffeur était seul. Il est descendu de voiture et s'est dirigé vers l'intérieur du camp. Je suppose qu'il était entré par curiosité, simplement pour voir à quoi ressemblait un camp. Dès qu'il s'est éloigné, j'ai prévenu des amis et nous sommes allés voir ce qu'il y avait dans le camion. Tout était bon à prendre : vêtements, cigarettes, n'importe quoi. J'ai soulevé la toile qui protégeait la plage arrière pour voir si je pouvais trouver quelque chose d'intéressant. Dans l'obscurité, j'ai pu voir une caisse et quelques conserves à portée de main. J'ai pris tout ce que je pouvais, en mettant tout dans mes poches. Mais nous n'étions déjà plus seuls. Beaucoup d'autres anciens prisonniers se sont approchés quand ils nous ont vus. Je me suis faufilé pour sortir, mais quand j'ai mis mes mains dans mes poches, je me suis rendu compte que je n'avais plus rien. Tout ce que je mettais dans les poches, les autres le prenaient sans que je m'en aperçoive. J'étais déçu et en colère d'avoir fait tous ces efforts pour rien. Alors, je me suis frayé un chemin en poussant les autres pour retourner près du camion. Ça m'importait peu de les bousculer, car nous étions tous devenus des sauvages. Dans le camion, la caisse était vide. J'ai aperçu un de mes camarades à côté de la porte. Je lui ai dit en grec de soulever le levier et de débloquer la portière basse à l'arrière du camion. Bien sûr, elle est tombée sur la tête des gens qui étaient devant. Mais plus rien ne m'importait, j'étais furieux de n'avoir rien pu garder. À l'intérieur, dans un coin, j'ai vu un grand sac. Au lieu de me servir dedans, j'ai préféré le prendre en entier pour éviter la même mésaventure. Tout le monde s'est jeté sur moi pour tenter de me voler le sac. J'ai dit à mon beau-frère et à mes camarades de donner des coups pour écarter les autres et garder le sac pour nous. Finalement, nous sommes parvenus à le mettre en sûreté dans la petite baraque qui avait servi aux SS, à l'entrée du camp.

Mes camarades ont tout de suite voulu ouvrir le sac pour voir ce qu'il y avait dedans. Moi, je leur ai dit d'attendre, car je voulais voir comment allait réagir le soldat. Je l'ai entendu revenir en sifflotant. Quand il a vu le camion et tous les prisonniers autour, il a sorti son pistolet et tiré deux coups en l'air pour éloigner tout le monde. Puis il a simplement relevé la portière arrière et est parti. Ce n'est qu'à ce moment-là que j'ai ouvert le sac. Dedans, il y avait plusieurs cartouches de cigarettes Camel, Lucky Strike et Marlboro, ainsi que des allumettes. J'en ai sorti une et l'ai fait passer à chacun, comme un trésor merveilleux. Puis je l'ai allumée, mais elle était beaucoup trop forte par rapport aux mégots artisanaux auxquels j'étais habitué. Je me suis mis à tousser violemment, ma tête tournait à cause du tabac et de la maladie rampante. Dans le sac, nous avons aussi trouvé des serviettes, une belle casquette et deux appareils photo, un normal et un Polaroïd. Nous avons partagé le butin entre nous. Le problème était de trouver une cachette sûre pour garder tout cela. Les cigarettes étaient cachées sous un matelas, mais il était impossible qu'il y ait tout le temps quelqu'un assis dessus pour les protéger.

De fait, je me les suis fait voler peu de temps après. Je savais que Salvator Cunio (le Grec qui nous avait servi d'interprète à notre arrivée à Auschwitz et qui parlait anglais aussi bien qu'allemand) avait été envoyé à la gare pour commander un groupe d'Autrichiens que les Américains faisaient travailler pour déblayer la gare. Ces civils autrichiens travaillaient comme ils nous avaient fait travailler, gardés et commandés par d'anciens prisonniers heureux de pouvoir ainsi savourer leur vengeance – mais bien sûr, tout cela se passait sous le contrôle des Américains. J'y suis donc allé, curieux de voir comment les choses se passaient. Mais j'aurais mieux fait de ne pas quitter mon lit ce jour-là. Quand je suis rentré, quelqu'un avait volé toutes mes cigarettes, ainsi que les deux appareils photo que j'avais laissés dans le sac. Je me suis dirigé vers le lit d'un homme malade qui ne quittait jamais sa couchette, en face de la mienne. Je lui ai demandé de me dire qui était venu prendre mes cigarettes. Il a prétendu n'avoir rien vu, mais il a suffi que je hausse un peu le ton pour qu'il me dise qui m'avait volé. Je n'ai pas eu de mal à récupérer mes cigarettes, mais pas les appareils photo, qu'ils ont prétendu avoir jetés dans le lac.

Vous aviez encore assez de forces pour être convaincant ?

Oui. Même si j'étais déjà très malade, je ne m'en rendais pas encore compte. Je ne l'ai su qu'au moment où les Américains ont voulu nous transférer dans un camp militaire qu'ils avaient installé exprès. En effet, l'endroit dans lequel on se trouvait était immonde et les Américains ont considéré qu'il fallait tout désinfecter pour éviter les risques d'épidémies. Pour qu'on ne contamine pas l'endroit en arrivant, les soldats américains nous ont fait prendre une douche en nous pulvérisant avec du DDT pour éliminer les poux. Puis il fallait passer devant un appareil à rayons X. Si les médecins voyaient quelque chose d'anormal, ils nous mettaient de côté pour qu'on se fasse soigner. Moi, je suis passé et ils m'ont mis de côté, mais sans rien me dire. Ils m'ont réexaminé une seconde fois, avant de confirmer que j'avais quelque chose aux poumons. Ils m'ont emmené immédiatement dans la tente qui servait d'hôpital. Les lits étaient confortables, les draps blancs immaculés. Pour moi, c'était comme dormir dans un palace. Mais je ne suis resté que quelques jours dans cet endroit, car je ne me sentais pas malade et je voulais rejoindre mes camarades. Quand j'ai su qu'ils avaient l'intention de se rendre en Israël, je suis sorti pour partir avec eux. Je n'avais nulle part ailleurs où aller ni personne à rejoindre. Je ne voulais pas rester complètement seul, sans personne.

Saviez-vous au juste quelle était votre maladie ?

Je l'ai su quand un ami est venu me voir. Il a pris la fiche d'information du malade et a lu : « TBC ». Je ne savais pas ce que c'était. Il m'a expliqué : « Tuberculose, ça veut dire que tu es malade du poumon. » Je ne me suis pas inquiété, j'étais sûr qu'avec la nourriture et les médicaments qu'ils me donnaient, je serais vite guéri.

Au bout de deux ou trois jours, j'ai donc déclaré que je voulais partir et j'ai rejoint mes amis, en partance vers la Palestine via l'Italie. Les Américains nous ont confiés à des Anglais et nous sommes partis ainsi, à cinq ou six camions. C'est là que j'ai commencé à me sentir véritablement mal. J'avais de fortes douleurs. Le camion m'a déposé, avec d'autres malades, dans un hôpital à Udine, dans le nord de l'Italie. J'étais angoissé à l'idée que mes camarades partiraient sans moi en Palestine. Un agent de la Haganah [1] est venu me voir à l'hôpital pour m'assurer que je pourrais partir moi aussi, dès que ma santé me le permettrait. Alors je suis resté avec les autres malades, qui venaient tous, comme moi, du camp d'Ebensee.

Par la suite, j'ai été envoyé dans le sanatorium de Forlanini. J'étais le seul ancien déporté là-bas, au milieu de nombreux autres malades de la tuberculose. J'y suis resté de juillet 1945 jusqu'à novembre 1946 et m'y suis fait de bons amis. J'étais le seul à ne pas recevoir de

1. Organisation clandestine de défense dans la Palestine sous mandat britannique, luttant pour la défense des Juifs et l'instauration de l'État d'Israël. Immédiatement après la guerre, la Haganah a aidé de nombreux survivants de la Shoah à émigrer en Palestine.

visites de ma famille, mais tous partageaient avec moi ce qu'on leur apportait. Là-bas, l'hôpital pour les hommes était en face de celui des femmes. Quand nous parlions par la fenêtre, les filles m'appelaient en disant *bruno*, le brun. Ce nom m'est resté et tous m'ont connu ainsi. Je ne voulais pas reprendre mon prénom, de peur que tout recommence. Alors, au lieu de Shlomo ou Salomone, mon prénom officiel, je suis devenu « Bruno ».

Leur avez-vous raconté ce que vous aviez subi dans les camps ?

Non, absolument rien, à personne. Pendant longtemps, personne n'a su que j'étais juif. Personne ne posait la question, car ils se doutaient à peine de l'existence des camps. J'étais le seul Juif dans cet hôpital. Après un certain temps, j'ai été contacté par une jeune femme juive de la Delasem [1]. Elle s'appelait Bianca Pinkerle et allait dans les hôpitaux demander s'il y avait là-bas des personnes isolées, sans famille. Elle habitait à Trieste, mais elle faisait la route tous les quinze jours pour venir me rendre visite.

Un jour, elle m'a demandé si par hasard je ne connaissais pas un certain Niccolò Saggi, également déporté à Auschwitz. Je lui ai répondu que je ne connaissais pas les noms, mais que je pouvais éventuellement reconnaître des visages. La fois suivante, elle est revenue avec une photo. J'ai immédiatement reconnu l'homme : il était particulièrement grand et rouquin (bien que je l'aie

1. Le Delasem est la principale organisation juive italienne d'assistance aux rescapés de la Shoah.

connu sans cheveux, ça se voyait). Je l'avais vu dans le Sonderkommando et je savais qu'il avait été tué au moment de la révolte. Elle m'a appris qu'il avait été déporté avec son fils Luigi. Elle voulait avoir le maximum d'informations pour les transmettre à la femme de ce Niccolò Saggi, qui l'attendait à Trieste. Des années plus tard, Luigi Saggi est devenu l'un de mes meilleurs amis.

En novembre 1946, Bianca a proposé de me transférer dans un hôpital à Merano, géré par l'organisation juive American Joint Committee [1]. Elle m'a accompagné en ambulance jusqu'à Venise, puis j'ai continué la route, jusqu'à Merano. Je suis resté plusieurs années dans cet hôpital. En plus de nous soigner, l'American Joint aidait les malades à se réinsérer dans la vie professionnelle. Ils payaient une maison qu'on partageait avec deux ou trois autres personnes, pour apprendre à réintégrer la vie active, petit à petit. J'ai appris à travailler le cuir avec un instructeur qui venait exprès de Venise pour nous donner des cours. Parmi les malades, très peu survivaient à leur maladie. Par la suite, le Joint a décidé de fermer l'hôpital de Merano, car de nombreux malades avaient décidé d'émigrer en Israël, au Canada ou aux États-Unis, toujours grâce à l'organisation. Ceux qui sont restés ont été envoyés près de Rome, à Grottaferrata, où nous avons reçu une maison et de l'aide. Ils nous donnaient un peu d'argent tous les mois, ce qui m'a permis de suivre des cours d'anglais et, plus tard, des cours à l'école hôtelière sur le lac de Côme, avec mon ami Luigi Saggi.

1. L'American Jewish Joint Distribution Committee (JDC) a été créé en 1914 pour venir en aide aux Juifs à travers le monde.

En tout, j'ai passé sept ans, après ma libération des camps, dans différents hôpitaux. J'ai pratiquement perdu un poumon, mais les soins que je recevais tous les jours, suivant différentes cures, m'ont finalement permis de guérir.

Comment avez-vous rencontré votre épouse ?

Je l'ai rencontrée durant les cours d'anglais que je suivais à Grottaferrata. Marika avait à peine dix-sept ans, moi trente-deux. Son père avait fui la Hongrie pendant la guerre, qu'elle avait passée à Nice avec sa grand-mère. Puis, quand elle est venue habiter près de Rome, nous nous sommes rencontrés. Elle est venue me rejoindre quand j'ai commencé à travailler dans un hôtel à Rimini et nous nous sommes mariés. J'ai eu de la chance, car ce n'était pas facile de trouver une femme comme elle, qui pouvait supporter mon caractère. Nous avons eu trois fils ensemble, Mario, Alessandro et Alberto.

Quand avez-vous entendu parler de votre frère et de votre sœur pour la première fois, après la Libération ?

J'ai eu des nouvelles de mon frère alors que je me trouvais encore au camp d'Ebensee, après la Libération. Les hommes qui pouvaient encore marcher allaient voir d'autres camps pour prendre des nouvelles de leurs proches. J'ai rencontré un jour un ami grec, David Tabò, qui se trouvait dans le même camp que mon frère. Il m'a dit qu'il était malade, mais encore vivant. J'ai su plus tard qu'il était dans le coma au moment de la Libération. Il s'est réveillé trois mois après, dans un bel hôpital. Il ne savait pas ce qui s'était passé ni où il était. J'ai reçu des lettres de lui, alors que je me trouvais à l'hôpital d'Udine. Puis je l'ai revu, sept ans après la Libération. Il passait par l'Italie pour émigrer aux États-Unis. Je suis allé le retrouver sur le port, nous avons passé quelques heures ensemble et il est parti. Ma sœur, je l'ai revue en Israël, en 1952. Ella avait retrouvé ma trace à l'hôpital grâce à mon beau-frère, Aaron Mano, qu'elle avait épousé avant d'aller vivre en Israël.

De toute notre famille, nous n'étions que trois à avoir survécu. C'est déjà un miracle, quand on pense à toutes ces familles qui ont été entièrement tuées et dont il ne reste personne pour garder le souvenir. Par exemple, les frères de ma mère, avec leurs femmes et leurs enfants... Personne n'est revenu. Le nom de famille de leur branche « Angel » s'est éteint avec eux.

Comment s'appelaient-ils ?

L'aîné des frères de ma mère s'appelait Avraham Angel ; je ne me souviens plus du prénom de sa femme, mais je sais que ses deux fils s'appelaient Sylvain et Haïm. J'ai même encore une photo de Sylvain quand il avait une dizaine d'années, en train de poser, une cigarette à la main, comme ça se faisait à l'époque. Ensuite venait Haïm, qui était marié mais n'avait pas d'enfants. Puis Meïr, également marié et sans enfants. Le plus jeune de mes oncles s'appelait Sabbetaï, il avait deux filles dont j'ai malheureusement oublié les prénoms.

Quand avez-vous commencé à raconter ce que vous avez vu et vécu à Birkenau ?

J'ai commencé à parler très tard, parce que les gens ne voulaient pas entendre, ils ne voulaient pas croire. Ce n'est pas moi qui ne voulais pas parler. Quand je suis sorti de l'hôpital, je me suis retrouvé avec un Juif et j'ai commencé à parler. Tout d'un coup, je me suis rendu compte qu'au lieu de me regarder, il regardait derrière moi quelqu'un qui lui faisait des signes. Je me suis retourné et j'ai surpris un de ses amis en train de faire des gestes pour signifier que j'étais complètement fou. Je me suis bloqué et à partir de ce moment-là, je n'ai plus voulu raconter. Pour moi, c'était une souffrance de parler, alors, quand je me retrouvais face à ces gens qui ne me croyaient pas, je me disais que c'était inutile.

Ce n'est qu'en 1992, quarante-sept ans après ma libération, que j'ai recommencé à parler. Le problème de l'antisémitisme refaisait surface en Italie. On voyait de plus en plus de croix gammées dessinées sur les murs... Je suis retourné à Auschwitz pour la première fois en décembre 1992. J'avais longtemps hésité avant d'accompagner cette école qui m'avait invité, car je ne me sentais pas prêt à revenir en enfer. Mon ami Luigi Saggi est venu avec moi. Je ne savais pas que les nazis avaient fait sauter les Crématoires en partant, j'ai donc été surpris de voir les ruines. J'y suis retourné encore plusieurs fois les années suivantes. Mais les guides polonais me rendaient furieux : ils n'amenaient pas tous les groupes à Birkenau et présentaient l'histoire comme si tout s'était passé à Auschwitz I.

Aujourd'hui, ressentez-vous le besoin de témoigner ?

Quand je me sens bien, oui. Mais c'est difficile. Et je suis une personne précise, qui aime que les choses soient claires et bien faites. Quand je vais témoigner dans une école et que le professeur n'a pas bien préparé ses élèves, cela me blesse profondément. Il m'est arrivé de me trouver dans une salle de classe avant que l'enseignante n'arrive et qu'un gamin vienne me demander de quoi on allait parler. Mais, dans l'ensemble, témoigner dans les écoles me donne beaucoup de satisfaction. Je reçois parfois des lettres très émouvantes de personnes qui ont été touchées par ce que j'ai raconté.

Cela me réconforte de savoir que je ne parle pas dans le vide, car témoigner représente un sacrifice énorme. Ça ranime une souffrance lancinante qui ne me quitte jamais. Tout va bien et, tout d'un coup, je me sens désespéré. Dès que je ressens un peu de joie, quelque chose en moi se bloque immédiatement. C'est comme une tare intérieure ; je l'appelle la « maladie des survivants ». Ce n'est pas le typhus, la tuberculose ou les autres maladies qu'on a pu attraper. C'est une maladie qui nous ronge de l'intérieur et qui détruit tout sentiment de joie. Je la traîne depuis ce temps de souffrance dans le camp. Cette maladie ne me laisse jamais un moment de joie ou d'insouciance, c'est une humeur qui en permanence érode mes forces.

Pensez-vous qu'il y ait une différence entre vous, survivant du Sonderkommando, et les autres survivants d'Auschwitz ?

Oui, je le pense, même si je sais que le dire peut en blesser certains. Les autres survivants ont sûrement souffert de la faim et du froid bien plus que moi, mais ils n'étaient pas constamment en contact avec les morts. Cette vision quotidienne de toutes ces victimes gazées... Le fait de voir tous ces groupes arriver et entrer sans espoir, ayant perdu toute insouciance. Ils étaient tous à bout de forces, c'était vraiment un spectacle terrible. Si je dis que l'expérience dans le Sonderkommando était beaucoup plus pesante, c'est que j'ai eu l'occasion, à Melk et à Ebensee, de vivre l'expérience commune des autres déportés.

Avez-vous parlé de tout cela avec votre femme et vos enfants ?

Non, absolument pas. Ça ne m'aurait pas fait du bien de leur en parler. Au contraire, ça aurait fait peser sur eux un poids inutile et douloureux à porter. Ce n'est que récemment qu'ils ont commencé à découvrir mon histoire. J'ai tout fait pour éviter qu'ils en soient marqués. Mais je sais que je ne pouvais pas me comporter comme un père normal, qui aide ses enfants à faire leurs devoirs et joue avec eux en toute insouciance. J'ai eu la chance d'avoir une femme très intelligente qui a su gérer tout cela.

Qu'est-ce qui a été détruit en vous par cette expérience extrême ?

La vie. Je n'ai plus jamais eu une vie normale. Je n'ai jamais pu prétendre que tout allait bien et aller, comme d'autres, danser et m'amuser en toute insouciance...

Tout me ramène au camp. Quoi que je fasse, quoi que je voie, mon esprit revient toujours au même endroit. C'est comme si le « travail » que j'avais dû faire là-bas n'était jamais vraiment sorti de ma tête...

On ne sort jamais vraiment du Crématoire.

REMERCIEMENTS

Je suis très reconnaissant envers l'American Joint Distribution Committee pour ce qu'ils ont fait pour moi et de nombreux survivants à travers l'Europe. C'est grâce à eux si je suis encore en vie aujourd'hui.

Je tiens également à remercier la famille Prasquier, de Paris, pour laquelle j'ai beaucoup d'affection. Merci à toutes les personnes qui ont été près de moi et m'ont apporté l'aide morale qui m'a permis de dépasser les terribles moments de la Seconde Guerre mondiale.

Enfin, je remercie tous les historiens, chercheurs, enseignants et élèves que j'ai eu l'occasion de rencontrer lors de mes diverses interventions dans leurs instituts, et tout particulièrement ceux qui, d'une manière ou d'une autre, ont contribué à ce livre : Marcello Pezzetti, Umberto Gentiloni, Béatrice Prasquier, Maddalena Carli et Sara Berger.

S.V.

NOTES HISTORIQUES

La Shoah, Auschwitz et le Sonderkommando

par Marcello Pezzetti

La Shoah est la mise en œuvre, dans l'Europe du XXe siècle, d'un gigantesque appareil d'État, à la fois politique, économique et industriel, au service d'un seul objectif : l'extermination du peuple juif. Pour cet objectif, l'Allemagne nazie a mobilisé tous ses efforts, sa bureaucratie et ses ressources naturelles. La Shoah est une catastrophe inédite, sans précédent dans l'histoire de l'humanité, qui appelle à un questionnement constant sur ses causes et ses modalités. La connaissance précise des événements et de leur contexte se révèle essentielle pour affronter ce « trou noir » de notre histoire et dépasser des impressions souvent trop superficielles (comme celles transmises par certaines émissions de télévision recherchant de l'effet dans le sensationnel plutôt que dans l'information). Revenir à la connaissance des faits est également un moyen de déconstruire des préjugés plus ou moins solides et d'éviter, face à un événement aussi extrême, une surcharge de résonances émotives projetant inévitablement les faits dans une dimension « métahistorique ».

Nous reprendrons donc l'analyse circonstanciée de la

Shoah en distinguant trois phases successives. De 1933 à 1939 : de la discrimination à l'émigration des Juifs du Reich ; de 1939 à 1941 : du processus de ghettoïsation à la formulation de la *Endlösung* ; et de 1941 à 1945 : la mise en œuvre de l'extermination.

Le système de persécution dans le Reich

La première phase caractérisant la persécution des Juifs va de 1933 à 1939 et concerne principalement les Juifs se trouvant à l'intérieur du Reich allemand[1].

Durant cette période, la politique nazie a pour objectif l'émigration des Juifs, ce qui représentait le premier passage à l'acte de l'antisémitisme, jusque-là confiné à l'expression d'une idéologie politique. Hitler, bridé par la pression de l'opinion internationale, procède d'abord par étape. Le déclenchement, le 1er avril 1933, de la première campagne de boycottage des magasins juifs (action qui n'a suscité qu'une faible réaction au sein de la population allemande et celle, tout aussi limitée, de l'étranger) a constitué la première véritable atteinte à la communauté juive nationale touchée à travers la sphère professionnelle.

Le 7 avril 1933, la Loi sur la restauration des fonctionnaires de carrière (*Gesetz zur Wiederherstellung des*

1. Pour une analyse approfondie de la période, voir Benz, Wolfgang (sous la direction de), *Die Juden in Deutschland 1933-1945. Leben unter nationalsozialistischer Herrschaft*, Munich, Beck, 1re éd. 1988, rééd. 1996, et Friedländer, Saul, *L'Allemagne nazie et les Juifs*, vol. I : *Les Années de persécution, 1933-1939*, Paris, Le Seuil, 1997.

Berufsbeamtentums) donne pour la première fois une définition juridique du « non-aryen » : « Quiconque est né de parents et de grands-parents non aryens et juifs en particulier. » Il suffit donc qu'un seul des grands-parents ne soit pas aryen pour qu'un individu soit défini comme « non aryen ». Cette définition, connue sous le nom de *Arierparagraph*, constitue le point de départ de toutes les persécutions successives que subiront les Juifs et les Tziganes.

Sur la base de cette loi, de nombreuses dispositions sont prises, visant une à une les diverses catégories sociales et professionnelles à l'intérieur de la communauté juive allemande. Les mesures antijuives concernent tout d'abord les juristes, puis les médecins, les enseignants et professeurs (avec un quota limité à 5 % de la population étudiante pour les étudiants non aryens) et jusqu'aux secteurs de l'agriculture, du journalisme et même du sport (comme l'aryanisation des complexes sportifs, décrétée le 24 mai).

Après une période de calme relatif, une violente campagne de propagande antijuive est relancée en 1935. Elle a pour point culminant la promulgation de la Loi pour la défense du sang et de l'honneur allemands (*Gesetz zum Schutz des deutschen Blutes und der deutschen Ehre*) et de la Loi sur la citoyenneté du Reich (*Reichsbürgergesetz*), plus connues sous le nom de Lois de Nuremberg. Pour la première fois dans l'histoire, ces mesures imposent l'isolement des Juifs du reste de la population sur une base biologique. Elles ont pour conséquence l'exclusion pure et simple des Juifs de la vie sociale allemande. À partir du 14 novembre 1935, les Juifs sont déchus de leurs droits civiques (notamment du droit de vote). Les fonctionnaires, les professeurs d'université, les enseignants, les médecins et les avocats qui avaient pu jusqu'alors bénéficier de dispenses exceptionnelles sont tous licenciés. Les mariages mixtes et les mariages entre des *Mischlinge* (issus de mariage mixte) sont interdits et, au-delà, tout rapport sexuel entre Juif et Aryen est considéré comme « un délit contre la race » (*Rassenschande*). Environ cinq cent deux mille Juifs considérés « purs » (c'est-à-dire entièrement juifs) et deux cent cinquante mille personnes considérées comme *Mischlinge* sont touchés par ces lois.

Dans le cadre de cette première phase (1933-1939), l'année 1938 est très certainement décisive pour la concrétisation de la politique antijuive du régime nazi. Le 26 avril, les Juifs reçoivent l'ordre de déclarer tous leurs biens, ce qui déclenche le processus d'aryanisation systématique des entreprises juives et porte un coup fatal aux candidats à l'émigration. 1938 est également l'année de l'*Anschluss* (« annexion » de l'Autriche au territoire du Reich). Toutes les mesures antijuives promulguées en Allemagne durant les cinq premières années du régime sont automatiquement appliquées à l'Autriche. Ce pays devient ainsi un banc d'essai pour application, dans les pays occupés, de la politique antisémite décrétée par le régime nazi. Cette année voit aussi l'échec des diverses tentatives internationales pour trouver une « solution » au problème des réfugiés, principalement juifs. Outre l'échec patent de la Société des Nations (SDN), la conférence d'Évian, organisée en juillet pour résoudre la question, échoue lamentablement puisque aucun pays, pas même les États-Unis, ne se déclare prêt à accueillir les Juifs menacés. Les quotas d'émigration précédents sont reconduits sans avoir été assouplis.

Le 9 novembre a lieu la *Pogromnacht* (généralement appelée Nuit de cristal ou *Kristallnacht*)[1], première atteinte concrète à l'intégrité physique et à la vie des Juifs d'Allemagne. Cet événement marque la fin des actes antisémites spontanés et donne à la bureaucratie la certitude que le peuple allemand dans son ensemble réagit avec indifférence à la politique antijuive du régime. Le pogrom est rapidement suivi d'une nouvelle vague d'arrestations massives.

Pour la première fois en 1938, des Juifs, en tant que tels et pour le seul motif d'être juifs, sont insérés dans le « système concentrationnaire ». Le fait que des Juifs soient emprisonnés dans des camps n'était pas une nouveauté en soi, mais jusque-là, ce n'était pas un phénomène de masse.

Le système des camps (*Lager*) fonctionnait depuis le printemps 1933 quand, après l'incendie du Reichstag, le régime a adopté une série de mesures préventives visant à la répression de toute forme d'opposition politique. Les personnes arrêtées (communistes, pacifistes, sociaux-démocrates, syndicalistes, Juifs militant dans les organisations de travailleurs, et certains hommes d'Église « non alignés ») étaient l'objet d'une « détention de protection » (*Schutzhaft*)[2]. Les prisonniers subissaient des conditions d'incarcération particulièrement difficiles, caractérisées par la violence, les tortures arbitraires et,

1. Quatre-vingt-onze personnes ont été assassinées durant le pogrom, cent quatre-vingt-onze synagogues détruites et sept mille cinq cents magasins pillés.

2. Schwarz, Gudrun, *Die Nationalsozialistischen Lager*, Francfort-sur-le-Main-New York, Campus, 1990, p. 21-33.

dans certains cas, des exécutions. Cependant, la durée de leur détention pouvait varier, et de nombreux prisonniers ont ainsi été libérés après quelques mois d'emprisonnement[1]. En 1934, Heinrich Himmler, *Reichsführer* des SS, parvient à obtenir le contrôle total des camps et engage un large processus de réorganisation du système concentrationnaire nazi[2]. Entre 1936 et 1937, l'évolution à l'intérieur de ce système repose sur deux facteurs principaux. D'un côté, la mise en œuvre du plan quadriennal défini par le *Reichsmarschall* Hermann Göring, et dont l'objectif principal était le réarmement de l'Allemagne (en théorie interdit par le traité de Versailles). Dans l'optique du déclenchement prochain de la guerre, le plan prévoyait l'utilisation de la main-d'œuvre prisonnière dans les usines gérées par la SS[3]. L'autre facteur décisif a été l'élargissement du principe de « détention de protection » à des catégories sociales définies de manière plus large, à savoir toutes les personnes jugées « nuisibles » à la *Volksgemeinschaft* (la « communauté du peuple ») : les criminels de droit commun, les réfractaires

---

1. Pour une analyse détaillée de cette première phase du système concentrationnaire, voir Drobisch, Klaus, Wieland, Günther, *System der NS-Konzentrationslager 1933-1939*, Berlin, Akademie Verlag, 1993 ; Tuchel, Johannes, *Konzentrationslager. Organisationsgeschichte und Funktion der « Inspektion der Konzentrationslager » 1934-1938*, Boppard, H. Boldt, 1991.

2. Frei, Norbert, *Der Führerstaat. Nationalsozialistische Herrschaft 1933 bis 1945*, Munich, Deutscher Taschenbuch Verlag, 2002, p. 139.

3. Pohl, Dieter, *Verfolgung und Massenmord in der NS-Zeit 1933-1945*, Darmstadt, Wissenschaftliche Buchgesellschaft, 2003, p. 140.

au travail, les personnes atteintes de maladies contagieuses (notamment vénériennes), les prostitués, les homosexuels, les vagabonds, les alcooliques, les psychopathes, les perturbateurs de l'ordre public (jusqu'aux conducteurs dangereux), tous considérés comme des « asociaux », de même que les Témoins de Jéhovah (*Bibelforscher*) et les Tziganes qualifiés de « parasites de la nation » (*Volksschädlinge*) [1].

À partir de 1936, cinq grands KL (*Konzentrationslager*) sont ouverts pour interner ces nouvelles catégories et les opposants au régime : Sachsenhausen (1936), Buchenwald (1937), Flossenbürg (1938), Mauthausen (1938, après l'*Anschluss*) et Ravensbrück (1939, le camp des femmes) [2]. L'augmentation de la population concentrationnaire rend nécessaire l'adoption d'un système de désignation des catégories par des triangles de différentes couleurs : rouge pour les politiques, noir pour les asociaux, brun pour les Tziganes, violet pour les Témoins de Jéhovah, rose pour les homosexuels, vert pour les criminels de droit commun, bleu pour les apatrides et deux triangles croisés dont un jaune pour les Juifs.

Durant cette phase, le taux de mortalité augmente brusquement, jusqu'à atteindre 5 % à Dachau et plus de 9 % à Buchenwald [3]. Ce taux continuera d'augmenter.

1. Herbert, Ulrich, *Von der Gegnerbekämpfung zur « rassischen Generalprävention »*, in Herbert, Ulrich, Orth, Karin, Dieckmann, Christoph, *Die nationalsozialistischen Konzentrationslager. Entwicklung und Struktur*, Göttingen, Wallstein, 1998, p. 79-80.

2. Karin, Orth, *Die Konzentrationslager-SS. Sozialstrukturelle Analysen und biographische Studien*, Munich, Taschenbuch Verlag, 2004, p. 24-25.

3. Bartel, Walter, Trostorff, Klaus (sous la direction de), *Buchenwald. Mahnung und Verpflichtung*, VEB Deutscher Verlag der Wissenschaften (RDA), Berlin (Est), 1983, p. 698.

À la veille de la guerre, la mortalité à Buchenwald avait atteint près de 14 %.

Il est important de souligner que les Juifs n'ont pas été, avant 1938, insérés en tant que tels dans ce système pénal répressif. Ceux, nombreux, qui dès 1933 ont été déportés dans les camps relevant du système concentrationnaire l'étaient généralement au motif qu'ils appartenaient à une autre catégorie de personnes visées par la législation (essentiellement celle d'« opposants politiques » ou d'« asociaux »). Cependant, le fait d'être juif était perçu comme un facteur aggravant et justifiait, aux yeux des SS, un traitement plus rude. De fait, durant cette période, le taux de mortalité des Juifs dans les camps avoisinait souvent les 50 %.

À partir du 9 novembre 1938, les rafles touchent la population juive dans son ensemble, trente-cinq mille personnes sont alors enfermées dans les camps, principalement à Buchenwald, Sachsenhausen et Dachau. En moins de trois mois, deux cent trente-quatre sont tuées, soit plus que durant les cinq années précédentes [1]. Mais la majorité d'entre elles sont libérées au bout de quelques mois.

La guerre et le destin des Juifs

La période allant de 1939 à 1941, caractérisée par le déclenchement du conflit mondial, représente la seconde phase du processus de persécution et de destruction des Juifs d'Europe.

1. Zámečník, Stanislav, *C'était ça, Dachau. 1933-1945*, Paris, Le Cherche Midi, 2003, p. 113-114.

Le 1er septembre 1939, les troupes allemandes envahissent le territoire polonais. C'est dans ce pays de vingt-sept millions d'habitants que se trouve la plus grande communauté juive, composée de plus de trois millions deux cent mille personnes. Les Juifs représentent donc près de 12 % de la population totale et près de 30 % de la population urbaine.

En application du pacte de non-agression germano-soviétique, signé en août 1939 par les ministres allemand et soviétique des Affaires étrangères (von Ribbentrop et Molotov), la Pologne est partagée entre les deux puissances, avec une part largement prépondérante pour l'Allemagne. La population juive, plus nombreuse dans la partie contrôlée par l'Allemagne, se retrouve soumise à la politique antijuive du régime nazi. Une grande restructuration démographique du territoire est entreprise, consistant à « rapatrier » les *Volksdeutsche* (personnes d'origine ethnique allemande) qui vivaient sur le territoire soviétique et d'y déplacer les populations locales jugées dangereuses d'un point de vue « racial » (principalement des Juifs, mais aussi certains Polonais considérés comme « non germanisables »). Il s'agissait de déplacer la frontière « ethnique » du Reich de près de mille kilomètres [1]. Ce plan crée ainsi les conditions pour rendre le Reich *judenfrei* (sans Juifs), à travers l'émigration forcée vers l'est de toute la population juive du Reich.

---

1. Pour un approfondissement de ce sujet, voir Longerich, Peter, *Politik der Vernichtung. Eine Gesamtdarstellung der nationalsozialistischen Judenverfolgung*, Munich-Zurich, Piper, 1998 ; Aly, Götz, *« Endlösung » Völkerverschiebung und der Mord an den europäischen Juden*, Francfort-sur-le-Main, Fischer Verlag, 1998.

Dans les deux mois qui suivent l'invasion de la Pologne, les territoires occupés par l'Allemagne sont divisés en deux parties distinctes : les territoires à l'ouest sont incorporés au Reich, ceux du centre et de l'est deviennent une réserve pour le travail forcé, appelée « Gouvernement général », placée sous administration allemande.

Des troupes spéciales des SS sont utilisées dans le sillage de l'armée pour « nettoyer » les arrières en éliminant une partie de l'élite polonaise susceptible de se soulever contre le pouvoir ainsi que de nombreux Juifs. Par ailleurs, de nouveaux camps sont implantés dans les territoires conquis pour interner l'intelligentsia locale et une nouvelle catégorie : les prisonniers de guerre. Ainsi, dès le 2 septembre 1939, le KL-Stutthof est ouvert près de Dantzig[1], et en avril 1940, le KL-Auschwitz est créé entre Cracovie et Katowice. Le plan pour les Juifs prévoit de les transférer encore plus à l'est et de les regrouper dans des ghettos urbains pour mieux les contrôler.

À partir de la mi-1940, la ghettoïsation systématique des Juifs polonais (comprenant, dans certains cas, comme à Łódź, une partie de la population tzigane) est organisée dans toutes les villes, en commençant par celles dans les territoires annexés pour arriver jusqu'au Gouvernement général[2]. Cependant, pour la politique nazie, les ghettos ne pouvaient représenter qu'une solution transitoire à un problème territorial bien plus large, pour lequel la bureaucratie nazie était en train d'élaborer la *Endlösung der Judenfrage* (Solution finale de la question juive).

1. Gliński, Miroslaw, *Organisation und Struktur des Lagers Stutthof*, in Stayer, Donald (sous la direction de), *Stutthof. Das Konzentrationslager*, Gdańsk, Wydawnictwo « Marpress », 1996, p. 77.

2. Dans certains cas, cette opération est anticipée, comme dans celui de Piotrków Tribunalski (octobre 1939).

1941 : La Shoah

La troisième phase est celle de l'extermination physique. Elle a commencé en 1941, avec l'invasion de l'Union soviétique.

Les forces d'invasion sont suivies par des « troupes spéciales[1] » (*Einsatzgruppen*) qui ont la tâche d'exécuter la population juive se trouvant sur leur champ d'intervention (qui s'étend progressivement de la Baltique au sud de la Russie blanche). Ces « unités mobiles » de tuerie de la SS parviennent à mener leurs actions destructrices grâce notamment à l'aide d'une partie de la Wehrmacht et de certains éléments recrutés dans la population locale pour rejoindre les troupes d'auxiliaires de la SS. Le bilan de leurs victimes est estimé entre un million cinq cent mille et un million huit cent mille personnes[2]. Pour éliminer les Juifs en territoire russe, les Allemands ont procédé à des exécutions massives qui leur semblaient, dans ce cas, le moyen le plus fonctionnel pour atteindre le but recherché. Mais ce n'était pas la seule méthode de mise à mort pratiquée par le régime.

En effet, immédiatement après le déclenchement de la guerre, un gigantesque plan secret avait été mis en place à l'intérieur du Reich, dans le but de préserver la pureté de la *Volksgemeinschaft*. Ce plan, portant le

1. Cf. Krausnick, Helmut, *Hitlers Einsatzgruppen. Die Truppen des Weltanschauungskrieges 1938-1942*, Francfort-sur-le-Main, Fischer Taschenbuch Verlag, 1993.

2. Les recherches menées par le père Patrick Desbois (en cours de publication) devraient faire apparaître une augmentation considérable du nombre des victimes des *Einsatzgruppen*.

nom de code *Aktion T4*, prévoyait l'élimination des malades mentaux. Il avait commencé avec la mise à mort des enfants handicapés par injection de médicaments à doses mortelles. Puis, une autre technique fut élaborée : le gazage par inhalation de monoxyde de carbone pur, en bouteille, dans des instituts spécialement aménagés et dotés d'une chambre à gaz. Cette opération a coûté la vie à plus de quatre-vingt mille victimes [1]. La technique est reproduite et utilisée entre 1939 et 1940 dans des asiles et des sanatoriums en Pologne, Poméranie et Prusse orientale, pour éliminer les malades internés. Le gaz était alors diffusé par des bonbonnes de monoxyde de carbone installées dans les camions qui transportaient les victimes.

Entre l'été et l'automne 1941, la bureaucratie nazie prend la décision d'appliquer ces méthodes d'élimination programmée et scientifique à la population juive de l'Europe occupée : c'est le plus grand projet de mise à mort jamais conçu par l'homme. L'administration devait pour cela définir les méthodes opérationnelles les plus aptes à atteindre ce but.

En septembre, les expérimentations menées dans des

---

1. L'*Aktion T4* est suspendue à l'été 1941, notamment à cause de la réprobation publique et de l'engagement de responsables de l'Église pour faire cesser ces opérations. Une partie des fonctionnaires qui ont pris part à l'*Aktion T4* sont affectés dans les différents camps à l'organisation des exécutions des prisonniers jugés inaptes au travail (opération désignée sous le nom de code *14f13*). Cf. Friedlander, Hanry, *Le origini del genocidio nazista. Dall'eutanasia alla soluzione finale*, Rome, Editori Riuniti, 1997, p. 197-207. Klee, Ernst (sous la direction de), *Dokumente zur « Euthanasie »*, Francfort-sur-le-Main, Fischer Verlag, 2001.

chambres à gaz fixes reprennent dans la région de Minsk[1]. Avec une nouveauté par rapport à la méthode utilisée dans le cadre de l'*Aktion T4* : le gaz utilisé était le gaz d'échappement du moteur réintroduit dans la chambre à gaz par des tuyaux.

Au même moment, une variante des *Gaswagen* (camions à gaz) est testée en Ukraine, avec l'introduction du gaz non plus en bonbonnes mais directement par le pot d'échappement[2]. Les *Gaswagen* sont employés pour la première grande opération de mise à mort, menée en décembre à Chelmno sur des Juifs provenant du ghetto de Łódź (Litzmanstadt) et des zones entourant le *Wartheland* (partie occidentale de la Pologne annexée au Reich). Les mêmes types de véhicules sont utilisés quasi simultanément en Serbie, dans le camp de Semlin, pour tuer les Juifs de Belgrade.

L'élimination systématique des Juifs du Gouvernement général (qui comprend également la Galicie orientale, après l'invasion de l'URSS) est organisée entre la fin 1941 et le début 1942. L'opération, qui sera appelée *Aktion Reinhardt*[3], est confiée au chef de la police du district de Lublin, Odilo Globocnik, et à son collabora-

1. Cf. Tregenza, Michael, *Purificare e distruggere. (I) Il programma « Eutanasia ». Le prime camere a gas naziste e lo sterminio dei disabili (1939-1941)*, Vérone, Ombre Corte, 2006, p. 111-117.

2. Cf. Beer, Mathias, *Die Entwicklung der Gaswagen beim Mord an den Juden*, in *Vierteljahreshefte für Zeitgeschichte*, Bd. 35, Heft 3 (1987), p. 403-417.

3. Du nom du chef du RSHA (Office central pour la sécurité du Reich), Reinhardt Heydrich, assassiné en mai 1942 par des résistants tchèques.

teur, Christian Wirth. Ce dernier, comme nombre des fonctionnaires qui ont par la suite participé à l'élimination des Juifs du Gouvernement général, était directement impliqué dans l'exécution de l'*Aktion T4*.

Afin de mener à bien cette tâche, trois lieux ont été choisis en fonction de leurs liaisons ferroviaires pour abriter les structures de mise à mort, des chambres à gaz fixes avec injection de gaz de moteur : Belzec (entre Cracovie et Lvov), Sobibor (près de Lublin) et Treblinka (entre Varsovie et Białystok). Le premier camp à fonctionner est Belzec, en mars 1942, puis Sobibor, entre avril et mai, et enfin Treblinka en juillet[1].

Les trois camps sont construits à partir d'une structure identique composée d'un secteur réservé aux blocs d'habitation pour le corps de garde et un nombre très limité de prisonniers travaillant à la récupération des biens volés aux victimes, d'un secteur autour de la rampe pour le « déchargement » des Juifs, d'une zone de baraques pour le stockage des objets, d'un espace et d'un bâtiment où les victimes doivent se déshabiller, d'une zone de passage obligatoire (*Schlauch* : tube) pour les victimes, entouré de barbelés, d'un bâtiment au bout de ce *Schlauch* dans lequel se trouvent les chambres à gaz et une salle dotée d'un gros moteur diesel, et enfin d'un large espace pour les fosses communes dans lesquelles les corps seront jetés dans un premier temps, puis brûlés à ciel ouvert dans une phase ultérieure.

1. Pour un approfondissement de ce sujet, voir Hilberg, Raul, *La Destruction des Juifs d'Europe*, Paris, Fayard, 1988 ; nouv. éd. complétée et mise à jour, Paris, Gallimard, Folio, 2006, 3 vol., et Arad, Yitzhak, *Belzec, Sobibor, Treblinka. The Operation Reinhard*

L'*Aktion Reinhardt* fait plus d'un million sept cent mille victimes dans ces trois camps, en plus de tous les Juifs tués au moment des liquidations des différents ghettos, ainsi que de ceux tués dans les camps de travail forcé pour Juifs à l'intérieur du Gouvernement général.

Auschwitz-Birkenau et son rôle dans la « Solution finale »

Le 27 avril 1940, le KL-Auschwitz a été implanté dans une ancienne caserne militaire de la petite ville d'Oświęcim située en Haute-Silésie, depuis peu annexée au Reich. Il est initialement créé comme camp de concentration pour opposants politiques polonais[1]. Le 4 mai 1940, le *SS-Hauptsturmführer* Rudolf Höss est nommé commandant du camp.

Comme dans tous les camps nazis, un crématoire (*Krematorium I*) est installé dans un but sanitaire, afin de brûler les cadavres et d'éviter la diffusion des épidémies. Celui d'Auschwitz est ainsi construit et livré par la

Death Camps, Bloomington-Indianapolis, Indiana University Press, 1987.

1. Sur l'histoire du camp d'Auschwitz, voir Gutman, Yisrael, Berenbaum, Michael (sous la direction de), *Anatomy of the Auschwitz Death Camp*, Bloomington, Indiana University Press, 1994 ; Steinbacher, Sybille, *« Musterstadt » Auschwitz. Germanisierungspolitik und Judenmord in Ostoberschlesien*, Munich, Saur, 2000 ; Czech, Danuta, *Kalendarz wydarzeń w KL Auschwitz*, Wydawnictwo Państowowego Muzeum w Oświęcimiu-Brzezince, 1992 ; Dlugoborski, Waclaw ; Piper, Franciszek (sous la direction de), *Studien zur Geschichte des Konzentrations- und Vernichtungslagers Auschwitz*, 5 vol., Oświęcim, Verlag des Staatlichen Museums Auschwitz-Birkenau, 1999.

firme allemande Topf & Söhne d'Erfurt[1]. Lors de sa visite le 1er mars 1941, Himmler donne l'ordre d'agrandir le camp en vue de l'arrivée de trente mille prisonniers de guerre et de mettre à disposition du plus grand groupe de l'industrie chimique allemande, l'IG Farben, dix mille détenus censés construire la nouvelle usine du groupe dans le village voisin de Dwory.

Entre l'été et l'automne de la même année, l'administration d'Auschwitz a mené des expérimentations pour de nouvelles techniques de mise à mort similaires à celles qui avaient cours à l'Est. Début septembre, six cents prisonniers de guerre soviétiques et deux cent cinquante prisonniers polonais malades et jugés inaptes au travail sont envoyés dans une salle au sous-sol du block 11 et tués avec du gaz Zyklon B, un gaz qui servait jusque-là uniquement à la désinfection des baraques et des vêtements. Suite à cette première expérience de gazage de masse par Zyklon B, la salle mortuaire du *Krematorium I* est transformée en chambre à gaz. C'est dans cette chambre à gaz « provisoire » que sont éliminés de manière sporadique des prisonniers de guerre soviétiques, des détenus jugés inaptes au travail (dans le cadre de l'*Aktion 14f13*) et les premiers convois de Juifs provenant de Haute-Silésie.

Fin septembre 1941, ordre est donné de construire un nouveau camp immense à trois kilomètres du

1. Pour plus de détails sur la structure des *Krematorien*, cf. Pressac, Jean-Claude, *Auschwitz : Technique and operation of the gas chambers*, New York, The Beate Klarsfeld Foundation, 1989, et Pressac, Jean-Claude, *Les Crématoires d'Auschwitz : la machinerie du meurtre de masse*, Paris, CNRS, 1993.

Stammlager (camp principal) : Birkenau (également appelé Auschwitz II), initialement prévu comme camp pour prisonniers de guerre (*KGL : Kriegsgefangenenlager*), notamment soviétiques. Mais en l'espace de deux mois, la décision est prise à Berlin, sur l'incitation des principales firmes industrielles, d'utiliser à grande échelle la main-d'œuvre prisonnière soviétique à l'intérieur du Reich. Cette décision est déterminante pour Birkenau, car le camp, bien qu'édifié par les prisonniers russes, est devenu un camp principalement juif. Cette orientation est confirmée par un ordre de Himmler datant du 25 janvier 1942, annonçant que des Juifs seraient envoyés à la place des prisonniers soviétiques [1].

Lors de la conférence de Wannsee, début 1942, les plans pour l'élimination des Juifs d'Europe sont présentés aux caciques du parti. Ils prévoient la déportation vers les camps et l'élimination immédiate des Juifs estimés inaptes au travail (avec une définition très large englobant une grande majorité de la population) et l'exploitation jusqu'à la mort de la minorité soumise au travail forcé.

Auschwitz-Birkenau, dont la position géographique est centrale (notamment comme nœud ferroviaire au

1. À partir du 7 octobre 1941, les premiers groupes de prisonniers soviétiques ont commencé à arriver à Auschwitz. En à peine un mois, près de dix mille prisonniers de guerre soviétiques sont ainsi déportés, principalement en provenance du stalag silésien de Lamsdorf. Parmi eux, mille sont fusillés ou gazés en très peu de temps. Les autres sont utilisés pour les travaux de construction de Birkenau. En novembre, près de trois mille sept cents personnes étaient déjà mortes, et plus de huit mille trois cents en février 1942. À peine une centaine sur les dix mille étaient encore en vie à la fin des travaux de construction.

croisement des principales lignes européennes) et qui s'est trouvé doté de structures adaptées à l'expansion prévue des activités de mise à mort, a assumé un rôle déterminant dans la destruction du peuple juif.

Dans le courant du mois de mars 1942, alors que l'*Aktion Reinhardt* débutait avec les premiers gazages à Belzec, une petite ferme dans la forêt autour du camp de Birkenau (en construction) est transformée pour contenir deux chambres à gaz. En juin, une seconde maisonnette, une centaine de mètres plus loin, est à son tour transformée en chambre à gaz de quatre pièces. Ces structures sont appelées Bunker 1 et Bunker 2 (les prisonniers les désignent comme « maison rouge » et « maison blanche »). Des baraques en bois sont installées près des deux maisons, qui vont servir de lieu de déshabillage pour les victimes envoyées à la mort. Les Juifs désignés pour la mort sont gazés dans les Bunkers peu de temps après leur arrivée sur la rampe de déchargement. Cette *Judenrampe*[1], située près de la gare de marchandises de la ville d'Oświęcim, est utilisée à partir de ce moment exclusivement pour les convois de Juifs. La « sélection initiale » à l'arrivée des convois est mise en place peu de temps avant l'activation du Bunker 2. Ce processus sépare la faible minorité de Juifs insérés temporairement dans le camp pour y être exploités de l'immense majorité (plus de 80 %) envoyée directement à la mort dans les chambres à gaz.

Après avoir été gazés dans les Bunkers, les corps des

1. Cf. Klarsfeld, Serge, Pezzetti, Marcello, Zeitoun, Sabine (sous la direction de), *L'Album d'Auschwitz*, Paris, Éditions Al Dante – Fondation pour la Mémoire de la Shoah, 2005, p. 38-39.

victimes sont enterrés dans de larges fosses communes creusées à proximité. À partir du mois de septembre, les cadavres sont systématiquement brûlés pour augmenter les capacités des fosses et éviter les risques d'épidémies. Les objets et les vêtements des victimes sont envoyés pour être triés dans une zone spéciale du camp, située dans un premier temps entre les camps d'Auschwitz I et de Birkenau, appelée *Effektenlager* ou *Kanada I*.

Les Juifs choisis pour entrer dans le camp suivent un parcours différent et sont envoyés dans des structures nommées *Sauna* pour subir tout le processus d'immatriculation et de désinfection : enregistrement, rasage des cheveux et poils, douche, tatouage du numéro sur l'avant-bras gauche (Auschwitz est le seul camp à pratiquer le tatouage sur les prisonniers). Avant d'être intégrés dans le camp, alors divisé en deux secteurs – le BIa pour les hommes et le BIb pour les femmes –, et d'être répartis dans les différents kommandos de travail, les prisonniers sont envoyés dans le secteur de la « quarantaine ».

En 1942, la pratique consistant pour les industries allemandes des alentours à « louer » le travail des prisonniers se diffuse au point d'engendrer la création de nombreux sous-camps situés à proximité des usines et des chantiers qui ont recours à cette main-d'œuvre corvéable à merci. Le camp de Monowitz (qui deviendra plus tard Auschwitz III) est ainsi implanté en face de l'usine Buna de l'IG Farben, en juillet. Dans l'ensemble du complexe d'Auschwitz, les conditions de survie des prisonniers sont terrifiantes : hygiène et alimentation désastreuses, mauvais traitements continuels et horaires de travail inhumains. Des « sélections » sont menées régulièrement, qui éliminent les personnes devenues trop faibles pour continuer à travailler et vider le camp des « bouches inutiles ».

En 1943, le camp de Birkenau est agrandi avec l'ouverture de tout un secteur, le BII, plus grand que le premier. Cette nouvelle zone du camp est subdivisée en plusieurs secteurs (également appelés « camps ») séparés par des barbelés. Ainsi le secteur BIIa devient le secteur de la quarantaine des hommes, le BIIb devient le camp pour les familles juives déportées de Theresienstadt [1], le BIIc est utilisé en 1944 comme *Durchgangslager* (camp de transit), notamment pour les femmes juives déportées de Hongrie, le BIId devient le camp des hommes, le BIIe, le camp pour familles tziganes rom et sinti [2], et enfin le secteur BIIf devient l'hôpital des hommes. L'ensemble du secteur BI est transformé en camp de femmes.

1. À partir du mois de septembre, les Juifs provenant du camp-ghetto de Theresienstadt sont insérés dans le camp sans subir de sélection à l'arrivée. Les noyaux familiaux sont maintenus à l'intérieur du camp. Cependant, la quasi-totalité de ces Juifs sont éliminés au cours de deux *Aktionen* tragiques menées en 1944.

2. Ce secteur, également appelé *Zigeunerlager*, est occupé par les déportés tziganes envoyés à Auschwitz après la promulgation d'un décret de Himmler datant du 16 décembre 1942. Ils ne subissent pas la sélection initiale et restent en famille dans leur secteur. La première *Aktion* contre les Tziganes intervient le 22 mars 1943 avec l'élimination de mille sept cents déportés suspectés d'avoir le typhus. Puis une seconde *Aktion* est déclenchée le 25 mai, lors de laquelle plus de cinq cents personnes sont gazées. Un an après, le 16 mai 1944, la liquidation du *Zigeunerlager* est décidée. Les nazis encerclent le secteur avec l'intention d'envoyer tout le monde à la chambre à gaz. Mais, prévenus, les adultes se sont violemment opposés aux SS. L'*Aktion* a été reportée au 2 août, envoyant finalement 2 897 innocents vers la chambre à gaz du *Krematorium V*.

Les capacités de gazage dans les deux Bunkers sont rapidement devenues insuffisantes pour faire face à l'arrivée massive de convois de déportation provenant de toute l'Europe occidentale. Quatre grandes installations ont donc été construites pour regrouper l'action de mise à mort et d'élimination des cadavres (chambre à gaz et fours crématoires) dans une seule et même structure appelée *Krematorium*. Les *Krematorien II, III, IV* et *V* sont activés entre le 14 mars et le 25 juin 1943. Ces bâtiments sont devenus les plus grandes structures complexes de mise à mort que l'homme ait jamais élaborées.

Les *Krematorien II* et *III* ont été construits à l'identique l'un en face de l'autre, au bout des secteurs BI et BII du camp. Des barbelés électrifiés entouraient la cour des bâtiments. À l'été 1944, une barricade de troncs d'arbres est posée pour cacher les structures dotées d'une cheminée haute de vingt mètres. Les bâtiments sont construits sur deux étages (un souterrain et un au niveau du sol) plus une partie sous la charpente servant, à partir de l'été 1944, au logement des hommes du Sonderkommando, à savoir le « kommando spécial » chargé du travail dans les chambres à gaz. Au sous-sol, les structures d'élimination des victimes contiennent la salle de déshabillage à l'entrée (longue de cinquante mètres), aménagée avec des banquettes et des crochets numérotés pour les vêtements, et la chambre à gaz, longue de trente mètres sur sept mètres de largeur, placée perpendiculairement à la structure visible du bâtiment. Elle pouvait contenir plus de mille cinq cents personnes. Les seules ouvertures étaient la porte blindée (disposant d'un vasistas en verre protégé par des grilles) et les quatre ouvertures au plafond fermées par une lourde trappe en ciment et protégées par des colonnes en grillage métallique à travers lesquelles se diffusait l'acide cyanhydrique (Zyklon B) dégagé au contact de l'air par les petits cristaux imbibés de gaz. Tout un système d'aération et de ventilation mécaniques permettait de nettoyer l'air assez rapidement pour permettre aux hommes du Sonderkommando de vider la chambre à gaz après chaque « traitement spécial ». Une sorte d'atrium séparait la salle de déshabillage de la chambre à gaz. Cet espace était utilisé pour couper les cheveux des cadavres et retirer dents en or et prothèses [1], récupérées et envoyées à l'intérieur du Reich. Une fois cette opération accomplie, les cadavres étaient transportés sur un monte-charge jusqu'à la salle des fours se trouvant au rez-de-chaussée du bâtiment. Une série de cinq fours contenant chacun trois moufles servaient à la crémation des corps dans cette salle de trente mètres de longueur [2]. D'autres pièces situées au niveau du sol servaient de morgue ou de pièces de service pour les gardes affectés au travail dans les *Krematorien* ainsi que pour les hommes du Sonderkommando [3].

---

1. Ces opérations pouvaient également être menées dans le local des fours. Les cheveux étaient vendus à des entreprises allemandes produisant des toiles, l'or des dents était fondu dans une petite pièce du *Krematorium III*, puis envoyé à Berlin.

2. Le *Krematorium II* était doté en plus d'un four destiné uniquement à la crémation des déchets et à la destruction de certains effets appartenant aux victimes, comme les documents personnels ou les photos.

3. Dans le *Krematorium II* se trouvait également une salle de dissection utilisée par le médecin SS Josef Mengele et son assistant, le prisonnier juif Miklos Nyiszli, médecin réputé assigné au *Son-*

Les *Krematorien IV* et *V* se trouvaient dans une autre partie du camp, à l'extrémité nord du secteur BII. Ces deux structures sont également construites en miroir l'une en face de l'autre. À la différence des deux autres, les chambres à gaz, tout comme les fours crématoires, étaient construites au niveau du sol. Ceux-ci contenaient chacun trois chambres à gaz dans la partie plus basse de l'édifice et étaient dotés de deux cheminées hautes de dix-sept mètres. Les chambres à gaz, de tailles différentes, avaient une capacité totale de mille deux cents personnes. La salle entre les chambres à gaz et les fours servait alternativement de salle de déshabillage et de morgue pour entreposer les cadavres sortis des chambres à gaz.

Dès que les grandes structures sont entrées en activité, les nazis ont démantelé le Bunker 1 et désactivé provisoirement le Bunker 2.

Au mois de novembre de la même année, le commandant du camp, Rudolf Höss, est rappelé à Berlin et remplacé par Arthur Liebehenschel. Le complexe d'Auschwitz est alors divisé en trois structures administratives distinctes : Auschwitz I, Auschwitz II (Birkenau) et Auschwitz III (Monowitz incluant l'administration de tous les sous-camps). Fin 1943, début 1944, un second énorme *Effektenlager*, *Kanada II*, est construit à Birkenau, ainsi qu'une grande structure centrale pour l'immatriculation des nouveaux arrivants et la désinfection des vêtements, la *Zentralsauna*. Le nouveau secteur en construction BIII (appelé par les prisonniers *Mexico*) accueille, dans des conditions d'hygiène lamentables, les femmes juives déportées de Hongrie et placées là,

---

derkommando. Voir Nyiszli, Miklos, *Médecin à Auschwitz*, Paris, Julliard, 1961.

comme dans le secteur BIIc, dans l'attente d'être envoyées dans des Kommandos externes, dans des camps du Reich ou directement vers la mort.

Entre mi-mai et mi-juillet 1944, alors que la fin de la guerre approche, les nazis entreprennent de déporter à Birkenau une grande partie de la communauté juive de Hongrie qui avait été jusque-là relativement épargnée par les exécutions massives. Pour réussir à éliminer en si peu de temps près de quatre cent mille personnes, le camp doit subir des aménagements. Rudolf Höss est rappelé pour superviser cette « action hongroise ». La voie ferrée est prolongée jusqu'à l'intérieur du camp (*Bahnrampe*) pour rationaliser le moment de la sélection et raccourcir le chemin qui sépare les victimes de leur mort. Immédiatement après les Juifs hongrois, et alors que les convois continuaient d'arriver de toute l'Europe, les derniers Juifs du ghetto de Łódź (le seul ghetto à être resté aussi longtemps intact) arrivent à leur tour à Birkenau à l'été 1944. À ce moment, Birkenau atteint sa capacité maximale de mise à mort, au point que l'administration décide de réactiver le Bunker 2 (sans les baraques de déshabillage qui ont été démantelées ; il est divisé en deux pièces seulement servant de chambres à gaz), en plus des quatre grandes structures pour faire face aux arrivées massives. Par ailleurs, cinq fosses de crémation sont creusées à ciel ouvert dans la cour du *Krematorium V* pour pallier les défaillances des fours crématoires, insuffisants face à la charge de corps à brûler.

C'est également à la fin de l'été 1944 que le commandant du camp donne l'ordre de commencer à brûler les documents les plus compromettants, et notamment les listes de transports consignant les arrivées à Birkenau. L'arrêt des opérations de gazage et le démantèlement systématique des *Krematorien* n'ont débuté qu'après le déclenchement de la révolte du Sonderkommando, en octobre 1944 et l'arrivée des derniers transports en novembre. Des équipes formées essentiellement de femmes ont été affectées au démantèlement des *Krematorien* (le IV ayant été en partie détruit à l'issue de la révolte du Sonderkommando).

Le dernier appel général, en date du 17 janvier 1945, dénombre près de soixante-sept mille prisonniers, pratiquement tous juifs, encore présents dans le camp. Le lendemain, l'évacuation générale du camp commence. Plus de cinquante-huit mille prisonniers sont acheminés, à pied ou dans des wagons, dans la neige et le froid glacial, vers d'autres camps à l'intérieur du Reich.

Neuf mille personnes, principalement des malades, restent dans le complexe d'Auschwitz jusqu'à sa libération par les troupes soviétiques le 27 janvier 1945. Les gardes postés dans le camp ont tout de même le temps de tuer encore sept cents personnes à la veille de leur libération.

Le Sonderkommando de Birkenau

Généralement, tous les camps nazis disposaient d'un four crématoire afin de brûler les cadavres des prisonniers morts ou tués, c'est-à-dire pour motifs « sanitaires ». Le *Stammlager* (Auschwitz I) n'était en ce sens pas une exception ; à la fin de l'été 1940, un ancien dépôt de munitions est adapté à cette fin et trois prisonniers sont assignés pour y travailler en tant que *Heizer* (hommes chargés de brûler les cadavres).

Initialement, la capacité de crémation du four doté

de deux moufles atteignait cent cadavres par jour. En février 1941, un second four est rajouté, doublant la capacité. Puis un troisième en mai 1942 où la capacité atteint trois cent quarante cadavres par jour.

Quand les premières expériences d'extermination ont été menées à l'automne 1941, il est apparu nécessaire de former un nouveau kommando plus nombreux. Ce groupe de vingt prisonniers a été appelé *Fischl-Kommando*, du nom de son kapo [1].

Le début de l'extermination systématique des Juifs à Birkenau, au printemps 1942, oblige à la formation d'un nouveau groupe de Juifs, choisis généralement parmi les déportés jeunes et encore bien portants à leur arrivée au camp. Ces hommes sont forcés d'accomplir la tâche terrible d'extraire les cadavres des personnes à peine assassinées, parfois de leur propre famille, de les tirer jusqu'aux fosses creusées à proximité et enfin de nettoyer les chambres à gaz en prévision des prochains « traitements spéciaux » (*Sonderbehandlung*). Ce groupe, employé aux opérations de mise à mort dans le Bunker 1, était composé à l'origine de près de soixante-dix personnes parmi lesquelles une partie était chargée du traitement des cadavres (le *Sonderkommando* [2]) et une autre chargée de creuser les

1. Goliath Fischl était un *Vorarbeiter* (contremaître) polonais.

2. Le récit de certains survivants des Sonderkommandos se trouve dans : Greif, Gideon, *Wir weinten tränenlos... Augenzeugenberichte der jüdischen « Sonderkommandos » in Auschwitz*, Cologne-Weimar-Vienne, Böhlau Verlag, 1995, ainsi que Friedler, Eric, Siebert, Barbara, Kilian, Andreas, *Zeugen aus der Todeszone. Das jüdische Sonderkommando in Auschwitz*, Lüneburg, zu Klampen, 2002. Voir également Müller, Filip, *Trois ans dans une chambre à gaz d'Auschwitz. Le témoignage de l'un des seuls rescapés des commandos spéciaux*, Paris, Pygmalion/Gérard Watelet, 1980.

fosses (le *Begrabungskommando*). À partir du mois de septembre 1942, les deux équipes ont fusionné sous le nom unique de *Sonderkommando*. Les premiers mois, la plupart des membres du Sonderkommando sont éliminés après quelques « actions », d'une piqûre de phénol dans le cœur, administrée dans le *Stammlager*.

Fin avril 1942, une nouvelle équipe est formée, composée de cinquante personnes attachées au travail dans le Bunker 1 et cent cinquante personnes chargées de creuser les fosses, sous le commandement du *SS-Obersturmführer* Franz Hössler. Avec l'activation du Bunker 2, la structure du Sonderkommando s'est renforcée jusqu'à atteindre quatre cents personnes à la fin de l'été 1942. Ces hommes étaient logés dans le block 2 du secteur BIb (encore le camp des hommes à cette période), dans une baraque séparée des autres par un mur surmonté de barbelés.

Sur ordre de Himmler, l'opération de réouverture des fosses des Bunkers a commencé en septembre 1942. Cette opération consistait à déterrer les cadavres afin de les brûler sur des grilles spéciales [1]. Trois cents hommes

1. L'ordre émanait directement de Himmler, peu de temps après sa visite à Auschwitz le 17-18 juillet. Le 16 septembre, le commandant Höss, accompagné des SS Hössler et Dejaco, s'est rendu à Chelmno afin d'étudier les méthodes utilisées par Paul Blobel pour brûler les cadavres. Blobel était en effet chargé d'éliminer les traces des massacres de masse sur le territoire polonais et russe au cours d'une action portant le nom de code *Aktion 1005*. Cf. Spector, Shmuel, *Aktion 1005 – Effacing the Murder of Millions, in Holocaust and Genocide Studies*, vol. 5, n° 2, 1990 ; Desbois, Patrick, Frenk, Levana, *Opération 1005. Des techniques et des hommes au service de l'effacement des traces de la Shoah*, Paris, Les études du Crif, n° 3, 2003.

du Sonderkommando sont forcés de participer à cette opération. À partir de ce moment, les corps des victimes gazées dans les Bunkers n'étaient plus enterrés mais systématiquement brûlés à ciel ouvert, directement dans les fosses.

La quasi-totalité du Sonderkommando a été éliminée dans la chambre à gaz du *Stammlager*[1] après avoir effacé les traces des massacres (près de cent sept mille corps brûlés). Un nouveau Sonderkommando est constitué le 9 décembre 1942, sous la responsabilité du *SS-Hauptscharführer* Otto Moll. Cet homme est, d'après le récit des quelques survivants du Sonderkommando, l'un des pires criminels de l'histoire du camp.

En février 1943, en prévision de l'ouverture très prochaine des nouvelles installations de mise à mort regroupant la chambre à gaz dans le même bâtiment que les structures de crémation des cadavres, un nouveau groupe de prisonniers est formé à l'utilisation des fours au *Krematorium I* d'Auschwitz. Ils commencent à travailler à Birkenau le 13 mars, en brûlant les corps du premier groupe de mille quatre cent quatre-vingt-douze Juifs de Cracovie tués dans le *Krematorium II*.

Vers la mi-juillet 1943, tous les hommes du camp sont déplacés du secteur BIb vers le secteur BIId. Les membres du Sonderkommando sont également relogés dans le nouveau camp des hommes, plus exactement dans le block 13, isolé des autres baraques par un mur hérissé de barbelés.

---

1. Cette *Aktion* a été la dernière opération de gazage menée dans le *Krematorium I* d'Auschwitz I. Les installations de crémation ont continué à fonctionner encore quelques mois, avant d'être à leur tour démantelées.

Avec l'utilisation des quatre nouvelles grandes structures, le nombre d'hommes affectés au Sonderkommando augmente, jusqu'à regrouper quatre cents personnes sous le commandement du *SS-Oberscharführer* Peter Voss[1]. Divisés en quatre groupes, les hommes étaient répartis en équipes de nuit et de jour. Un kommando particulier, l'*Abbruchkommando*, s'est ajouté aux équipes habituelles pour aplanir les fosses et démanteler le Bunker 1.

Le 24 février 1944, après une tentative d'évasion de cinq hommes appartenant au Sonderkommando, et en raison du ralentissement du flux des arrivées à Birkenau, le Sonderkommando est réduit de moitié. Deux cents hommes sont ainsi envoyés au KL-Majdanek pour y être éliminés. Mais, très rapidement, le Sonderkommando reprend de l'ampleur pour faire face à l'arrivée massive des Juifs hongrois en mai 1944. En août, le nombre d'hommes attachés au Sonderkommando atteint huit cent soixante-quatorze personnes. Face à l'intensité des gazages, le Bunker 2 est réactivé pour augmenter les capacités de mise à mort. Près du *Krematorium V*, des fosses communes sont creusées pour maintenir le rythme de crémation des cadavres.

En plus des Juifs polonais travaillant déjà dans le Sonderkommando, un nombre important de Juifs hongrois (deux cent cinquante) et de Juifs grecs (près d'une centaine, parmi lesquels Shlomo Venezia et son frère) sont incorporés pour travailler dans les *Krematorien*.

Höss fait appel à Moll pour qu'il revienne superviser l'« action hongroise ». Deux semaines après les premières arrivées de Juifs hongrois, Moll donne l'ordre de transférer

1. Moll a été remplacé par Peter Voss après l'arrêt des activités dans les Bunkers, et nommé *Lagerführer* du sous-camp de Blechhammer.

le logement des hommes du Sonderkommando afin qu'ils dorment directement dans les *Krematorien* (sous la charpente des II et III et dans la salle de déshabillage du IV).

Les structures de mise à mort dans le camp atteignent à cette période leur pleine capacité. Le « sale travail », mené obligatoirement à la chaîne en deux rotations de douze heures chacune, consistait à accompagner les victimes dans la salle de déshabillage en évitant qu'elles comprennent quoi que ce soit du sort tragique qui les attendait, les aider à se dévêtir le plus rapidement possible, rassembler leurs vêtements pendant que les SS mettaient à mort les pauvres victimes, extraire les corps de la chambre à gaz, retirer les prothèses, les dents en or et couper les cheveux des femmes, brûler ces corps dans les fours crématoires ou les fosses communes à ciel ouvert, réduire les os, jeter les cendres dans la Vistule et nettoyer la chambre à gaz en blanchissant les murs à la chaux pour qu'elle soit prête pour le « traitement » d'un nouveau transport. En aucun cas les membres des Sonderkommandos n'ont pris part eux-mêmes à l'acte de mise à mort.

Le 23 septembre, après l'élimination du dernier grand groupe de Juifs encore en vie dans les territoires annexés, à savoir les Juifs du ghetto de Łódź, la réduction systématique du Sonderkommando commence. Deux cents hommes, principalement des Juifs hongrois qui avaient été utilisés pour travailler dans le Bunker et dans les fosses communes du *Krematorium*, sont gazés dans l'*Effektenlager Kanada I*[1].

1. Les listes des différents kommandos de travail dans le camp, tenues par les nazis, montrent que le 30 août, 874 personnes travaillaient dans les *Krematorien* et qu'ils ne sont plus que 661 le

Les membres du Sonderkommando ont à plusieurs reprises tenté d'organiser une révolte collective pour mettre fin à l'extermination massive. Régulièrement, ils ont fait appel aux résistants « politiques » qui avaient structuré un réseau dans le *Stammlager*, mais sans jamais obtenir de résultats concrets. Leurs actions de résistance ont dû se limiter à des tentatives d'évasion, qui ont généralement échoué, ou à rassembler des informations qu'ils ont cachées dans la cour des *Krematorien*, afin d'informer les générations futures et d'éviter l'oubli total [1].

Une révolte a malgré tout pu être organisée. Elle s'est déclenchée le 7 octobre 1944 dans des conditions désespérées, aboutissant tout de même à la mise hors d'usage du *Krematorium IV*. La révolte s'est achevée par l'élimination de la quasi-totalité des personnes qui y avaient pris part : en deux jours, quatre cent cinquante-deux membres du Sonderkommando ont été tués. Seuls les hommes du *Krematorium III*, dont la participation à la révolte a été immédiatement bloquée par le kapo Lemke et les gardes allemands, sont restés en vie. Shlomo Venezia faisait partie de ces hommes-là.

---

3 octobre. Voir APMO (Archives du musée d'État d'Auschwitz-Birkenau), D-AUII-3°/49, *Arbeitseinsatzliste*, Bd. 11.

1. Certains manuscrits ont ainsi été retrouvés entre mars 1945 et octobre 1980. Ils ont été intégralement publiés par le musée d'Auschwitz et traduits en plusieurs langues. Cf. Ber, Mark, *Des voix dans la nuit. La résistance juive à Auschwitz-Birkenau*, Paris, Plon, 1982, et Bensoussan, Georges (sous la direction de), « Des voix sous la cendre. Manuscrits des Sonderkommandos d'Auschwitz-Birkenau », *Revue d'histoire de la Shoah*, n° 171, janvier-avril 2001. Voir aussi Olère, David, *A Painter in the Sonderkommando at Auschwitz*, New York, The Beate Klarsfeld Foundation, 1989.

Le 10 octobre, il ne restait que cent quatre-vingt-dix-huit prisonniers dans le Sonderkommando (cent cinquante-quatre provenant du *Krematorium III* et quarante-quatre du *Krematorium V*). Parmi eux, cent soixante-dix ont été relogés dans le block 13 du camp des hommes.

Les transports ont peu à peu cessé d'arriver à Birkenau et, le 26 novembre, la dernière réduction du Sonderkommando a lieu : trente hommes sont affectés aux dernières crémations dans le *Krematorium V* et soixante-dix sont désignés pour participer aux opérations de démantèlement des structures des *Krematorien* (*Abbruchkommando*). Les autres disparaissent.

Le 18 janvier 1945, au moment de l'évacuation générale du complexe d'Auschwitz, la plupart des hommes du Sonderkommando encore en vie (parmi lesquels vingt-cinq Grecs) réussissent à se faufiler dans les colonnes de déportés en marche pour être évacués vers les camps subsistant à l'intérieur du Reich. Ils sont parvenus ainsi à échapper à une mort certaine. Certains d'entre eux, généralement des Juifs polonais, réussirent à s'échapper durant ce que l'on a par la suite appelé la « marche de la mort ».

En mai 1945, à la fin de la guerre, à peine plus de quatre-vingt-dix hommes du Sonderkommando de Birkenau étaient encore en vie. Une vingtaine d'autres ont, comme eux, été les « témoins » de l'extermination : ce sont les prisonniers qui ont travaillé près des fosses communes des Bunkers (travaux d'excavation, électriciens...) et qui sont parvenus à s'insérer par la suite dans d'autres kommandos de travail, ce qui les a sauvés.

Certains survivants du Sonderkommando de Birkenau et des camps de l'*Aktion Reinhardt* ont témoigné lors des différents procès contre les criminels nazis, mais leurs témoignages sont restés peu connus du grand public. Le présent témoignage de Shlomo Venezia est un élément essentiel dans la compréhension des mécanismes de l'extermination.

Marcello Pezzetti
Historien spécialiste d'Auschwitz,
Directeur du Musée de la Shoah à Rome

L'Italie en Grèce : petite histoire d'un grand échec

par Umberto Gentiloni

L'histoire de Shlomo Venezia fait partie de notre histoire, de l'histoire d'une Europe meurtrie par la Seconde Guerre mondiale. Pour mieux comprendre le témoignage d'un Juif italien en Grèce, il est nécessaire de se replonger dans le contexte historique dans lequel a vécu Shlomo.

Le 28 octobre 1922, la marche sur Rome inaugure ce que le régime appelle « l'ère fasciste ». Dix-huit ans plus tard exactement, le 28 octobre 1940, commence la campagne de Grèce : en lien avec ses projets expansionnistes, l'Italie marche sur Athènes en rappelant de manière explicite l'acte fondateur du régime. Aujourd'hui encore en Grèce, cette date est celle de la fête nationale, symbole du rassemblement de la nation et de sa résistance face à l'agresseur.

La politique fasciste d'occupation de l'Europe méditerranéenne représente un objectif stratégique, capable à la fois d'allier l'agrandissement territorial et le statut de grande puissance. Le fascisme a toujours revendiqué la Méditerranée comme espace nécessaire et vital, allant jusqu'à la renommer *mare nostrum*. C'est dans cette dynamique que le « projet impérial » de domination en Méditerranée s'impose, faisant ainsi coïncider les références rhétoriques avec passé romain et les visées expansionnistes cherchant à redistribuer le jeu des puissances dans une approche principalement anti-anglaise[1]. L'impérialisme colonial italien se fonde ainsi sur une idéologie belliciste et raciste qui s'est manifestée notamment dans l'« Afrique italienne ». Cependant, ces revendications sont profondément ancrées dans le cadre international de la Seconde Guerre mondiale, au-delà du simple contexte italien[2]. Tout commence le 10 juin 1940 avec l'entrée en guerre de l'Italie aux côtés de l'Allemagne nazie. Les ambitions méditerranéennes du fascisme sont une composante essentielle de l'axe Rome-Berlin. Malgré sa faiblesse et ses défaites, le régime italien a pu sauvegarder, du moins en partie, son prestige international grâce au soutien décisif de l'allié allemand. C'est à ce titre qu'il est permis d'affirmer que la campagne de Grèce et son issue désastreuse pour l'armée italienne ont marqué un revirement décisif et la fin des prétentions hégémoniques du pouvoir italien. L'Italie fasciste s'est vue contrainte d'assumer le rôle et la fonction d'allié subalterne soumis aux choix et stratégies bellicistes du IIIe Reich[3].

1. Cf. N. Labanca, « *Mediterraneo* », in V. De Grazia e S. Luzzatto (dir.), *Dizionario del fascismo*, Turin, Einaudi, 2003, vol. II, p. 117-119.

2. Pour les contributions principales sur ce thème, voir D. Rodogno, *Il nuovo ordine mediterraneo. Le politiche di occupazione dell'Italia fascista in Europa (1940-1943),* Turin, Bollati Boringhieri, 2003 ; N. Labanca, *Oltremare. Storia dell'espansione coloniale italiana,* Bologne, Mulino, 2002.

3. Cf. D. Rodogno, « *Campagna di Grecia* », in *Dizionario del fascismo, op. cit.*, vol. I, p. 635-638.

Avant même l'entrée en guerre, l'Italie avait commencé par occuper l'Albanie en avril 1939. À partir de ce moment, les plans d'une éventuelle invasion de la Grèce ont été élaborés. Le jour fatidique du déclenchement de la campagne italienne en Méditerranée, Hitler et Mussolini se sont rencontrés à Florence pour discuter de leurs responsabilités réciproques en tant que cobelligérants. Pourtant, l'Italie n'a fait aucune allusion à l'imminente action en Méditerranée, car l'invasion de la Grèce devait rester secrète. Les titres du *Corriere della Sera* soulignaient avec emphase : « Les destins de la nouvelle Europe mûrissent. Guerre de sécession du continent contre l'odieuse hégémonie britannique. Profonde impression dans le monde après la rencontre à Florence [1]. » Les premiers jours, la guerre paraissait prendre la voie d'une victoire imminente, et une défaite anglaise, par une paix négociée, semblait une perspective fortement plausible. Quand, le 12 octobre 1940, l'Allemagne est entrée en Roumanie, Mussolini a considéré qu'il était temps de passer à l'action, suivant ainsi une double ligne de conduite : la « surprise » et la guerre parallèle. Cette stratégie permettait de s'aligner sur la stratégie nazie face au même ennemi, tout en agissant de manière autonome sur les plans militaire et diplomatique. Mussolini, certain d'une victoire rapide, aurait déclaré devant le Conseil des ministres : « Si nous devions ne pas être en état de battre les Grecs rapidement, je renoncerais à être italien [2]. »

Mais ses plans militaires ont été rapidement contrecarrés par la résistance de l'armée grecque. On peut

1. *Corriere della Sera*, 29 octobre 1940.
2. G. Bottai, *Diario 1935-1944,* Milan, Rizzoli, 1989, p. 228.

ainsi distinguer quatre phases successives dans le conflit : du déclenchement des hostilités, le 28 octobre, au 13 novembre 1940, date de l'échec de la dernière attaque de l'Italie (après les bombardements italiens sur Salonique, le 1er novembre) ; de mi-novembre à fin décembre, l'armée grecque lance une contre-offensive ; entre la fin décembre 1940 et le 26 mars 1941, la situation stagne entre les deux armées dont les positions sont consolidées ; et enfin, du 27 mars au 23 avril 1941, la Wehrmacht intervient et lance une offensive qui ouvrira la voie à l'armistice avec la capitulation de la Grèce.

Malgré la défaite de la Grèce, le bilan militaire, côté italien, s'apparente à un véritable désastre. L'armée italienne, mal préparée et mal informée, n'a pas su gérer la riposte militaire grecque menée par le général Papagos. Mussolini a été contraint d'accepter l'intervention des troupes allemandes et de faire face aux critiques de Hitler quant à sa gestion catastrophique des opérations militaires [1]. La victoire de la Wehrmacht est fulgurante. Dès le lendemain de la signature de l'armistice, le sort de la Grèce est scellé à Vienne. Le territoire est divisé en trois zones d'occupation : allemande, italienne, bulgare. La première, sous contrôle allemand, comprend une grande partie de la Crète, le Pirée (port d'Athènes), une partie de la Macédoine incluant Salonique, une partie de la Thrace occidentale aux confins avec la Turquie et les îles de Lemnos et Chios.

1. R. De Felice, *Mussolini l'alleato,* vol. I : *L'Italia in Guerra 1940-1943,* t. I : *Dalla guerra « breve » alla guerra lunga,* Turin, Einaudi, 1996, p. 322-326.

Dans la zone d'occupation allemande au nord, Salonique est la ville où se trouve la principale communauté juive de Grèce : plus de cinquante-six mille personnes. À partir du mois d'octobre 1941, Himmler obtient de Hitler l'autorisation d'agir contre la population juive de Salonique ; mais les choses ont pris un certain temps avant de se mettre en place. Le 13 juillet 1942, le travail forcé est introduit, obligeant entre six et sept mille Juifs à travailler dans des zones infestées par le paludisme et dans les mines de chrome. De nombreux Juifs tentent de se réfugier dans la zone occupée par l'Italie. Les premiers temps, les Juifs de nationalité italienne sont épargnés, mais au printemps 1943, les autorités exigent leur transfert vers la zone italienne. En janvier 1943, Rolf Günther, le représentant d'Eichmann, se rend à Salonique et, après lui, Dieter Wisliceny et Aloïs Brunner (qui travaillent également avec Eichmann) se rendent sur place pour mettre en place la politique antijuive qui prend forme très rapidement. À partir du 25 février 1943, les mesures sont introduites pour marquer tous les Juifs (sauf ceux de nationalité étrangère) et tous leurs magasins. Le ghetto institue une zone de résidence obligatoire divisée en plusieurs parties selon un plan bien détaillé. Le quartier Baron-Hirsch, près de la gare, devient en peu de temps l'antichambre de la déportation, le lieu de regroupement des Juifs avant leur dernier voyage.

Le 20 mars 1943, le premier convoi quittant Salonique arrive à Auschwitz-Birkenau, via Belgrade et Vienne. Dix-huit autres convois suivront, jusqu'au dernier arrivé le 18 août 1943. Au total, quarante-six mille personnes sont déportées de Salonique vers Auschwitz [1].

La seconde zone, plus vaste, passe sous contrôle italien et inclut la Thessalie, le centre de la Grèce, l'Attique, Corfou, les îles Ioniennes et une partie de la Crète. L'île de Rhodes et le Dodécanèse appartenaient déjà à l'Italie depuis la guerre de Libye en 1911-1912. Près de quatorze mille Juifs vivent dans cette zone et y sont relativement protégés malgré les exigences nazies. Jusqu'à la fin de l'été 1943, les lois antijuives en vigueur en Italie ne s'appliquent que de manière limitée au territoire grec occupé. Les choses changent radicalement après la chute du fascisme.

La troisième zone est attribuée à l'allié le plus controversé des Allemands : la Bulgarie. Le pays, ennemi de la Grèce, n'a pas participé aux hostilités, mais reçoit malgré tout les territoires fertiles de la Thrace occidentale, une partie de la Macédoine et un accès direct à la mer Égée. La Bulgarie, qui s'est jointe à l'Axe le 1er mars 1941, est ainsi devenue un pays à mi-chemin entre l'allié et le satellite. Elle ne participe pas à l'attaque contre l'Union soviétique (avec qui elle maintient des relations diplomatiques jusqu'en septembre 1944), mais reste en réserve dans les Balkans. Près de cinquante mille Juifs se trouvaient en Bulgarie. Ils sont quinze mille de plus après la

1. Les convois arrivent à Auschwitz les 24, 25, 30 mars ; 3, 9, 10, 13, 17, 18, 22, 26, 28 avril ; 4, 7/8, 16 mai ; 8 juin ; 13 août (Bergen-Belsen) et 18 août 1943. Voir le tableau des déportations dans H. Fleischer, « *Griechenland* », in *Dimension des Völkermords. Die Zahl der jüdischen Opfer des Nationalsozialismus,* Benz, Wolfgang (sous la direction de), p. 273, et dans A. Récanati, *Mémorial de la déportation des Juifs de Grèce, op. cit.*, p. 48.

conquête des nouveaux territoires. Les Juifs de Bulgarie subissent des discriminations et des persécutions répétées, mais ils ne sont pas déportés. Le 31 août 1944, les lois antijuives sont abrogées à Sofia. En revanche, les choses se passent différemment dans les territoires conquis au moment du partage de la Grèce où l'administration bulgare applique de manière intransigeante les directives nazies et organise la déportation des Juifs vers le camp d'extermination de Treblinka. Onze mille Juifs sont ainsi exterminés : quatre mille provenant de Thrace (le premier convoi part de Gornadžumaja le 18 mars 1943 et passe par Sofia avant d'arriver à sa destination finale), cent cinquante-huit personnes sont déportées de la commune de Pirot et plus de sept mille de Macédoine (en trois transports successifs dont le premier part le 11 mars 1943)[1].

L'occupation allemande a rendu catastrophique la situation économique en Grèce : dégradation de la situation alimentaire, accaparement systématique de la production agricole, inflation galopante, développement du marché noir. Ces effets se sont fait ressentir très durement au cours de l'hiver 1941-1942, causant trois cent soixante mille morts sur une population de huit millions d'habitants[2], mais le pays est resté en marge des préoccupations des grandes puissances. L'invasion de l'URSS

1. Sur la politique antijuive en Bulgarie, voir Hans-Joachim Hoppe, « Bulgarien », in Benz, Wolfgang (sous la direction de), *Dimension des Völkermords. Die Zahl der jüdischen Opfer des Nationalsozialismus*, *op. cit.*, p. 275-310 ; Hilberg, Raul, *La Destruction des Juifs d'Europe*, *op. cit.*

2. Cf. M. Mazower, *Inside Hitler's Greece : the experience of occupation 1941-44,* New Haven, Yale University Press, 1993.

en juin 1941 par les troupes allemandes et l'entrée en guerre des États-Unis en décembre 1941, après l'attaque de Pearl Harbor, ont élargi le champ des hostilités.

Une douloureuse phase de stagnation s'installe en Grèce jusqu'à l'été crucial de 1943 qui voit se bousculer des événements aux répercussions majeures, notamment en Italie. Débarquement des troupes anglo-américaines sur les côtes siciliennes, déclenchement du raid aérien sur la capitale italienne, chute de Mussolini et du Grand Conseil du fascisme (le 25 juillet 1943) qui ouvre la voie au gouvernement provisoire du maréchal Badoglio et enfin signature de l'armistice avec le général Eisenhower, commandant en chef des armées alliées en Méditerranée, annoncé le 8 septembre 1943 [1]. L'Italie est alors divisée entre le gouvernement provisoire qui contrôle le Sud et la République sociale italienne basée à Salò, dans le Nord, avec Mussolini à sa tête qui poursuit la guerre au côté de l'Allemagne.

Dans la zone passée sous le contrôle allemand, la politique nazie s'impose à tous, notamment à l'encontre de la population juive. En Grèce, la Wehrmacht occupe en quelques jours à peine le territoire jusque-là contrôlé par l'Italie. Les familles juives qu'elle avait protégées se retrouvent en très peu de temps soumises au même sort que les communautés juives du reste de l'Europe occupée. Le 3 octobre 1943, le responsable des SS et de la police, Walter Schimana, ordonne le recensement de

1. Cf. C. Pavone, *Una guerra civile. Saggio storico sulla moralità nella Resistenza*, Turin, Bollati Boringhieri, 1991 ; E. Aga-Rossi, *Una nazione allo sbando. L'armistizio italiano del settembre 1943 e le sue conseguenze*, Bologne, il Mulino, 2003.

tous les Juifs. En mars 1944, les rafles se succèdent et touchent près de cinq mille quatre cents Juifs. Deux convois partent d'Athènes à destination d'Auschwitz (le 11 avril) et de Bergen-Belsen (cinq jours plus tard). Les derniers transports déportent les habitants des îles grecques : plus de deux mille personnes déportées de Corfou en juin et deux mille Juifs de Rhodes et de Kos déportés mi-août 1944.

Le nombre précis de victimes de la région est encore difficile à déterminer, car certaines interrogations subsistent. On considère que près de soixante-cinq mille Juifs ont été déportés : cinquante-quatre mille déportés à Auschwitz depuis la zone d'occupation allemande et onze mille déportés de la zone bulgare, et tués à Treblinka. Deux mille cinq cents personnes sont décédées des conséquences de l'occupation sur le territoire grec. Treize mille Juifs grecs ont survécu à la guerre qui a pris fin avec l'entrée des troupes anglaises à Athènes le 3 octobre 1944.

Umberto Gentiloni
Professeur d'histoire contemporaine
à l'université de Teramo (Italie)

Sur David Olère

Les œuvres reproduites pages 88, 96, 98, 100, 102, 106, 108, 114, 124 sont de David Olère, né le 19 janvier 1902 à Varsovie, naturalisé français en 1937. David Olère, peintre et affichiste de l'École de Paris, a côtoyé les milieux artistiques (Max Ernst, Modigliani, etc.) dans le Paris des années 20 et 30 à Montmartre et à Montparnasse. Mobilisé en 1939 au 134e régiment d'infanterie, il perd son emploi en 1940 et subit les humiliations imposées aux Juifs par le gouvernement de Vichy. Arrêté le 20 février 1943 par la police française, il est déporté de Drancy au camp d'Auschwitz-Birkenau, par le convoi 49 du 2 mars 1943. Durant toute sa période de détention, il fit partie des Sonderkommandos sous le matricule 106144. Évacué le 19 janvier 1945 devant l'avancée de l'Armée rouge, il survit à la « marche de la mort » qui le mène à Ebensee (Autriche), où il est libéré par l'armée américaine le 6 mai 1945. De retour des camps, il n'a eu de cesse de témoigner, au travers de ses dessins et tableaux, de ces années d'horreur. Son statut spécial dans le camp en fait un témoin de la machinerie d'extermination nazie.

David Olère est décédé le 2 août 1985, près de Paris.

Ses œuvres maîtresses ont été notamment publiées dans un livre de son fils Alexandre Oler préfacé par Serge Klarsfeld : *Un génocide en héritage*, Wern Éditions, 1998, disponible c/o Alexandre Oler, 4 rue de Rivoli, 06000 Nice (tél. et fax : 04 93 82 05 46).

Les éditions Albin Michel remercient Alexandre Oler, ami de Shlomo Venezia, pour son aimable collaboration.

Bibliographie indicative

BENDEL, Paul, « *Les Crématoires. Le Sonderkommando* », in *Témoignages sur Auschwitz*, Paris, Édition de l'Amicale des déportés d'Auschwitz – Fédération nationale des déportés et internés résistants et patriotes, 1946.

BENSOUSSAN, Georges (dir.), « Des voix sous la cendre. Manuscrits des Sonderkommandos d'Auschwitz-Birkenau », *Revue d'histoire de la Shoah*, n° 171, 2001.

COHEN, Nathan, *Diaries of the Sonderkommandos in Auschwitz : Coping with Fate and Reality*, in Yad Vashem Studies, vol. 20, 1990, p. 275-312.

CZECH, Danuta, *Kalendarium der Ereignisse im Konzentrationslager Auschwitz-Birkenau 1939-1945*, Reinbek bei Hamburg, Rowohlt, 1989.

FRIEDLER, E., SIEBERT, B., et KILIAN, Andreas, *Zeugen aus der Todeszone. Das jüdische Sonderkommando in Auschwitz*, Lüneburg, Klampen, 2002.

GRADOWSKI, Zalmen, *Au cœur de l'enfer : document écrit d'un Sondercommando d'Auschwitz, 1944*, Paris, Kimé, 2001.

GREIF, Gideon, *Wir weinten tränenlos... Augenzeugenberichte der jüdischen « Sonderkommandos » in Auschwitz*, Cologne-Weimar-Vienne, Böhlau Verlag, 1995.

GUTMAN, Yisrael, et BERENBAUM, Michael (dir.), *Anatomy of*

the Auschwitz Death Camp, Bloomington and Indianapolis, Indiana University Press, 1998.

HÖSS, Rudolf, *Le commandant d'Auschwitz parle*, Maspero, [1979], rééd. avec préface et postface de Geneviève Decrop, Paris, La Découverte, 2005.

HÖSS, Rudolf, BROAD, Pery, et KREMER, Johann Paul, *Auschwitz vu par les SS*, Oświęcim, musée d'État d'Auschwitz-Birkenau, 1996.

KIELAR, Wieslaw, *Anus Mundi : Cinq ans à Auschwitz*, Paris, Robert Laffont, 1980.

KLARSFELD, S., PEZZETTI, M., et ZEITOUN, S. (dir.), *L'Album Auschwitz*, Paris, Éditions Al Dante-Fondation pour la Mémoire de la Shoah, 2005.

LANZMANN, Claude, *Shoah*, Paris, Fayard, 1985.

MANDELBAUM, Henryk, « *... et je fus affecté au Sonderkommando* », in MATEJA, J., SWIEBOCKA, T. (dir.), *Témoins d'Auschwitz*, Oświęcim, musée d'État d'Auschwitz-Birkenau, 1998, p. 341-350.

MARK, Ber, *Des voix dans la nuit. La résistance juive à Auschwitz*, Paris, Plon, 1982.

MÜLLER, Filip, *Trois ans dans une chambre à gaz d'Auschwitz. Le témoignage de l'un des seuls rescapés des commandos spéciaux*, Paris, Pygmalion, 1980.

NYISZLI, Miklos, *Médecin à Auschwitz, Souvenirs d'un médecin déporté*, Paris, Julliard, 1961.

OLER, Alexandre, *Un génocide en héritage, Tableaux de David Olère, Survivant des Sonderkommandos*, Paris, Éditions Wern, 1998.

PEZZETTI, Marcello, PICCIOTTO, L., HAYON, N., et VERGANI, G., *Destinazione Auschwitz*, Milan, Proedi, 2000.

POLIAKOV, Léon, *Auschwitz*, Paris, Julliard, 1964.

POLUDNIAK, Jan, *Zonder. Rozmowa z członkiem Sonderkommanda. Henrykiem Mandelbaumem*, Katowice-Sosnowiec, Sowa-Presse, 1994.

PRESSAC, Jean-Claude, *Auschwitz : Technique and Operation of the Gas Chambers*, New York, The Beate Klarsfeld Foundation, 1989.

SEDEL, Alfred, *Sonderkommando*, in *Le Monde juif*, n° 134, 1989, IV-VI, p. 75-80.

« *Testimony of a Sonderkommando Survivor* », in *The Voice of Auschwitz Survivors in Israel*, n° 23, 1983, p. 5-7.

WELLERS, Georges, *Les chambres à gaz ont existé. Des documents, des témoignages, des chiffres*, Paris, Gallimard, 1981.

Table

Achevé d'imprimer par GGP Media GmbH, Pößneck
en octobre 2007
pour le compte de France Loisirs,
Paris

N° d'éditeur: 49787
Dépôt légal: novembre 2007
Imprimé en Allemagne